Le Bac Philosophie

pour

les nuls

Le Bac Philosophie pour les nuls

Christian Godin
Professeur agrégé de philosophie

FIRST ÉDITIONS

Le Bac Philosophie pour les Nuls

Éditions First, un département d'Édi8
12, avenue d'Italie
75013 Paris – France
Tél. : 01 44 16 09 00
Fax : 01 44 16 09 01
Courriel : firstinfo@editionsfirst.fr
Site Internet : www.pourlesnuls.fr

ISBN : 978-2-412-03407-1
Dépôt légal : Février 2018

Imprimé en Italie par La Tipografica Varese Srl
Illustrations : Denis Truchi
Correction : Émeline Guibert
Maquette intérieure : Soft Office

À propos de l'auteur

Christian Godin, maître de conférences de philosophie à l'université de Clermont-Ferrand, est l'auteur d'une quarantaine d'ouvrages parmi lesquels un *Dictionnaire de philosophie* (Fayard/Éditions du temps, 2004) et une encyclopédie philosophique en sept volumes intitulée *La Totalité* (Champ Vallon, 1997-2003). Chez First, il est l'auteur de *La Philosophie pour les Nuls* (2006), *Vivre ensemble: éloge de la différence* (2011, avec Malek Chebel), *La Psychanalyse pour les Nuls* (2012) et *50 notions clés sur la philosophie pour les Nuls* (2015).

Remerciements

Remerciements à Auriane Godin, véritable collaboratrice de cet ouvrage, lequel n'aurait sans doute pas existé sans elle.

Sommaire

Introduction

Au milieu de la forêt des livres consacrés au bac qui s'entassent dans les étagères des libraires, vous avez eu la géniale idée de prendre celui-ci ! Vous ne le regretterez pas. À côté des traditionnelles annales qu'avaient déjà nos parents, les *Nuls* proposent une approche aérienne et dépoussiérée de la philosophie.

Passe ton bac d'abord...

Même si vous pensez que Socrate est un système informatique de réservation de billets SNCF, il n'est pas trop tard pour vous réconcilier avec une discipline réputée (à tort ou à raison) rébarbative.

Il est possible aussi que vous n'ayez rien ou presque rien compris au cours de votre professeur ; il est possible même que vous n'ayez rien écouté de ce cours (la meilleure façon de ne pas entendre, c'est de ne pas écouter) – tout n'est pourtant pas entièrement perdu !

Votre objectif est limpide : en vous procurant ce livre (par l'achat, le prêt ou le vol), vous espérez limiter les dégâts, obtenir une note passable à l'épreuve de philo, grappiller quelques points supplémentaires (on ne sait jamais, un accident est si vite arrivé !) ou tout simplement vous dépasser.

À quelques mois ou quelques semaines de l'échéance fatale, vous aurez toutes les cartes en main pour relever ce challenge et épater vos parents qui redoutent plus que tout que leur fils ou fille rate son bac... Vous ne deviendrez peut-être pas philosophe, mais vous étonnerez peut-être tous ceux qui, familiers ou amis, ne vous auraient pas cru capable de répondre à des questions de philosophie...

Dans ce livre, vous trouverez le guide pratique de l'apprenti bachelier en philosophie, à savoir :

- l'exposé des principales questions relatives aux notions du programme de toutes les séries générales et technologiques ;
- des notices sur les auteurs, les doctrines, les œuvres principales, et les grands concepts que vous apprendrez à manier avec précaution ;
- une présentation complète et claire de la méthode de la dissertation et du commentaire de texte ;
- mais aussi une foule de conseils pratiques qui vous seront bien utiles le jour de l'épreuve : comment gérer son temps, faire un plan, soigner la présentation, se préparer à l'oral, l'art et la manière d'apprendre en philosophie, etc. ;

» et les petits « plus » qui font que les correcteurs n'hésitent pas à mettre de bonnes notes.

Pour passer le bac, faites confiance à un Nul ! On est toujours le Nul de quelqu'un et de quelque chose !

Comment utiliser ce livre ?

Ce livre sera votre compagnon idéal durant les semaines (ou les mois, pour les plus prévoyants) précédant le bac. Comme aide aux révisions de dernière minute pour les retardataires ou, pour les plus sérieux, comme aide-mémoire en cours d'année, il deviendra vite indispensable sur le bureau ou la table de chevet ! Plus qu'un bouquin d'annales, ce livre se veut un tout-en-un, un véritable prof à domicile. En effet, s'il passe en revue l'ensemble du programme (il est exceptionnel que les enseignants de philosophie bouclent tout le programme durant l'année), il se propose également de donner une méthode claire et efficace pour rédiger une dissertation ou un commentaire de texte, suggère des exercices de mise en application et de préparation à la dissertation et au commentaire, et ne fait pas l'impasse sur tous les trucs de profs, qui vous aideront à vous mettre l'examinateur dans la poche !

Vous pouvez dévorer ce petit guide de la première à la dernière page ou bien aller directement au chapitre qui vous intéresse, ou bien encore aller d'une page à l'autre comme un vagabond.

Quelle que soit votre série, vous trouverez dans ce livre les notions de votre programme. Bien sûr, rien n'empêche les scientifiques de jeter un coup d'œil aux notions officiellement réservées aux littéraires ! Rien n'interdit non plus aux plus curieux des techniciens et des commerciaux d'aller feuilleter ce petit guide pour y prendre de la graine.

Enfin un livre de révision pratique fait pour les lycéens !

Vraiment pour les Nuls ?

A priori, il peut sembler étonnant, sinon provocateur, qu'un ouvrage de préparation au bac (donc sérieux, réalisé dans l'optique d'un examen) s'adresse ostensiblement aux Nuls... Qui veut réussir le bac n'a pas intérêt à se revendiquer comme Nul, n'est-ce pas ?

Qu'un livre s'appelle *Le Bac pour les Nuls* n'a pourtant rien de terroriste. Avec ce clin d'œil, cet ouvrage propose d'exposer de manière ouverte et sans complexe le bagage de connaissances nécessaire pour tout lycéen qui s'apprête à passer le bac, et si tout va bien, à le réussir.

Avouer qu'on ne sait pas, qu'on est ignorant, est justement le commencement de la démarche philosophique. Celui qui sait qu'il ne sait pas est déjà sur le chemin de la vérité, de la connaissance, alors que l'arrogant qui prétend tout savoir est enfermé dans des préjugés et des contre-vérités dont il n'a même pas conscience.

En ce sens, s'initier à la philosophie avec les *Nuls*, c'est s'inscrire dans l'héritage de la démarche philosophique originelle, c'est retrouver le geste inaugural de Socrate !

Comment est organisé ce livre

Le Bac Philosophie pour les Nuls comprend 45 chapitres regroupés en 5 parties. Il est organisé de la façon suivante :

Première partie : La méthode de dissertation et d'explication de texte philosophiques

S'il est vrai qu'un devoir écrit de philosophie n'obéit pas à des règles aussi contraignantes qu'une démonstration mathématique, ce serait une erreur fatale (dans laquelle tombent encore de nombreux candidats) que de croire que le hasard et l'inspiration gouvernent tout. Il existe, en philosophie, comme partout ailleurs, des techniques à suivre et des pièges à éviter.

Deuxième partie : L'essentiel du cours

Toutes les notions placées dans leurs principales problématiques...

Un programme de terminale, en philosophie, même en sections technologiques, c'est en un sens toute la philosophie. Autant dire la mer à boire ! Alors, pour ne pas boire la tasse, vous aurez à votre disposition ce panorama. Ainsi serez-vous paré contre les aléas du sort : professeur absent, programme non achevé, maladie ou lassitude personnelle, etc. Bien entendu, ce livre n'a pas pour ambition de remplacer le cours du professeur, mais il peut le compléter utilement.

Troisième partie : L'épreuve clé en mains

Passer le bac ne s'improvise pas. Le compte à rebours commence en fait dès le jour de la rentrée scolaire. Savoir prendre des notes, oser participer en cours, faire des fiches de lecture, c'est déjà assurer sa réussite au bac. Le jour J, comment ne pas être saisi par la panique ou englouti dans un trou noir ? Et puis, tous ces trucs que les professeurs n'avouent jamais ou presque jamais. Et pour ceux qui auront à choisir la philosophie à l'épreuve de rattrapage, les conseils indispensables pour s'en sortir le mieux possible. Enfin les sujets de 2012 à 2017 avec leurs corrigés, pour les séries générales et technologiques. Ça y est, vous êtes fin prêt !

Quatrième partie : Les ressources

Pour vous donner ces outils qui vous aideront à réussir votre épreuve : des notices sur les principaux courants afin de vous éclairer sur le sens de tous ces « ismes » qui font l'histoire de la pensée philosophique (stoïcisme, rationalisme, matérialisme, etc.), des chapitres sur les principaux philosophes, de Platon à Sartre, une bibliographie de base qui vous signalera, parmi les classiques les plus importants, ceux qui sont à la fois les plus profitables pour vous et les plus aisés d'accès, et enfin un glossaire donnant le sens des principaux concepts du programme.

Cinquième partie : La partie des Dix

Les dix grandes alternatives de la philosophie, les dix plus belles citations, les dix grands récits, et enfin dix grandes questions en forme de quiz pour tester vos connaissances : si après cela vous restez toujours aussi sec, alors aucun dieu ne pourra jamais rien pour vous !

Les icônes utilisées dans ce livre

Tous les livres de la collection *Pour les Nuls* sont jalonnés d'icônes destinées à attirer l'attention du lecteur sur les informations essentielles ou pittoresques.

Voici la liste des icônes utilisées dans cet ouvrage :

Lecture

À côté des cours, rien ne vaut la lecture de quelques œuvres clés, les voici !

À savoir

Il y a des choses à connaître. Impossible pour un candidat au bac de ne pas savoir un minimum de choses sur les auteurs et les notions du programme.

Truc

La philo au bac, ce n'est pas sorcier, à condition de connaître quelques trucs qui vous faciliteront la tâche !

Jargon

La philo a son langage, pour ne pas dire son jargon. Apprenez à maîtriser ces notions, n'hésitez pas à apprendre par cœur certaines définitions.

Conseil

Quoi de mieux que les conseils d'un prof de philo à domicile ?

Citation

Citation clé à méditer ou à reproduire dans vos copies.

Attention

Les erreurs à éviter.

PARTIE 1
LA MÉTHODE DE DISSERTATION ET D'EXPLICATION DE TEXTE PHILOSOPHIQUES

DANS CETTE PARTIE...

La rédaction d'une dissertation et d'une explication de texte philosophiques n'est pas un acte de sorcellerie. Le respect d'un certain nombre de règles de la méthode, ajouté aux connaissances acquises durant l'année, devrait vous assurer un minimum (pour les moins bons) ou un maximum (pour les meilleurs) de points.

Chapitre 1

Rédiger une (bonne) dissertation de philosophie

DANS CE CHAPITRE :

» **Comment faire un plan de dissertation**

» **Tous les sujets possibles à portée de main !**

» **Des exemples à imiter**

» **Et, en bonus, deux contre-exemples : des vraies copies de bac… les plus nulles !**

Les deux premières règles

Règle numéro 1 : bien lire la question

Le sujet de dissertation se présente toujours sous la forme d'une question. Il faut absolument éviter la précipitation (c'est une règle de la méthode de Descartes) : ce n'est pas parce que le mot « liberté » figure dans la question que le sujet porte sur la liberté en général. Tous les mots comptent : « À quelles conditions la liberté est-elle possible ? » ne signifie pas la même chose que « La liberté est-elle possible ? ». Si tous les sujets ont un rapport direct avec une ou plusieurs notions du programme, aucun sujet n'est une question de cours. On demande au candidat non pas de dire ce qu'il sait, mais de dire ce qu'il pense à partir de ce qu'il sait.

Règle numéro 2 : faire un plan

Une dissertation de philosophie est une réflexion ordonnée. Elle comprend toujours :

» une introduction ;

» un développement (en 2, 3 ou 4 parties) ;

» une conclusion.

Le plan doit être rigoureusement établi avant que ne commence le travail de rédaction proprement dit. Il est pratiquement impossible de rédiger une dissertation de philosophie à l'aveugle, sans plan préconçu.

Rédiger l'introduction

C'est une partie à soigner particulièrement, car c'est elle qui montre au correcteur si le sujet a été compris ou non. Elle a pour but d'expliquer le sens de la question posée. Ce qui peut se faire de deux façons :

- **La question est posée autrement.** Exemple, la question « L'histoire n'est-elle qu'un éternel recommencement ? » peut être mise sous la forme : « Au-delà de l'apparente nouveauté des événements, l'histoire ne ferait-elle que reproduire les mêmes faits ? » Il faut expliquer pourquoi la question peut se poser.
- **Les termes sont définis.** Par exemple, sur l'histoire, on attend que le candidat lève l'équivoque, « histoire » en français signifiant deux choses au moins : la réalité du passé humain et la discipline qui l'étudie. Pour l'exemple cité, le candidat prendra soin de préciser que la question porte sur l'histoire comme réalité et non sur l'histoire comme science.

Une introduction ne devrait pas faire moins d'une quinzaine de lignes.

Truc

Allez directement au sujet. Ne remontez pas au Déluge, ne tournez pas autour du pot.

Conseil

Doit-on annoncer le plan en fin d'introduction ?

Sur ce point, les professeurs ne sont pas d'accord eux-mêmes : certains le conseillent, d'autres le déconseillent. Le meilleur serait donc d'adopter une solution moyenne : le faire mais avec souplesse et légèreté !

Le développement

C'est le corps de la dissertation. Il comprend 2, 3 ou 4 parties – jamais moins de 2, mais pas plus de 4.

Pourquoi au moins deux parties ? Parce qu'une question philosophique, à la différence d'une question scientifique, est *matière à controverse* : il y a toujours plusieurs réponses possibles à la question posée.

À savoir

On peut diviser les questions en deux groupes : il y a celles qui demandent plusieurs réponses qui se complètent. Exemple : « À quoi reconnaît-on une œuvre d'art ? » Dans ce cas, les réponses s'additionnent et ne se contredisent pas. Il y a, en second lieu, les questions qui demandent au moins deux réponses qui s'excluent. Exemple : « Une œuvre d'art doit-elle être nécessairement belle ? ».

Appelons « analytiques » les premiers sujets et « dialectiques » les seconds.

Les sujets analytiques

Ils sont de loin les moins nombreux et tendent même à disparaître complètement. On en parlera donc par curiosité historique. Ce sont ceux qui réclament du candidat le plus de connaissances précises. La qualité attendue est celle de l'exhaustivité : la meilleure copie sera celle qui aura fourni toutes les réponses possibles.

Le développement d'un plan analytique aura 2, 3 ou 4 parties – rangées par ordre d'importance : il faut commencer par les idées les plus évidentes, les plus banales, pour terminer par les moins évidentes, les moins connues. À la question « À quoi reconnaît-on une œuvre d'art ? », les réponses du type « à sa beauté » ou « à sa réputation » sont plus banales que, par exemple, le fait qu'une œuvre d'art ne puisse pas être autre chose qu'une œuvre d'art, qu'elle a, comme on dit, une « fin en soi ».

Les sujets dialectiques

La totalité des sujets est aujourd'hui de ce type. Ce sont les questions qui invitent à examiner un « pour » et un « contre », un « oui » et un « non ». Exemple : « Une œuvre d'art est-elle nécessairement belle ? » Thèse : oui, une œuvre d'art est nécessairement belle. Antithèse : non, une œuvre d'art n'est pas nécessairement belle.

Truc

Toujours commencer par examiner le point de vue contraire au sien. Si, pour reprendre l'exemple, vous pensez que la beauté est un critère indispensable pour définir une œuvre d'art, alors vous commencerez par évoquer et analyser les arguments de ceux qui pensent le contraire. Et inversement, si vous pensez que la beauté n'est pas un critère indispensable.

L'idéal pour les questions de ce type est de composer un développement en trois parties, c'est-à-dire rédiger une « synthèse » après la thèse et l'antithèse.

Attention

Il est très difficile, et pour certains sujets pratiquement impossible, de composer une synthèse contenant des idées nouvelles. La synthèse n'est pas un mélange comme le café au lait, mais un dépassement. Ne vous répétez pas ! Si vous n'avez pas assez de matériaux pour rédiger une troisième partie, contentez-vous de deux parties – le correcteur ne vous haïra pas pour cela.

La conclusion

Comme l'introduction, elle est indispensable à l'équilibre logique de votre dissertation. Elle a pour fonction de répondre à la question posée. Elle devra éviter à la fois la répétition (la conclusion n'est pas un résumé) et l'esquive (la conclusion ne doit pas oublier la question posée).

Truc

Tâchez de réserver pour votre conclusion une belle formule, qui fait mouche (mieux vaut faire mouche que faire tache). N'oubliez pas que l'impression finale de votre correcteur influencera forcément sa note.

Attention

Comme pour l'annonce du plan en introduction, les professeurs ne sont pas tous d'accord entre eux sur la conclusion : certains recommandent « d'ouvrir » la question, d'autres le déconseillent. Choisissez ici encore la légèreté et la souplesse – et comme vous avez eu le bon goût de renoncer à remonter au Déluge pour poser votre sujet, renoncez à invoquer l'Apocalypse des temps futurs pour terminer votre travail...

À savoir

Pour résumer :

- **L'introduction pose le problème** (« la problématique ») à partir de la question posée.
- **Le développement analyse le problème** en plusieurs parties.
- **La conclusion donne la réponse au problème.** N'hésitez pas à prendre parti ! Mais vous avez parfaitement le droit de critiquer, en fin de dissertation, la formulation de la question, et de dire qu'on ne peut pas y répondre simplement par « oui » ou par « non » !

Les différents types de questions

Qu'est-ce que... ?

Cette forme a disparu, car elle invitait le candidat à réciter son cours plutôt qu'à réfléchir. Cette question porte sur l'essence, la nature d'une chose. Exemple : « Qu'est-ce qu'une théorie scientifique ? »

Truc

En philosophie, on pense volontiers par la négative : si on vous demande (à l'oral) de dire les caractères d'une théorie scientifique, posez-vous la question de savoir ce qu'est une théorie non scientifique (une théorie religieuse, par exemple).

Peut-on... ?

Un jour, un directeur de théâtre surprend l'auteur Sacha Guitry en train de fumer dans sa loge :

« Monsieur Guitry, lui dit-il, on ne peut pas fumer ici !

Sacha Guitry le regarde, tire une bouffée et dit :

— Mais si, on peut très bien fumer ! »

La langue française ne fait pas la distinction que font les Anglais entre *I can* – je peux physiquement, objectivement – et *I may* – je peux légalement, moralement.

À savoir

« Peut-on ? » renvoie à deux questions philosophiques : celle de la possibilité factuelle (est-ce possible ?) et celle de la possibilité morale (est-ce permis ?). En introduction, vous direz en quel sens il convient de prendre le sujet. Exemple : « Peut-on connaître autrui ? » (possibilité factuelle, est-ce possible ?), « Peut-on priver de liberté les ennemis de la liberté ? » (possibilité morale, a-t-on le droit ?).

Pourquoi... ?

Comme la question « qu'est-ce que ? », il s'agit d'une forme disparue, car elle conduisait à un développement analytique (plusieurs réponses peuvent s'additionner).

Attention

Il faut bien repérer l'équivoque de la question en français : « pourquoi ? » peut renvoyer, en amont, aux causes (« Pourquoi une société a-t-elle besoin de lois ? ») ou bien, en aval, à la finalité, aux objectifs (« Pourquoi pense-t-on ? ») – en ce cas, « pourquoi ? » doit s'entendre comme « pour quoi ? ». La synthèse des deux problèmes (celui des causes ou des conditions, d'un côté, celui des fins ou des buts, de l'autre) est possible. Ainsi, à la question « Pourquoi travaille-t-on ? », on attend aussi bien l'analyse des causes que celle des objectifs.

Faut-il... ? Doit-on... ?

Chacune de ces deux questions a deux sens possibles :

- **celui d'une nécessité logique** (exemple : « Faut-il opposer le corps et l'esprit ? » signifie : doit-on opposer le corps et l'esprit pour comprendre la réalité telle qu'elle est ?) ;
- **celui d'une nécessité morale**, d'une obligation (exemple : « Faut-il déclarer les hommes égaux entre eux ? » ou « Doit-on mettre le bonheur au premier rang des valeurs d'existence ? » signifie : cela correspond-il à l'idéal ? au bien ?).

Existe-t-il... ? Y a-t-il... ?

On demande par ce type de question d'examiner les arguments « pour » et « contre » la réalité d'une idée (exemples : « La vérité absolue existe-t-elle ? », « Y a-t-il un ordre de la nature ? »).

Quel... ? Qu'est-ce qui... ? En quoi... ?

Ces questions engagent des développements analytiques et tendent donc à disparaître complètement. On demande au candidat de penser à tous les éléments possibles de réponses (« Quelle est la valeur culturelle de la technique ? », « Qu'est-ce qui dans la vie humaine peut échapper à la valeur d'utilité ? », « En quoi le travail humain est-il différent de l'activité animale ? » sont des questions que vous pouvez entendre à l'oral, et que vous vous poserez éventuellement dans le cours de vos dissertations ou explications de texte).

La confrontation entre deux concepts

Exemples : « Le plaisir et le bonheur », « Démontrer et prouver », « L'œuvre d'art et l'objet technique ». Ce type de sujet, comme les dinosaures, a disparu.

On invitait à réfléchir sur les relations de ressemblance et de différence qui peuvent exister entre les deux termes. Un plan en deux parties (thèse : l'opposition ; antithèse : les ressemblances), ou en trois parties (s'il y a synthèse), était tout indiqué. Vous l'échappez belle !

Cela dit, la tendance, ces dernières années, est de marier dans la question de dissertation deux notions du programme. Exemples : « Toute prise de conscience est-elle libératrice? » (L, 2007) associe la conscience et la liberté; « Toute vérité est-elle démontrable? » (ES, 2004) associe vérité et démonstration; « Si la technique est libératrice, de quoi nous libère-t-elle? » (S, 1999) associe technique et liberté. Même chose pour « Faut-il préférer le bonheur à la vérité? » (ES, 2006) et « L'expérience peut-elle démontrer quelque chose? » (S, 2006).

Les questions ouvertes

« Suis-je le jouet de mon inconscient ? », « L'histoire a-t-elle un sens ? », « La politique est-elle affaire de technique ? » : ici les plans dialectiques s'imposent. Il y a un « pour », un « contre », et peut-être une synthèse possible. Dites-vous bien que vous ne serez pas jugé sur votre réponse, mais sur la manière dont vous aurez organisé votre argumentation.

Les questions fermées ou presque

Conseil

Normalement, les sujets de dissertation appellent toutes les réponses possibles. Il existe néanmoins trois types de sujets qui réclament une réponse attendue :

- **Ceux qui se présentent sous la forme d'une question restrictive** (du type : « ne… que ? » ou « seulement ? »). Exemples : « Le langage n'est-il qu'un moyen d'expression ? », « Travaille-t-on seulement pour satisfaire ses besoins ? » La réponse attendue ici est « non ». On demandera néanmoins au candidat qu'il argumente aussi, en première partie, en faveur du « oui ».
- **Ceux qui se présentent sous la forme d'une alternative** (du type : « ou bien… ou bien… ? »). Exemple : « L'art est-il affaire d'imitation ou bien de création ? », « La morale est-elle de l'ordre de la raison ou du sentiment ? » Après avoir analysé les deux réponses contraires, le candidat aura intérêt à sortir de l'alternative dans une troisième partie (la synthèse) ou en conclusion.
- **Ceux qui comportent les adverbes « toujours », « nécessairement », « tous », « tout ».** Exemples : « L'efficacité d'une pratique prouve-t-elle nécessairement la validité de la théorie sur laquelle elle se fonde ? », « L'égalité est-elle toujours juste ? », « Tout ce qui est possible techniquement est-il, pour autant, souhaitable ? » On attend à l'évidence une réponse négative à ces questions. Mais le candidat aura d'abord réfléchi à la possibilité du « oui » qu'il traitera dans une première partie.

Quelques exemples de plans possibles

Est-ce dans la nature humaine qu'il faut chercher l'origine des injustices ?

Thèse : l'injustice vient de la méchanceté, de l'envie, de l'inégalité naturelles.

Antithèse : l'injustice est un produit de la société et de l'histoire.

Est-il nécessaire d'être cultivé pour apprécier une œuvre d'art ?

Thèse : le contact avec l'art peut être immédiat (à la différence du contact avec une théorie scientifique, par exemple). Pour la musique, il suffit de n'être pas sourd.

Antithèse : apprécier, c'est juger. Or juger c'est comprendre. On ne peut comprendre sans connaître.

Synthèse : la culture n'est pas une condition suffisante pour apprécier une œuvre d'art – ni même une condition nécessaire. Inversement, une absence de culture ne ruine pas nécessairement l'appréciation (il y a des « coups de foudre » en art comme en amour).

Faut-il admettre toutes les opinions ?

Thèse : la nécessité de la tolérance. La liberté de penser.

Antithèse : mais il est des opinions dangereuses ou inacceptables (en France, le racisme est un délit : il est interdit de l'exprimer publiquement).

Synthèse : admettre ne signifie pas approuver. En tant que telle, une opinion n'est pas dangereuse si elle reste privée, personnelle. Mais il est clair qu'on ne peut pas admettre l'expression publique de toutes les opinions.

L'apparence est-elle trompeuse ?

Oui : voir le mythe de la caverne (chapitre 44). Les illusions des sens.

Non : la richesse, apparente, par exemple, n'est pas un signe de pauvreté. La culture n'est pas le masque de l'inculture, etc.

Synthèse : l'apparence est un *signe*. Comme telle, elle est à interpréter. La vérité et le mensonge (ou l'illusion) ne sont pas dans le signe mais dans l'interprétation, pas dans l'objet interprété mais chez le sujet interprétant.

La connaissance scientifique est-elle désintéressée ?

Oui : la principale finalité de la science est la recherche de la vérité.

Non : les motivations psychologiques (ambition, désir de puissance, appât du gain) sont inséparables de la recherche scientifique.

Le pouvoir de l'État est-il un facteur de liberté ou d'oppression ?

Les deux : tout dépend des situations et des circonstances.

Facteur d'oppression : la dictature, le totalitarisme.

Facteur de liberté : seul l'État peut exprimer l'intérêt général. L'État libère des pouvoirs locaux, des féodalités idéologiques et financières. Exemple de la Russie actuelle – où de multiples mafias se sont substituées à l'État.

Exemple de dissertation rédigée (en noir) et annotée (en gris) : « La nature peut-elle constituer un modèle ? »

Un modèle peut être descriptif, en représentant par réduction ou simplification ce qui est, ou bien normatif, s'il fixe un idéal que nous devrions atteindre. Ce n'est pas dans le même sens que nous parlons d'un modèle d'avenir ou d'un modèle de société. De plus, un modèle peut être matériel, « concret » (une maquette d'architecte est un modèle), aussi bien que formel, « abstrait » (les modèles mathématiques). La difficulté du sujet tient à l'incertitude et à l'ampleur de ces deux concepts (modèle, nature). D'où la nécessité de les définir en introduction.

Quant à la nature, elle peut être prise au sens général d'essence (la nature d'une chose quelconque) ou bien au sens physique de réalité objective existant indépendamment du travail humain, que ce soit l'environnement immédiat de l'homme (la Terre et sa banlieue) ou l'univers tout entier.

La question posée ne garde qu'un seul sens aux termes de « nature » et de « modèle » : elle revient à se demander si la nature conçue comme réalité physique (les étoiles lointaines mais aussi les animaux et les éléments tout proches) peut contenir des principes et des valeurs applicables à la réalité humaine. Il faut en introduction délimiter le champ de la question qu'on va traiter.

En d'autres termes, la nature, qui comprend primitivement tout ce qui *est*, peut-elle aussi être conçue comme indiquant tout ce qui *doit être* ? L'introduction doit reformuler la question. Ainsi montre-t-on, d'une part, qu'on l'a comprise et, d'autre part, qu'on se l'est intellectuellement appropriée.

Nous dirons dans une première partie les arguments de ceux qui ont vu dans la nature un modèle et la manière dont ils l'ont effectivement utilisé. Dans la seconde partie, nous analyserons les objections qu'on peut formuler contre cette thèse. On peut annoncer le plan, à condition que cela soit de manière légère.

Première partie : La nature est un modèle

Si l'on définit la nature comme la totalité de ce qui est, a été et sera, alors sa fonction paradigmatique (de modèle) est nécessairement impliquée. Nous commencerons par cette thèse dans la mesure où nous ne la partageons pas. Premier argument. Il faut toujours commencer par ce qu'il y a de plus général.

Comment trouverions-nous un modèle ailleurs que dans la nature dès lors que la nature étant Tout, elle exclut tout *ailleurs* ? C'est ainsi que les stoïciens déduisirent de leur cosmologie (il n'y a qu'un univers sans transcendance et rationnel) une morale : la sagesse est de vivre « conformément à la nature », c'est-à-dire faire en sorte que l'ordre qu'on peut mettre en soi, dans sa vie, soit analogue à celui qui peut être observé dans le cosmos. Une référence philosophique n'est pas une preuve mais constitue pour la pensée la meilleure illustration. Ce qui nous conduit à l'idée d'harmonie. Il est toujours préférable de ménager les transitions entre les parties et les sous-parties du développement. Une dissertation n'est pas une mosaïque mais un tableau.

L'harmonie de la nature est une notion d'autant plus riche qu'elle unit en une même représentation la valeur logique et rationnelle de l'*ordre*, et la valeur sensible et émotive de la *beauté*, ou plutôt elle prouve que, à l'origine, il n'est pas de raison qui ne soit belle ni de beauté qui ne soit rationnelle. Le Soleil est beau parce qu'il nous donne l'image d'un cercle parfait. Référence à la théorie classique, d'origine grecque : une même *mesure* peut se trouver dans la nature et dans les œuvres des hommes.

Pendant longtemps, en fait jusqu'à la révolution de l'art moderne, la nature n'a pas seulement constitué un modèle pour l'art, elle a constitué *le* modèle par excellence. Le cas de l'art est exemplaire. Référence à la théorie de la *mimésis* (imitation). Ce qui pouvait s'entendre en deux sens : ou bien les formes, les bruits et les couleurs de la nature trouvaient un répondant dans les œuvres, ou bien l'artiste cherchait dans sa création à manifester une dynamique ordonnée analogue à celle que la nature nous livre.

Néanmoins, cette conception d'une nature modèle des actions et des œuvres des hommes n'est pas à l'abri de la critique. Transition vers la seconde partie (antithèse).

Seconde partie : La nature n'est pas un modèle

En fait, les œuvres et les actions des hommes, loin d'imiter la nature, la dépassent pour constituer un autre ordre, au-dessus d'elle : celui de la culture.

L'art moderne, en tournant radicalement le dos à toute forme naturelle (la peinture réaliste, la littérature naturaliste, la poésie descriptive, la musique imitative) nous a rétrospectivement fait comprendre que tout art est, comme son nom le dit assez, *artifice*. Le cas de l'art réévalué à la lumière de la modernité. Le modèle d'un portrait, quand il existe, est d'abord mental. Remise en question de l'idée même de modèle. C'est pourquoi les portraits d'un grand peintre, avant de ressembler à leurs modèles, se ressemblent entre eux parce qu'ils sont tous liés par un même style, qui est celui de leur auteur.

L'homme voit moins la nature telle qu'elle est qu'il ne la voit tel qu'il est. Deuxième temps : n'y a-t-il pas illusion à voir dans la nature un modèle ? La nature est moins notre miroir que notre écran (à entendre comme l'écran de cinéma sur lequel on projette des images). Si, par exemple, sous l'influence conjuguée du libéralisme économique et du darwinisme, la concurrence a été vue comme la loi par excellence du monde vivant (la prétendue loi du plus fort), c'est parce que la compétition représentait la forme même de la vie sociale : on a voulu la voir dans la nature dans la mesure où elle existait d'abord dans la société. De fait, les relations de solidarité dans la nature (symbiose, parasitisme) sont au moins aussi importantes que celles de concurrence. C'est ainsi que l'idée de norme passe du sens descriptif (la normale, c'est la moyenne dans une population donnée) au sens prescriptif (la normale, c'est l'idéal auquel il faut parvenir). Analyser, c'est distinguer. Dans le concept de « normalité », voisin de celui de « modèle », deux sens différents sont repérables.

Un modèle est une forme choisie. Or, si la nature contient la totalité des formes, elle ne peut jouer le rôle de modèle. C'est l'abondance même de la nature, son caractère contrasté, qui nous interdit d'en faire un modèle. Le monde animal, par exemple, est si divers qu'il comprend des exemples de tout : veut-on la violence ? Voici le tigre. Veut-on la paix ? Voilà le paresseux. Tel oiseau est monogame, tel autre polygame. Chacun pioche dans ce vaste répertoire en fonction de ses préjugés.

L'ordre et le désordre, l'harmonie et le chaos sont moins des réalités objectives pouvant désigner la nature que des façons de la considérer. Tout dépend en fait du niveau auquel on la verra : ce qui à une certaine échelle apparaît ordonné (un peuplier, la marche du Soleil, la succession des générations) peut apparaître désordonné à une autre (un peuplier n'est pas parfaitement symétrique, la Terre n'a pas une trajectoire rigoureusement régulière, et les générations admettent des anomalies dans leurs successions).

Quant aux *valeurs* que nous projetons sur la nature, elles ne sont que le témoignage de notre nostalgie. Quand on ne vit pas un idéal, on le rêve. La nature est le rêve de l'homme moderne. Ainsi la verra-t-on belle, pure, innocente, comme si ces mots pouvaient avoir un sens objectif appliqué à une autre réalité qu'humaine.

Conclusion

L'homme moderne, fatigué de son histoire, se plaît à voir dans la nature tout ce qui lui manque dans la société. La conclusion fait le bilan de la dissertation. Elle veillera à ne rien répéter. Et pourtant, aucune des grandes valeurs auxquelles il peut croire ne peut être réalisée ailleurs que dans la société : alors que la nature est soumise à la rigide nécessité, l'homme y introduit une plage de liberté, alors que la nature est sourde et aveugle, l'homme y ajoute une intelligente sensibilité.

Ni pour le technicien (l'avion n'a pas pris l'oiseau pour modèle, il ne vole pas comme lui en battant des ailes), ni pour la politique (il n'y a pas de système de sécurité sociale pour les animaux malades), la nature ne peut représenter un modèle. La culture ne dérive pas de la nature, elle la transcende.

Le pire juste au-dessus du vide !

Pour avoir zéro en philosophie, il suffit d'être absent ou de remettre une copie blanche. Quelques lignes permettent d'obtenir un 1 ou un 2.

Voici deux exemples édifiants de très mauvaises copies de bac que j'avais photocopiées en toute clandestinité pour mes classes de terminale. Peut-être ont-elles été rédigées par vos parents. N'ayez crainte : la Nullité n'est pas héréditaire. J'ai mis 1 à la première et 4 à la seconde. On remarquera qu'à la différence des histoires drôles, les copies brèves ne sont jamais les meilleures.

Est-ce que tout ce que l'homme fait a un sens ?

« *L'homme est guidé par son inconscience. Il ne sait pas ce qu'il fait vient de lui ou d'elle, l'inconscience. Faire quelque chose avec du sens, c'est le faire avec logique et dans les règles, pas n'importe comment, et le plus souvent c'est pour aider, pour aller vers le positif, le bien. Alors que l'inverse ne rime et n'aboutit à rien dans la vie. Il ne faut pas faire les choses sans raison, donc sans sens. Les hommes sont donc classés en deux catégories pour ce problème, nous en ferons d'ailleurs nos deux parties : ceux qui font les choses avec du sens et les autres qui souvent ont du mal à avancer dans leur vie.*

I. Hommes faisant les choses avec du sens

a. Positif pour eux (la vie)

b. Ils savent que quand ils font quelque chose, c'est pour aboutir à un plus dans leur vie

c. Ils aident les autres

II. Les hommes faisant les choses n'importe comment, sans sens

a. Ils créent souvent le mal

b. Négatif pour eux, car souvent avec leurs actes sans sens, ils ne s'aident pas

On peut dire que cela ne rime à rien si on veut avancer dans la vie de faire les choses n'importe comment. Au contraire, souvent ces personnes sont mal dans leur tête et elles amènent le mal aux autres avec leurs actes. Alors qu'une personne saine et logique aura des actes sensés qui l'emmèneront à un stade supérieur dans tous les domaines. Mais une personne est poussée par son inconscience, donc même si son acte n'est pas sensé, elle n'y est pour rien et réagit une fois la chose faite.

Alors est-ce que l'inconscience ne nous pousserait pas à faire des actes insensés ? »

La raison humaine est-elle, par nature, conduite à supposer dans le monde plus d'ordre qu'elle n'en trouve ?

Ce second exemple de copie nulle est plus étoffé et mieux rédigé. Il faut dire que le sujet était coton !

« L'homme doué de Raison est capable par celle-ci de juger, de concevoir, d'évaluer la valeur des choses, c'est elle qui le conduit dans ses actes et pensées.

Il en est dépositaire et c'est ce qui le distingue de l'animal. La raison qui mène l'homme dans sa vie à agir selon les circonstances de façon très aléatoire, pourrait être conduite à supposer dans le monde plus d'ordre qu'elle n'en trouve. Mais dans quel ordre est-ce que le monde évolue, existe-t-il un ordre ?

La raison humaine manifeste son influence par le comportement qu'adopte l'homme. C'est elle qui le dirige, le mène, elle aspire à être comme un guide moral. L'homme doit dans le sens de la morale et par la raison il est capable de porter des jugements adéquats aux circonstances.

Elle est pour l'homme le pouvoir du choix dans les meilleures conditions possibles et elle est le moyen offert par la nature de juger, dans le But de Bien Agir.

Le monde évolue selon un ordre qui naît de l'histoire. Par l'histoire, qui suit un ordre d'évolution dans le temps, on distingue des changements importants. L'histoire, qui comporte toutes les souffrances, les guerres passées, s'est déroulée dans un ordre qui lui est propre et elle ne changera pas.

Dans tout le monde, toutes les sociétés ont un ordre hiérarchique, une structure qui la met en ordre. Les classes sociales sont faites en fonction d'un ordre, ainsi que la vie a un ordre selon les différents âges. La nature a fait évoluer l'humain selon un ordre qui ne peut être détourné, la jeunesse puis la vieillesse. Par la raison, on peut observer que dans le monde entier tout est mis en œuvre selon un ordre qui ne peut être dissout.

Tout être vivant connaît une hiérarchie. En ce qui concerne les animaux, la chaîne alimentaire les classe dans un ordre spécifique jusqu'à l'homme.

La vie n'est possible que par le respect de cet ordre car tout serait bouleversé dans le cas où cette disposition des choses viendrait à changer.

La raison humaine nous donne le pouvoir de juger, elle est conduite à supposer dans le monde plus d'ordre qu'elle n'en trouve. »

Chapitre 2

Rédiger une (bonne) explication de texte

DANS CE CHAPITRE :

- » **Tous les conseils techniques pour réussir avec ce type de sujet**
- » **Deux exemples d'explication de texte**

Le troisième sujet proposé à l'épreuve écrite du bac consiste dans l'explication d'un texte d'une quinzaine de lignes extrait de l'œuvre d'un grand philosophe.

Ce texte aura été choisi en vertu de son lien avec les chapitres du programme des différentes séries (la conscience, la liberté, l'histoire, etc.).

Attention

Le candidat ne devra en aucun cas oublier le texte qu'il a sous les yeux au profit des idées qu'il a dans la tête !

Avantages et difficultés

Par rapport à des sujets de dissertation qui peuvent très bien ne rien évoquer dans votre esprit, le texte a au moins l'avantage de vous donner un support.

Conseil

Il est généralement plus facile de « limiter les dégâts » avec une explication, dans la mesure justement où ce support existe.

C'est pourquoi même si vous ne « l'aimez pas », il est indispensable que vous vous entraîniez à ce type d'épreuve.

Cela dit, il est probablement plus difficile de « cartonner » avec elle qu'avec la dissertation.

Le choix de l'explication de texte est donc à conseiller aux prudents et aux timides.

À savoir

Ne vous laissez pas effrayer par le nom de l'auteur. Tous les textes officiels disent que le candidat n'est pas censé connaître la philosophie de l'auteur du texte choisi. Donc, même si vous ne savez rien ou presque rien sur Hegel, rien ne vous interdit de rédiger une très bonne explication d'un texte de Hegel.

Qu'est-ce qu'expliquer un texte ?

Expliquer, c'est dégager le sens d'un discours ou d'une pensée. Le sens, c'est le rapport que les idées peuvent avoir entre elles. Même quand il est clair et explicite, un philosophe ne dit jamais tout : il fait des allusions, il contredit certaines thèses ; par ailleurs, ce qu'il dit débouche sur des conséquences auxquelles il n'avait pas pensé lui-même. Le sens d'un texte dépend donc :

- **d'un contexte général** (exemple : l'idée de Dieu dans une société très croyante) ;
- **de tout ce qui est implicitement ou explicitement réfuté ou récusé**. Tout texte philosophique a un sens polémique, il combat du non pensé ou du mal pensé (les philosophes n'ont pas été tendres entre eux !...). Il faudra donc garder présente à l'esprit la question : pourquoi l'auteur dit-il cela (exemple : les philosophes du contrat social rejettent l'idée selon laquelle c'est Dieu ou la nature qui est à l'origine des sociétés humaines) ?

Le sens d'un texte dépend également de tout ce qui s'ensuit (exemple : une justification de la violence en histoire peut libérer celle-ci de tout jugement moral).

À savoir

Pour résumer, pour répondre à la question « qu'est-ce que cela veut dire ? », il convient de se poser les questions suivantes : « Pourquoi l'auteur dit-il cela ? », « Où veut-il en venir ? », « À qui, à quoi s'oppose-t-il ? », « Quelles objections pourrait-on lui faire ? »

Les quatre écueils à éviter

Un travail de philosophie est un voyage en mer. Il y a des tempêtes et des moments de calme, il y a aussi des écueils à éviter si vous ne voulez pas que votre bateau se fracasse.

Premier écueil : le rocher *prétexte*. Le candidat s'est perdu en pleine mer, il a oublié sa destination. Il a vu que le texte « parlait de » la justice, alors il écrit sur la justice, sans plan ni objectif, au petit bonheur. À aucun moment vous ne devez oublier que le texte est l'*objet* de votre travail d'explication.

Deuxième écueil : le rocher *paraphrase*. C'est le danger qui guette le navigateur timide qui ne quitte jamais le port ou les côtes – et se contente de répéter ce que l'auteur a déjà dit (évidemment mieux que lui). Dégager du sens, c'est dire ce que l'auteur a dit sans l'écrire.

Troisième écueil : le rocher *atomisation*. Au lieu de considérer le texte par blocs de phrases, le candidat le prend mot à mot. Ainsi en pulvérise-t-il le sens et se rend-il incapable d'en suivre la progression.

Quatrième écueil : le rocher *exécution*. Il est souvent abordé par les marins hardis qui traitent les auteurs comme des pirates ou bien qui se comportent eux-mêmes comme des corsaires à l'abordage. Vous pouvez n'être pas d'accord avec un auteur, mais n'oubliez pas que vous avez affaire à Platon ou à Descartes, qui ne sont pas des copains à lancer des vannes, n'oubliez surtout pas que pour critiquer il faut d'abord comprendre et analyser !

Comment faire ?

Maintenant que vous avez su éviter les quatre écueils, vous pouvez naviguer en sûreté.

Les trois lectures. Le texte proposé, vous allez le lire trois fois :

- **Une première lecture appréhende le sens global.** Si vous ne comprenez pas tout tout de suite, relisez-le une seconde fois ; si vous sentez que rien ne vient, reportez-vous à un sujet de dissertation : vous ne pouvez pas prendre le risque de simplement « deviner » ce que l'auteur veut dire. Normalement, après une première lecture, vous devriez être capable de savoir de quelle problématique le texte traite et à quelle notion du programme il se rattache.
- **La deuxième lecture est attentive aux « articulations » du texte,** c'est-à-dire à ses différentes parties et à son mouvement d'ensemble. Le texte qui vous est soumis est court (entre 10 et 20 lignes), il a été choisi pour sa richesse de sens, habituellement chaque phrase constitue une « partie ». Soyez attentif aux conjonctions et aux adverbes qui font l'ordre logique du texte : « mais » signale une objection ; « or » une restriction ou une confirmation ; « de plus » une précision ; « par conséquent » une conclusion. À la suite de votre deuxième lecture, vous devriez déjà être en possession de votre plan.
- **La troisième lecture porte une attention particulière aux concepts.** Soulignez au stylo sur votre feuille ceux qui vous semblent les plus importants. Le correcteur ne laissera pas passer un gros oubli, vous ne pouvez vous permettre de faire une impasse sur une idée importante.

Attention

Ne jamais oublier qu'un texte étranger est par définition traduit. Par conséquent, prenez garde à ne pas accorder une importance excessive à certains mots qui ne seront que des approximations. En revanche, pour ce qui concerne les textes français, l'attention la plus méticuleuse aux mots est de rigueur.

Le plan

Comme pour la dissertation, le plan comporte trois parties :

- ***L'introduction*** expose la problématique, c'est-à-dire la question philosophique traitée. Allez droit au but. Comme vous n'êtes pas censé connaître le philosophe auteur du texte ni l'histoire de la philosophie, pas la peine de remonter au Déluge. Les indications biographiques sont inutiles. En revanche, une rapide contextualisation historique est possible et même parfois recommandée. Dans le doute, abstenez-vous : ne faites pas de Platon un contradicteur de Kant ! Il est souvent utile de donner une définition du concept principal qui se trouve en jeu. Si, par exemple, le texte traite de l'histoire, précisez en quel sens (le passé humain ou la discipline qui l'étudie) il convient de prendre le mot.
- ***Le développement*** fait l'analyse critique du texte. On peut consacrer une première partie à l'analyse et une seconde partie à la critique – mais ce type de plan est à éviter : il vous conduit à des répétitions, et surtout il tend à utiliser le texte comme un simple prétexte. Le mieux est d'analyser et de critiquer dans le même mouvement de pensée. Dans ces conditions, votre développement aura autant de parties qu'en comporte le texte, et il le suivra en parallèle.
- ***La conclusion*** dresse le bilan critique de votre travail. Comme pour la dissertation, soignez particulièrement cette partie en évitant les répétitions et les longues échappées vers les lointains du temps (type : « Dieu seul le sait ! » ou bien « L'avenir seul nous le dira ! »). La conclusion évalue la pertinence et la résonance du texte, son « actualité ».

Exemple d'explication de texte (rédaction condensée)

De la connaissance de l'histoire, on croit pouvoir tirer un enseignement moral et c'est souvent en vue d'un tel bénéfice que le travail historique a été entrepris. S'il est vrai que les bons exemples élèvent l'âme, en particulier celle de la jeunesse, et devraient être utilisés pour l'éducation morale des enfants, les destinées des peuples et des États, leurs intérêts, leurs conditions et leurs complications constituent cependant un tout autre domaine que celui de la morale… L'expérience et l'histoire nous enseignent que peuples et gouvernements n'ont jamais rien appris de l'histoire, qu'ils n'ont jamais agi suivant les maximes qu'on aurait pu en tirer. Chaque époque, chaque peuple se trouve dans des conditions si particulières, forme une situation si particulière, que c'est seulement en fonction de cette situation unique qu'il doit se décider : les grands caractères sont précisément ceux qui, chaque fois, ont trouvé la solution appropriée. Dans le tumulte des événements du monde, une maxime générale est d'aussi peu de secours que le souvenir des situations analogues qui ont pu se produire dans le passé, car un pâle souvenir est sans force dans la tempête qui souffle sur le présent ; il n'a aucun pouvoir sur le monde libre et vivant de l'actualité.

Hegel

Pour Hegel, l'histoire est un développement progressif au cours duquel rien ne se répète.

La Bible disait : il n'y a rien de nouveau sous le Soleil. Hegel pense à l'inverse qu'il n'y a que du nouveau sous le Soleil.

Première partie : L'interprétation éthique de l'histoire

» La lecture morale de l'histoire présuppose constance et répétition. Pour tirer leçon du passé (les leçons de l'histoire), il faut en effet que celui-ci, d'une manière ou d'une autre, se retrouve dans le présent.

» Et telle était en effet l'idée dominante jusqu'au XVIIIe siècle (que l'on songe à nos révolutionnaires exaltés par l'exemple des grands Romains).

» Hegel réduit ironiquement l'utilité éthique de l'histoire à quelques règles morales bonnes pour l'éducation des enfants.

Deuxième partie : L'impossibilité d'une telle interprétation

Il y a bien sûr d'abord le fait que le passé historique n'a rien d'exemplaire sur le plan moral. Paul Valéry disait qu'on ne peut tirer du passé historique aucune leçon, simplement parce qu'il nous offre des exemples de tout. En histoire, le crime a tendance à triompher davantage que la vertu et pour une Jeanne d'Arc qui se refuse à tuer, même à la guerre, que de Catherine de Médicis qui ordonnent des massacres !

Mais Hegel pense surtout à la singularité des événements. D'ailleurs, quelles leçons peuples et gouvernements ont-ils tirées du passé ? Combien d'oublis et combien d'erreurs recommencées ! Hegel critique la valeur (supposée) par le fait : on prétend s'inspirer des leçons du passé mais que voit-on, en fait ?

Chaque situation est unique – si bien que celui qui s'inspirerait du passé pour agir dans le présent risquerait de se voir dépassé par le courant de l'histoire. D'où l'échec de la politique de défense, en France, dans les années 1930 (des milliards de francs engloutis dans une ligne Maginot censée contenir l'Allemagne dans une seconde guerre des tranchées, comme en 1914 – alors que Hitler, pendant ce temps, faisait produire intensivement tanks et avions) ;

d'où les échecs des politiques de relance dans les années 1970 – comme si la crise de 1974 était une sorte de 1929 *bis*.

Troisième partie : Est-ce à dire que la connaissance du passé ne sert à rien ?

Non, mais elle n'a pas d'intérêt pratique. Son intérêt ne peut être que théorique. Un homme politique, aux yeux de Hegel, n'a donc pas besoin d'être un historien pour agir.

Pourtant, on imagine mal un seul chef politique sans connaissance du passé. Tout homme politique d'un peu d'importance se prend en fait pour quelqu'un d'autre : Jules César se prenait pour Alexandre, Napoléon aussi, Hitler se prenait pour Frédéric II, de Gaulle pour Louis XIV et Clemenceau. L'histoire du présent, si nouvelle soit-elle par rapport au passé, ne peut se passer ni de modèles ni de références. Même si ce sont des illusions – ce sont des illusions qui contribuent à transformer la réalité.

L'explication de texte pour les séries technologiques

À la différence de celui qui est proposé aux séries générales, le texte proposé à l'explication pour les candidats des séries technologiques est suivi de plusieurs questions destinées à les guider dans leur travail de rédaction. Il ne s'agit donc pas de questions isolées à propos d'un texte, mais bien d'explication de texte orientée par les questions.

La consigne suivante figure à la suite du texte et avant l'énoncé des questions : « Pour expliquer ce texte, vous répondrez aux questions suivantes, qui sont destinées principalement à guider votre rédaction. Elles ne sont pas indépendantes les unes des autres et demandent que le texte soit d'abord étudié dans son ensemble. »

Les questions sont généralement au nombre de trois :

- La première invite les candidats à dégager l'objet, l'idée principale puis l'organisation du texte.
- La deuxième demande aux candidats d'expliquer deux ou trois points particuliers, des mots, des expressions ou des phrases du texte en les incitant à préciser leur rapport à l'idée générale et à l'organisation du passage.
- La dernière question, en proposant la discussion de l'idée centrale du texte, doit permettre d'en préciser la signification et de faire apparaître le problème dont il est question.

Attention

Les élèves du technologique n'ont pas la réputation d'être des écrivains abondants. Certes la philosophie n'est pas une question de quantité, mais le correcteur comprendra mal qu'il a fallu quatre heures (le temps de l'épreuve) pour rédiger une seule page...

Candidats des filières technologiques, faites un effort ! Consacrez au moins une page (de feuille d'examen) à chaque question. N'oubliez pas que la question finale est en fait un sujet de dissertation, qui mérite une analyse développée.

Exemple d'explication de texte (séries technologiques)

Cette conscience de lui-même, l'homme l'acquiert de deux manières : théoriquement, en prenant conscience de ce qu'il est intérieurement, de tous les mouvements de son âme, de toutes les nuances de ses sentiments, en cherchant à se représenter à lui-même, tel qu'il se découvre par la pensée, et à se reconnaître dans cette représentation qu'il offre à ses propres yeux. Mais l'homme est également engagé dans des rapports pratiques avec le monde extérieur, et de ces rapports naît également le besoin de transformer ce monde, comme lui-même, dans la mesure où il en fait partie, en lui imprimant son cachet personnel. Et il le fait pour encore se reconnaître lui-même dans la forme des choses, pour jouir de lui-même comme d'une réalité extérieure. On saisit déjà cette tendance dans les premières impulsions de l'enfant : il veut avoir des choses dont il soit lui-même l'auteur, et s'il lance des pierres dans l'eau, c'est pour voir ces cercles qui se forment et qui sont son œuvre dans laquelle il retrouve comme un reflet de lui-même. Ceci s'observe dans de multiples occasions et sous les formes les plus diverses, jusqu'à cette sorte de reproduction de soi-même qu'est une œuvre d'art.

Hegel

1. **Dégager les articulations du texte.**
2. **Comment le « besoin de transformer le monde » peut-il contribuer à la connaissance de soi ?**
3. **Les « deux manières » que distingue Hegel pour l'acquisition de la connaissance de soi vous semblent-elles d'égale valeur ? Dites pourquoi.**
4. **En quoi une œuvre d'art est-elle une « sorte de reproduction de soi-même » ?**

1. Hegel énonce que la conscience de soi s'acquiert de deux manières : « théoriquement » et « dans des rapports pratiques ». « Théoriquement », cela signifie : en soi, sans sortir de soi, par la méditation, au sens de Descartes. Il y a un « courant de conscience » (*stream of consciousness*, expression du philosophe américain William James) que chacun peut éprouver en lui-même, sans qu'il ait à se déporter vers les choses du monde – comme lorsqu'on écoute de la musique.

Mais (et la conjonction annonce une seconde modalité) la conscience de soi se forge également au contact du monde. En un sens, le sujet se perd ou s'oublie lui-même (lorsqu'on est absorbé par le travail, on ne pense plus à soi), mais en fait cette sortie hors de soi est une retrouvaille : c'est ce que Hegel énonce dans la troisième partie de ce texte, avec l'exemple de l'action même banale (un jet de pierre dans l'eau) et de l'œuvre d'art. En transformant la réalité extérieure, l'être humain se retrouve et se trouve en même temps. Cette troisième partie du texte joue un véritable rôle de synthèse par rapport aux deux précédentes.

2. D'abord l'être humain fait partie du monde : en transformant le monde (qu'on songe à la construction des villes), c'est lui-même qu'il transforme aussi. Et puis, en se *mesurant* avec les choses, justement, il prend conscience de sa puissance. La puissance (concrète) n'est pas la simple possibilité (abstraite). Il n'y a pas de réel *pouvoir faire* sans *faire.*

3. On peut penser que la pure conscience de soi est déterminante puisque c'est elle qui, tout compte fait, *réfléchit* l'activité pratique. Mais cette dernière n'en est pas moins indispensable – ce que montrent bien les déséquilibres engendrés par une activité forcée ou accidentelle (emprisonnement, chômage, folie). En fait, pensée et action, théorie et pratique ne peuvent être séparées que par la pensée elle-même : dans la réalité elles sont indissolublement liées.

4. On a longtemps vu dans l'œuvre d'art une imitation de la nature. Hegel s'écarte de cette tradition en disant que l'œuvre d'art est une « sorte de reproduction de soi-même ». Au lieu de représenter le monde extérieur des choses, l'art représenterait le monde intérieur de l'artiste lui-même. On peut comprendre cette thèse de plusieurs manières : a) l'artiste peut se prendre lui-même comme sujet de son œuvre : c'est ce que font les mémoires et confessions en littérature, les autoportraits en peinture ; b) plus profondément, l'artiste peut exprimer, avec le langage qui est le sien (des notes s'il est musicien, des formes et des couleurs s'il est peintre), ses idées, ses croyances, des émotions, ses expériences ; c) plus profondément encore, l'artiste peut, sans le vouloir, sans en avoir conscience, exprimer des désirs et angoisses refoulés, enfouis dans les replis de son inconscient.

Cela dit, l'art donne aussi à l'artiste le moyen d'exprimer ce qu'il n'est pas : les temps de détresse ont jadis suscité bien des images de paradis, et il est difficile, voire impossible, de déduire le caractère d'un artiste à partir de son œuvre. Créer une œuvre est un formidable moyen pour donner une forme concrète à son rêve. Or on rêve justement ce qu'on ne vit pas. D'ailleurs, Hegel restait prudent en écrivant de l'art qu'il est une *sorte* de reproduction de soi-même de l'artiste.

PARTIE 2

L'ESSENTIEL DU COURS

DANS CETTE PARTIE...

Vous découvrirez ou vous vous rappellerez les grandes problématiques relatives aux différentes notions du programme.

Les notions sont réparties en « champs de problèmes » : le sujet, la culture, la raison et le réel, la politique et la morale pour les séries générales, la culture, la vérité et la liberté pour les séries technologiques. Par exemple, dans la rubrique « le sujet » figurent les chapitres sur la conscience, la perception, autrui, le désir, l'existence et le temps pour les séries L ; dans la rubrique « la culture » figurent l'art et la technique puis les échanges pour les séries technologiques.

Durant l'année, un professeur n'est pas contraint de consacrer des cours spécifiques à chaque chapitre pris comme intitulé de son cours. Il peut très bien, par exemple, regrouper deux ou trois notions au sein d'une série de cours, l'essentiel étant pour les élèves que *toutes* les notions aient été abordées.

Pour plus de lisibilité, les vingt-cinq chapitres constituant cette deuxième partie de *Le Bac Philosophie pour les Nuls* traitent, dans l'ordre du programme, de toutes les notions, prises une par une. Au début de chacun de ces chapitres sera rappelée la série concernée. Cela dit, tous les candidats auront intérêt à aller jeter un œil, voire les deux yeux, sur les chapitres spécifiques des autres séries. En philosophie, tout se tient !

Chapitre 3
La conscience

Notion au programme des séries L, ES et S.

DANS CE CHAPITRE :

- » **L'être humain peut être fier de sa conscience**
- » **Il existe différentes formes de conscience**

Qu'est-ce que la conscience ?

Lorsqu'une montagne et une plante subissent les actions de leur milieu extérieur, elles ne le savent pas. Lorsqu'un être humain subit une action, ou bien décide d'en engager une, il peut le savoir. « Conscience » vient de deux mots latins signifiant « savoir avec » (*cum-scire*). La conscience est une forme de savoir.

Citation

Il existe des savoirs inconscients : la plus grande part de notre mémoire, constituée d'un ensemble très vaste et indéfini de souvenirs, est inconsciente. Lorsque Socrate disait, et pas seulement avec ironie, que la seule chose qu'il sait, c'est qu'il ne sait rien, alors que les sophistes ne savent rien mais croient tout savoir, il établissait la distinction entre une ignorance consciente (qui, à ses yeux, définissait la sagesse) et une ignorance inconsciente (qui, à ses yeux, définissait le savoir illusoire, le pseudo-savoir des sophistes).

Citation

La conscience est moins une chose, une substance existant en soi, qu'une relation (le *cum* de « conscience » signifie « avec » en latin). Toute conscience, a écrit Husserl, est conscience de quelque chose, cette intentionnalité de la conscience est son caractère premier.

La conscience se porte vers deux directions possibles : le monde extérieur, qui est celui des choses et des autres (la conscience commence avec la sensation, qui est le plus immédiat contact entre le corps et un autre corps), ou bien le monde intérieur : alors que l'animal éprouve des sensations et a des perceptions (ce sont des sensations plus complexes puisqu'une stratégie les articule), seul l'être humain est capable d'avoir conscience de lui-même. Dans la conscience de soi, la conscience retourne sur elle-même et se prend elle-même pour son propre objet. Par exemple, dans un miroir, je me vois, ce qui signifie que je suis à la fois celui qui regarde (le *je*) et celui qui est regardé (le *moi*). Ce n'est pas un hasard si l'on dit en français que le miroir *réfléchit* une image. La conscience est une espèce de miroir.

À savoir

Il existe un autre principe de distinction entre deux formes de conscience : celle qui juge les faits (l'être, la réalité qui existe) et celle qui juge d'après les valeurs (le devoir-être, la réalité qui doit exister). On appelle « conscience morale » la seconde forme de conscience et « conscience psychologique » la première.

La conscience psychologique porte sur l'être alors que la conscience morale porte sur le devoir-être. La conscience psychologique se rapporte aux faits, ses jugements sont des *jugements de fait*, alors que la conscience morale se rapporte aux valeurs, ses jugements sont des *jugements de valeur*. Dans les expressions « prendre conscience », « perdre conscience », le terme « conscience » est pris au sens psychologique ; dans les expressions « avoir bonne ou mauvaise conscience », « en son âme et conscience », « conscience professionnelle », le terme « conscience » a un sens moral.

Attention

Ne confondez pas « expliquer » et « justifier ». Expliquer, c'est rendre compte d'une chose par des causes et des conditions ; justifier, c'est donner une légitimité à une chose : lorsqu'un sociologue explique la violence ou le racisme, il ne les justifie évidemment pas.

La conscience objective

De même que la santé est mieux définie par opposition à ce qui la ruine (la maladie, l'accident, la vieillesse), de même la conscience du monde n'apparaît jamais mieux que lorsqu'elle se perd (dans le sommeil, le coma ou les états de conscience altérée sous l'emprise d'une drogue, par exemple). Par là, nous comprenons que la conscience objective est inséparablement sens du réel (avec ses deux dimensions d'espace et de temps), présence de et à autrui (la plus radicale solitude du prisonnier lui fait perdre conscience du réel) et conscience de soi. Ces trois modalités de la conscience s'acquièrent ensemble (chez l'enfant) et disparaissent ensemble (dans le sommeil et les expériences extrêmes).

L'ÊTRE ET LE NÉANT

La conscience ne se contente pas de refléter la réalité : elle la nie et la dépasse. Se représenter, c'est littéralement présenter à soi-même une deuxième fois (re-présenter) quelque chose. Mais souvent la pensée, au lieu de représenter son objet, le « néantise » (Sartre), c'est-à-dire le représente paradoxalement comme aboli. Feuerbach disait : l'homme pauvre imagine un Dieu riche ; la religion est la projection de ce que l'homme *n'est pas* mais à quoi il aspire. Une conscience peut donc se nier elle-même, comme lorsque, dans son malheur et à travers lui, l'homme malheureux imagine le bonheur. C'est parce que les hommes ont vécu des enfers qu'ils se sont imaginé des paradis.

La conscience peut dépasser son objet. Le dépassement est d'ailleurs une manière de négation : se représenter l'infini, c'est dépasser, donc nier le fini. Jamais la conscience de l'animal ne parvient à un tel stade : chez lui, la conscience est inséparable de la vie. L'homme seul connaît cette situation paradoxale d'une conscience décalée par rapport à la vie sans laquelle pourtant elle ne saurait être.

La conscience de soi

La conscience de soi se manifeste chez l'être humain à travers des expériences banales :

- **le langage** (dire : « c'est moi », « je ») ;
- **la perception** (se reconnaître dans un miroir, sur une photographie ancienne) ;
- **la pensée** (se souvenir d'un moment passé, se projeter dans un avenir imaginé) ;
- **les relations sociales** (Hegel : on ne se pose qu'en s'opposant).

À savoir

Descartes fit de la conscience de soi à la fois l'archétype (le modèle) et le prototype (le premier exemple) de toute certitude. Parti à la recherche d'une réalité qu'aucun doute ne pourrait entamer, il arriva à la conclusion qu'on pouvait douter de tout, du monde extérieur et même de son propre corps, mais qu'il y a quelque chose dont on ne peut pas douter, c'est de sa pensée, car douter, c'est penser, or penser, c'est être (« *Cogito ergo sum* », « je pense, donc je suis »). Le *cogito* fait de la conscience de soi à la fois une donnée première et le résultat d'une déduction.

Citation

La conscience de soi a un véritable pouvoir de transfiguration. « Du fait même, écrit Hegel, que l'homme sait qu'il est un animal, il cesse de l'être. » Un esclave qui sait qu'il est esclave, n'est-il pas déjà à moitié libéré ? Inversement, le plus esclave des esclaves est celui qui ne sait pas qu'il l'est.

Le psychologue moderne a montré que la conscience de soi n'était ni innée ni définitivement acquise.

À savoir

La conscience de soi n'existe pas chez l'enfant qui vient de naître. Celui-ci l'acquerra vers l'âge de trois ans. Depuis Jacques Lacan, on nomme ce moment décisif de l'existence « le stade du miroir ». Le petit enfant, en effet, ne sait pas d'abord que c'est lui qu'il voit dans la glace devant laquelle on le porte. Au début, il croit avoir affaire à un autre, puis il éprouve de l'inquiétude car il se doute de quelque chose d'anormal (l'expérience du double) ; enfin, il se reconnaît. De plus, la conscience de soi n'est pas définitivement acquise : elle disparaît dans le sommeil, la douleur ou la folie.

Citation

On avait demandé à Freud ce qu'est « être normal ». Freud répondit : « aimer et travailler ». Le fou, en effet, ne peut faire ni l'un ni l'autre, car aimer c'est établir des relations entre soi et autrui, travailler c'est établir des relations entre soi et la réalité. Dans la psychose (la folie), ces deux types de relations sont devenus impossibles. Preuve par l'inverse que conscience de soi, conscience d'autrui et conscience du réel sont inséparables.

La conscience morale

Victor Hugo a écrit un poème intitulé *La Conscience* dans lequel il imagine Caïn, le premier meurtrier, poursuivi par un œil symbolisant à la fois son propre remords et la présence de Dieu. On pensait jadis qu'un acte était jugé trois fois : par la conscience, par la société et par Dieu.

De ces trois tribunaux, c'est celui de la société qui était considéré comme le moins juste. La conscience était vue comme le don et la voix (ou le regard) de Dieu. C'est pourquoi Rousseau l'appelait « instinct divin ». Dans un sens semblable, Kant faisait remarquer qu'il n'est point d'homme dépravé au point de ne plus avoir le sens du bien et du mal. Même le voleur, même le criminel garde un certain sens du bien et du mal.

De même que dans l'expérience du miroir, le même sujet est à la fois sujet et objet, regardant et regardé, ce dont rend compte en français le « je me regarde », de même lorsque je me juge, je prends en quelque sorte tous les rôles, celui de l'accusé et celui du procureur, sans excepter celui de l'avocat. J'imagine dans ma tête ce scénario : je m'accuse, je me défends et je finis par prononcer un verdict (« coupable ! », « pas coupable ! »).

LA CONSCIENCE MORALE EST-ELLE INNÉE OU ACQUISE ?

La conscience morale est innée car elle est universelle, tous les hommes ont le sens du bien ou du mal. La conscience morale est acquise car elle est relative (« Vérité en deçà des Pyrénées, erreur au-delà », disait Pascal) : ce qui est bien ici est mauvais là.

Devant cette antinomie (confrontation entre deux argumentations contraires), une synthèse est possible : distinguer la forme (le fait de pouvoir juger du bien et du mal) et le contenu (ce qu'on juge effectivement comme bon ou mauvais). La forme est universelle, tandis que le contenu est particulier, car lié aux différentes conditions socio-culturelles : tous les hommes ont le sens de la justice et du bien, mais ils ne leur donnent pas le même contenu.

En mettant l'accent sur les motivations inconscientes de l'être humain, même dans ses actes et pensées les plus altruistes en apparence, la psychanalyse bouleversera les données du problème. Nous croyons juger la valeur morale d'un acte alors que nous réagissons à notre plus ou moins grande difficulté à nous identifier à son auteur. Si la conscience morale était la voix de Dieu en chacun de nous, comment expliquer que nous ayons des scrupules extrêmes à propos de vétilles, tandis que nous nous absolvons volontiers pour des actes objectivement répréhensibles ?

Nous jugeons mais nous sommes mauvais juges. Car nous ne jugeons pas un acte en fonction de sa valeur ou de sa gravité objective, mais en fonction de la plus ou moins grande facilité que nous avons à nous identifier à son auteur. En d'autres termes, nous sommes très indulgents envers les fautes que nous commettons et très sévères envers celles que nous ne commettons pas. Ce qui revient à dire qu'à travers l'autre, c'est nous-même qu'inconsciemment nous jugeons. Un chef d'entreprise qui fraude l'État par millions d'euros trouvera scandaleux qu'on puisse voyager en bus sans ticket : ce n'est pas à lui que viendra l'idée de voyager sans ticket (d'ailleurs il ne prend jamais le bus !). Inversement, il arrive qu'un jeune excuse un acte de violence commis par un camarade mais voie comme une preuve de « manque de respect » le regard d'un inconnu sur lui.

Par ailleurs, la conscience morale est variable selon les époques et les cultures. Au XVIIIe siècle, les crimes les plus graves étaient le régicide (tuer ou blesser le roi), le blasphème (crime contre la religion) et le suicide. Au XIXe siècle, le crime le plus grave était le parricide. À partir du XXe siècle, dans la conscience populaire, le crime le plus impardonnable est l'infanticide (tuer un enfant), le viol et le rapt de l'enfant. Ce n'est plus l'attentat à la puissance qui scandalise le plus la conscience, mais l'attentat contre l'innocence.

Texte canonique

Dans ce passage des *Méditations métaphysiques*, Descartes établit l'impossibilité de ne pas croire en l'existence de la conscience (le mot ne figure pas dans le texte mais il y est impliqué). Le *cogito* (« je pense » en latin) est une certitude qu'aucun doute ne peut anéantir. Même si le monde matériel n'existe pas, même si un Malin Génie s'amuse à me tromper, il n'en reste pas moins vrai que pour être dans l'erreur ou l'illusion, il faut être, il faut penser.

Je me suis persuadé qu'il n'y avait rien du tout dans le monde, qu'il n'y avait aucun ciel, aucune terre, aucun esprit, ni aucun corps ; ne me suis-je donc pas aussi persuadé que je n'étais point ? Non certes, j'étais sans doute, si je me suis persuadé, ou seulement si j'ai pensé quelque chose. Mais il y a un je ne sais quel trompeur très puissant et très rusé, qui emploie toute son industrie à me tromper toujours. Il n'y a donc pas de doute que je suis, s'il me trompe ; et qu'il me trompe tant qu'il voudra, il ne saurait jamais faire que je ne suis rien, tant que je penserai être quelque chose. De sorte qu'après y avoir bien pensé, et avoir soigneusement examiné toutes choses, enfin il faut conclure, et tenir pour constant cette proposition : Je suis, j'existe *est nécessairement vraie, toutes les fois que je la prononce, ou que je la conçois en mon esprit.*

R. Descartes, *Méditations métaphysiques*, Méditation seconde.

Fiche révision

» ***Définitions :*** La conscience est le savoir immédiat qu'un être a de lui-même et des choses. On distingue la conscience de soi, qui est le propre de l'homme, et la conscience d'objet, que l'homme partage avec les animaux.

» ***Ne pas confondre :*** la conscience au sens psychologique (se rendre compte de quelque chose) et la conscience morale (se rendre compte que quelque chose est bien ou mal).

» ***Le cogito :*** Le mot résume la célèbre phrase de Descartes *Cogito, ergo sum*, phrase en latin signifiant « Je pense, donc je suis ». On parle de cogito pour désigner le sujet conscient, qui considère le monde à partir de sa propre pensée.

» ***La conscience morale :*** L'être humain n'est pas seulement capable d'agir, il est capable également de juger ses propres actions et celles des autres. Une grande question est de savoir d'où vient cette conscience morale : est-elle un don de Dieu ? Une donnée inhérente à la nature humaine ? Le résultat d'un apprentissage social et d'une évolution historique ?

QUELQUES AUTEURS ET TEXTES PHARES À CONSULTER

Lecture

» R. Descartes, *Méditations métaphysiques*.

Lire les deux premières méditations, qui traitent de la prise de conscience de soi.

» F. Nietzsche, *Par-delà le bien et le mal*, § 16.

Nietzsche en précurseur de la psychanalyse : la conscience est une illusion construite par les philosophes.

Chapitre 4

La perception

Ce chapitre figure seulement au programme de la série L.

DANS CE CHAPITRE :

- **Pourquoi Marco Polo n'a-t-il rapporté de Chine que des nouilles ?**
- **Croit-on ce qu'on voit ou ne voit-on que ce à quoi on croit ?**
- **Le monde des illusions et les illusions du monde**

Sentir et percevoir

Je *vois* des gens dans la rue mais je *regarde* un objet qui m'a intrigué dans une vitrine ; j'*entends* la musique du voisin mais j'*écoute* la mienne : « voir » et « entendre » sont des verbes qui expriment des sensations, tandis que « regarder » et « écouter » sont des verbes qui expriment des perceptions. Quelles différences y a-t-il entre « sentir » et « percevoir » ?

- La sensation est passive (involontaire), la perception est active (volontaire).
- La sensation est physique, elle touche mon corps, ma sensibilité, tandis que la perception possède une dimension intellectuelle, elle est déjà un acte de l'esprit. Imaginons une classe d'élèves traînée dans un musée : la plupart verront bien qu'il y a des peintures mais ils ne les regarderont pas. Imaginons la même classe de Nuls traînée dans un concert de musique classique : ils entendront de la musique, mais ils ne l'écouteront pas.

À savoir

La perception est de la sensation à laquelle de l'intelligence, de l'intérêt, de la culture, de la réflexion auront été ajoutés. On a appelé « loi de l'intérêt » ce mécanisme qui fait que les choses n'existent pour nous que dans la mesure où elles représentent déjà quelque chose.

ON NE VOIT QUE CE QU'ON SAIT

Marco Polo, l'un des premiers Européens à être allé en Chine, au Moyen Âge, n'avait même pas remarqué que les Chinois disposaient d'un moyen pour reproduire des textes mécaniquement grâce à des blocs de bois gravés et noircis d'encre. Si Marco Polo avait remarqué cela, l'imprimerie aurait été connue en Europe deux siècles avant Gutenberg, son inventeur officiel. Marco Polo n'avait pas compris ce qu'il voyait parce que cela n'entrait pas dans son cadre de pensée.

En revanche, il fut très intéressé par un aliment qu'il ne connaissait pas : les nouilles. On dit que c'est lui qui fut à l'origine, à son retour, des pâtes italiennes. On ne perçoit vraiment, dans le monde, que ce que l'on connaît déjà de lui.

Il n'y a pas de perception naïve

Il ne suffit pas d'avoir des mains, des yeux et des oreilles pour percevoir. Le monde ne nous apparaît jamais tel qu'il est mais *tel que nous sommes*. Ainsi, la culture qui nous a formés, la langue que nous parlons depuis notre naissance constituent des grilles à travers lesquelles nous apercevons les êtres et les choses du monde, mais dans lesquelles nous sommes aussi, dans certaine mesure, emprisonnés.

À savoir

LA PHÉNOMÉNOLOGIE : UNE PHILOSOPHIE DE LA PERCEPTION

Fondée par l'Allemand Edmund Husserl au début du XXe siècle, la phénoménologie est, comme son nom l'indique, la « science des phénomènes ». Un phénomène, selon l'étymologie grecque, est ce qui nous apparaît (c'est pourquoi le mot a dans la langue commune le sens d'« événement » ou d'« être exceptionnel » : quand on dit « C'est un phénomène ! » ou « C'est un succès phénoménal ! », cela signifie que cet individu ou cet événement nous apparaissent comme particulièrement forts). La phénoménologie, représentée en France par Merleau-Ponty, est une philosophie qui, contre la tradition métaphysique et idéaliste, s'attache à « revenir aux choses mêmes » pour décrire et analyser la relation immédiate, non réfléchie, que l'homme peut avoir au monde.

La perception est-elle dans le sujet qui perçoit ou dans l'objet perçu ?

La réponse à cette question dépend de la position, idéaliste ou réaliste (voir chapitre 8), de celui qui répond.

Certains philosophes de l'âge classique (XVIIe-XVIIIe siècles) ont tenté une manière de synthèse en distinguant, dans la chose perçue, les *qualités premières* et les *qualités secondes*.

À savoir

Les qualités premières sont celles qui sont censées appartenir à la chose elle-même, indépendamment du sujet qui la perçoit. Ainsi Descartes établit-il avec l'exemple célèbre du morceau de cire (voir chapitre 44) que l'étendue, l'espace occupé, est la qualité première du morceau de cire, tandis que sa couleur, son odeur, sa consistance sont des qualités secondes.

« Je ne crois que ce que je vois »

Telle est l'opinion du critique sceptique qui se méfie des rumeurs et des traditions.

On pourrait tout aussi bien dire l'inverse : nous ne voyons que ce à quoi nous croyons.

Ainsi la Vierge Marie est-elle apparue à Lourdes et à Fatima dans des pays catholiques, mais jamais au milieu de la forêt tropicale, chez les animistes, ni dans le désert des musulmans...

L'illusion

En Inde, tout un courant de pensée a considéré l'univers tel qu'il nous apparaît comme une illusion produite par le *jeu* des dieux, un décor de théâtre. *Maya* est le nom de cette illusion divinisée, en même temps que celui de son produit. Lorsqu'on parle d'« illusion », le terme renvoie aussi bien au processus qu'à son résultat.

À savoir

On distingue l'*illusion sensible* et l'*illusion intellectuelle* (ou psychologique) : quelque chose est perçu ou pensé comme étant réel mais le réel n'est pas là où il est envisagé. Depuis Platon, l'illusion est comprise comme une sorte d'erreur particulière. Prenons l'image de la cible : le centre serait la vérité, le reste de la cible serait l'erreur, l'espace en dehors de la cible représenterait l'illusion.

L'erreur est *à côté* de la vérité, l'illusion est *en dehors*. Celui qui dit 2 fois 6 égale 14 se trompe, celui qui croit qu'il est immortel ne fait pas que se tromper.

UN EXEMPLE DE RAISONNEMENT DIALECTIQUE : L'APPARENCE EST-ELLE TROMPEUSE ?

I – Thèse : « L'habit ne fait pas le moine » (proverbe français)

II – Antithèse : « L'habit fait le moine » (proverbe allemand)

III – Synthèse : L'apparence n'est ni erreur ni vérité mais signe : à nous de l'interpréter de façon correcte. La vérité et l'erreur ne sont pas dans les choses mais en nous qui les considérons. Ce n'est pas l'apparence qui nous trompe, mais nous qui, éventuellement, nous trompons sur les apparences.

Platon, dans le livre VII de *La République*, imagine une histoire symbolique pour illustrer sa conception des deux mondes, le sensible, plein des prestiges de l'apparence, et l'intelligible, le seul réel et vrai. On nomme ce passage célèbre « allégorie » ou « mythe de la caverne » (voir chapitre 44).

LE PAPILLON DU PHILOSOPHE CHINOIS

Le philosophe taoïste chinois Tchouang Tseu a inventé cet apologue : « Moi, Tchouang Tseu, j'ai une nuit rêvé que j'étais un papillon ; lorsque je me suis réveillé, je me suis retrouvé Tchouang Tseu, mais peut-être ne suis-je maintenant Tchouang Tseu que dans le rêve d'un papillon ! »

Tout le théâtre classique européen, de Shakespeare (*Le Songe d'une nuit d'été*) à Molière en passant par Calderon (*La Vie est un songe*) et Corneille (*Le Menteur*, *L'Illusion comique*), a été pris dans cette grande controverse en forme de paradoxe qui rappelle la *Maya* indienne et l'apologue de Tchouang Tseu : lorsque nous rêvons, nous ne doutons pas que ce que nous voyons est réel ; qu'est-ce qui nous prouve que ce que nous vivons à présent n'est pas un rêve ? Shakespeare disait que la vie est « un songe un peu mieux lié ». On considère en effet que la cohérence du présent ainsi que le témoignage des autres forment une double garantie contre l'hypothétique caractère illusoire de ce que nous nommons le réel.

À savoir

Descartes, qui évoque lui aussi la folle possibilité d'un monde réduit à n'être qu'un décor de théâtre et s'imagine (dans les *Méditations métaphysiques*) trompé par le « Malin Génie » (encore la *Maya*), répond par un autre argument : si je suis trompé, j'existe, et puisque je pense que j'existe, je pense ; ni l'existence ni la pensée ne peuvent être elles-mêmes des illusions puisque pour être la victime d'une illusion il faut être et penser.

À savoir

Chez Descartes, la raison garantit que l'illusion ne sera jamais la plus forte. Chez Kant, au contraire, le propre de la raison est d'être sujette à l'illusion. Kant qualifie de transcendantale cette illusion parce qu'elle dérive de conditions *a priori* : par nature la raison ne peut pas ne pas penser qu'elle connaît les choses en elles-mêmes (et non telles qu'elles nous apparaissent) ; avide d'unité et de totalité, elle prétend en outre établir une science de Dieu, de l'âme et de l'univers. Quand elle prétend être une science et non simplement une pensée, la métaphysique est une illusion. Or, qu'elle soit sensible ou intellectuelle, il existe une ténacité particulière de l'illusion : même reconnue comme illusion, elle subsiste.

CONTROVERSE : EST-IL SOUHAITABLE DE PERDRE SES ILLUSIONS ?

Thèse :

1/ Oui : la vérité est toujours préférable

2/ Oui : la raison et la connaissance forment la vraie nature de l'homme

Antithèse :

1/ Non : l'illusion fait vivre

2/ Non : l'homme est un être de croyance

Synthèse possible :

Distinguer les différents types d'illusions : certaines sont destructrices et ignobles (le racisme repose sur une illusion), d'autres créatrices et belles (les illusions de l'art).

Exemple de renversement dialectique

» La radicale opposition entre le réel et l'irréel (l'imaginaire) est une exigence de la raison. Qu'est-ce en effet que prendre pour réel l'irréel ? Rêver ou être fou.

Citation

» Mais l'irréel a un poids de réalité dont il faut tenir compte et dont on tient d'ailleurs compte. Napoléon disait : « Je gagne mes batailles avec les rêves de mes soldats endormis. » L'histoire, en effet, a été autant faite par les rêves des hommes que par leurs actions, dans l'exacte mesure où la plupart de ces actions leur ont été suggérées par leurs rêves (voir les rêves du héros, du conquérant, du révolutionnaire, de l'inventeur, de l'aventurier, etc.).

Texte canonique

On affirme souvent que les sens sont trompeurs : un bâton plongé dans l'eau paraît tordu, une tour carrée vue de loin paraît ronde. Dans ce texte, Kant montre que les sens ne peuvent tromper dans la mesure où ils ne jugent pas. Seul l'entendement (l'intelligence) peut se tromper.

Les sens ne trompent pas : *proposition qui récuse le reproche le plus important, mais aussi à bien peser, le plus vain qu'on adresse aux sens, ce n'est pas qu'ils jugent toujours exactement, mais ils ne jugent pas du tout, c'est pourquoi l'erreur n'est jamais qu'à la charge de l'entendement. Cependant* l'apparence sensible *(...) tourne pour l'entendement, sinon à la justification, du moins à l'excuse ; c'est que l'homme en arrive souvent à tenir l'élément subjectif de sa représentation pour l'objectif (la tour éloignée dont on ne voit pas les angles est considérée comme ronde ; les lointains de la mer qui atteignent le regard par des rayons lumineux plus élevés, sont considérés plus hauts que le rivage [...] ; la pleine lune qu'on voit, quand elle monte à l'horizon, à travers un air chargé de vapeurs, bien qu'on la saisisse avec le même angle de vue, est tenue pour plus éloignée, donc pour plus grande que lorsqu'elle est haut dans le ciel) ; et ainsi il en vient à prendre le phénomène pour l'expérience et à tomber dans l'erreur, comme en une faute de l'entendement, non comme en une faute des sens.*

E. Kant, *Anthropologie du point de vue pragmatique*, première partie, § 11, trad. M. Foucault, Vrin, 1994, p. 31.

QUELQUES AUTEURS ET TEXTES PHARES À CONSULTER

Lecture

» R. Descartes, *Méditations métaphysiques.*

C'est à la fin de la seconde méditation que figure le célèbre passage sur le morceau de cire.

» M. Merleau-Ponty, *Phénoménologie de la perception.*

Fiche révision

» ***La perception est*** la sensation à laquelle la conscience s'ajoute (comme regarder par rapport à voir, écouter par rapport à entendre, palper par rapport à toucher).

» Toute perception est ***le résultat d'un certain travail*** de la pensée (instruction, réflexion personnelle).

» ***La phénoménologie*** est l'un des principaux courants de la philosophie contemporaine. Elle a placé au tout premier plan le problème de la perception, c'est-à-dire celui du rapport de la conscience au monde.

» Par l'exemple du morceau de cire qui, fondu, change d'odeur, de couleur, de forme et de consistance, Descartes distingue ***les qualités premières*** qui appartiennent en propre à l'objet perçu et ***les qualités secondes*** qui viennent du sujet percevant.

» ***Le mythe de la caverne*** est une histoire imaginée par Platon dans *La République* pour montrer le caractère illusoire de nos perceptions sensibles. Pour Platon, seule « l'âme », c'est-à-dire l'esprit, est capable d'atteindre la vérité, mais pour cela, elle doit s'arracher aux illusions sensibles.

» ***L'apparence*** peut dissimuler (cacher la réalité) mais elle peut également révéler (traduire la réalité). On peut aussi la considérer comme une dimension entière de la réalité.

Chapitre 5

L'inconscient

Notion au programme des séries L, ES et S.

DANS CE CHAPITRE :

- » **Avant la psychanalyse, des intuitions de philosophes**
- » **Charbonnier n'est plus maître chez lui**
- » **Sommes-nous tous des irresponsables ?**

Il y a bien des choses en nous qui échappent à la conscience

La plupart des phénomènes qui se déroulent en nous sont inconscients, c'est-à-dire qu'ils échappent à notre conscience. Ainsi en va-t-il avec les mécanismes réflexes (digestion, respiration, contraction et dilatation des pupilles, etc.). C'est pourquoi d'ailleurs on a mis si longtemps à les connaître. On note que la conscience apparaît lorsqu'une difficulté fait obstacle au bon déroulement de ces mécanismes (ainsi une digestion qui s'effectue mal devient-elle douloureuse). Avant la découverte de l'inconscient par Freud, pratiquement tous les philosophes avaient mis l'accent sur l'existence de phénomènes inconscients affectant le psychisme. Citons-en quatre parmi les principaux.

Platon : La théorie de la réminiscence

À savoir

Dans *Ménon*, Socrate, le porte-parole de Platon, interroge un jeune esclave (évidemment sans culture mathématique) sur un problème de géométrie : comment à partir d'un carré donné construire un second carré qui ait une aire double de celle du premier ? Le jeune esclave commence par une réponse erronée : il double la longueur du côté. Socrate lui fait alors remarquer que le carré ainsi obtenu n'est pas double mais quadruple du premier. Par un jeu de questions subtilement agencées, Socrate fera découvrir au jeune esclave la réponse juste : pour doubler l'aire d'un carré donné, il faut prendre sa diagonale comme côté du nouveau carré. Aux yeux de Platon, le jeune esclave (c'est-à-dire son âme, nous dirions son esprit) savait résoudre la difficulté, mais il *ne savait pas qu'il savait*. Pour Platon, en effet, l'âme est dotée d'une science éternelle mais qui peut être brouillée par l'écran du corps. Platon croit à la métempsycose : l'âme, selon lui, ne naît ni ne périt avec le corps, elle s'incarne en lui à la naissance et se détache de lui à la mort. Puisque l'âme sait depuis toujours, savoir, pour elle, c'est se souvenir (d'où le terme de « réminiscence »).

Nous ne sommes pas obligés de croire à la métaphysique de Platon, mais le *Ménon* parle pour la première fois d'un contenu de mémoire qui n'est pas conscient : notre mémoire retient des choses dont nous ne savions pas toujours que nous les connaissons.

Leibniz : La théorie des petites perceptions

Pour l'auteur de *La Monadologie*, l'âme est une monade (d'un mot grec signifiant « unité »), une unité spirituelle exprimant l'univers qui l'entoure à la manière d'un miroir convexe : certaines choses sont exprimées clairement, d'autres confusément.

Jargon

Leibniz appelle « aperception » la perception claire, consciente d'un ensemble, « petite perception » la perception confuse, inconsciente, d'éléments trop petits pour être aperçus.

Lorsque nous entendons le bruit de la mer, dit Leibniz, nous n'entendons pas celui de chaque goutte d'eau dont les vagues sont faites. La conscience globale (aperception) que nous avons du bruit de la mer est faite de petites perceptions inconscientes – de même que nous voyons un arbre, et pas les particules de matière dont il est composé.

Leibniz est un philosophe de la continuité : nous percevons la ligne mais pas les points dont elle est faite, le corps matériel mais pas les atomes dont il est constitué. Le tout (conscient) est différent de la somme de ses parties (inconscientes).

LEIBNIZ : LE PRINCIPE DE CONTINUITÉ

La perception n'obéit pas à la loi du tout ou rien mais varie de manière continue du plus clair au plus obscur (le dormeur continue de percevoir quelque chose du monde extérieur mais très faiblement).

La loi de continuité chez Leibniz ne s'applique pas seulement à l'âme mais au réel dans sa totalité : continuité liant les corps les uns aux autres dans l'espace, continuité liant les événements les uns aux autres dans le temps.

Hegel : La théorie de la ruse de la raison

Le grand homme pour Hegel est la conscience de son peuple : il est celui qui sait ce que le peuple désire obscurément sans pouvoir se le formuler. Il n'en reste pas moins porté par une force qu'il ignore lui-même, si bien qu'on pourrait dire des acteurs de l'histoire ce que Jésus disait de ses bourreaux : « Ils ne savent pas ce qu'ils font. » Comment en irait-il autrement dès lors que le sens d'une action historique est dans ses conséquences imprévisibles ? En envahissant les États allemands, Napoléon ne savait pas qu'il créait par contrecoup le nationalisme allemand ; Hitler, en exterminant les Juifs, ne savait pas qu'il fonderait par réaction l'État d'Israël, etc.

À savoir

Pour Hegel (qui, évidemment, ne donnait pas ces exemples), l'histoire est gouvernée par une raison supérieure dont les hommes sont ignorants : la raison est le moteur de l'histoire, mais les mobiles des hommes sont tout autres ; ce sont bien les passions qui font vivre et agir les hommes, mais telle est l'alchimie de la raison historique que tout ce chaos d'ambitions et de folies construit finalement et nécessairement un ordre. Les bourreaux de Jésus, de fait, ne savaient pas qu'ils fondaient une religion qui durerait encore deux mille ans après eux…

Nietzsche : La théorie de la volonté de puissance

Jargon

Pour Nietzsche, l'existence humaine et ses différentes manifestations (actions, pensées, œuvres) sont le produit de la volonté de puissance (*Wille zur Macht*) qui est à l'homme ce que l'instinct est aux animaux, avec cette différence toutefois que la volonté de puissance est très inégalement distribuée en quantité et en intensité.

Un goût, une croyance, un idéal sont perçus par celui qui les possède comme la libre expression de son *moi*. Ils ne sont, selon Nietzsche, que l'apparence embellie d'une volonté de puissance forte ou faible. Ainsi le végétarien croira-t-il sincèrement que son refus de manger de la viande vient de nobles raisons (non-violence, amour des animaux, hygiène, etc.), alors que c'est la faiblesse de son *corps* qui lui a inconsciemment dicté ce refus. Nous disons « je ne veux pas » pour traduire un « je ne peux pas » réel mais dont nous nous cachons l'existence. La morale est ainsi : une nécessité devenue vertu et une puissance qualifiée de vice ; on fait croire qu'on a *décidé* de ne pas faire ce qu'en réalité on n'est *pas capable* de faire.

L'inconscient de la psychanalyse est autre chose

La réminiscence platonicienne, les petites perceptions leibniziennes, les passions hégéliennes, la volonté de puissance nietzschéenne sont inconscientes. Elles sont différentes néanmoins de ce qu'on appelle depuis Freud, l'*inconscient*.

Attention

Ne confondons pas un phénomène inconscient et l'inconscient, d'une part, l'inconscient et l'inconscience, d'autre part.

Jargon

L'inconscient, selon Freud, est l'ensemble des réalités et mécanismes psychiques échappant à la conscience. Il est constitué par les *pulsions* (innées) et les *désirs refoulés* (acquis).

Quant à l'inconscience, elle est un état provisoire de suspension de la conscience (dans le sommeil, le coma, l'ivresse, etc.). Celui qui est dans un état second est inconscient, mais ce n'est pas son inconscient qui l'explique.

Attention

Ne confondons pas :

- **la psychanalyse :** étude de l'inconscient et méthode de guérison des névroses ;
- **la psychologie :** science du comportement humain ;
- **la psychiatrie :** partie de la médecine spécialisée dans l'étude et la guérison des maladies mentales (psychoses).

Problème logique et épistémologique : puisque l'inconscient échappe par définition à la conscience, comment pouvons-nous savoir qu'il existe ?

À cette question, plusieurs réponses sont possibles.

À savoir

L'inconscient n'est pas une substance, il n'est pas une partie de notre cerveau par exemple, mais une structure, un ensemble de structures psychiques. Il ne peut pas être observé directement mais indirectement par les effets qu'il induit. On peut le comparer au trou noir des astrophysiciens : cet objet céleste est une étoile effondrée sur elle-même ; il est si dense que la lumière ne peut s'en échapper. Mais son existence peut être supposée à partir des effets qu'il induit : espace vide, champ gravitationnel intense. De même, l'hypothèse de l'existence de l'inconscient peut être rendue nécessaire par :

- des manifestations irrationnelles du psychisme (rêves, symptômes névrotiques et psychotiques, actes manqués) ;

» des incohérences dans le comportement de l'être humain : il n'est pas toujours vrai, par exemple, que nous agissons toujours en fonction de notre intérêt (sinon, on ne s'expliquerait pas la fréquence des comportements suicidaires et addictifs).

Problème anthropologique : quelle image de l'homme la réalité d'un inconscient tout-puissant induit-elle ?

L'être humain s'est toujours reconnu double, et même multiple. Pendant vingt-cinq siècles, la ligne de démarcation passait entre l'âme et le corps. Freud l'a déplacée : il l'a mise entre le conscient et l'inconscient. L'inconscient est l'autre en nous. Il pense avec une autre logique.

À savoir

LA LOGIQUE DE L'INCONSCIENT

L'inconscient :

» remplace le raisonnement par l'association des idées ;

» ignore la négation, donc la mort ;

» ignore l'abstraction (il pense par images) ;

» ignore la succession irréversible des moments du temps (dans le rêve, ce qui arrive avant peut venir après) ;

» supprime les marques logiques du discours rationnel (« mais », « or », « par conséquent », etc.) au profit de la seule conjonction de coordination « et ».

C'est cette logique de l'illogique, cette raison de la déraison qui est à l'œuvre dans nos rêves. La découverte de l'inconscient, loin d'appauvrir l'image que nous nous faisons de l'être humain, l'enrichit en en montrant la complexité.

Problème éthique et juridique : tous irresponsables ?

L'inconscient ruine-t-il la liberté et la responsabilité ? Être responsable, c'est pouvoir *répondre* de ses actes parce qu'on est supposé en être l'*auteur*. Si les forces inconscientes nous dirigeaient, nous ne serions pas plus responsables que ne peut l'être la marionnette qui donne des coups de bâton sur sa voisine. Kant, qui ne connaissait pas l'inconscient, avait en quelque sorte répondu par avance à ce type de problème : en tant qu'élément de la nature, l'être humain est soumis au plus strict déterminisme (ici, celui de l'inconscient) ; mais en tant qu'être raisonnable, il jouit d'une liberté irréductible qui le fait responsable de ses actes. Un argument pourrait plaider en faveur de cette solution : si tous les criminels (admettons) ont eu une enfance difficile, tous ceux qui ont eu une enfance difficile ne sont pas devenus pour cela criminels.

Citation

La liberté, disait Spinoza, est la connaissance de la nécessité. Hegel ajoutera : et du fait que la nécessité est connue, elle n'est plus la nécessité. De ce point de vue, la connaissance du déterminisme psychique de l'inconscient, loin d'anéantir la liberté et la responsabilité, en constitue la condition.

À savoir

Certains neurophysiologistes (spécialistes de l'étude biologique des mécanismes de la pensée) ne veulent voir dans le comportement humain que le résultat de mécanismes biologiques et pensent que l'inconscient n'existe pas.

Un siècle après les premiers travaux de Freud, l'inconscient demeure une réalité problématique contestée par certains scientifiques.

Texte canonique

Descartes, dont le nom seul signifie pour nous « philosophie de la conscience », avait pressenti bien des trouvailles ultérieures en matière d'inconscient. Ainsi, dans ce texte, devine-t-il ce qui deviendra l'une des grandes découvertes de la psychanalyse : nous avons tendance à aimer (et donc à désirer retrouver) tout ce qui rappelle un affect agréable de notre enfance, et à détester (et donc à désirer fuir) tout ce qui est associé à un affect désagréable. Quel que soit le domaine en jeu, notre enfance est le temps où se mettent en place nos goûts et nos dégoûts ultérieurs. (À la première ligne, comprenez la fille « un peu louche » comme la fille qui louchait un peu !)

Lorsque j'étais enfant, j'aimais une fille de mon âge, qui était un peu louche ; au moyen de quoi, l'impression qui se faisait par la vue en mon cerveau, quand je regardais ses yeux égarés, se joignait tellement à celle qui s'y faisait aussi pour émouvoir la passion de l'amour, que longtemps après, en voyant des personnes louches, je me sentais plus enclin à les aimer qu'à en aimer d'autres, pour cela seul qu'elles avaient ce défaut, et je ne savais pas néanmoins que ce fût pour cela. Au contraire, depuis que j'y ai fait réflexion, et que j'ai reconnu que c'était un défaut, je n'en ai plus été ému. Ainsi, lorsque nous sommes portés à aimer quelqu'un, sans que nous en sachions la cause, nous pouvons croire que cela vient de ce qu'il y a quelque chose en lui de semblable à ce qui a été dans un autre objet que nous avons aimé auparavant, encore que nous ne sachions pas ce que c'est. Et bien que ce soit plus ordinairement une perfection qu'un défaut, qui nous attire ainsi à l'amour, toutefois, à cause que ce peut être quelquefois un défaut, comme en l'exemple que j'en ai apporté, un sage ne se doit pas laisser entièrement aller à cette passion, avant que d'avoir considéré le mérite de la personne pour laquelle nous nous sentons émus.

R. Descartes, *Lettre à Chanut*, 6 juin 1647.

Fiche révision

- Tout ce qui échappe à la conscience peut être qualifié d'inconscient. ***La psychanalyse***, inventée par Freud, ***définit l'inconscient*** comme l'ensemble des pulsions et des représentations psychiques qui échappent à la conscience.
- Platon avait constaté que l'âme (l'esprit) ne sait pas toujours ce qu'elle sait, qu'elle en sait toujours beaucoup plus qu'elle ne croit. La plus grande partie de notre mémoire est inconsciente : c'est celle que nous n'utilisons pas actuellement. On appelle ***théorie de la réminiscence*** chez Platon la théorie selon laquelle l'âme sait déjà ce qu'elle cherche, et qu'elle doit retrouver.
- Leibniz avait constaté que nos perceptions conscientes sont constituées de tout petits éléments qui, eux, ne sont pas conscients : ainsi lorsque je regarde un arbre, je ne distingue pas toutes les feuilles. Leibniz appelait ***petites perceptions*** ces perceptions inconscientes dont la totalité constitue la perception.
- Pour Hegel, l'Histoire est faite par des hommes qui n'en ont pas conscience. Les hommes croient poursuivre des buts particuliers (leurs intérêts, leurs idéaux, leurs plaisirs...), alors qu'en réalité ils sont en train de construire un ordre rationnel. Hegel appelle ***ruse de la Raison*** cette action de la Raison universelle dont les hommes n'ont pas conscience.
- Ce que Nietzsche appelle ***volonté de puissance***, et qui est l'énergie vitale propre à chacun, n'est, elle non plus, pas consciente.
- Selon la psychanalyse, ***l'inconscient est un monde psychique*** qui obéit à des lois contraires à celles de la logique rationnelle.

Lecture

QUELQUES AUTEURS ET TEXTES PHARES À CONSULTER

- Platon, *Ménon*.

Ce dialogue, l'un des plus courts de Platon, peut être lu en entier. C'est lui qui développe la fameuse thèse de la réminiscence.

- G. W. F. Leibniz, *Nouveaux essais sur l'entendement humain*.

La préface développe la fameuse thèse des petites perceptions.

- S. Freud, *Introduction à la psychanalyse*.

Un recueil de conférences que le père de la psychanalyse avait prononcées devant un public de non-spécialistes. Ce livre reste la meilleure introduction à la psychanalyse.

Chapitre 6
Autrui

Ce chapitre concerne les séries L et ES.

DANS CE CHAPITRE :

- **Autre que moi, autre comme moi**
- **Amis ou ennemis ?**

Drôle de mot !

« Autrui » partage avec Dieu cet incroyable privilège de n'avoir pas d'article et, à la différence de Dieu, il n'est pas un nom propre. Personne ne s'appelle Autrui et l'autrui n'existe pas. À la différence de Dieu, « autrui » n'est pas « quelqu'un » en particulier ; on ne dira pas : « À propos, je viens de rencontrer autrui dans la rue. »

Qui est donc autrui ? N'importe quel autre, n'importe quels autres pour moi – tous les autres même, moi-même faisant évidemment partie d'autrui pour les autres. « Autrui » est un concept plus qu'un être : il est le concept de l'autre en tant qu'autre. Bigre !

Ego, c'est « moi » en latin ; pour l'autre on dit : « *alter ego* », l'autre moi. L'autre que moi, en effet, l'autre qui n'est pas moi, est un autre moi.

BON MOT DE CAFÉ

On connaît ce dialogue banal entre un client et le garçon de café :

« Un autre, s'il vous plaît !

– Le même ?

– Oui, un autre ! »

« Un autre », en français, peut curieusement désigner aussi bien quelque chose de différent (exemple : « et maintenant un autre candidat ! ») et quelque chose d'identique (exemple : « une autre chance »).

Identité et différence

Autrui est comme moi, mais « comme » peut renvoyer à l'identité *et* à la différence, à la ressemblance *et* à la dissemblance, car si autrui est *comme* moi, il est à la fois un autre moi, et autre que moi.

Attention

Ne pas confondre *identité* et *ressemblance*. Deux choses (ou êtres) identiques ne présentent entre elles aucune différence. Selon le *principe des indiscernables* de Leibniz, deux choses réelles sont toujours différentes l'une de l'autre : deux feuilles d'arbre, deux grains de sable, deux gouttes d'eau auront toujours entre eux des petites différences imperceptibles. En revanche, on peut bien dire que deux cercles qui ont le même rayon ou que deux carrés qui ont le même côté sont identiques, seulement, justement, les cercles et les carrés n'existent pas dans le monde sensible, concret.

Deux choses ou êtres peuvent se ressembler fortement et n'être pas identiques – et tel est en particulier le cas des vrais jumeaux. Même deux clones présentent entre eux des différences, ne serait-ce qu'à cause de leur différence d'âge.

Attention

Le terme « identité » est équivoque car il désigne aussi bien une réalité (l'identité d'un individu, celle qui est inscrite par exemple sur sa « carte d'identité ») qu'une relation (l'identité mathématique a = b).

L'amour ou la haine ?

Empédocle, un philosophe présocratique (vivant avant Socrate), voyait la nature tout entière partagée entre deux forces cosmiques : l'Amitié (*Philia*, en grec), qui unit les éléments, les corps et les êtres les uns aux autres, et la Haine, qui les sépare. Ainsi l'Amitié unit-elle la terre et l'eau mais la Haine sépare l'eau et le feu. Pour Empédocle, les relations entre les hommes sont l'expression de cet ordre cosmique qui voit tantôt l'union, tantôt la séparation l'emporter.

Il y a des philosophes, qu'on dira optimistes, qui pensent que les forces d'union l'emportent chez les hommes : ce sont ces forces qui s'expriment dans la sympathie (étymologiquement : « le fait d'éprouver avec »), l'amitié, l'amour et qui contribuent à forger les couples, les familles et les sociétés.

Citation

D'autres philosophes, en revanche, qu'on pourrait appeler pessimistes, pensent, comme Plaute, que « l'homme est un loup pour l'homme », une citation célèbre reprise plus tard par Hobbes.

Sympathie et empathie

Jargon

La *théorie de l'esprit* est la capacité qu'a l'être humain de se représenter les pensées d'autrui. À partir d'un certain âge, l'enfant, au lieu de vivre emmuré dans ses seules impressions, est capable de deviner les intentions et les sentiments de sa mère, de savoir ce qui lui fera plaisir ou lui donnera de la peine. Généralement, les animaux n'accèdent pas à ce stade. L'autisme, qui est une grave maladie psychique et comportementale, se caractérise par une absence totale de théorie de l'esprit : l'enfant autiste n'établit aucune communication avec sa mère, ni par le regard ni par le sourire. Imaginons ce que peut avoir d'atroce une telle situation : un enfant qui ne regarde jamais autrui dans les yeux.

La sympathie naît de cette capacité proprement humaine qu'a l'individu d'éprouver les mêmes choses qu'autrui. Ainsi la pitié peut-elle être considérée comme une forme de sympathie : je suis capable de me représenter la souffrance de l'autre parce que je sais que je pourrais souffrir *comme lui*.

Jargon

L'*empathie* est le fait d'éprouver ce que l'autre éprouve, comme s'il faisait partie de nous-même, comme s'il était une partie de notre *moi*. Certaines mères, par exemple, ressentent une douleur au genou si elles voient leur enfant tomber et se blesser au genou.

Jargon

Ces mécanismes psychologiques contredisent le *solipsisme* – qui est la conception, défendue par certains philosophes, selon laquelle le sujet enfermé dans le monde de ses représentations propres ne peut en sortir d'aucune façon, sinon par les conventions du langage. L'argument majeur des partisans de cette thèse est que, à proprement parler, nous ne pouvons jamais réellement *nous mettre à la place de l'autre*.

Curieuse expression, d'ailleurs, on y voit un signe de sympathie, alors qu'au sens propre, si je me mets à la place d'autrui, c'est que je la lui prends !

Identification et projection

La psychanalyse, en un sens, a confirmé la thèse solipsiste en établissant que notre relation psychique à autrui ne peut être autre chose qu'imaginaire, et même fantasmatique. Ainsi, l'amour reposerait sur une illusion complète : je crois aimer quelqu'un, alors qu'en fait je n'aime qu'une image dont ce « quelqu'un » est le support, pour ainsi dire le prétexte.

De cette manière, inconsciemment nous tombons amoureux des personnes qui nous rappellent le plus ou le mieux celles qui ont été l'occasion de nos premiers désirs et de nos premiers plaisirs (voir le texte de Descartes p. 54).

Jargon

L'*identification* est le processus psychique par lequel un individu rapporte à lui-même la personnalité d'autrui, ou un trait de son caractère. La formation d'un enfant ne va pas sans identification à des modèles qui peuvent être réels (les parents jouent la plupart du temps ce rôle) ou imaginaires (exemple : les stars de cinéma confondues avec leurs personnages).

La *projection* est le processus psychique par lequel un individu attribue à autrui ce qui, en réalité, vient de lui. Au lieu de voir l'autre tel qu'il est, on le voit *tel que nous sommes.*

L'idéalisation amoureuse est liée à un mécanisme de projection : les qualités supposées chez l'autre, et qui n'existent pas, incarnent des idéaux qui nous appartiennent. Des défauts et des vices sont couramment projetés sur autrui : ainsi le jaloux imagine-t-il que l'autre le trompe alors que c'est lui qui désire le tromper. Autre exemple de projection : le raciste suppose chez celui qu'il déteste une agressivité qui en fait vient en lui (les nazis attribuaient aux Juifs la responsabilité de la guerre mondiale qu'ils avaient déclenchée – ce n'était pas chez eux un simple mensonge de propagande, ils croyaient réellement que les Juifs leur faisaient la guerre comme le jaloux croit réellement que l'autre le trompe).

« On ne se pose qu'en s'opposant »

Citation

Cette citation de Hegel est illustrée dans un célèbre passage de *La Phénoménologie de l'Esprit* connu sous le nom de « dialectique du maître et de l'esclave ».

Le maître a besoin d'être reconnu comme maître par l'esclave alors même qu'il le considère comme un simple instrument. D'un côté, le maître traite l'esclave comme une chose ; de l'autre, il le reconnaît comme son égal, puisqu'il lui suppose une pensée, une conscience d'homme.

L'esclave, lui, n'a pas besoin d'être reconnu comme esclave, puisqu'il l'est en fait. En revanche, s'il veut être reconnu comme conscience libre, il doit s'opposer au maître en se révoltant. Cette révolte est aidée par la prise de conscience que, dans une large mesure, le maître dépend de lui, l'esclave, et donc qu'il est, en une certaine façon... esclave ! Ainsi les révoltes et les révolutions éclatent-elles lorsque les plus faibles prennent conscience de la faiblesse de la force qui les écrase.

Être libre face à autrui, c'est lui dire « non » ! Le premier « non » du petit enfant est son premier acte de liberté. On ne se pose qu'en s'opposant.

Les sens différents du regard

Avant les mots et le contact physique, c'est le regard qui est le premier signe de communication entre *moi* et *autrui.*

Le regard est lourd de sens divers et contradictoires : de la bienveillance à la haine en passant par l'amour et le mépris, il contient tous les affects (sentiments, passions, émotions).

Il y a des philosophes comme Sartre qui insistent sur le pouvoir de « chosification » du regard : regarder l'autre, c'est comme le pétrifier – de là le sentiment particulier de *honte* que nous éprouvons lorsque nous sentons, en certaines situations, un regard pesant ou désapprobateur se poser sur nous.

Attention

« L'enfer, c'est les autres ! » est l'une des citations les plus connues de la philosophie et elle est presque toujours mal comprise.

Dans sa pièce de théâtre *Huis clos*, Sartre imagine trois personnages déjà morts se retrouvant dans une chambre d'hôtel en guise d'enfer. Athée, Sartre ne croit pas à l'au-delà. Ce qu'il veut dire, c'est que le mort n'a plus le pouvoir de changer le sens de son existence passée, il n'a plus cette liberté infinie dont il jouissait durant la vie. Dès lors, il est en proie aux autres, à leurs paroles, à leurs souvenirs, auxquels il ne peut rien changer.

« Être mort, c'est être en proie aux vivants », « on rentre dans un mort comme dans un moulin », dit encore Sartre. « L'enfer, c'est les autres », cela ne signifie pas que les autres sont « infernaux » mais qu'ils sont les seuls maîtres du sens d'une vie passée, le seul au-delà d'une existence révolue. Quand nous serons morts, nous ne vivrons plus que dans la mémoire des autres.

À savoir

Emmanuel Levinas s'oppose explicitement au pessimisme dur de Hegel et de Sartre en voyant en autrui un *visage* qui me commande.

Les animaux ont une tête, une face, une gueule, mais pas de visage. Quand on veut nier l'autre dans son humanité, on lui dit « ta gueule ! », et on le traite de « tête de chien » ou de « face de rat » – on lui ôte le visage. Le visage a quelque chose d'infini. La première chose qu'il commande, c'est de ne pas tuer – c'est pourquoi on met un bandeau sur les yeux de ceux que l'on fusille, cet acte est une espèce de mort symbolique.

Le respect

Jargon

La *dignité* est la qualité particulière à une personne. Tous les êtres humains, du seul fait qu'ils sont humains, sont pourvus d'une dignité qui est inaliénable, c'est-à-dire qui ne peut être enlevée. Même avant la naissance (avec le fœtus), même après la mort (avec le cadavre), la dignité est présente. On appelle *respect* la reconnaissance de la dignité.

À savoir

Ces deux concepts de *dignité* et de *respect*, théorisés pour la première fois par Kant, figurent à présent dans tous les textes des droits de l'homme. Il est difficile de respecter autrui en toutes circonstances – tellement les préjugés racistes, nationalistes et égoïstes sont puissants. L'autre est le plus souvent apparu ou bien comme un moyen (de travailler, d'où l'exploitation économique, ou de plaisirs, d'où l'exploitation sexuelle), ou bien comme un concurrent, un rival, un ennemi. Respecter l'autre, c'est le considérer comme une fin en soi (et non comme un moyen) et comme un ami, c'est-à-dire ni comme un concurrent, ni comme un rival, ni comme un ennemi.

Citation

Telle est la formule de ce que Kant appelle l'*impératif catégorique*, et qui est l'expression du respect comme unique devoir moral : « Agis de telle sorte que tu traites l'humanité aussi bien dans sa personne que dans la personne d'autrui toujours en même temps comme une fin et jamais simplement comme un moyen. »

Texte canonique

Sartre a toujours nié l'existence de l'inconscient, qu'il remplace par la stratégie de la *mauvaise foi*, par laquelle la conscience arrive à se tromper, voire à se supprimer, elle-même, jusqu'à se ravaler à l'état de chose.

Voici, par exemple, une femme qui s'est rendue à un premier rendez-vous. Elle sait fort bien les intentions que l'homme qui lui parle nourrit son égard. Elle sait aussi qu'il lui faudra prendre tôt ou tard une décision. Mais elle n'en veut pas sentir l'urgence (...). C'est qu'elle n'est pas au fait de ce qu'elle souhaite : elle est profondément sensible au désir qu'elle inspire, mais le désir cru et nu l'humilierait et lui ferait horreur. Pourtant, elle ne trouverait aucun charme à un respect qui serait uniquement du respect. Il faut, pour la satisfaire, un sentiment qui s'adresse tout entier à sa personne, c'est-à-dire à sa liberté plénière et qui soit une reconnaissance de sa liberté. Mais il faut en même temps que ce sentiment soit en entier désir, c'est-à-dire qu'il s'adresse à son corps en tant qu'objet. Cette fois donc, elle refuse de saisir le désir pour ce qu'il est, elle ne lui donne même pas de nom, elle ne le reconnaît que dans la mesure où il se transcende vers l'admiration, l'estime, le respect et où il s'aborde tout entier dans les formes plus élevées qu'il produit au point de n'y figurer plus que comme une sorte de chaleur et de densité.

J.-P. Sartre, *L'Être et le Néant*, Gallimard, 1943, p. 91.

Fiche révision

- « ***Autrui*** » sert à désigner les autres en général ainsi que les relations que je peux avoir avec eux.
- Ne pas confondre ***identité*** et ***ressemblance***. Selon le principe des indiscernables de Leibniz, il n'y a rien de strictement identique dans la réalité. Tous les hommes sont semblables, mais aucun n'est identique à un autre : tous sont différents. Mais la ***différence*** n'est pas nécessairement ***l'inégalité***.
- Sur la question des relations avec autrui, deux conceptions s'opposent depuis longtemps : une ***conception optimiste*** selon laquelle la sympathie et l'amour sont des modes spontanés de relations entre moi et l'autre, et une ***conception pessimiste*** selon laquelle la rivalité, la concurrence et le conflit sont premiers.
- On appelle ***dignité*** la qualité morale de la personne humaine qui implique le ***respect***.
- ***L'impératif*** moral est appelé ***catégorique*** par Kant parce qu'il n'est soumis à aucune condition de circonstance. Le respect d'autrui est un devoir absolu.

Lecture

QUELQUES AUTEURS ET TEXTES PHARES À CONSULTER

- Aristote, *Éthique à Nicomaque*.

Lire les livres VIII et IX sur l'amitié, à laquelle Aristote donne une dimension sociale et politique.

- J.-P. Sartre, *L'Être et le Néant*, troisième partie, chapitres 1 et 3.

Belles analyses concrètes sur le regard, le désir, l'indifférence.

Chapitre 7
Le désir

Cette notion est au programme des séries L, ES et S.

DANS CE CHAPITRE :

- **Le cheval fou de l'âme**
- **Les deux aspects de la force**

L'autre versant de l'être humain

Il est plus facile de définir le désir par rapport à ses opposés que de dire en quoi il consiste. De Platon à Freud, on a confronté le désir :

- à la raison ;
- au besoin ;
- à la volonté.

Raison et désir

À savoir

Dans *Phèdre*, Platon compare l'âme à un attelage comprenant un cocher (*noûs*, la raison) et deux chevaux : l'un est blanc et obéissant, il symbolise le courage (*thumos*), l'autre est noir et rétif, il représente le désir (*épithumia*). Après Platon, nombre de philosophes (les stoïciens) et de courants de pensée (le christianisme) ont vu dans le désir une puissance obscure et aveugle qu'il convenait de maîtriser. Le bouddhisme en Inde va même jusqu'à voir dans le désir la source de tout mal (ou malheur), et dans son extinction (*nirvana*) la délivrance de l'être humain.

La raison est ordonnée alors que le désir est chaotique, elle est clairvoyante alors qu'il est aveugle, elle est libre alors qu'il est esclave, elle est bonne alors qu'il est mauvais.

Besoin et désir

Le désir a souvent été opposé au besoin : le besoin est physique, le désir psychique (ou social), le besoin est naturel, le désir culturel, le besoin est fini, le désir infini, le besoin est réel, le désir imaginaire, le besoin est de l'ordre du possible, le désir celui de l'impossible, le besoin est nécessaire, le désir est contingent.

Dans cette confrontation, le désir apparaît comme un luxe, alors que le besoin, parce qu'inscrit, du moins à l'origine, dans le corps et la « nature », est lié à la nécessité : on meurt de ne pas manger ou boire, on continue de vivre avec des désirs insatisfaits (heureusement, pourrait-on dire, car alors il n'y aurait plus un seul être humain sur terre).

L'INFINI EN NOUS

Le désir ne connaît pas les limites du besoin. Le besoin dit « assez ! » lorsque la satisfaction y met provisoirement fin, tandis que le désir crie « encore ! ». Quel amoureux peut s'estimer comblé dans son désir d'amoureux ? Quel conquérant peut s'estimer assez puissant, quel entrepreneur peut s'estimer assez riche pour pouvoir dire « c'est assez ! ». Don Juan peut toujours ajouter une femme à la liste de ses conquêtes, Napoléon serait allé jusqu'en Chine s'il avait pu annexer la Russie, et il est toujours possible d'ajouter un milliard de dollars à la plus grande fortune du monde.

Volonté et désir

À savoir

Le désir a été aussi opposé à la volonté : la volonté est rationnelle, le désir irrationnel, la volonté est réaliste, le désir irréaliste, la volonté est consciente, le désir inconscient, la volonté est finie, le désir infini.

Quelle différence y a-t-il entre un prisonnier qui veut sortir de prison et celui qui se contente d'en rêver ?

Le premier fait tout pour y parvenir, son comportement, ses actes sont orientés vers cet objectif. Le second trouve dans son imagination une compensation à la froide réalité : il rêve seulement d'être libre.

La seule limite du désir est la mort. Foncièrement le désir est désir d'infini (d'où le plus grand de tous, peut-être, le désir d'immortalité). Freud a découvert dans le psychisme la dualité irréductible du conscient et de l'inconscient : il arrive souvent qu'un désir inconscient entre en conflit avec une volonté consciente. Un malade peut *vouloir* guérir et *désirer* rester malade, un jeune homme peut *vouloir* se marier et *désirer* rester célibataire, un sportif peut *vouloir* gagner et *désirer* perdre, un étudiant peut *vouloir* réussir et *désirer* échouer.

Il est rare en effet que ce que nous voulons, nous le voulions totalement. Une part de nous-même *ne le désire pas*. La maladie, le célibat, la défaite et l'échec peuvent offrir des avantages (réels ou supposés) suffisamment importants pour que le désir (non formulé parce qu'inconscient, refoulé) l'emporte sur la volonté. Rester malade, c'est, malgré la peine, ne pas travailler, rester célibataire, c'est, malgré la solitude, demeurer libre, perdre, c'est peut-être pour un sportif marquer inconsciemment son admiration pour le vainqueur, échouer pour un étudiant, c'est repousser d'une année le moment de prendre des décisions importantes, etc.

Jargon

Pour Freud, un désir est l'expression d'une pulsion (libido ou pulsion sexuelle, agressivité ou pulsion de mort). Il est inconscient de par son origine et sa nature mais conscient dans ses manifestations (quand on désire quelque chose, on le sait).

Le destin du désir

À savoir

Un désir peut être :

- **»** ***satisfait***, lorsque l'objet du désir est atteint ;
- **»** ***refoulé***, lorsque l'objet du désir n'est pas atteint et que le désir « retourne à l'envoyeur » (l'inconscient) ;
- **»** ***sublimé***, lorsque l'objet du désir n'est pas atteint mais que le désir trouve satisfaction indirecte, symbolique, dans un monde plus idéal (l'art, la religion, l'action, le travail d'une manière générale) que celui d'où la pulsion vient. Ainsi, la charité chrétienne peut être analysée comme sublimation du désir sexuel, le sport est une sublimation de l'agressivité, etc.

Le désir est-il bon ? Est-il néfaste ?

À l'opposé de Platon, du bouddhisme et du christianisme qui jugeaient mauvais le désir comme incompatible avec la vérité et la liberté, des philosophes comme Spinoza et Nietzsche ont, à l'inverse, reconnu dans le désir une *force* positive, une expression de la puissance bonne par elle-même.

Jargon

Sous le terme de *concupiscence*, le christianisme condamna le désir. Le péché originel fut finalement induit par le désir (certains commentateurs ont même vu dans le « fruit » ou la « pomme » croquée par Adam et Ève le symbole du plaisir sexuel).

À savoir

Dans *L'Éthique* (troisième partie, proposition VI), Spinoza note que chaque chose dans la mesure où cela dépend d'elle, « s'efforce de préserver dans son être ». Cet *effort* est désigné par le mot latin « *conatus* ». L'appétit (« le désir est l'appétit avec conscience de lui-même ») est, dit Spinoza, l'essence même de l'homme. Ce qui signifie :

» que ce n'est pas la raison, la pensée, qui constitue cette essence, ainsi que la plupart des philosophes, depuis Aristote, le croyaient ;

» qu'il serait aberrant de vouloir ôter de l'existant humain ce qui constitue sa nature même.

L'équivoque des passions

Il est peu de réalités touchant l'existence humaine qui aient suscité une controverse aussi marquée que la passion. L'étymologie la condamne : « pâtir », le contraire d'agir, c'est « subir », « passion » est presque le même mot que « passif ». S'ajoute une idée de souffrance : la passion du Christ, c'est le récit de ses épreuves, de ses douleurs et de sa mort.

Jargon

Descartes appelait *passion* tout ce qui résultait de l'emprise du corps sur l'âme : le propre d'une passion est de n'être pas volontaire. Dans la mesure où l'homme, dans sa part la plus haute, est *raison* et *liberté*, la passion sera vue comme mauvaise car irrationnelle et contraignante. Mais dans la mesure où l'homme sera considéré comme puissance d'invention, la passion sera valorisée, car à l'intensité de l'*émotion* elle joint la durée et la profondeur du *sentiment*. Une émotion, en effet, est intense mais brève, un sentiment peut être durable mais il se dilue. La passion semble unir les deux forces, *intensive* et *extensive*.

Les rationalistes ont condamné la passion pour trois raisons, les romantiques l'ont exaltée pour trois raisons inverses.

LA PASSION EST-ELLE MAUVAISE OU BONNE ?

Du point de vue rationaliste, la passion est irrationnelle, donc mauvaise ; du point de vue romantique, la passion est bonne puisqu'elle se déploie au-delà des limites étroites de la raison.

Du point de vue rationaliste, la passion est une servitude ; du point de vue romantique, la passion est une suprême liberté car elle exalte l'homme (« Rien de grand dans le monde ne s'est fait sans passion », disait Hegel).

Du point de vue rationaliste, la passion est la voie de la mort ; du point de vue romantique, la passion est la vie portée à incandescence.

Synthèse possible : de quelle passion parlons-nous ? Une passion peut être destructrice (Hitler était un passionné) ou constructrice (Mozart était aussi un passionné), misérable (il y a des passionnés de pornographie) ou noble (il y a des passionnés d'art).

Textes canoniques

Schopenhauer fut le premier philosophe européen à s'intéresser vraiment aux pensées de l'Inde. Sur la nature et le sens du désir, sa conception rejoint celle du bouddhisme : en amont dans la privation comme en aval dans la satisfaction éphémère, le désir est malheureux.

La satisfaction, le bonheur, comme l'appellent les hommes, n'est au propre et dans son essence rien que de négatif : en elle, rien de positif (…). Le désir, en effet, la privation, est la condition préliminaire de toute jouissance. Or avec la satisfaction cesse le désir, et par conséquent la jouissance aussi. Donc la satisfaction, le contentement ne sauraient être qu'une délivrance à l'égard d'une douleur, d'un besoin : sous ce nom, il ne faut pas entendre en effet seulement la souffrance effective, visible, mais toute espèce de désir qui, par son importunité, trouble un repos, et même cet ennui qui tue, qui nous fait de l'existence un fardeau. Or, c'est une entreprise difficile d'obtenir, de conquérir un bien quelconque : pas d'objet qui ne soit séparé de nous par des difficultés, des travaux sans fin ; sur la route, à chaque pas, surgissent des obstacles. Et la conquête une fois faite, l'objet atteint, qu'a-t-on gagné ? Rien assurément, que de s'être délivré de quelque souffrance, de quelque désir, d'être revenu à l'état où l'on se trouvait avant l'apparition de ce désir.

A. Schopenhauer, *Le Monde comme volonté et comme représentation*, IV, 58, trad. A. Burdeau, PUF, 1966, p. 403-404.

***

Dans les *Manuscrits de 1844*, Marx fait la critique radicale du régime économique actuel. Derrière le mot « besoin », il est facile de voir le désir. Celui-ci peut être une chaîne de dépendance, pas seulement de soi à son propre corps, comme Platon et les auteurs chrétiens l'ont dénoncé, mais de soi à l'autre.

Dans le régime de la propriété privée, chaque homme cherche à susciter chez l'autre un nouveau besoin afin de le pousser à un nouveau sacrifice, de le précipiter dans une nouvelle dépendance, de le séduire par un nouveau genre de jouissance et par là de le ruiner économiquement. Chacun s'efforce de soumettre l'autre à une puissance étrangère pour satisfaire son propre besoin égoïste. L'accroissement de la quantité des objets s'accompagne donc d'un empire croissant des puissances étrangères qui subjuguent l'homme ; chaque nouveau produit est en puissance un moyen de tromperie et de spoliation réciproques. L'homme s'appauvrit continuellement en tant qu'homme ; il a de plus en plus besoin d'argent s'il veut vaincre la puissance hostile, et le pouvoir de son argent diminue au fur et à mesure de l'accroissement de la production, c'est-à-dire que ses besoins augmentent avec le pouvoir de l'argent.

Le besoin d'argent est ainsi le vrai besoin produit par le système économique moderne, voire le seul qu'il produise.

K. Marx, *Manuscrits de 1844*, trad. modifiée, *Œuvres Économie* II, Gallimard, Bibliothèque de la Pléiade, 1968, p. 91.

Fiche révision

- ***Le désir*** est une force que la philosophie depuis Platon oppose à la raison. Le désir n'est pas forcément sexuel : il existe le désir de richesse, le désir de domination, etc.
- À la différence du ***besoin***, physique et limité, le ***désir*** comprend une dimension psychique déterminante et n'est jamais pleinement satisfait.
- La philosophie classique ***oppose la volonté***, rationnelle et réaliste, ***au désir***, irrationnel et irréaliste.
- Le désir ***a été souvent condamné*** au nom des exigences les plus hautes de l'âme (connaissance, contemplation, prière...), mais il a été aussi ***exalté*** pour sa force d'ouverture et de création.
- **La passion a été condamnée par le rationalisme** au nom de la lucidité et de la maîtrise de soi, et exaltée par le romantisme comme une force qui arrache l'être humain à sa médiocrité.

Lecture

QUELQUES AUTEURS ET TEXTES PHARES À CONSULTER

» Platon, *La République*.

Lire le livre IV : le désir comme fonction de l'âme qui entre en conflit avec la raison.

» B. Spinoza, *L'Éthique*.

Lire dans la troisième partie, les propositions 6, 7, et 8 : ce n'est pas la raison mais le désir qui constitue l'essence de l'homme.

Chapitre 8

L'existence et le temps

Ce chapitre concerne exclusivement la série L.

DANS CE CHAPITRE :

- **Le temps qu'il fait, celui qui nous fait et nous défait**
- **La roue et la flèche**
- **La mort**

Le temps

Le temps qu'il fait, celui qui nous fait et nous défait

La météorologie est une science capable désormais de prévoir le temps qu'il fera dans les prochains jours. Le poète Ronsard disait : « Ce n'est pas le temps qui passe, hélas !, madame, c'est nous qui passons ! » Le même terme de « temps » en français a deux sens différents que la langue anglaise distingue nettement : « *weather* » est le temps de la météo et « *time* » celui de nos existences, et, au-delà, celui de la réalité en général. Il y a pourtant un lien entre les deux, qui explique la « confusion » en français : le propre du temps est le changement. Si rien autour de nous ne changeait, nous ne serions peut-être pas conscients du temps. Dans le conte de *La Belle au bois dormant*, la princesse est endormie pendant cent ans. Mais le temps ne s'est arrêté que pour elle : les ronces et les arbres ont continué à pousser jusqu'à recouvrir presque entièrement son château.

Le temps existe-t-il en dehors de nous ?

La question de savoir si le temps a une réalité objective ou bien s'il n'est qu'une représentation de l'esprit humain est l'une des plus importantes parmi celles qui ont traversé la philosophie classique.

RÉALISME ET IDÉALISME

À savoir

D'une manière générale, le réalisme est la conception philosophique selon laquelle il existe une réalité objective en dehors de l'esprit, indépendamment de lui. L'idéalisme, qui lui est directement opposé, est la conception selon laquelle il n'y a pas de réalité objective indépendamment de la représentation que la conscience s'en fait. Ainsi, du point de vue réaliste, l'espace, le temps, le monde existent réellement, et auraient existé de la même façon s'il n'y avait eu aucun homme sur terre pour se les représenter, tandis que, selon l'idéalisme, le temps, l'espace et le monde ne sont que des images forgées par l'esprit humain.

Selon le réalisme (un point de vue majoritairement soutenu par les physiciens), les choses et les êtres sont dans le temps, le temps est leur cadre nécessaire en même temps que leur mode d'existence. Les choses et les êtres apparaissent, se développent, déclinent et disparaissent. Du point de vue réaliste, il n'y a guère de différence entre un morceau de fer qui rouille et un animal qui vieillit.

Selon l'idéalisme, le temps n'est pas le cadre ou la dimension dynamique du réel mais une manière dont l'esprit humain dispose pour se représenter la réalité. En d'autres termes, selon le réalisme, le temps existe *en soi* tandis que, selon l'idéalisme, il n'existe que *pour nous.*

LES JUMEAUX DE LANGEVIN

Pour illustrer l'une des implications les plus paradoxales de la théorie de la relativité, le physicien Paul Langevin a imaginé l'expérience de pensée suivante.

Un jumeau monte à bord d'un vaisseau spatial qui voyagera à une vitesse relativiste (proche de celle de la lumière). Il laisse son frère sur terre. Après un an de voyage – une durée mesurée par une horloge embarquée –, le jumeau astronaute retrouvera une terre vieillie de plusieurs siècles, son frère sera donc, à son retour, mort depuis longtemps. Tout se passe comme si le temps du voyageur avait ralenti (avec la vitesse du véhicule) par rapport au temps de celui qui est resté sur terre.

À savoir

Kant a tenté une synthèse entre ces deux philosophies contraires en accordant au temps, d'une part, une « réalité empirique » (nous voyons les choses dans le temps : le sable coule dans le sablier, le Soleil se couche, dans ma conscience mes impressions et mes idées se succèdent) et, d'autre part, une « idéalité transcendantale » (le temps est une « forme *a priori* » de notre sensibilité, c'est-à-dire une condition nécessaire, inhérente à notre système de perception, et qui nous permet de voir les choses et les événements se succéder).

La physique et la cosmologie (la science de l'univers) modernes font coexister plusieurs formes et conceptions du temps. Selon la théorie de la relativité d'Einstein, le temps n'est pas un absolu mais dépend de la position de l'observateur qui le mesure (un astronaute qui voyagerait à une vitesse proche de celle de la lumière ne serait, par exemple, plus dans le même temps qu'un observateur resté sur terre).

Par ailleurs, la théorie standard en cosmologie établit que notre univers est apparu il y a 13,7 milliards d'années d'une explosion formidable (le Big Bang). Ces 13,7 milliards d'années ont une réalité physique : l'univers fonctionne comme une colossale horloge.

Le paradoxe du présent

Citation

« Tout coule » disait le philosophe présocratique Héraclite. Les choses qui nous paraissent permanentes ou stables sont en réalité en mouvement et subissent des transformations internes. C'est notre perception simplifiée des choses qui nous fait croire à leur immobilité. En un sens, par conséquent, le présent n'existe pas : coincé entre un passé qui l'engloutit et un futur qui l'appelle, il n'est qu'un point mobile sur une ligne ou une interface sans épaisseur.

Citation

« Le moment dont je parle est déjà loin de moi » écrivait Boileau. Lorsque je dis une phrase, le premier mot appartient déjà au passé, le dernier mot appartient encore au futur. Le matin est du passé par rapport à l'après-midi, le début d'un film est déjà du passé par rapport au film que je vois. Dépourvu de toute épaisseur, le présent semble inconsistant, abstrait, une simple *idée*.

Cette question est passablement vertigineuse : puisque le passé n'est plus réel, que le futur n'est pas encore réel et que le présent n'est pas réel (puisqu'il n'arrête pas de fuir, le bougre !), alors nous sommes contraints de conclure que c'est le temps lui-même qui est irréel, autrement dit une illusion. C'est à cette conclusion extrême qu'aboutit la philosophie bouddhiste en Inde : le temps, comme le monde, est une illusion dont il convient de se délivrer par la méditation.

Lecture

Saint Augustin prendra un chemin tout autre et aboutira à un résultat exactement contraire. Dans *Les Confessions*, le philosophe chrétien s'interroge sur le mystère du temps : je crois savoir ce qu'il est, constate-t-il, mais si on me le demande, je ne le sais plus. Plus tard, Pascal dira que le temps, comme le nombre ou l'être, fait partie de ces notions évidentes, qui n'ont pas besoin d'être définies parce que tout le monde les comprend (Pascal pense même qu'on jette de la confusion à vouloir ainsi définir les notions comprises de tous).

À savoir

Saint Augustin, donc, part de l'idée courante selon laquelle il y aurait un passé, un présent et un futur, trois dimensions du temps, et même trois temps. Cette triade a d'ailleurs son répondant dans les facultés de l'esprit (on disait : « de l'âme ») : l'entendement (l'intelligence) porte sur le présent, la mémoire sur le passé et la volonté sur le futur. Or, constate saint Augustin, lorsque nous nous souvenons de quelque chose, de notre enfance par exemple, ce souvenir est actuel, c'est-à-dire présent : il n'appartient pas au passé. Lorsque je me souviens de mon enfance, je ne fais aucun voyage dans le temps, je ne reviens pas dans le passé. De même lorsque j'échafaude un projet dans ma tête, une envie de vacances en Italie l'été prochain, par exemple, cette image mentale est actuelle, et non future, elle appartient tout entière au présent. Ainsi, concluait saint Augustin, il n'y a pas, comme on dit, trois temps, le passé, le présent et le futur mais un seul temps, le présent, qui est ou bien présent du présent, ou bien présent du passé, ou bien présent du futur.

Résumons : on a vu que le présent n'existait pas ; maintenant, si l'on suit saint Augustin, on s'aperçoit que lui seul est réel ! Voilà un bel exemple de dialectique, coco !

Les dimensions du temps

Attention

N'allons pas croire que la tripartition du temps en présent, passé et futur va de soi. Elle est gouvernée par la façon de parler, c'est-à-dire par le langage. Des linguistes ont montré que dans de nombreuses langues qui n'appartiennent pas (comme le français) à la famille indo-européenne, les temps des verbes n'étaient pas distingués de cette façon mais selon l'opposition de l'accompli (le passé et le présent immédiat) et de l'inaccompli (notre futur). Ainsi la façon de concevoir le temps serait-elle due, du moins en partie, à la façon de parler.

À savoir

Il existe d'autres façons de penser les différentes dimensions du temps. Tout d'abord le temps peut être opposé à l'éternité. Dans toutes les sociétés, les religions et les métaphysiques ont opposé au monde du changement, soumis au temps, un monde de la stabilité, échappant au temps.

Pour Platon, le cercle en tant qu'Idée est éternel – à la différence du rond qui, lui, est apparu et finira par disparaître (qu'on pense aux ronds de fumée ou aux ronds de serviette et même le Soleil « rond » finira par mourir un jour).

La pensée religieuse monothéiste fera de l'éternité un attribut de Dieu, par opposition au temps qui est la dimension de la vie humaine.

À savoir

LES DEUX « MONDES » DE PLATON

Platon opposait le « lieu » sensible, voué au changement incessant, donc à la dégradation et à la mort, et le « lieu » intelligible, qui est celui des Idées éternelles. C'est Plotin, fondateur de l'école dite néo-platonicienne, qui a traduit ces « lieux » en « mondes » : le monde sensible est celui dans lequel nous vivons présentement et le monde intelligible est celui de l'éternité, c'est celui auquel accèdent les âmes lorsqu'elles sont délivrées du corps, soit par la pensée philosophique, soit par la mort.

À savoir

Ce n'est pas à l'éternité mais à la durée que Bergson opposera le temps. Le temps est objectif et mesurable : il est l'affaire de la montre et de la science. Une heure est toujours égale à une heure. La durée, elle, est concrète, parce que vécue – à l'opposé du temps mécanique, la durée coïncide avec la dynamique même de la vie, que seule l'intuition (et non l'intelligence) peut véritablement comprendre.

Proust, qui avait lu Bergson, a illustré cette durée, ce temps, de la conscience qui obéit à d'autres lois que le temps de la science dans sa grande œuvre littéraire *À la recherche du temps perdu*. De même, on peut considérer que le cinéma a su traduire, dans le meilleur de ses films, cette durée de la conscience qui ne correspond en fait jamais avec le temps de la montre : un film qui *dure* 1 heure 30 peut rendre sensible la durée d'une existence entière d'un personnage, de la naissance à la mort.

Enfin, la durée en tant que « laps de temps » plus ou moins long peut être opposée à l'instant – qui n'est qu'un point. L'opposition entre la durée et l'instant a en histoire son répondant : un *fait* peut durer des années (la Révolution française ou la Première Guerre mondiale, par exemple), un *événement* est généralement très bref (une journée le plus souvent : la prise de la Bastille ou l'armistice du 11 novembre 1918 sont des événements).

La roue et la flèche

À savoir

Toutes les cultures, toutes les sociétés ont leurs propres conceptions du temps. On peut néanmoins classer celles-ci en deux grandes catégories : les conceptions *cycliques* et les conceptions *linéaires*. La *roue* symbolise les premières, la *flèche* symbolise les secondes.

Toutes les sociétés primitives et anciennes se sont représenté le temps comme un grand cycle ou comme un cycle de cycles. Selon ce paradigme (ce modèle), les choses et les êtres se succèdent selon un ordre naturel qui fait revenir au bout d'un certain temps les mêmes configurations. Ainsi, dans les mythes des quatre âges (d'or, d'argent, de bronze et de fer), le dernier âge (l'âge de fer) finit par déboucher sur un retour à l'âge d'or, et un nouveau cycle recommence. De même que les jours succèdent aux nuits et les nuits aux jours, de même que les saisons se succèdent toujours dans le même ordre, de même que les étoiles semblent parcourir un grand cercle autour de ce point fixe qui est, pour l'hémisphère nord, l'étoile polaire, de même les événements et les faits qui affectent la vie des hommes sont pensés comme des répétitions du passé et les préfigurations de l'avenir. Les mythes et les rites qui organisent la vie collective des sociétés traditionnelles sont à la fois des répétitions d'un passé lointain et des présages pour l'avenir.

C'est ce schéma d'un temps foncièrement réversible et répétitif qu'écartera la conception linéaire (symbolisée par la flèche) – telle qu'elle apparaît sans doute pour la première fois avec la pensée juive : les événements qui ponctuent la Bible, de la création du monde à l'apocalypse finale, n'ont lieu qu'une seule fois ; l'homme a été créé une fois pour toutes, une fois pour toutes il a été chassé du paradis. Dans cette ligne du temps, le passé, le présent et le futur sont hétérogènes, ils ne sont plus des retours ni des préfigurations.

À savoir

Ce temps irréversible, orienté, sera celui de la philosophie occidentale de l'histoire ainsi que celui de la physique moderne. Loin d'être soumis à la loi de la répétition, le temps est ce qui rend la répétition impossible.

L'existence

Citation

Heidegger disait de l'homme qu'il est « l'être des lointains ». Ces lointains peuvent être compris en un sens spatial (les voyages au-delà des mers, les nouvelles frontières) mais aussi temporel : à la différence de la pierre sans conscience, à la différence de l'animal doué de conscience, mais dont la mémoire et les projets sont gouvernés par un instinct largement répétitif, l'être humain ne cesse pas de sortir hors de son lieu et de son présent.

À savoir

C'est pour rendre compte de ce surgissement, inconnu de l'animal et de la pierre, que Heidegger utilise (en allemand) cette façon d'écrire : « *ek-sistence* », « *ek-* » étant en grec une préposition indiquant le mouvement de sortie hors d'un lieu d'origine. La pierre et l'animal *sont*, seul l'être humain *existe* (*ek-siste*). Ainsi peut être établie entre *être* et *exister* une distinction forte – alors que les deux verbes signifient généralement la même chose dans la langue courante.

« L'existence précède l'essence »

La distinction entre l'existence et l'essence remonte au Moyen Âge, mais elle était déjà clairement établie par les philosophes grecs. Sur une chose, deux questions peuvent être posées : « est-ce qu'elle est ? » et « qu'est-ce qu'elle est ? ». L'existence est le simple fait d'être, l'essence le fait d'être ainsi. L'essence d'une table, c'est son matériau et sa fonction ; elle sera donnée par la définition d'un dictionnaire. Lorsque Rabelais dit que le rire est le propre de l'homme, il dit que le rire fait partie de l'essence, de la nature de l'homme.

Lorsqu'un artisan fabrique un coupe-papier (c'est l'exemple pris par Sartre dans sa célèbre conférence *L'Existentialisme est un humanisme*), il a d'abord l'idée de ce qu'il veut faire, un plan, un schéma, un but : l'essence du coupe-papier, c'est-à-dire sa nature, sa fonction, précède son existence. C'est ce dont rend compte le verbe « réaliser » : un avion est d'abord pensé avant d'être construit.

Dans le cadre de la religion monothéiste, Dieu est une sorte d'artisan suprême : il crée l'homme comme l'artisan crée le coupe-papier. Et si Dieu crée l'homme, il le fait d'après une certaine idée (d'ailleurs la Bible le dit explicitement : Dieu créa Adam « à son image et à sa ressemblance »). Ici aussi l'essence (de l'homme) a précédé l'existence.

Maintenant, si Dieu n'existe pas, et telle est la position de Sartre, philosophe athée, que se passe-t-il ? Il n'y a plus d'intelligence suprême pour penser l'être humain à sa place, plus d'intelligence suprême pour avoir des projets, des objectifs pour lui. L'homme est seul, irrémédiablement seul, jeté au monde : il sera ce qu'il se fera. Autrement dit, il *existe* d'abord, pour enfin *être ceci ou cela*, musicien génial ou peintre raté, cadre commercial dynamique ou agriculteur ruiné. L'existence, en ce cas, précède l'essence. Telle est, aux yeux de Sartre, la marque de la liberté, et celle-ci n'a pas de limites.

Le mystère de l'existence

Citation

Le *mystère*, disait le mathématicien Henri Poincaré, c'est qu'il n'y a pas de mystère. Il voulait dire par là que le mystère est une notion religieuse ou métaphysique, que du point de vue de la science, il n'y a pas de mystère, seulement des *problèmes*. Un problème a une solution rationnelle. Un mystère n'a pas de solution rationnelle mais seulement des réponses – auxquelles on peut croire ou pas. « Pourquoi fait-il froid l'hiver en France ? » est un problème auquel la science peut répondre. « Pourquoi y a-t-il quelque chose plutôt que rien ? » n'est pas un problème scientifique.

La science part du *fait* que les choses existent : le monde, les montagnes, les plantes, les animaux, les hommes. Elle n'a pas à remettre en question cette existence, qui est donnée.

Pendant des siècles, des théologiens et des philosophes ont cru qu'ils pouvaient « démontrer » l'existence de Dieu. C'était une manière pour eux de donner à la croyance religieuse une base solide, rationnelle. Or ces prétendues démonstrations sont toutes contestables : la preuve, c'est que s'il y avait vraiment des preuves de l'existence de Dieu, celui qui ne croit pas en Dieu serait ou bien un ignorant, ou bien un imbécile. Autre preuve (qu'il n'y a pas de *preuve* de l'existence de Dieu) : les raisonnements des philosophes n'ont jamais convaincu personne. Si l'on croit en Dieu, ce n'est pas par le raisonnement, si l'on n'y croit pas, ce n'est pas (du moins, pas seulement) par le raisonnement non plus.

À savoir

C'est Kant qui le premier a montré que l'entreprise de prouver l'existence de Dieu repose sur un mauvais présupposé : l'existence est la condition du raisonnement et non son résultat. Lorsque, par exemple, je réfléchis sur la guerre, je présuppose qu'elle existe. Par ailleurs, la démonstration ne peut concerner que des qualités, et non l'existence elle-même. Essayez donc de *démontrer* que vous existez, vous qui êtes en train de lire *Le Bac pour les Nuls* ! Vous ne le pourrez pas ! L'existence est de l'ordre de l'expérience qui se *montre*, pas de l'idée qui se *démontre*. On ne *démontre* l'existence de quoi que ce soit.

C'est pourquoi Pascal a imaginé son célèbre pari : puisque je ne peux savoir mathématiquement que Dieu existe, je suis dans la situation du joueur placé devant une alternative. Quel type de vie ai-je intérêt à mener ? Si je me conduis comme un salaud et que Dieu existe, je risque gros (l'enfer) pour un gain minime (les avantages de ma mauvaise conduite). Si je me conduis en bon chrétien, je peux toucher le jackpot (le paradis) avec une perte ridicule (quelques privations durant ma vie terrestre). Il faut donc parier que Dieu existe.

L'homme peut-il échapper au temps ?

Citation

Héraclite disait : « Le temps est un enfant qui joue aux dés. Royauté d'un enfant ! »

Personne n'est maître du temps – pas même Dieu, qui lui échappe avec son éternité (au Moyen Âge, des Pères de l'Église constataient que même Dieu ne pouvait faire qu'une jeune fille violée retrouve sa virginité : malgré sa toute-puissance, Dieu ne peut faire que ce qui a eu lieu n'ait pas eu lieu – le temps est plus fort que tout, il est irrésistible). Nous qui sommes loin d'être Dieu, ne disons-nous pas : « Je n'ai pas le temps ! » C'est le temps qui nous a ! Nous ne pouvons pas agir sur le rythme du temps, soit en l'accélérant (d'ou le souhait : « vivement demain ! », l'enfant voudrait être tout de suite « grand », etc.), soit en le ralentissant (d'où le vœu, quand la situation est bonne, « pourvu que ça dure ! »), soit en l'arrêtant (on a parlé du « complexe de Peter Pan » à propos de ces adolescents ou adultes qui ne veulent pas grandir et souhaitent rester enfants). Cette course constante du temps sans point mort ni marche arrière est quelque chose de tragique parce qu'au bout, nous savons qu'il y a la mort.

Si nous *pouvions* échapper au temps, nous ne souffririons ni de l'attente, ni de l'ennui, ni de la nostalgie :

- **L'*attente*** est le signe d'une incapacité à changer le futur en présent. Nous avons alors l'impression que le temps se traîne.
- **L'*ennui*** est le signe d'une incapacité à changer le présent en futur. On voudrait être ailleurs, ou plus tard.
- **La *nostalgie*** est le signe d'une incapacité à changer le passé en présent. Lorsque « maintenant » est pénible, « avant » apparaît tout beau. La nostalgie de l'enfance vient des difficultés de l'âge adulte. La nostalgie des anciens temps (la mode rétro, par exemple) vient des difficultés de l'actualité.

Pourtant, face au temps, l'homme n'est pas entièrement démuni :

- **Par sa *pensée* (sa *conscience*), son *imaginaire*,** il peut échapper au présent pénible ou ennuyeux, soit en se reportant dans un passé idéalisé, soit en se projetant dans un futur meilleur.
- **Par ses *actions*, ses *œuvres*, ses *créations*,** l'homme peut également, dans une certaine mesure, échapper au temps.

Citation

« Le temps, c'est de l'argent. » Le sens banal de ce dicton connu, c'est qu'on gagne ou perd de l'argent avec le temps. Le sens plus profond, c'est que le travail (qui se concrétise sous forme d'argent) prend le temps comme sa matière première, car pour travailler, il faut à la fois se souvenir (rapport au passé), être attentif (rapport au présent) et faire des projets (rapport au futur).

Citation

Malraux disait : « L'art est un anti-destin. » Le destin des hommes, c'est la mort, la disparition, l'oubli, donc le temps. Mais grâce aux œuvres, les hommes peuvent laisser d'eux des traces qui leur survivront. Les hommes de la préhistoire sont morts, mais leurs peintures sont vivantes pour nous ; ainsi vivent-ils encore, toujours, dans une certaine mesure, grâce à elles. L'art illustre bien cette différence essentielle entre le *vieux* et l'*ancien* – le vieux est ce qui va mourir ; il s'oppose au jeune. L'ancien, lui, même très vieux, peut rester présent, vivant : une ville ancienne, par exemple, peut être encore habitée, elle est donc toujours vivante (c'est le cas de la plupart des villes d'Europe). Beethoven est mort en 1827, il y a presque deux siècles

– mais ses symphonies, que nous pouvons toujours entendre, ne sont pas mortes en même temps que lui. L'ancien s'oppose au nouveau ou au neuf : or ce qui est nouveau disparaît généralement beaucoup plus vite que l'ancien (c'est ce qui arrive avec la mode).

Citation

Platon, qui croyait à l'immortalité de l'âme, disait qu'il y a deux façons, pour l'homme, d'acquérir l'immortalité dès cette vie : par ses enfants et par ses actions. L'enfant perpétue un nom et des gènes ; l'action perpétue un souvenir.

Le temps n'est pas seulement une réalité physique incontournable. Il est aussi dépendant de certaines manières de vivre et de penser.

La mort

Citation

Heidegger disait que dès qu'un homme est né il est assez vieux pour mourir. La mort est le destin de la vie. Elle en est à la fois le contraire (être mort, c'est ne plus vivre) et le corollaire (seul ce qui vit peut mourir : on ne dira pas, par exemple, d'une pierre ou d'un cercle qu'ils « meurent »). Seul parmi tous les animaux, l'homme sait qu'il va mourir. Mais s'il le sait, il ne veut pas le savoir : en fait, l'homme vit comme s'il ne devait pas mourir. Ce désir (ce refus de considérer la réalité en face) est une protection psychique : la vie deviendrait invivable si la pensée de la mort devait être permanente. Les religions et les métaphysiques ont été les réponses apportées au grand mystère de la mort, et à la grande angoisse que celle-ci suscite.

Jargon

On distingue l'*angoisse*, qui est un état existentiel dont l'objet est indéterminé (on ne sait jamais au juste par quoi on est angoissé), de la *peur* (ou de la *terreur*, qui est une peur particulièrement forte), qui est une émotion consciente d'un danger précis (la peur d'un accident, par exemple).

Certains auteurs considèrent que l'énergie que l'être humain dépense dans son travail vient de l'angoisse de la mort – qui n'est pas consciente de façon permanente.

À savoir

La mort, comme toute expérience humaine, possède également une dimension sociale et historique. Chaque culture, chaque époque a sa façon de concevoir et d'apprivoiser la mort. Notre civilisation est peut-être la première à vouloir *oublier* la mort. Pour un homme certain de ses triomphes scientifiques et techniques, la mort, en effet, représente le plus terrible des échecs. D'où cette idée, ce fantasme qu'un jour l'homme parviendra à vaincre la mort, comme il est déjà parvenu à vaincre certaines maladies.

Texte canonique

La crainte de la mort représente pour la sagesse ancienne, en Grèce, en Inde et en Chine, une espèce de folie dont le sage doit se délivrer. Dans ce texte, Épicure tient un raisonnement destiné à nous libérer de cette crainte, et donc à nous faire accéder à cette *ataraxie* (absence de troubles) qui est le but de la philosophie épicurienne. On remarquera que dans ce texte, le philosophe grec ne parle pas du deuil, c'est-à-dire de la terrible épreuve de la mort de l'autre, et en particulier de la mort de la personne aimée (parents, ami, amoureux).

Familiarise-toi avec l'idée que la mort n'est rien pour nous, car tout bien et tout mal résident dans la sensation ; or, la mort est la privation complète de cette dernière. Cette connaissance certaine que la mort n'est rien pour nous a pour conséquence que nous apprécions mieux les joies que nous offre la vie éphémère, parce qu'elle n'y ajoute pas une durée illimitée, mais nous ôte au contraire le désir d'immortalité. En effet, il n'y a plus d'effroi dans la vie pour celui qui a réellement compris que la mort n'a rien n'effrayant. Il faut ainsi considérer comme un sot celui qui dit que nous craignons la mort, non pas parce qu'elle nous afflige quand elle arrive, mais parce que nous souffrons déjà à l'idée qu'elle arrivera un jour. Car si une chose ne nous cause aucun trouble par sa présence, l'inquiétude qui est attachée à son attente est sans fondement. Ainsi, celui des maux qui fait le plus frémir n'est rien pour nous, puisque tant que nous existons, la mort n'est pas, et que quand la mort est là nous ne sommes plus. La mort n'a, par conséquent, aucun rapport ni avec les vivants ni avec les morts, étant donné qu'elle n'est rien pour les premiers et que les derniers ne sont plus.

Épicure, *Lettre à Ménécée*.

Lecture

QUELQUES AUTEURS ET TEXTES PHARES À CONSULTER

» Aristote, *Éthique à Nicomaque*.

Lire les livres VIII et IX sur l'amitié, à laquelle Aristote donne une dimension sociale et politique.

» J.-P. Sartre, *L'Être et le Néant*, troisième partie, chapitres 1 et 3.

Belles analyses concrètes sur le regard, le désir, l'indifférence.

Fiche révision

- Le temps est (comme l'espace) ***une dimension de la réalité***. On n'en prend pas conscience directement : ***le mouvement et le changement*** sont les expériences qui nous suggèrent l'idée que du temps a passé.
- Deux principales conceptions philosophiques se sont opposées sur la question du temps : ***une conception réaliste*** (le temps existe en dehors de nous) et ***une conception idéaliste*** (le temps n'est qu'une représentation de notre esprit).
- On distingue habituellement le présent, le passé et le futur. Saint Augustin faisait observer que ***le passé et le futur n'existent pour nous que comme présents*** (si je me souviens de mon enfance, ce souvenir est actuel ; si j'imagine mes vacances prochaines, ce projet est actuel aussi : la mémoire ne se rapporte pas réellement au passé, et l'anticipation ne se rapporte pas réellement au futur).
- ***Le paradoxe du présent*** : d'une part, il n'y a que du présent (voir *supra*), d'autre part, le présent n'existe pas vraiment, il n'est que la limite mobile entre un passé qui le dévore et un futur qui l'absorbe constamment.
- Plusieurs traditions philosophiques et religieuses (Platon, le christianisme) ont opposé ***un monde sensible*** soumis au temps et ***un monde supérieur*** (le monde intelligible chez Platon, le monde céleste dans le christianisme) qui échappe au temps. On appelle ***éternel*** ou bien ce qui dure infiniment ou bien ce qui échappe au temps.
- Bergson opposait ***la durée*** concrète de la vie au ***temps*** abstrait de la science.
- Toutes les sociétés traditionnelles se sont figuré le temps comme ***une roue*** qui tourne éternellement. La culture occidentale a remplacé l'image de la roue par celle de ***la flèche*** : le temps est orienté, il ne revient jamais en arrière (il est irréversible), et ne répète jamais rien.
- L'existence est inséparable du temps. Lorsque Sartre dit « ***l'existence précède l'essence*** », il veut dire que pour les êtres humains il n'y a pas de projet *a priori* qui les a définis une fois pour toutes (chacun de nous se fait en existant ; le sens de notre vie, s'il y en a un, ne peut être déterminé qu'à son terme).

Chapitre 9

Le langage

Ce chapitre est au programme des séries L et ES.

DANS CE CHAPITRE :

» **Le langage dans le triangle de l'existence, de la pensée et de l'action**

» **Peut-on y échapper ? le dépasser ?**

Langage, langue, parole

À savoir

Si l'on accorde au langage une extension maximale – est langage tout système de signes –, alors il existe une multiplicité indéfinie de langages humains et non humains, naturels et artificiels. Les animaux disposent d'un système de signes pour communiquer, n'importe quel code artificiel est un langage. Mais si l'on définit le langage comme le moyen d'expression et de communication de *pensées*, alors il est clair que seul l'être humain dispose d'un langage. On peut sans inconvénient donner au concept de *langage* son maximum d'extension, tout en prenant soin de le distinguer de la *langue* (modalité parlée, donc exclusivement humaine, du langage) et de la *parole* (actualisation de la langue par un sujet humain individuel). Si les animaux et les machines ont des langages, seul l'être humain a une langue, et lui seul peut *parler.*

La plus ancienne conception du langage est inscrite dans les mythes (dont le mot en grec signifie justement la « parole »). Commençons par elle.

Être (langage et mythe)

Citation

« Dieu dit : que la lumière soit et la lumière fut. » La Bible explique la création du monde par la parole de Dieu. Que peut, en effet, signifier *créer* pour un Dieu seul à exister, c'est-à-dire sans matériaux préexistants, si ce n'est *parler* ? Le symbole est profond : il y a de l'être parce qu'il y a du langage.

Si l'on prend à présent la relation par l'autre côté, on constate que le langage est inséparable de l'existence. Exister, c'est parler. Le babil du tout jeune enfant comme le bavardage de l'adulte ont sans doute d'abord cette fonction d'exprimer l'être du sujet. Le psychanalyste Jacques Lacan, pour qui l'inconscient est « structuré comme un langage », a inventé ce mot-valise « parlêtre » (parler-être, par lettres, par l'être) pour désigner l'inscription du sujet humain au cœur du symbolique, qui le fait être.

Le langage serait donc moins une faculté saisie sur le mode de l'avoir (on a le langage comme on a la motricité) qu'un mode d'être : même les sourds-muets de naissance, qui ne parlent pas, finissent par avoir un langage.

Penser (langage et conscience)

La pensée classique extraira le langage du monde du mythe en en faisant un moyen d'expression, de la pensée. Et puisqu'un moyen est toujours moins important que la fin qu'il sert, la question du langage se retrouvera à une place secondaire.

Citation

C'est ce qu'expriment les vers célèbres de Boileau :

« Ce qui se conçoit bien s'énonce clairement
Et les mots pour le dire arrivent aisément. »

Importe la pensée claire ; le langage, comme l'intendance, suivra.

Dans l'ordre symbolique, qui est celui de la culture humaine, il constitue même le dernier maillon de la chaîne. En effet, si la pensée est la représentation du réel (je pense ce qui existe), le langage sera représentation de la pensée (je dis ce que je pense). Le langage sera par conséquent une représentation de représentation. Et de même que l'idée *vraie* est définie comme celle qui adhère au réel (critère de l'adéquation), le mot juste est considéré comme celui qui adhère à la pensée. À une *logique* énumérant les règles du bien penser, fait pendant une *grammaire* énumérant les règles du bien dire.

À savoir

Cette théorie de la représentation rend compte de manière claire de la fonction d'expression du langage. Il y a en effet dans l'*expression* un mouvement, un surgissement hors de soi de quelque chose qui, autrement, risquerait de rester enfoui, donc inaperçu. Qu'est-ce qu'une pensée qui ne s'*ex-primerait* jamais ? Est-ce encore d'ailleurs une pensée ? N'est-ce pas plutôt une idée vague, une *impression*, justement ? C'est pourquoi il n'est pas de sciences possibles ni de systèmes philosophiques sans écriture. L'écriture est un langage matérialisé, un langage devenu objet, proprement, qui donne à la pensée invisible une forme visible, qui lance dans le monde de la communication, donc dans celui des hommes, ce qui, autrement, n'aurait d'existence que potentielle.

Le langage, et plus spécifiquement l'écriture, actualise la pensée. Seulement, cette manière de comprendre les relations entre la pensée et le langage (celui-ci comme moyen de celle-là) s'avère insuffisante. Chacun a fait l'expérience banale d'une pensée qui s'élabore dans le temps même qu'elle s'énonce. On ne sait pas d'abord ce qu'on va dire mais comme on le dit, on finit par le savoir. Vous qui avez fait des dissertations de philosophie, vous savez par expérience qu'on ne sait pas toujours ce qu'on va écrire avant même de l'écrire, de même qu'on ne sait pas ce qu'on va dire avant de le dire. Comme si la dynamique du langage (écriture ou parole) entraînait la pensée.

Il semble que, loin d'être le vêtement de l'idée, le mot en est le corps. De plus, il n'est réellement pas possible de concevoir une pensée pure, une pensée sans langage qui serait en quelque sorte en attente du mot. On peut penser sans parler, mais cela ne signifie pas qu'on pense sans langage. C'est toujours avec les mots qu'on pense, plus encore (car « avec » induit la séparation en même temps que le lien) : dans les mots. Le langage est au sens rigoureux l'espace de la pensée.

LE LANGAGE ET LA PENSÉE : QUI COMMENCE ? PROBLÈME DE LA POULE ET DE L'ŒUF

Le développement psychique et intellectuel de l'enfant aussi bien que celui de l'humanité confirment cette thèse d'une connivence, d'une concomitance de développement de la pensée et du langage.

C'est dans une même dynamique que l'enfant apprend à penser et à parler : la pensée est aussi l'expression du langage. Quant à la paléo-anthropologie, elle montre que l'évolution a élaboré en même temps l'intelligence et la parole. L'homme parle parce qu'il pense mais il pense aussi parce qu'il parle.

À savoir

C'est la raison pour laquelle certains philosophes et les linguistes refusent d'utiliser le terme de « langage » à propos de la communication animale : les animaux ne dialoguent pas, ils n'échangent pas des signes, ils ne font que s'adresser des *signaux* qui renvoient à une réalité définie (source de nourriture, situation de danger, etc.). Ainsi, l'extraordinaire « langage des abeilles » ne serait qu'un ensemble de signaux : les abeilles ne *discutent* pas.

Attention

Cela dit, la plupart des éthologues (spécialistes du comportement animal) admettent aujourd'hui, pour certaines espèces, un vrai système de communication et une part de jeu dans celui-ci.

Conseil

« Les animaux », cela va du microbe aux dauphins ! Prudence, donc, quand vous écrivez « les animaux ».

Sait-on toujours ce qu'on dit ?

Dire n'est pas seulement *parler* : tout le monde sait qu'on peut parler beaucoup et ne pas dire grand-chose (c'est le cas du bavardage). *Dire* renvoie à un contenu de pensée : en ce sens *dire* serait par définition conscient. « Ne pas savoir » implique au contraire une absence de conscience. D'où le problème posé.

Le *dire* semble conscient : d'une part, c'est par le dire que la pensée trouve son expression et son débouché ; d'autre part, il y a toujours une pensée préalable à l'expression.

LE LANGAGE COMME MÉCANISME INCONSCIENT

- Le langage nous précède. Il était déjà là quand nous n'étions pas nés, il sera encore là quand nous serons morts. Exactement comme le monde.
- Chacun sait qu'il parle lorsqu'il parle, mais bien peu d'entre nous seraient capables d'analyser ce qui se passe en eux au moment de l'acte du langage. Nous ne connaissons guère mieux le sens des mots que celui des gestes (qui, excepté les grammairiens et les écoliers qui viennent de les apprendre, connaît les règles de grammaire ?).
- Chaque société produit des énoncés figés que les individus reprendront pour leur propre compte sans y réfléchir : tel est le cas des lieux communs.

Le décalage du savoir et du dire

On ne dit pas ce qu'on sait, on ne sait pas ce qu'on dit. Il y a entre le savoir et le dire un *jeu* – à entendre au sens ludique (jeu avec les mots, jeu social, etc.) et au sens physique, comme lorsqu'on dit que le bois *joue* en cas d'écart entre deux pièces.

À savoir

Le *lapsus* est l'exemple le plus évident de cet écart : un mot s'est échappé – exactement comme un prisonnier (sa prison s'appelait « refoulement »). On dit souvent moins que ce qu'on pense mais beaucoup plus que ce qu'on croit.

Il apparaît par conséquent que ce que la philosophie classique stigmatisait sous le nom de « folie » (fou est en effet celui qui ne sait pas ce qu'il dit) est en réalité le lot de chacun.

Faire (langage et réalité)

Lecture

Le philosophe anglais John Langshaw Austin a écrit un ouvrage *Comment faire des choses avec des mots* pour montrer que le langage possède une véritable puissance d'action. Le slogan trivial « assez de paroles, des actes ! » pose comme évidente une opposition qui n'existe pas toujours. D'abord, parler, c'est faire quelque chose. Ensuite, agir, c'est souvent faire agir, c'est-à-dire ordonner, prier, commander. Que font ceux qu'on appelle les « hommes d'action », les hommes politiques par exemple ? Ils parlent, écrivent et signent : trois actions de langage. Leurs gestes (visites, poignées de mains, etc.) ne sont même pas envisageables hors de ce contexte symbolique.

À savoir

Austin distingue l'usage *constatif* de la langue (quand je dis « il pleut » ou « on est dans un embouteillage », je ne change rien à la réalité) et l'usage *performatif* (quand je dis « va me chercher un café ! », j'agis réellement, même si l'autre refuse de le faire).

Au début de sa vie, comment un jeune enfant n'aurait-il pas une idée proprement magique du langage en constatant que son *appel* fait venir sa mère, que sa *demande* lui fait obtenir quelque chose ? Il est probable que la croyance dans le pouvoir magique de la langue (formule presque pléonastique : pas de magie sans mots) provienne de cette origine. Les mythes auraient ainsi transposé une expérience commune.

À savoir

AGIR EN PARLANT

Les actes de langage (*speech acts*) sont plus nombreux qu'on ne pense. Qu'est-ce que prêter, par exemple prêter quelque chose à quelqu'un, sinon *dire* qu'on prête ? Qu'est-ce que jurer, promettre, menacer, sinon agir par des mots et, ce faisant, transformer la réalité ?

Il y a une démiurgie de la parole : féliciter quelqu'un le rend heureux, le rabrouer le rend triste. Nous apercevons cela obscurément en éprouvant une certaine peur envers les mots. Tout se passe comme si le langage, au lieu de représenter le réel, finissait par prendre sa place. Il y a des manières de dire qui balaient bien des réserves, surtout lorsqu'il s'agit de situations cruciales mettant en jeu l'argent (une demande de prêt ou d'augmentation), le sexe (l'expression d'un désir) et la mort (l'annonce d'une maladie grave).

Quels rapports y a-t-il entre les mots et les choses ?

L'homme est un être parlant. Grâce aux mots, il exprime et communique (ce sont les deux fonctions du langage). L'univers des mots et celui des choses apparaissent comme à la fois séparés et liés. Il convient de débrouiller la complexité de leurs rapports.

L'incommensurabilité : Une chose possède une existence objective, concrète, détachée. Le mot, en revanche, n'existe que s'il est proféré ou écrit par un sujet. La seule matérialité du mot tient dans la vibration de l'air, ou dans la trace d'encre – peu de chose (justement) en regard d'une chaîne de montagnes ou d'un groupe d'étoiles.

Lecture

Le cratylisme : Platon a écrit sur le rapport entre le mot et la chose un dialogue intitulé *Cratyle*. On y voit exposée la conception selon laquelle le langage serait dérivé de la réalité – le mot (le signe) serait le reflet du référent. Ainsi, à l'origine, les mots seraient des onomatopées (le mot « *kikonia* » – « cigogne » en grec – évoque le claquement du bec de cet oiseau) – en tout cas des évocations de bruits ou de formes. Les poètes sont presque toujours partisans du cratylisme : la « joie » a une sonorité ouverte, le mot « sec » est sec, et « lugubre » est comme une peinture muette.

LE POUVOIR DES MOTS

Les choses n'ont d'existence, de force et de valeur pour nous que pour autant que nous puissions les nommer. Les poupées ont toutes un nom, et les étoiles aussi.

C'est également par les mots que les choses peuvent surgir (voir la phrase « Dessine-moi un mouton » dans le *Petit Prince* de Saint-Exupéry).

Les mots peuvent ainsi se substituer aux choses. Par exemple, les mots font peur ou rassurent ; ils peuvent rendre malade ou soulager. Le médecin parle, le chef de chantier aussi : les choses se mettent en place ou se déplacent grâce aux mots.

Conclusion : les relations entre les mots et les choses sont donc d'ordre dialectique : à la fois d'opposition et d'inséparabilité, d'analogie et d'incommensurabilité.

À savoir

L'arbitraire : Ferdinand de Saussure, le fondateur de la linguistique moderne, a ruiné cette conception réaliste. Les mots ne peignent pas les choses – ils sont des signes, arbitrairement choisis (le mot « long » est plus court que le mot « court ») pour désigner la réalité (le référent). À preuve de ce conventionnalisme, la pluralité des langues. Si « cheval » se dit « *horse* » en anglais, c'est bien le signe que les mots ne sont pas des images des choses.

S'il est vrai que certains mots évoquent directement une propriété de la chose (le mont Blanc a été ainsi appelé parce qu'il est blanc), d'autres, au contraire, ont été choisis par antiphrase (les marins superstitieux ont appelé « Pacifique » l'océan parce que justement il ne l'était pas).

Y a-t-il un au-delà du langage ?

Il semble que ce moyen merveilleux qu'est le langage possède néanmoins des limites. Toutes les cultures ont connu le secret et l'ineffable (ce qui ne peut pas se dire), un ordre de réalité que le langage, du moins le langage quotidien, ne peut pas atteindre. Devant certaines expériences fortes (l'infini, Dieu, la mort, la beauté, l'amour), il semble que les mots soient impuissants à accomplir leur fonction d'expression, d'où le recours aux moyens détournés de l'image et du silence.

LE LANGAGE DES HOMMES PEUT-IL NOMMER DIEU ?

Il y eut dans le cadre des théologies monothéistes (juive, chrétienne et musulmane) tout un courant de pensée appelé « théologie négative », selon lequel les mots humains sont impropres à qualifier le divin : dire que Dieu est « puissant », par exemple, et même « tout-puissant », c'est encore lui appliquer un terme qui ne convient réellement qu'à l'être humain puisqu'il vient de lui. On ne peut donc dire que ce que Dieu n'est pas et non ce qu'il est. Mais le mieux est encore la contemplation silencieuse : c'est l'expérience mystique.

Citation

Le langage n'est pas l'image de la réalité, il y a même entre lui et elle un abîme infranchissable. Victor Hugo remarqua cela en écrivant : « L'émotion est toujours neuve et le mot a toujours servi ; de là, l'impossibilité d'exprimer l'émotion. » La réalité est changeante, le mot est fixe, la réalité est continue, le langage est discontinu : entre deux mots, « joie » et « tristesse » par exemple, il n'y a rien, tandis qu'il existe une infinité d'impressions intermédiaires. À cela s'ajoute le fait que le langage ignore par nature la subjectivité, le caractère unique de l'individu humain : les mots que j'utilise (Mallarmé disait : « les mots de la tribu ») ne sont pas les miens, ils sont ceux de tout le monde, source supplémentaire de malentendus.

Peut-on, cela dit, dépasser le langage ? Il est clair que le silence lui-même, lorsqu'il n'est pas celui de la nature immobile (le désert, le ciel), n'a de sens que dans et par le langage, comme le silence en musique n'a de sens musical que parce qu'il s'inscrit entre deux notes. Ce qu'on a appelé un « au-delà du langage » n'est sans doute qu'un « en deçà ». Il y a des sons (la musique) ou des images (le cinéma) qui semblent naître d'un *avant* le langage.

Texte canonique

Dans ce texte, Bergson oppose le langage extérieur et la conscience intime. Seule l'intuition peut saisir la vie des choses, les mots ne sont que des étiquettes.

Pour tout dire, nous ne voyons pas les choses mêmes ; nous nous bornons, le plus souvent, à lire des étiquettes collées sur elles. Cette tendance, issue du besoin, s'est encore accentuée sous l'influence du langage. Car les mots (à l'exception des noms propres) désignent des genres. Le mot, qui ne note de la chose que sa fonction la plus commune et son aspect banal, s'insinue entre elle et nous, et en masquerait la forme à nos yeux si cette forme ne se dissimulait déjà derrière les besoins qui ont créé le mot lui-même. Et ce ne sont pas seulement les objets extérieurs, ce sont aussi nos propres états d'âme qui se dérobent à nous dans ce qu'ils ont d'intime, de personnel, d'originalement vécu. Quand nous éprouvons de l'amour ou de la haine, quand nous nous sentons joyeux ou tristes, est-ce bien notre sentiment lui-même qui arrive à notre conscience avec les mille nuances fugitives et les mille résonances profondes qui en font quelque chose d'absolument nôtre ? Nous serions alors tous romanciers, tous poètes, tous musiciens. Mais le plus souvent, nous n'apercevons de notre état d'âme que son déploiement extérieur.

H. Bergson, *Le Rire*, *Œuvres*, PUF, 1970, p. 460.

Lecture

QUELQUES AUTEURS ET TEXTES PHARES À CONSULTER

» R. Descartes, *Discours de la méthode.*

Lire la cinquième partie pour la fameuse théorie de l'animal-machine (presque toujours remise en question aujourd'hui).

» J. L. Austin, *Comment faire des choses avec des mots*, Seuil, 1991.

» É. Benveniste, *Problèmes de linguistique générale*, Gallimard, 1966.

Lire p. 27-30 sur le langage comme essence de l'homme et p. 59-62 sur la différence entre le langage humain et le mode de communication chez les abeilles.

Fiche révision

- On distingue pour le langage ***une définition large*** (système de signes) et ***une définition étroite*** (ensemble de moyens de communication entre les hommes).
- Si les animaux et les machines ont un langage, seul l'homme parle. ***La parole*** est l'utilisation individuelle d'une ***langue***.
- Le langage peut être considéré ***ou bien comme une réalité physique*** en elle-même (c'est la conception des anciennes mythologies), ***ou bien comme l'expression de la pensée*** (c'est la conception dominante dans la philosophie classique), ***ou bien comme une convention*** possédant ses lois propres (conception dominante dans la philosophie contemporaine).
- Le langage ***échappe*** très largement ***à la conscience***. Et pourtant il est l'instrument indispensable de la pensée.
- L'opposition entre parler et agir est relative. On appelle ***actes de langage*** les actions qui ne peuvent être réalisées que grâce à des paroles, comme promettre, prêter, pardonner, etc.
- ***L'expression*** et ***la communication*** sont les deux fonctions du langage.

Chapitre 10
L'art

Ce chapitre est au programme de toutes les séries.

DANS CE CHAPITRE :

» **La délicate question des critères : qu'est-ce qui est art ? qu'est-ce qui ne l'est pas ?**

» **Art et nature, art et technique, art et société**

» **La non moins délicate question de la beauté**

L'art est vieux d'au moins 40 000 ans (les premières statuettes retrouvées ont cet âge). Il est universel (toutes les sociétés ont cultivé l'art). Il est multiforme (arts de l'espace : dessin, gravure, peinture, sculpture etc. ; arts du temps : poésie, musique ; arts du mouvement : danse, cinéma). Première difficulté : comment définir l'art ? Quels sont les critères qui permettent de distinguer une œuvre d'art de toute autre chose ?

Y a-t-il des critères pour distinguer une œuvre d'art ?

L'absence de critères absolument certains

Dans les années 1920, un sculpteur roumain, Brancusi, dut payer, à son arrivée aux États-Unis, une taxe pour l'entrée d'un objet qu'il avait emporté avec lui : une sculpture intitulée *Oiseau*. Mais comme elle ne ressemblait pas à un oiseau (c'était une œuvre abstraite), les douaniers américains firent payer à Brancusi un droit assez élevé, qui était celui dont étaient taxés les objets métalliques. Brancusi intenta un procès et le gagna.

Cette histoire montre qu'il est parfois difficile de reconnaître une œuvre d'art – surtout à l'époque moderne où les artistes ont réhabilité l'objet quelconque et même les déchets.

À savoir

Ce que nous appelons *art* appartenait jadis à d'autres mondes : celui de la magie (les peintures rupestres de la Préhistoire), celui de la religion (les dieux et les déesses sculptés), celui de la politique (les œuvres de propagande), celui de la technique (les vases, les ferronneries). D'où l'idée que l'œuvre d'art est celle que nous appelons ainsi. La relativité dans le temps et l'espace est donc considérable : ce qui est *art* pour une époque ne l'est pas pour une autre, ce qui est *art* pour un pays ne l'est pas pour un autre.

L'existence de critères

Pourtant, l'art constitue un domaine, sinon indépendant, du moins autonome. Ce domaine est celui de la *création* – et pas seulement celui de la *production*. Une production peut être reproduite (tant d'exemplaires d'un prototype donné sortent des usines), tandis qu'une création est le résultat d'un travail original. L'originalité est la première condition pour définir l'œuvre d'art. Un objet technique est un objet qui a une fonction précise : son utilité. Une œuvre d'art n'a d'autre fonction que d'être ce qu'elle est : elle est une *fin en soi*. Certes elle peut parfois être détournée de sa fin (un tableau peut être acheté comme un objet spéculatif), mais alors, justement, elle n'est plus une *œuvre d'art* (elle devient un placement).

Attention

L'esthétique d'une œuvre d'art n'est donc pas forcément sa beauté. La beauté n'a été cultivée en art que pendant des périodes assez courtes (l'âge classique en Europe) et pas dans toute les sociétés (les masques africains visent plus la puissance que la beauté).

Même si ces critères n'ont rien de rigoureux (on ne classe pas les productions et créations humaines comme on classe les animaux ou les éléments chimiques), ils existent. Ce sont eux qui nous permettent de reconnaître un objet d'art et de le différencier des objets utiles ou quelconques.

Qu'est-ce donc qu'une œuvre d'art ?

À savoir

C'est d'abord une *œuvre*, c'est-à-dire le produit de l'intelligence et du travail de l'homme, ce qui signifie qu'elle ne vient ni de la nature (un coucher de soleil n'est pas une œuvre d'art) ni du hasard (la tartine beurrée tombée par terre le matin au moment du petit déjeuner, évidemment du côté du beurre, selon la célèbre loi de Murphy, n'est pas une œuvre d'art). L'art est un élément de la *culture*.

Cette œuvre s'adresse à nos *sens*. Pas tous : seuls les deux sens « intellectuels » que sont la vue et l'ouïe sont concernés par l'art. Cela correspond à quelque chose de profond : le toucher, le goût et l'odorat abîment ou détruisent l'objet sensible (toucher, c'est user ou salir ; goûter un plat, c'est l'anéantir comme plat, et c'est parce qu'une rose se disperse en parfum qu'on la respire). L'ouïe et la vue, en revanche, laissent la musique et la peinture intactes : elles subsistent comme œuvres après qu'on en a joui.

L'œuvre d'art est le produit de l'intelligence et du travail, mais l'objet technique vient également de l'intelligence et du travail. Qu'est-ce qui dès lors spécifie l'œuvre d'art ? D'abord le fait que sa fonction principale est une fonction esthétique : un poste de radio a une fonction utilitaire – on s'en sert pour écouter de la musique ou avoir des informations –, un tableau de peinture sert d'abord à être un tableau de peinture. L'objet technique a une finalité extrinsèque (il sert de moyen pour une fin différente), alors que l'œuvre d'art a une finalité intrinsèque : elle constitue une *fin en soi*.

À savoir

En second lieu, l'œuvre d'art est *unique*, alors que l'objet technique peut être fabriqué en série. Il n'y a pas d'art sans *style*. Le style, qui est la signature de l'artiste, est ce qui fait qu'une œuvre est unique, originale et reconnaissable entre toutes. On peut définir encore le style comme l'ensemble des procédés originaux grâce auxquels une époque ou un artiste fait apparaître une forme nouvelle.

À quels besoins l'art peut-il répondre ?

Il convient de prendre ici le terme « besoin » dans un sens large qui englobe les désirs aussi bien que les besoins au sens restreint. Les besoins auxquels l'art peut répondre sont aussi nombreux que les fonctions de l'art. De plus, la question laisse ouverte la différence entre le créateur et l'amateur d'art : celui-ci ne trouve pas dans d'art la même réponse que celui-là.

Les fonctions traditionnelles de l'art

Elles sont diverses :

- ***Magiques :*** besoin de se rassurer, de dominer, etc. Sans doute les peintures et gravures de la Préhistoire avaient-elles ce sens. Le dessin envoûte, le rythme (poésie, musique, danse) fascine et met en transe.
- ***Religieuses :*** croire, vénérer, faire peur, etc. En Inde, le dieu habite la statue, Bach composa ses cantates comme des prières.
- ***Économiques :*** les œuvres d'art sont des marchandises vendues, achetées, échangées. Elles peuvent être l'objet de spéculation.
- ***Sociales :*** une société se reconnaît à travers son art, un art est l'expression d'une société.
- ***Politiques :*** commander et obéir, vénérer et redouter. L'art peut être un moyen efficace au service du pouvoir politique (exemple : l'art de propagande).

» ***Techniques :*** se servir de, utiliser. L'art et la technique sont difficilement séparables. Tous les arts ont eu, au moins au début, un sens utilitaire.

» ***Psychologiques :*** l'art exprime des affects (sentiments, émotions), les contient ou les développe. Il rend la vie supportable (Nietzsche), il sublime la douleur (Freud).

» ***Métaphysiques*** : l'art engage la vie et a rapport au désir de ne pas mourir.

Citation

Il y a deux moyens d'acquérir l'immortalité dès cette vie, disait Platon : avoir des enfants et créer des œuvres. L'art est le résultat de cette lutte acharnée que l'homme mène contre la mort et l'anéantissement. De fait, c'est par leurs œuvres que les civilisations disparues continuent de vivre pour nous.

L'ART RÉDUIT À SA SEULE FONCTION ESTHÉTIQUE

À quel besoin l'art peut-il répondre aujourd'hui ? Nous ne croyons plus au fantôme du mammouth, ni à la Vierge Marie, nous n'obéissons plus à un roi – et un objet technique est devenu une œuvre d'art dans la mesure où il ne nous sert plus à rien d'autre qu'à être une œuvre d'art. Restent deux besoins fondamentaux :

» Le besoin d'expression. S'exprimer, c'est sortir au-dehors de soi-même. Le premier de tous les enfermements, le plus terrible aussi (c'est celui du fou), est de ne plus pouvoir sortir de soi-même. Une œuvre d'art est à la fois le témoignage du génie de l'homme et une invitation au voyage.

» Le besoin de s'assurer un sens contre la mort et le néant. L'art est la preuve qu'il y a quelque chose d'autre que l'absurdité de la matière – la présence de l'esprit – et il constitue la première forme de l'immortalité (l'art survit à l'artiste).

Pour toutes ces raisons, l'art ne mourra pas.

Les rapports entre l'art et la nature

À savoir

Il y a trois types de rapports possibles, qui différencient trois conceptions esthétiques :

» **L'art *imite* la nature** (esthétique réaliste de la « *mimésis* », « imitation » en grec). Sa valeur est jugée à son pouvoir de ressemblance, donc à sa fonction d'illusion. La nature est le modèle, l'art une copie.

» **L'art *idéalise* la nature** (esthétique classique). Par exemple, le peintre représentera le plus beau visage ou l'arbre idéalisé en gommant les imperfections de la réalité sensible (Léonard de Vinci disait que la peinture est une « chose mentale »).

» **L'art est *une autre nature* :** l'art invente un nouveau monde.

L'artiste n'est pas l'imitateur du monde, il en est le rival (Malraux). C'est le point de vue de l'esthétique moderne. L'artiste ajoute à la nature des formes qui n'auraient jamais existé sans lui. Il peut créer un monde imaginaire, et même impossible, comme le fit l'artiste hollandais Maurits Cornelis Escher qui dessina une « cascade » qui finissait par revenir à son point de départ après un trajet circulaire, ou encore deux mains qui se dessinent mutuellement. L'art peut aller contre les lois de la nature.

L'art ne reproduit pas le visible, il rend visible, disait le peintre Paul Klee.

Un art réaliste imite la réalité ; on le dit *naturaliste* s'il l'imite dans ses moindres détails.

Le rapport qu'une œuvre d'art peut avoir avec la réalité va donc du *réalisme* à l'*abstraction* en passant par l'*idéalisation* et la *stylisation.*

Un art *idéaliste* embellit la réalité : il ne retient d'elle que ce qu'il y a de plus beau.

La *stylisation*, au lieu d'imiter la réalité telle qu'elle est, la *représente* dans ses grandes lignes : elle ne va donc pas sans abstraction. Exemple : une tête sculptée peut ne comprendre qu'une arête pour le nez, et deux trous pour les yeux.

Un art peut aussi être sans lien direct avec la réalité. Il est rare par exemple que la musique « imite » quelque chose. On a parlé d'art « abstrait » à propos de la peinture moderne : mieux vaut dire « non figuratif ». Aucun art ne peut être vraiment abstrait, puisqu'il s'adresse à la sensibilité.

Les rapports entre l'art et la technique

L'art et la technique furent d'abord confondus (« *ars* », d'où vient notre mot « art », dit en latin ce que « *technè* », d'où vient notre mot « technique », disait en grec. À l'époque classique (XVIIe s.), *art* signifiait « technique ». C'est ce sens qui est resté dans l'expression « ouvrage d'art », qui renvoie non pas aux statues, aux tableaux, mais aux viaducs, aux tunnels, aux ponts autoroutiers, etc. La fonction esthétique a fini par se séparer de la fonction utilitaire : par exemple, le vase dont on ne se sert plus *devient* objet d'art.

Il faut distinguer l'aspect matériel de la technique (matériaux, outils) et son aspect immatériel (expérience, procédés, recettes, savoir-faire, style). L'art est inséparable de ces deux aspects.

Y A-T-IL UN PROGRÈS DE L'ART ?

Des outils de pierre aux centrales nucléaires, le progrès est évident. Des taureaux de Lascaux à ceux de Picasso, en revanche, il y a bien *évolution* mais non *progrès*.

- Il y a progrès lorsqu'il y a accroissement (exemple : les progrès de l'agriculture). Or le critère quantitatif n'a pas de sens en art.
- Il y a progrès lorsqu'il y a amélioration (exemple : le confort). Cela suppose des critères de référence. Or l'art est fondé sur des valeurs, c'est-à-dire sur des qualités (beauté, originalité, etc.) qui ne peuvent pas être comparées ou hiérarchisées.
- Les jugements esthétiques sont relatifs (à la société et à la personne qui apprécie). Ce qui serait progrès pour l'un serait régression pour l'autre (exemple : ceux qui refusent l'art moderne).

Attention

Il faut se garder de confondre un progrès *dans* l'art avec un progrès *de* l'art. En fait, l'art ne peut pas progresser : les bisons de Lascaux et les temples grecs sont des chefs-d'œuvre insurpassables. En revanche, techniquement (mais pas nécessairement sur le plan esthétique), la peinture à l'huile est un progrès par rapport à la fresque, l'architecture de béton armé, un progrès par rapport à l'architecture de bois, la photographie en couleurs, un progrès par rapport à la photographie en noir et blanc.

Les rapports entre l'art et la société

À savoir

Un être humain peut adopter vis-à-vis de la société dont il est membre trois attitudes globales : la soumission, la révolte et l'évasion. Un artiste pourra dire : *oui* (soumission), *non* (révolte), ou autre chose.

La soumission : jusqu'à une époque récente, l'artiste était un homme qui travaillait pour des gens riches et puissants qui le payaient et le nourrissaient. Le sculpteur du Moyen Âge travaillait pour l'Église, Molière travaillait pour Louis XIV.

La révolte : l'artiste peut faire de son œuvre un moyen de lutte et de protestation. Victor Hugo a écrit *Les Misérables* pour protester contre les injustices de son temps et Picasso a peint *Guernica* pour dénoncer la barbarie nazie lors de la guerre d'Espagne.

L'évasion : regarder un tableau, écouter une musique, c'est presque toujours *oublier* son travail, ses peines, sa médiocrité, ses misères, ses douleurs. Avec Beethoven ou un grand film, il n'est plus question de manœuvres et de commérages.

Les origines de l'art

Trois grandes réponses sont possibles. Elles relèvent de trois esthétiques, de trois philosophies de l'art opposées.

L'art vient de la société, de la culture, de l'histoire. Selon la théorie matérialiste, l'art est le produit d'une société, d'où son histoire (une pièce de Racine était écrite pour un parterre de nobles, un film aujourd'hui est réalisé pour le plus grand nombre de spectateurs).

L'art vient d'un individu. À l'origine de l'art, il y a toujours un individu. S'il existe de nombreuses œuvres anonymes (c'est le cas de toutes les œuvres réalisées dans les sociétés très anciennes ou dans les sociétés dites « primitives »), il n'en est pas de réellement collectives (le « peuple artiste » est un mythe romantique). Un artiste n'exprime pas seulement ses idées, ses croyances et ses sentiments ; il exprime aussi ses affects et ses désirs inconscients (Freud). Par l'art, il sublime ce qui, autrement, resterait insupportable. De la même façon qu'une crucifixion peinte rend beau un spectacle qui dans la réalité nous ferait horreur, de même une histoire d'amour métamorphose ce que, dans la vie, la sexualité peut avoir de brutal et de problématique. Le romantisme a exalté la figure du *génie*, espèce de surhomme un peu fou devant tout à son inspiration, s'affranchissant de toute règle. L'art, en effet, n'a pas de recettes : c'est ce qui le distingue aussi de la technique. Il ne suffit pas de connaître les règles pour être un grand peintre ou un grand musicien. Mais ce mythe du génie a fini par faire oublier la part du travail : 10 % d'inspiration, 90 % de transpiration, disait Wagner à propos de sa musique...

L'art vient des structures. Chaque art a ses structures, c'est-à-dire son langage, ses principes formels. Ces structures sont déterminées par une langue, s'il s'agit de la poésie, par les impératifs physiques en architecture, la gamme est une structure en musique, la danse ne peut échapper à la loi de la pesanteur, etc.

D'où l'idée que l'art est issu de ces structures beaucoup plus que du pouvoir créateur de quelques individus.

La beauté est-elle dans le regard ou dans la chose regardée ?

Lecture

La question de la beauté apparaît en philosophie avec *Hippias majeur*, petit dialogue de Platon dans lequel Socrate converse avec le sophiste Hippias. Les définitions proposées par celui-ci seront écartées : la beauté n'est pas assimilable à l'utilité, ni à la convenance. Dans *Phèdre*, un autre dialogue, Platon fera de la beauté une Idée pure, échappant aux variations du monde sensible : ce que nous jugeons beau par nos yeux ne serait que le reflet de cette Beauté parfaite – qui plus tard constituera un grand mythe pour nombre d'artistes (Léonard de Vinci, en particulier).

À savoir

L'origine de l'idée d'une beauté objective, qui existerait par elle-même, indépendamment des goûts personnels, doit être recherchée du côté de Pythagore. C'est lui, par ailleurs inventeur du mot « philosophie » (« amour de la sagesse »), qui a appliqué le terme « *kosmos* », qui en grec signifie « ordre et beauté », au monde (il nous en est resté le terme de... « cosmétique » !).

Le *kosmos* est *harmonie* : il est réglé mathématiquement par les nombres et musicalement par les intervalles (Pythagore, décidément inépuisable, inventa aussi la première gamme). L'harmonie s'adresse à la fois à la pensée (puisqu'elle est ordre et mesure) et à la sensibilité.

Plus tard, l'idée d'une subjectivité du goût, et donc de la beauté, finira par l'emporter.

C'est ce que traduit le fameux dicton : « Des goûts et des couleurs on ne dispute pas. » Les philosophes empiristes (qui font remonter les idées aux expériences de la vie) présentaient des arguments difficilement réfutables à l'appui de cette thèse : les goûts changent d'un individu à l'autre, d'une société à l'autre et d'une époque à l'autre (les canons de beauté ne sont pas les mêmes en Afrique et en Italie).

Par ailleurs, à partir de l'époque romantique, l'art commença par contester plus radicalement encore l'idéal de beauté.

Citation

« Le beau est toujours bizarre », dit Baudelaire. Les classiques pensaient au contraire qu'il ne l'était jamais. « Beau comme la rencontre fortuite sur une table de dissection d'une machine à coudre et d'un parapluie », écrira, dans une formule provocante, Lautréamont. L'art finira par tourner le dos à la beauté pour cultiver le monstrueux, l'étrange, le terrifiant – qui sont tous des formes de laideur. La *force* expressive remplace alors la belle *forme* : l'art contemporain rejette massivement la beauté.

Le sens de la beauté est-il détruit pour autant ? Il n'en est rien. Il y a, pour l'art, les musées (une création récente), et puis la beauté peut aussi concerner la nature, la technique, et aujourd'hui surtout les corps, celui des femmes en particulier. L'histoire de la beauté n'est pas achevée.

Texte canonique

À savoir

Kant s'est efforcé de dépasser l'opposition entre le relativisme empiriste (les goûts sont subjectifs) et le dogmatisme rationaliste (il existe une beauté objective dont le *bon goût* est le témoin obligé). Kant accorde aux rationalistes que le beau n'est pas la même chose que l'agréable : alors que le beau est l'objet d'un *jugement* (le jugement de goût), l'agréable est une *sensation.* Si je n'aime pas les tomates, ce n'est pas de leur faute, cela vient de moi. Des goûts et des couleurs, on ne dispute pas, oui, s'il s'agit de sensations. Devant une œuvre, en revanche, le jugement de goût doit pouvoir dépasser ce caractère purement subjectif : l'art n'est-il pas, de fait, un moyen de rencontre entre les hommes ? Il existe donc, selon Kant, une certaine objectivité du jugement esthétique ; seulement cette objectivité n'est pas identique à celle qu'on rencontre dans le domaine de la connaissance : il n'y a pas de *vérité* en matière d'art, on ne peut pas démontrer quoi que ce soit en ce domaine. Le jugement de goût est potentiellement universel (il dépasse la sphère privée) et nécessaire (il n'est pas arbitraire), mais il n'est pas de l'ordre de la connaissance.

Pour ce qui est de l'agréable, chacun consent à ce que son jugement, fondé sur un sentiment particulier, et par lequel il affirme qu'un objet lui plaît, soit restreint à sa seule personne. Il admet donc quand il dit : le vin des Canaries est agréable, qu'un autre corrige l'expression et lui rappelle qu'il doit dire : il m'est agréable ; il en est ainsi non seulement pour le goût de la langue, du palais et du gosier, mais aussi pour ce qui plaît aux yeux et aux oreilles de chacun (...). Il en va tout autrement du beau. Ce serait ridicule, si quelqu'un, se piquant de bon goût, pensait s'en justifier en disant : cet objet (l'édifice que nous voyons, le concert que nous entendons, le poème que l'on soumet à notre appréciation) est beau pour moi. Car il ne doit pas appeler beau ce qui ne plaît qu'à lui. Beaucoup de choses peuvent avoir pour lui du charme et de l'agrément, il n'importe ; mais quand il dit d'une chose qu'elle est belle, il attribue aux autres la même satisfaction ; il ne juge pas seulement pour lui, mais au nom de tous et parle alors de la beauté comme d'une propriété des objets.

E. Kant, *Critique de la faculté de juger*, I, § 7.

Fiche révision

- » ***On parle d'art au sens large*** toutes les fois qu'une activité est accomplie de manière intelligente et créatrice (l'art culinaire, l'art du footballeur…). En ce sens, l'art se confond avec la technique. ***Au sens plus précis*** l'art est l'ensemble des activités et des œuvres dont la dimension esthétique (en termes de beauté, d'expression ou d'originalité) prévaut.
- » L'esthétique est la théorie de l'art. ***L'esthétique classique*** voyait dans la beauté un critère absolu. L'art moderne a cultivé bien d'autres valeurs : l'étrange, le monstrueux, le provocant, le laid…
- » Ce que nous appelons « art » pouvait avoir jadis un sens religieux, politique, technique. Pour nous, une œuvre d'art ***n'a que ce sens d'être une œuvre d'art***.
- » Au sujet de la beauté, une ***conception réaliste*** (Platon) s'oppose à une ***conception idéaliste*** (Kant). Selon la conception réaliste, la beauté réside dans la chose même ; selon la conception idéaliste, elle réside dans le regard que nous portons sur la chose.

Lecture

QUELQUES AUTEURS ET TEXTES PHARES À CONSULTER

- » E. Kant, *Critique de la faculté de juger* (parfois appelée *Critique du jugement*).

Lire la première partie intitulée *Analytique du beau*. Texte difficile mais particulièrement riche qui permet de répondre à de multiples questions sur le goût, sur les différences entre l'art et l'artisanat, sur le génie, sur la beauté.

- » Platon, *Phèdre*. Un dialogue magnifique sur l'amour et la beauté.

Chapitre 11

Le travail et la technique

Ce chapitre intéresse les élèves de toutes les séries : L, ES, S et technologiques.

DANS CE CHAPITRE :

» **Le pire et le meilleur**

» **Sept sujets de dissertation traités (vous tomberez peut-être sur l'un d'eux !)**

Esclavage ou liberté ?

La Bible fait du travail la conséquence de la désobéissance de l'homme : parce qu'ils ont mangé le « fruit défendu », Adam et Ève sont chassés du Paradis et devront travailler à la sueur de leur front (pour l'homme) et subir les douleurs de l'enfantement (pour la femme).

Dans l'Antiquité, chez les Grecs et les Romains, le travail manuel était réservé aux esclaves, et donc était regardé avec mépris par les hommes libres (les citoyens), ceux-ci pouvant alors s'adonner à la guerre, aux jeux, à l'activité politique et intellectuelle, mais pas au travail.

Un mépris semblable condamnait la technique. Platon interdisait dans son école l'usage d'instruments comme la règle et le compas : les mathématiques, selon lui, sont l'exercice de la pensée, seule la pensée pure caractérise l'homme libre.

Dans les sociétés qui ne disposaient que de moyens techniques rares et faibles, les travaux, surtout les plus pénibles, étaient effectués par les esclaves et les femmes.

C'est en Europe, au XVIe siècle, durant la Renaissance, que le travail sortit peu à peu du mépris dans lequel il était resté. Le protestantisme lui donna même une certaine noblesse, en y voyant une occasion pour l'homme coupable devant Dieu de se racheter.

LE PURITANISME : LE CULTE DU TRAVAIL

Le puritanisme est une forme de protestantisme qui prône à la fois la rigueur morale et le sérieux dans le travail. Il a pu ainsi constituer pour le capitalisme naissant une base idéologique.

Dans la société démocratique, où les inégalités de caste et de rang ont disparu, le travail et l'argent sont devenus des moyens de se valoriser et de l'emporter sur les autres.

À savoir

Au XVIIe siècle, le philosophe anglais John Locke justifia la propriété privée (l'appropriation privée) par le travail. Le simple fait de tendre le bras pour cueillir un fruit est un travail : celui qui le fait dans la nature effectue un travail qui du coup le rend propriétaire légitime de ce fruit.

La question de savoir si le travail est signe de liberté ou de servitude ne peut avoir de réponse globale. Pour qu'un travail soit libre, il faut qu'il soit choisi ou assumé par celui qui le fait. Il faut également qu'il soit la libre expression de celui qui le fait (l'œuvre d'art apparaissant comme un exemple idéal de travail libre).

L'apparition du chômage de masse dans les sociétés capitalistes montre qu'il y a pire qu'un travail exploité : une absence de travail.

À savoir

Non seulement le travail est nécessaire à la satisfaction des besoins, car sans lui l'argent et les biens de consommation feraient défaut, mais il est nécessaire à l'expression de l'individu humain.

Marx : l'humanité du travail

À savoir

Karl Marx fut le premier philosophe à définir l'être humain par le travail. L'homme est un être de besoin, et non d'abord un être de pensée. Or, le travail est indispensable à la satisfaction des besoins.

Citation

Marx disait que ce qui différencie l'architecte le plus maladroit de l'abeille la plus habile, c'est que l'architecte porte d'abord sa maison dans sa tête. Le travail n'est pas une activité spontanée, naturelle (tous les animaux ont une activité), mais une activité intelligente, c'est-à-dire fondée sur la mémoire (des expériences passées) et sur la prévision (des résultats à venir).

Marx affirmait que le travail salarié, caractéristique du système capitaliste, est aliéné. À la différence de l'esclave, qui était une chose entre les mains du maître, l'ouvrier est un homme libre. Seulement, le produit de sa force de travail ne lui appartiendra pas (l'ouvrier ne reçoit, sous forme de salaire, qu'une partie de l'équivalent en argent de son travail).

Les moyens du travail : la technique

À savoir

La technique est l'ensemble des moyens matériels (outils, machines, etc.) et immatériels (savoir-faire) grâce auxquels un travail peut être effectué. La technique est le signe d'une activité intelligente.

LES ANIMAUX ONT-ILS UNE TECHNIQUE ?

Récemment encore, presque tout le monde répondait « non » à cette question. Les animaux ne travaillent pas, et s'ils se servent d'objets à l'occasion, ce sont des instruments et non des outils à proprement parler. Aujourd'hui, les éthologues (spécialistes du comportement animal) décrivent de véritables techniques utilisées par plusieurs espèces d'animaux, principalement chez les singes et les oiseaux.

Nature et culture

Jargon

La *nature* est l'ensemble des réalités qui n'ont pas été modifiées par le travail de l'homme.

La *culture* est l'ensemble des transformations que l'homme a opérées sur le milieu naturel. Par son travail et sa technique, l'homme va pouvoir conquérir et dominer la nature.

	Corps	Alimentation	Langage	Terre	Matière	Déplacement
Nature	Nudité	Crue	Cris, chants	Sauvage	Brute	Corps (vol, course, marche)
Culture	Vêtements, parures, pratiques corporelles	Cuite	Paroles	Cultivée	Transformée, artificielle	Véhicule
Domaine culturel concerné	Tissage, orfèvrerie, mode	Poterie, métallurgie, cuisine	Langage	Métallurgie, agriculture	Métallurgie, chimie	Mécanique industrielle

À savoir

Par référence au mythe de Prométhée (voir chapitre 44), on appelle « prométhéen » l'homme maître de la nature et « prométhéisme » l'optimisme conquérant que l'homme exerce sur son environnement grâce à la technique.

L'homme et la nature

Chaque époque, chaque société manifeste des relations particulières entre l'homme et la nature.

On peut, en suivant le cours de l'histoire, distinguer trois types de sociétés ayant chacune une manière de concevoir la situation de l'homme et son mode d'existence, un mode de savoir et un mode d'action dominants.

	Situation de l'homme	Mode d'existence de l'homme	Mode de savoir dominant	Mode d'action dominant
Sociétés primitives	Faiblesse	Intégration Dépendance	Mythologie	Magie
Sociétés industrielles	Conquête	Lutte, Exploitation	Science	Technique
Sociétés contemporaines	Puissance	Protection Restauration	Science	Technique

La technique nous éloigne-t-elle de la nature ?

Oui, il n'est que de comparer la ville moderne au village ancien. L'ampoule électrique a remplacé le Soleil, le radio réveil le chant du coq, et le tracteur, le cheval de trait.

Mais la technique nous met aussi en contact (par image ou réellement) avec une nature dont nos ancêtres n'avaient pas même idée : grâce à l'avion, à la voiture, au train, des millions d'hommes peuvent aujourd'hui avoir un contact direct avec la mer, la montagne et le désert ; grâce à la télévision, au cinéma, aux livres, l'homme moderne a une conscience globale de la nature que ses ancêtres n'avaient pas. Par exemple, un Parisien se sentira impliqué par la menace de disparition des rhinocéros et des baleines, alors même qu'il n'a aucun intérêt objectif à leur préservation, et qu'il ne les verra jamais sans doute lui-même évoluer dans leur milieu naturel.

Valeur de la technique

Il y a les optimistes et les pessimistes, les arguments *pour* et les arguments *contre*, les docteurs tant mieux et les docteurs tant pis. Entre les deux, les sceptiques et les partagés, autant dire presque tout le monde...

Positivité de la technique

- » La technique a sorti l'homme de l'animalité en lui donnant nourriture abondante et variée, riches vêtements et maisons solides.
- » La technique a fait de l'homme le maître de la nature (animaux, climats, environnement).
- » La technique fait tout progresser : l'économie, la science – et même la société. Elle est le moteur de l'histoire.
- » La technique fait le bonheur de l'homme : les machines ont plus fait que les philosophes pour supprimer l'esclavage.
- » La technique rapproche les hommes (voir les moyens de communication).

Dangers de la technique

- » La technique a aggravé et même créé les inégalités entre les riches et les pauvres.
- » La technique détruit l'environnement.
- » La technique est inhumaine, violente, sa finalité ultime est la destruction et la mort (voir les industries de la guerre).
- » La technique fait le malheur de l'homme : grâce à elle, les « méchants » ont un pouvoir de destruction et de contrôle inégalé sur le monde. Le totalitarisme moderne est le produit monstrueux de la technique.
- » La technique sépare les hommes (automobile, télévision, ordinateur : face à sa machine, l'homme est séparé de son prochain).

Conclusion

Le pire n'est pas toujours sûr, mais une catastrophe est toujours possible.

Et puis, aujourd'hui, il n'y a pas seulement une opposition entre « technophiles » et « technophobes », c'est-à-dire amis et ennemis de la technique, c'est chacun de nous qui se trouve déchiré à l'intérieur de ses propres convictions, tant la technique moderne nous apparaît ambivalente.

La puissance de la technique

La technique ne fait-elle que répondre à nos besoins ?

La technique est l'ensemble des moyens intellectuels (savoir-faire) et matériels (outils, machines) grâce auxquels l'être humain peut effectuer un travail. Ce travail peut détruire (déforestation), transformer (culture de la terre) ou créer (les villes). C'est parce que l'homme est un être de besoin que la technique apparaît comme nécessaire. Or la réponse à la question posée dépend de la conception qu'on se fait des besoins.

La conception restrictive des besoins : Cette conception fait des besoins une donnée *naturelle*. Le besoin est ce dont la satisfaction est *nécessaire*, faute de quoi la vie de l'être est menacée. L'être humain a *besoin* de boire, de manger, de s'habiller, de dormir et il ne peut satisfaire ces besoins que grâce à des techniques. Cette anthropologie *naturaliste* implique des besoins limités en nombre et en nature, et en quelque sorte éternels : tous les hommes auraient *grosso modo* les mêmes besoins. Or, depuis deux siècles (début de la révolution industrielle), cette conception est de plus en plus intenable.

La conception élargie des besoins : Cette conception fait des besoins une donnée *socio-historique* autant que naturelle. Il existe certes des besoins de base (encore qu'il soit difficile parfois de les définir : ainsi la sexualité ne correspond-elle pas *stricto sensu* à un besoin, du moins pour l'individu, puisque celui-ci peut vivre sans faire l'amour), mais les différences sociales et les évolutions historiques ont considérablement diversifié et multiplié les besoins. Certains auteurs prétendent qu'il ne s'agit pas de *vrais* besoins. Seulement, la possession d'une voiture n'est-elle pas une *nécessité* dans le monde du travail aujourd'hui ? On s'aperçoit que la satisfaction d'un besoin appelle à son tour la nécessité de fabriquer de nouveaux objets, lesquels répondront à de nouveaux besoins, et cela dans un processus de prolifération indéfinie. Tout besoin, toute satisfaction a donc une position en amont et une position en aval : la voiture *répond à* la nécessité de se déplacer (laquelle n'est déjà plus une donnée naturelle) et *suscite* une série indéfinie de travaux (garages, routes, parkings, etc.).

La technique pouvait être une réponse aux besoins dans les sociétés primitives. Et encore, de nombreuses études montrent que ces sociétés connaissaient le luxe et le gaspillage (voir l'importance de la *fête* comme dépense somptuaire et destruction prestigieuse de richesses). La technique, dès l'origine, a répondu aux *désirs* autant qu'aux besoins. Les grandes navigations ont été stimulées par le commerce des épices : le moins qu'on puisse dire est que celles-ci ne sont pas d'une rigoureuse nécessité pour la survie. On peut exister sans cannelle ! De plus en plus la technique *crée* les besoins - or, on l'a vu, il n'y a pas d'arrêt *a priori* à l'innovation. Qui avait *besoin* de la télévision haute définition ? Personne puisqu'on ne savait pas qu'elle pourrait exister. Aujourd'hui, tout le monde éprouve le besoin d'en avoir.

Le pouvoir de la technique est-il seulement matériel ?

Le pouvoir est une force qui modifie la réalité. La technique a un pouvoir matériel évident : l'évidence de son pouvoir est l'ordre matériel. Mais son pouvoir ne va-t-il pas au-delà ?

Suprématie du pouvoir matériel de la technique

» **Sur la nature :** la technique détruit, transforme l'environnement et peut en créer un artificiel (du canon à neige à la FIVETE – fécondation artificielle).

» **Sur l'espace et le temps :** la vitesse.

Le pouvoir global de la technique va au-delà

» **Marx a été le premier à faire de la technique le moteur de l'histoire.** Elle est l'infrastructure qui change le reste, à savoir la superstructure (le domaine des valeurs et des idées).

» **La technique bouleverse les structures sociales :** par exemple, la révolution industrielle a créé la bourgeoisie et le prolétariat, la révolution informatique a créé les classes moyennes et le chômage.

» **La technique change la façon de penser et de croire :** voir l'impact de la radio et de la télévision (outils techniques) sur la façon de vivre et de penser des gens.

D'une manière générale, la technique a créé ou renforcé l'individualisme moderne (la voiture, la télévision, l'ordinateur séparent les hommes avant de les lier).

D'une manière globale, il n'est aujourd'hui rien dans l'existence humaine qui ne soit lié, d'une façon ou d'une autre, à la technique (manger ou lire, dormir ou se déplacer, etc.).

Pourquoi la technique, tout entière sortie des mains et du cerveau de l'homme, lui échappe-t-elle en partie ?

L'expression d'« apprenti sorcier » vient d'une ballade de Goethe : un magicien étant sorti de chez lui, son disciple met en action seau et balai grâce à une formule magique, mais l'avantage tourne vite en catastrophe, car s'il a trouvé le moyen de mettre en marche le processus qui le délivre de la tâche à fournir, l'apprenti sorcier ne disposait pas du pouvoir de l'arrêter. Goethe imaginait cela deux siècles avant l'invention de l'énergie nucléaire. Les raisons de l'absence de maîtrise totale de l'homme sur les produits de son intelligence technicienne sont de deux ordres : elles peuvent tenir à la faiblesse de l'homme même, mais aussi à la puissance de la technique, son œuvre.

Faiblesse de l'homme

- **C'est cette faiblesse qui est à l'origine même de la technique.** Les outils ont été inventés pour effectuer ce que la main ne pouvait pas faire seule, les machines ont été inventées pour accomplir ce que le corps ne pouvait pas faire seul.
- **La technique est un moyen et un ensemble de moyens. Les finalités et les résultats ne sont pas toujours prévisibles.** Dès lors, il y aura contraste entre la maîtrise sur les moyens et l'absence de maîtrise sur les résultats, car les processus enclenchés ne sont pas toujours connus ou, s'ils le sont, ils ne sont pas toujours maîtrisables (voir le nucléaire, les industries d'armement, les grands barrages, etc.).
- **L'homme vise une action ponctuelle sur son milieu** (défricher une forêt, percer une route, détourner un cours d'eau). Or, dans la nature, les parties et les éléments sont interdépendants : l'action sur l'un d'entre d'eux réagit sur les autres (voir la façon dont le climat – température ou régime des pluies – peut être modifié par l'action technique des hommes alors même que ceux-ci ne le veulent pas).

Puissance de la technique

- **L'objet technique possède une force propre, et presque une vie propre.** Et les machines d'aujourd'hui ont une puissance incomparablement supérieure à celle des machines de jadis : toutes les qualités (vitesse, puissance, etc.) sont développées bien au-delà des capacités humaines (c'est la raison d'être même de la technique).
- **L'innovation est un processus qui s'auto-entretient, chaque découverte implique d'autres découvertes.** Si bien que, de plus en plus, une « technosphère » se développe, mue par des lois internes de fonctionnement, comme une forme indépendante d'existence supérieure en puissance à l'existence biologique. L'outil était un appendice de l'homme, l'homme devient un appendice de la machine.

Il n'est donc pas si paradoxal qu'il y paraît qu'une œuvre échappe au contrôle de son créateur : cela arrive à l'artiste comme au technicien. Seulement, dans le domaine technique, cette échappée pose des problèmes particuliers, à cause de la puissance même de la technique.

Pourquoi dit-on qu'on n'arrête pas le progrès ?

La question ne porte pas sur le progrès, mais sur l'idée qu'on s'en fait. « On n'arrête pas le progrès » est un lieu commun, une phrase toute faite dont on va chercher les raisons.

Une plainte impuissante

Souvent, cet énoncé accompagne un constat désolé : le « progrès » apporte avec lui des désagréments et des malheurs.

Le « progrès » paraît si puissant qu'aucune force ne semble capable de s'y opposer.

Le progrès hypostasié

Jargon

Le progrès *qualifie* un certain type de processus historique (celui qui apporte un avantage quantitatif ou qualitatif pour l'homme), mais on finit par le substantialiser, comme si le progrès était devenu une personne, un dieu. On appelle cela une *hypostase* : un concept devient un être.

De fait, le progrès est la figure moderne du destin. Jadis, le destin venait de la nature ou des dieux, aujourd'hui il vient de la technique, c'est-à-dire de l'homme. « On n'arrête pas le progrès » est un énoncé fataliste du type : on n'arrête pas le destin.

De fait, quel pouvoir pourrait aujourd'hui stopper les recherches scientifiques ou les interventions technologiques (dans les domaines nucléaire et biotechnologique, pour ne citer que ceux qui suscitent les plus graves inquiétudes) ? Qui même le *voudrait* ?

Le processus infini

La dynamique de la découverte et de l'invention est une dynamique auto-entretenue qui n'a aucune fin (aux deux sens du terme) assignable. « On n'arrête pas le progrès » signifie ici : le progrès par nature n'a aucune fin ; on pourra toujours et encore chercher et inventer.

Conclusion

« On n'arrête pas le progrès » est le type (rare) de lieu commun qui énonce quelque chose de vrai. Il balance entre le constat attristé et la valeur acceptée. Il manifeste cette schizophrénie moderne qui fait de l'homme quelqu'un à la fois ravi et malheureux.

Pourquoi la technique peut-elle être considérée aussi bien comme un facteur de libération que comme un instrument de servitude ?

Pourquoi la technique a-t-elle des effets aussi contraires (liberté/servitude) ?

> » **Parce qu'elle est un *moyen*, et qu'un moyen est *neutre* :** seules la fin, l'utilisation la désigneront comme bonne ou mauvaise.

» **Parce que la technique est *puissance*,** et que la puissance est ambivalente, bonne en tant que force, mauvaise en tant que violence, bonne en tant que créatrice, mauvaise en tant que destructrice.

Quels peuvent être les critères de l'utilité ?

Est utile tout ce qui sert à autre chose, c'est-à-dire qui constitue un moyen pour une fin donnée. Relation entre un moyen et une fin, l'utilité dépend par conséquent de l'un et de l'autre.

» Critères quant aux moyens : a) l'*adaptation* : un marteau n'est pas utile pour scier un arbre ; b) la *performance* : on ne fait pas la guerre armé d'un canif.

» Critères quant à la fin. Il faut : a) que la fin ait un *sens* (le contraire définit l'absurde) ; a) que la fin corresponde à une *valeur*. Or, une valeur désigne ce à quoi on croit. Autant de fins, autant de valeurs ; elles sont relatives : a) au contexte socio-culturel ; b) à l'individu ; c) aux circonstances.

L'utilité est donc une notion relative par excellence.

Texte canonique

Dans ce texte de jeunesse, Karl Marx montre que l'ouvrier, dans son travail, est aliéné. Le produit de son travail lui échappe. C'est pourtant en façonnant le monde des objets que l'homme s'affirme comme être générique, c'est-à-dire comme membre conscient de l'espèce humaine et se distingue de l'animal. C'est donc dans le travail que l'homme devrait se sentir pleinement homme. Mais, en arrachant à l'homme l'objet de sa production, le capitalisme arrache à l'ouvrier sa vie générique et transforme en désavantage son avantage sur l'animal. Il y a donc une contradiction entre le travail en général, qui est signe de liberté, et la forme concrète qu'il revêt dans le capitalisme, qui est aliénante.

(...) L'ouvrier n'a le sentiment d'être soi qu'en dehors du travail ; dans le travail, il se sent extérieur à soi-même. Il est lui quand il ne travaille pas et, quand il travaille, il n'est pas lui. Son travail n'est pas volontaire, mais contraint. Travail forcé, il n'est pas la satisfaction d'un besoin, mais seulement un moyen de satisfaire des besoins en dehors du travail. La nature aliénée du travail apparaît nettement dans le fait que, dès qu'il n'existe pas de contrainte physique ou autre, on fuit le travail comme la peste. Le travail aliéné, le travail dans lequel l'homme se dépossède, est sacrifice de soi, mortification. Enfin, l'ouvrier ressent la nature extérieure du travail par le fait qu'il n'est pas son bien propre, mais celui d'un autre, qu'il ne lui appartient pas ; que dans le travail l'ouvrier ne s'appartient pas à lui-même, mais à un autre.

K. Marx, *Manuscrits de 1844*, trad. J. Malaquais et C. Orsini, *Œuvres. Économie II*, Bibliothèque de la Pléiade, Gallimard, 1968, p. 61.

Fiche révision

- ***Le travail*** est l'ensemble des activités productrices effectuées par les êtres humains, ***la technique***, l'ensemble des moyens matériels (outils et machines) et intellectuels (savoir-faire) du travail.
- Le travail a été ***tour à tour*** considéré comme ***une*** épouvantable ***fatalité*** et comme ***un moyen*** pour les êtres humains ***de se libérer*** de leurs servitudes naturelles.
- Par le travail et les techniques, l'homme s'éloigne du monde de la ***nature*** et crée un monde qui lui est propre, le monde de la ***culture***.
- Parce qu'elle est ***une puissance***, et qu'une puissance peut avoir des effets contraires, la technique a été tantôt considérée comme un bienfait, tantôt dénoncée comme un danger pour le milieu humain comme pour le milieu naturel.
- La technique n'est ***pas seulement*** de nature ***matérielle*** et elle n'a pas que des effets matériels. Elle impose au monde moderne ses ***valeurs*** d'utilité et d'efficacité, de performance et de vitesse.

QUELQUES AUTEURS ET TEXTES PHARES À CONSULTER

- Platon, *La République*.

Lire le livre II qui traite de la division du travail.

- A. Smith, *La Richesse des nations* I, GF-Flammarion.

Lire livre I, chapitre 1, sur la division technique du travail.

Chapitre 12

La religion

Ce chapitre concerne les élèves des séries L, ES et S.

DANS CE CHAPITRE :

» **La religion, est-ce la croyance en Dieu ?**

» **Pourquoi y a-t-il des religions ?**

» **Une existence humaine sans religion est-elle possible ?**

La première difficulté vient de la variété et de la multiplicité des phénomènes religieux. Pour définir l'essence du fait religieux, il faut trouver le point commun à tous ces phénomènes.

La nature du fait religieux

On pourrait penser que le point commun aux diverses religions est la croyance en une divinité. Or une religion sans dieu, une religion athée n'est pas impossible : c'est le cas par exemple du bouddhisme primitif (Bouddha n'a jamais parlé de « divinité »).

En revanche, une notion paraît inséparable de la religion : c'est celle de *sacré*. C'est le sacré qui constitue l'essence du religieux.

Jargon

Le *sacré* se définit par opposition au *profane*. Il est l'objet de respect et de crainte, il circonscrit le permis et le défendu (tabou). L'esprit religieux est foncièrement dualiste (il sépare le ciel et la Terre, Dieu et les hommes, le bien et le mal, etc.). Peuvent être *sacrés*, c'est-à-dire doués d'une énergie particulière, d'un ordre spécifique :

» **des *êtres* :** dieux, mais aussi ancêtres, rois, prêtres, etc. ;

» **des *choses* :** objets appartenant aux êtres sacrés en vertu de l'association métonymique (exemple : les reliques des saints) ;

- **un *espace* :** originellement le *templum* – aire sacrée sur laquelle le « temple » a été bâti. La séparation entre l'intérieur (sacré) et l'extérieur (profane ; en latin : « devant le temple ») est rigoureuse, d'où les précautions rituelles (se déchausser, se couvrir la tête ou se la découvrir, etc.) ;
- **un *temps* :** le temps du sacré s'appelle la *fête* (laquelle ne se définit pas par la joie – il y a des fêtes tristes, comme la fête des morts – mais par l'inversion du temps profane).

À savoir

Une religion comprend un aspect *théorique* – elle se présente alors comme un ensemble de *croyances* – et un aspect *pratique* – elle se présente comme un ensemble de *rites*. On pourra donc définir la religion comme l'ensemble des croyances et des rites en relation avec le sacré.

La croyance religieuse

« Croire » se définit par opposition à « savoir ». Tout ce qui échappe au savoir rationnel (comme les questions métaphysiques) peut être objet de croyance.

La croyance peut elle-même prendre plusieurs formes :

- *croire que* : signe de l'énoncé incertain (« je crois qu'il va faire beau demain ») ;
- *croire à* : signe de l'incertitude objective (il n'y a pas de moyen de démontrer la légitimité de la croyance) mais aussi de la conviction subjective (exemple : croire à la justice, à l'immortalité de l'âme, à l'existence de Dieu, etc.) ;
- *croire en* : c'est le plus fort degré de conviction (exemple : « je crois en Dieu »). Cela s'appelle aussi la *foi*, qui n'existe vraiment que dans les religions monothéistes (celles qui n'admettent qu'un seul dieu).

Les croyances religieuses s'expriment sous la forme de mythes. Ce sont des récits d'origine, destinés à expliquer un fait actuel.

LES TROIS MOMENTS DU MYTHE

Le mécanisme de la pensée mythique est le suivant :

- On constate un phénomène (exemple : l'être humain travaille et meurt).
- On imagine un temps antérieur où tel état de fait n'existait pas encore : la pensée mythique est d'abord pessimiste (exemple : le mythe du paradis terrestre où jadis l'être humain ne travaillait pas et ne mourait pas).
- Le mythe va dire quelle fut la catastrophe (en grec : « renversement ») qui permet d'expliquer le passage de jadis (l'origine) à maintenant (dans l'exemple cité, c'est le péché originel). Le renversement peut se faire à la fin des temps (exemple : le jugement dernier).

Lorsqu'une religion est organisée par une Église (comme dans le christianisme), la plupart des croyances de base prennent la forme de dogmes.

La pratique religieuse

La pratique religieuse est inséparable de la croyance religieuse : elle l'actualise, la détermine et la justifie.

L'acte religieux est un rite. Il possède en effet trois caractères :

- Il est *répétitif* (prières, signes de croix, etc.).
- Il est *social* : même exercée solitairement, la pratique religieuse n'a de sens qu'au niveau de la collectivité.
- Il est *symbolique* (le signe de croix renvoie à la Passion de Jésus).

Or ces trois caractères sont ceux-là mêmes du mythe : le mythe est une croyance collective, qui se dit répétitivement et qui a un sens symbolique. Il y a une *dialectique* de la croyance et de la pratique religieuse : le mythe explicite le rite, lequel (ré)actualise le mythe (exemple : l'épisode de l'Évangile racontant la dernière Cène explicite la messe, laquelle réactualise la Cène).

Origines et fondements de la religion

Les premières traces d'une activité religieuse remontent à l'homme de Neandertal (il y a 80 000 ans). Dans les gisements néandertaliens, on a découvert des squelettes en position recroquevillée dite « en chien de fusil ». C'est la position du fœtus dans le ventre de la mère. Les anthropologues ont vu là le signe irréfutable d'un rituel funéraire (l'homme est le seul être vivant à adopter vis-à-vis de ses morts une attitude ritualisée), d'où l'idée que des croyances religieuses devaient exister dès cette époque. La première divinité a été féminine : la Mère Nature a partout précédé Dieu le Père. L'association symbolique terre-mère dure encore de nos jours. Depuis l'homme de Neandertal, toutes les sociétés humaines ont été religieuses : la religion, comme l'art ou la technique, est une production culturelle universelle.

À savoir

Cette origine nous renseigne sur un *fondement* possible de la religion : la *mort*, et l'angoisse qu'elle provoque chez l'être humain. La peur du mort (de sa vengeance possible) a précédé l'angoisse de la mort. Le rituel funéraire s'explique par le désir de se prémunir contre cet événement terrible. Mais la religion remplit également une *fonction sociale* : elle est le ciment qui permet aux membres d'une même société de vivre ensemble, unis autour des mêmes valeurs et des mêmes gestes (voir l'islam aujourd'hui, le christianisme au

Moyen Âge). La religion remplissait donc une double mission : permettre à l'être humain de vivre dans un monde étrange, menaçant, voire hostile, et permettre aux êtres humains de vivre ensemble.

À quels besoins la religion répond-elle ?

Parler de la religion en termes de besoin, c'est en dire la nécessité, c'est donc se refuser à y voir un simple effet de l'ignorance, une fantaisie ou, pire, une illusion (Freud). Quelles peuvent être les fonctions de la religion ?

Le besoin de comprendre

La religion est une vaste construction de l'esprit destinée à donner du sens à la réalité dans laquelle l'homme vit. Ainsi la religion donne-t-elle réponse aux grandes questions que l'homme peut se poser sur la vie et la mort, l'amour et la douleur, la justice et le mal. C'est pourquoi on a pu comparer les mythologies aux vastes constructions théoriques futures de la science. C'est pourquoi aussi certaines découvertes scientifiques (comme la théorie de l'évolution) ont pu être contestées par les autorités religieuses qui y voyaient une concurrence et une menace.

Le besoin de vivre ensemble

Mais la fonction de la religion n'est pas seulement – n'est peut-être pas d'abord – d'ordre théorique, intellectuel. La religion est un ensemble de pratiques collectives et les liens qu'elle détermine entre les fidèles et les croyants (une communauté n'est pas seulement une société) sont sans doute plus importants que ceux qu'elle induit entre ceux-ci et les objets de leurs croyances. La religion est la forme que prend une communauté lorsqu'elle ne vit pas seulement dans le présent concret (celui des gestes et du travail de la vie quotidienne), mais aussi dans un espace et dans un temps tout autres (le sacré). À ce besoin de vivre ensemble, on peut rattacher le besoin de croire et d'espérer. Une croyance collective est confortée par le fait qu'elle est collective : même s'il s'agit d'un préjugé ou d'une illusion, on tiendra pour absolument vrai ce qui est *cru* par le groupe.

Le besoin d'être rassuré

Ce besoin est déjà présent dans les deux précédents, celui de comprendre et celui de vivre en communauté. Freud (voir plus loin) a rattaché la religion à l'état de dépendance du petit enfant vis-à-vis de ses parents : Dieu serait le substitut symbolique du père. Les raisons de la religion sont autant psychologiques et affectives qu'intellectuelles et sociales.

La religion répond en fait à tous les grands besoins existentiels de l'être humain. Ce qui peut donner à penser que, contrairement à ce qu'annonçaient certains philosophes, elle se métamorphosera plutôt que de mourir.

Les conceptions de la divinité

Citation

On avait demandé à Einstein s'il croyait en Dieu. À quoi le savant répondit : « Définissez-moi d'abord Dieu et je vous dirai si j'y crois. »

La croyance en Dieu ou en des dieux est fondamentale pour définir les différentes attitudes religieuses.

Le polythéisme : c'est la croyance en une pluralité de dieux (Inde, Égypte, Grèce, Rome). Chaque dieu a à sa charge un secteur du réel, une fonction (comme s'il y avait entre eux une division du travail). Le plus souvent, dans ce panthéon, émerge une divinité supérieure aux autres (Shiva ou Vishnou chez les hindous, ou Râ chez les Égyptiens).

Le monothéisme : c'est la conception selon laquelle il n'existe qu'un seul dieu. L'unicité de ce dieu implique sa toute-puissance, laquelle implique un pouvoir créateur (Jéhovah, Allah, Dieu créent le cosmos, alors que Jupiter ne faisait que l'organiser).

Le panthéisme : il assimile la divinité au cosmos tout entier. Alors que le monothéisme conçoit Dieu comme transcendant, c'est-à-dire infiniment supérieur au plan de la nature et de l'esprit humain, le panthéisme conçoit Dieu comme immanent : chaque élément de la nature (nous y compris) est une parcelle de divinité. Dieu, c'est le grand Tout. L'argument des panthéistes contre les monothéistes est le suivant : en affirmant que Dieu est infini et transcendant, vous vous contredisez, car s'il est infini il n'est limité par rien, mais s'il est transcendant alors il est limité par le monde de la matière (la nature). Le panthéisme n'est pas une religion au sens propre mais plutôt une conception philosophique de la divinité.

Le déisme : ce n'est pas non plus une religion mais une conception philosophique. Voltaire et Einstein, par exemple, étaient déistes. Le déiste croit en l'existence d'un Dieu créateur, et s'en tient là. Il rejette les dogmes des églises : il est croyant mais anticlérical. Les mystères, les dogmes et les croyances lui semblent des sornettes. Il lui paraît plus raisonnable (parce que le monde existe) de croire que de ne pas croire.

Le théisme : il s'agit d'un déisme plus spécialement lié à une religion monothéiste. Cela dit, au XVIIIe siècle, époque où cette famille de pensée était fortement représentée, nombre d'auteurs identifièrent déisme et théisme.

L'agnosticisme : l'agnostique ne croit ni ne croit pas. Il n'affirme pas, mais il ne nie pas Dieu. Il suspend son jugement et pense que ces questions dépassent à jamais l'entendement humain.

L'athéisme : il nie radicalement l'existence de Dieu. À l'argument des croyants selon lequel il faut bien que le monde ait une cause (en vertu du vieux principe : rien ne naît de rien), il réplique que, puisque eux-mêmes, les croyants, font de Dieu une réalité sans cause (Dieu est cause de soi, dit la théologie), ils admettent donc la possibilité d'une réalité sans cause – pourquoi ne pas admettre, dès lors, que cette réalité sans cause extérieure, c'est l'univers même ?

Les critiques de la religion

On s'en tiendra aux critiques philosophiques.

La religion est une aliénation

Marx a été tenté, dans sa jeunesse, par la théorie, fort à la mode au siècle des Lumières (XVIIIe s.), dite « théorie de l'imposture ». On la trouve formulée par Voltaire : « Qui fut l'inventeur de la religion ? Ce fut le premier fripon qui rencontra un imbécile. » En somme, on faisait de la religion l'invention du prêtre (lequel était censé agir cyniquement pour son profit). Marx ne tarda pas à voir ce qu'une telle théorie pouvait avoir d'insuffisant : ce n'est pas le prêtre qui fait la religion, c'est la religion qui fait le prêtre. Et puis pourquoi les hommes seraient-ils assez imbéciles pour croire aux fables des prêtres ?

Marx part des analyses de Feuerbach : il y trouve le thème de l'*aliénation* et celui de la *projection*.

Jargon

Aliénation : l'homme religieux se dépouille de ses valeurs et de ses biens pour les projeter dans un au-delà imaginaire. Marx rattache ensuite la religion au grand ensemble qu'il appelle *idéologie* (l'ensemble des idées et des valeurs qui justifient, cachent et inversent la domination socio-économique d'une classe sur une autre à une époque donnée). La religion possède en effet ces trois fonctions :

> » **Elle justifie un état de fait** (par exemple, dans la monarchie de l'Ancien Régime, le roi n'était pas l'élu du peuple, mais celui de Dieu).
>
> » **Elle cache un état de fait :** les croyances religieuses ne nous font pas comprendre le réel, elles nous le font fuir – c'est le sens de la célèbre formule « la religion est l'opium du peuple ».
>
> » **Elle inverse un état de fait,** sur le plan imaginaire, bien sûr (par exemple, en disant aux pauvres : « les vrais riches, c'est vous ! »).

La conception marxiste de la religion critique donc une religion inféodée aux pouvoirs et aux intérêts d'une classe dominante. On peut objecter qu'il existe une différence entre l'Église et la religion, que la religion, loin de prêcher la résignation à l'injustice, peut donner aux croyants le sens et l'exigence de justice concrète. Dans l'histoire passée, les religions et les églises n'ont pas toujours été du côté du pouvoir.

La religion est une faiblesse

Pour Nietzsche, l'être humain est animé par une volonté de puissance diversement qualifiée. La religion est l'expression d'une volonté décadente, exténuée. Elle est la justification du faible qui ne peut plus vouloir la force : ainsi l'orgueil sera-t-il dévalué comme un péché par celui qui n'a même plus la force de l'orgueil. Aux yeux de Nietzsche, le prêtre, le croyant sont des impuissants prêchant la chasteté. Ils dévaluent le corps (au profit d'une âme imaginaire), ils dévaluent la vie (au profit d'un au-delà imaginaire). Ils empoisonnent l'existence avec leurs idées de faute et de péché. En justifiant la douleur (la religion est un système à justifier la douleur), ils la propagent aux quatre coins de la réalité. L'homme religieux commet cet horrible sophisme : je souffre donc je suis puni, je suis puni donc j'ai péché, j'ai péché donc il est normal que je souffre plus encore. D'un autre côté, il existe un athéisme des médiocres – de ceux qui ne croient plus, parce qu'ils n'en ont plus la force. Les meurtriers de Dieu ne supportaient plus ce témoin gênant de leurs bassesses.

À savoir

« Dieu est mort » signifie que nous sommes arrivés à un point de l'histoire où croire en Dieu n'est plus possible, où les valeurs religieuses n'organisent plus notre vie.

Le « surhomme » que Nietzsche appelle de ses vœux est l'homme devenu Dieu, celui qui est assez fort pour créer ses propres valeurs, l'envers, par conséquent, de l'incroyant mesquin.

La religion est une illusion

Marx faisait une histoire et une sociologie de la religion, Nietzsche une psychologie, Freud en fera la psychanalyse.

Deux idées fondamentales sont à retenir de la critique freudienne :

- **Il existe une analogie entre la religion et la névrose obsessionnelle.** La religion est une sorte de névrose collective, comme la névrose est une sorte de religion individuelle. Le névrosé obsessionnel est un être angoissé par la vie et qui tâche (en vain) de réduire son angoisse grâce à un ensemble de manies, lesquelles constituent un véritable rituel. Les symptômes du névrosé sont symboliques et répétitifs, comme les rites du croyant.

» **L'enfant se fait de ses parents une représentation imaginaire** (Freud appelle celle-ci « imago »). À un certain stade de la vie, cette « imago » va être brisée au contact de la rude réalité : le père se révélera autre chose que l'être idéal rêvé, la mère également... Selon Freud, Dieu le Père et la Déesse Mère sont la projection dans l'au-delà de l'imago parentale – le signe, donc, que l'enfant, même devenu adulte, n'a pas renoncé à ses représentations fantasmatiques. Ainsi Dieu est-il l'héritier du Père idéal (il en a la toute-puissance), la déesse ou la vierge est l'héritière de la Mère idéale (elle est vierge, car un enfant est incapable d'assimiler psychologiquement la sexualité de sa mère).

On le voit, le point commun entre Marx, Nietzsche et Freud, c'est de voir en la religion une *fantasmatique*. Quel est l'avenir de cette illusion ? L'enjeu est d'importance – il s'agit en effet de savoir si la religion est *nécessaire* à l'homme ou bien si elle n'est qu'une étape transitoire de son destin historique. Une civilisation est-elle envisageable sans religion ? *Oui*. Cela signifierait que le monde techno-scientifique et économique qui est le nôtre est capable à lui seul de donner un sens à l'existence (le profit, le plaisir). *Non*. Cela signifierait que seule la religion est capable de nous donner des valeurs d'existence, donc de rendre la vie supportable.

En ce début du XXIe siècle, le débat reste ouvert. On peut interpréter le « réveil » religieux (fondamentalisme chrétien, intégrisme musulman) soit comme le dernier sursaut d'une religiosité destinée à disparaître, soit comme la renaissance d'une dimension inhérente à la culture, après une parenthèse de quelques dizaines d'années. Même si la première thèse paraît plus plausible, la seconde n'est pas impossible.

Texte canonique

Marx a eu sur la religion un point de vue plus profond que celui à quoi on l'a réduit. C'est dans ce texte qu'on trouve la formule fameuse de la religion comme opium du peuple. Il faut garder à l'esprit le fait qu'au XIXe siècle, l'opium était l'analgésique le plus utilisé par la médecine, et qu'il évoquait d'abord un sédatif capable d'abolir les souffrances plutôt qu'un paradis artificiel.

C'est l'homme qui fait la religion, ce n'est pas la religion qui fait l'homme (...). Elle est la réalisation fantastique de l'être humain, parce que l'être humain ne possède pas de vraie réalité. Lutter contre la religion, c'est donc indirectement lutter contre ce monde-là, dont la religion est l'arôme spirituel.

La détresse religieuse est, pour une part, l'expression de la détresse réelle et, pour une autre, la protestation contre la détresse réelle. La religion est le soupir de la créature opprimée, l'âme d'un monde sans cœur, comme elle est l'esprit de conditions sociales d'où l'esprit est exclu. Elle est l'opium du peuple. L'abolition de la religion en tant que bonheur illusoire du peuple est l'exigence que formule son bonheur réel. Exiger qu'il renonce aux illusions sur sa situation, c'est exiger qu'il renonce à une situation qui a besoin d'illusions. La critique de la religion est donc en germe la critique de cette vallée de larmes dont la religion est l'auréole.

K. Marx, *Critique de la philosophie du droit de Hegel*, *Œuvres. Philosophie*, Bibliothèque de la Pléiade, Gallimard, 1982, p. 381-382.

Lecture

QUELQUES AUTEURS ET TEXTES PHARES À CONSULTER

» B. Pascal, *Pensées*.

Lire en particulier les pensées 89, 574, 587, qui concernent les rapports entre la croyance et le savoir, la foi et la raison.

» D. Hume, *Dialogues sur la religion naturelle*.

Ce texte sous forme de dialogue entre trois personnages constitue un examen critique et souvent ironique, des principales preuves de l'existence de Dieu.

» L. Feuerbach, *L'Essence du Christianisme*, trad. J.-P. Osier, Maspero, 1979.

Sur la religion comme projection des désirs et des projets humains.

» S. Freud, *L'Avenir d'une illusion*.

La religion comme continuation des désirs enfantins par d'autres moyens.

Fiche révision

- La religion est ***un ensemble de croyances et d'actions rituelles*** en relation avec un domaine séparé de celui de la vie quotidienne : le sacré. Ce sacré peut prendre des formes très différentes : l'existence de dieu(x) est la plus connue.
- Il y a croyance là où le ***savoir*** est ***impossible***. Ne pas confondre la ***conviction*** religieuse avec la ***certitude*** scientifique. Une croyance religieuse peut être d'une très grande force (tel est le cas de la ***foi***), elle ne peut s'appuyer sur aucune démonstration ni sur aucune preuve. D'où la violence des guerres de religion (les hommes ne se sont jamais fait la guerre pour la science).
- Certains auteurs insistent sur la ***dimension psychologique*** (le besoin de croire, de se rassurer), d'autres sur la ***dimension sociale*** (la nécessité de vivre ensemble et de partager des croyances). Si la religion correspond à un besoin psychique, elle a tout l'avenir devant elle ; si en revanche elle n'est qu'une formation sociale ou historique destinée à être remplacée par les sciences et techniques, alors elle peut disparaître.
- Marx voyait dans la religion une forme d'aliénation (« ***La religion est l'opium du peuple*** »), le moyen pour une classe dominante de maintenir sa domination sur les dominés.
- Freud voyait dans la religion une ***forme d'illusion***, c'est-à-dire l'expression de certains désirs (désir d'être protégé, désir d'être immortel, etc.).
- « ***Dieu est mort*** » : le mot de Nietzsche signifie que désormais la civilisation humaine ne repose plus sur des croyances religieuses.

Chapitre 13

L'histoire

Ce chapitre intéresse plus particulièrement les élèves des séries L et ES.

DANS CE CHAPITRE :

» **L'histoire, ce ne sont pas des histoires**

» **L'histoire a-t-elle un sens ?**

» **Peut-on encore croire au progrès ?**

Il y a histoire et Histoire

Attention

En français, le terme « histoire » est équivoque. On peut lui attribuer au moins deux sens : tantôt il signifie le travail, la discipline de l'historien, tantôt il renvoie au passé humain. « Histoire » signifie donc, ou bien une « science », ou bien l'ensemble du passé humain. Pour distinguer ces deux usages, on met parfois une majuscule au mot (l'« Histoire ») lorsqu'on veut dire : le passé.

D'autres mots en français présentent la même équivoque : « droit », « géographie », « économie », « psychologie » désignent à la fois des sciences ou des matières à étudier, et des réalités objectives. On notera qu'à chaque fois l'être humain est impliqué. Pour les choses et les êtres de la nature, le nom de la science n'est pas celui de son objet (la botanique est la science des fleurs, la zoologie, celle des animaux, etc.).

Attention

Il y a encore un autre sens. L'« histoire » du Petit Chaperon rouge, ou celle du feuilleton télévisé, désigne une fiction, un récit d'événements imaginaires. L'histoire de l'historien porte, bien sûr, sur des événements réels, ou supposés tels.

L'absence d'histoire

Si l'histoire est le passé humain, et rien qu'humain, alors ni les animaux ni la nature physique n'ont d'histoire. Pourtant, l'univers et tout ce qu'il englobe ont une durée d'existence.

Attention

On parlait d'« histoire naturelle » pour désigner la description de la nature, mais là « histoire » avait le sens étymologique (grec) d'« enquête ». Chaque espèce animale a un long passé derrière elle : il y a en ce sens une histoire pour chacune. Seulement, les événements qui ont affecté les espèces vivantes ne sont pas dus à des actions particulières (l'histoire des éléphants ne dira pas ce qu'ont fait les éléphants) mais à des mécanismes biologiques, de type évolutif.

À savoir

Il y a « histoire », à proprement parler, lorsque au processus purement naturel de l'évolution biologique s'ajoutent des événements provoqués par les actions des différents membres de l'espèce. L'histoire humaine est le *produit* de l'être humain lui-même, c'est-à-dire de ses actions et comportements.

Mythe et histoire

Pourquoi Hérodote, un Grec vivant au ve siècle av. J.-C., est-il considéré comme le « père de l'histoire » ? Pas seulement parce qu'il fut le premier à rédiger un ouvrage intitulé *Historia* (« enquête » en grec), mais surtout parce qu'il fut le premier à *décrire* les événements tels qu'ils s'étaient déroulés, et à les *expliquer* par des *raisons*, et non par les mythes.

HÉRODOTE, LE PÈRE DE L'HISTOIRE

Lorsque Homère évoque la guerre de Troie, il l'explique par des mythes (les conflits entre les dieux). Lorsque Hérodote décrit les guerres médiques (entre les Grecs et les Perses), il donne des *causes rationnelles* pour les *expliquer*. Les mythes racontent des histoires, l'historien, lui, étudie l'histoire.

À savoir

Le mythe échappe au temps : il remonte à des origines et à des fins qui ne peuvent être ni datées ni situées avec précision. Ainsi le paradis terrestre n'est-il « nulle part » sur terre, et on ne peut pas dire « à quelle époque » vivaient Adam et Ève.

En outre, le mythe s'inscrit dans le temps cyclique de la répétition. Il y a *histoire*, en revanche, lorsque l'homme prend conscience que les événements du passé ne se reproduisent pas dans le futur. C'est pourquoi Hérodote dit, au début de son *Histoire*, qu'il a pour objectif de lutter contre l'*oubli*.

La flèche du temps

Le temps historique n'est pas celui, cyclique, du mythe, il est linéaire et orienté (voir chapitre 8). Le passé ne revient pas, le présent est inédit et le futur demeure très largement inconnu. Cette permanente nouveauté rend difficile, sinon impossible, l'établissement de lois : pour qu'il y ait des lois, en effet, il faut qu'il y ait des constantes (comme en physique). Doit-on considérer que l'histoire n'est qu'un récit et qu'elle n'est pas une véritable science ?

L'histoire est-elle une science ?

À savoir

C'est le philosophe italien Giambattista Vico, au début du XVIIIe siècle, qui considéra le premier l'histoire comme une science possible, alors que la tradition rationaliste voyait dans les événements historiques trop de hasards et d'incertitudes pour qu'on puisse en avoir une connaissance certaine. Vico disait qu'à la différence de la nature créée par Dieu, l'histoire est faite par l'homme. Or, ajoutait-il, on connaît mieux ce dont on est l'auteur que ce qui a été fait par un autre.

Est-ce l'homme qui fait l'histoire ou bien l'inverse ?

L'homme fait l'histoire : il en est le maître, le sujet. L'histoire fait l'homme : il en est l'esclave, l'objet.

L'homme fait l'histoire

- L'histoire est l'affaire de l'homme. Sans l'homme, le temps existerait mais pas l'histoire.
- La part du hasard est considérable en histoire. La preuve : les événements sont imprévisibles.
- Un homme ou un groupe (de révolutionnaires, par exemple) peut changer le cours de l'histoire.

L'histoire fait l'homme

- Il y a la vieille conception du Destin ou de la Providence. L'homme a l'impression qu'une force supérieure le domine et le conduit.
- Les volontés sont déjouées. L'homme veut quelque chose (la paix, la liberté, l'égalité), et l'histoire débouche sur son contraire (la guerre, la servitude, l'injustice).
- L'homme n'est pas conscient de ce qu'il fait. Il déclenche des mécanismes qu'il ne maîtrise pas (pollution, déforestation, etc.).

Synthèse

Citation

« L'homme fait l'histoire qui le fait » (K. Marx) :

- Une action libre s'inscrit toujours dans une situation qui n'a pas été choisie. Un chef suit autant qu'il précède, obéit autant qu'il commande.
- Une action libre est une action qui sait se servir des déterminations objectives (force ou faiblesse d'une armée, d'une économie, etc.) pour éventuellement peser sur elles.

Citation

Francis Bacon disait, en faisant allusion à la science et à la technique, qu'on ne commande à la nature qu'en lui obéissant. C'est par exemple en connaissant les lois de la pesanteur qu'on a construit des avions. De même, en histoire, l'homme fait l'histoire mais à partir de l'histoire elle-même. L'histoire est une synthèse de liberté et de nécessité.

À savoir

LES DEUX CRITIQUES

On distingue deux sortes de critiques de documents :

- La *critique externe* établit l'authenticité (ou non) et la datation d'un document. Aujourd'hui, les historiens disposent de toute une panoplie de moyens physico-chimiques (carbone 14, thermoluminescence, etc.) pour savoir si tel morceau de tissu vient bien de telle région et a l'âge qu'on lui a attribué ou pour déterminer l'origine d'un texte écrit.
- La *critique interne* vise à établir le sens du document. Elle implique un délicat travail d'interprétation.

Les méthodes scientifiques de l'historien

Le point de départ de la recherche historique, ce sont les témoignages et les documents. L'historien part donc de « choses concrètes ». Seulement, les témoignages et les documents sont loin d'être tous fiables, il faut compter avec les pertes et les oublis, les dissimulations et les mensonges – avec les fraudes aussi.

Le sens de l'histoire

Attention

Le terme « sens » a deux significations en français : celui de contenu de signification et celui de direction. En fait, ces deux sens se rejoignent : se demander « où va l'histoire ? », c'est dégager en même temps son contenu profond.

Le point de vue des pessimistes

C'est celui qui a dominé jusqu'à ce que le siècle des Lumières (XVIIIe s.) finisse par faire triompher l'idée de progrès.

Citation

« Rien de nouveau sous le Soleil », lit-on dans la Bible. Une première façon de dire que l'histoire n'a pas de *sens*, c'est d'affirmer qu'elle n'est que l'éternelle répétition des mêmes passions humaines et des mêmes événements.

Une autre façon de nier le sens de l'histoire est de la concevoir comme une succession de *hasards*.

Citation

Pascal disait que si le nez de Cléopâtre avait été plus court, la face du monde eût été changée (un humoriste fera remarquer que c'est sa face à elle qui aurait été changée d'abord !). Car si Marc Antoine avait préparé la guerre contre son rival au lieu de s'oublier dans le sein de la belle Égyptienne, il serait devenu empereur de Rome à sa place ; or, si Cléopâtre était la maîtresse de Marc Antoine, Rome était maîtresse du monde en ce temps-là. L'histoire tiendrait à des tout petits riens. Ainsi peut-on imaginer que si un attentat contre Hitler avait réussi, la Seconde Guerre mondiale n'aurait pas éclaté, 50 millions de vies auraient été épargnées, et il n'y aurait pas eu de « partage du monde » entre les États-Unis et l'Union soviétique... D'une manière générale, plus on donnera d'importance aux facteurs individuels (le rôle du chef, par exemple) aux dépens des grandes forces collectives (économiques et sociales), et plus on aura tendance à ne voir dans l'histoire qu'une succession de hasards.

On peut donner un sens négatif à l'histoire en l'interprétant comme une décadence progressive à partir d'une belle origine (mythe de l'*âge d'or*). La quasi-totalité des sociétés humaines ont cru à ce sens-là : elles étaient convaincues que leur temps présent était le pire. C'est ce schéma que l'idée de progrès va inverser.

Le point de vue des optimistes

À savoir

L'idée de progrès, qui triompha aux XVIIIe et XIXe siècles, peut être comprise comme une transposition à l'histoire humaine de l'idée de Providence. La Providence désigne l'action bénéfique de Dieu qui, parce qu'il est bon et juste, établira forcément le royaume du Bien. Seulement, cet espoir touche moins cette vie terrestre que la vie de l'au-delà. Le « progrès » est un sens positif assigné à une histoire qui ne concerne que la vie humaine sur cette terre.

Le progrès existe-t-il ?

Jargon

Un *progrès* est une évolution positive. Une *évolution* (c'est-à-dire un processus ordonné dans le temps) est positive si elle apporte un accroissement (point de vue quantitatif) ou une amélioration (point de vue qualitatif) – un « plus » ou un « mieux » (pour parler la langue des journalistes). Pour savoir si le progrès existe, il faut considérer chacun des éléments de la civilisation. Il existe un domaine où le progrès semble indiscutable : la *science*. Il existe un domaine où l'idée de progrès semble n'avoir pas de sens : l'*art*.

Tout le reste – économie, société (politique), technique, éthique (morale) – présente un mélange inextricable de progrès, de régression et de stagnation.

La science. Depuis la Renaissance (limite historique), en Europe (limite géographique), les progrès scientifiques sont évidents. On sait beaucoup plus de choses, et beaucoup mieux. Les limites de l'inconnu ne cessent de reculer dans *tous* les domaines. Le XXe siècle est le grand siècle de la science ; le XXIe le sera aussi probablement.

L'art. Les peintres de Lascaux et les sculpteurs de la Grèce et de l'Inde n'ont pas été dépassés et ils ne le seront jamais. Il convient de ne pas confondre l'art et les moyens techniques de l'art (qui, eux, peuvent progresser : la couleur est un progrès par rapport au noir et blanc, mais un film en couleur n'est pas nécessairement plus beau qu'un film en noir et blanc).

La technique. On constate des progrès tout aussi évidents, mais ils sont parfois payés d'un prix terrible (voir les ravages faits sur l'environnement naturel et le caractère apocalyptique des guerres contemporaines). Par ailleurs, les progrès de la technique ne sont jamais pour tous également et jamais partout également. D'un côté, on constate une hausse du niveau de vie, mais, de l'autre, une baisse de la qualité de vie. La technique a cassé les relations familiales et sociales, atomisé (parfois au sens littéral) les hommes. Elle constitue un moyen très efficace de suicide collectif. Pourtant, elle a donné une puissance (donc une liberté) inégalée à des milliards d'hommes. Le bilan ? Selon la couleur des verres de nos lunettes : les optimistes (les

« technophiles ») en portent des roses, les pessimistes (les « technophobes ») des noires.

La politique. D'un côté, jamais autant d'hommes n'ont vécu aussi libres qu'auparavant. Le XXIe siècle semble voir triompher le principe démocratique un peu partout dans le monde.

De l'autre côté, le totalitarisme, que l'on pourrait appeler l'« enfer politique absolu », est une *invention* du XXe siècle. Certes, les temps anciens ont connu des centaines de dictatures, de tyrannies, d'absolutismes et de despotismes. Mais le totalitarisme, c'est encore autre chose : le contrôle total (grâce à la police, à la radio, au cinéma) de toute une population par un pouvoir absolu tendant vers la guerre et la destruction.

Hitler, Staline et Khomeyni, chefs totalitaires, compensent malheureusement bien des démocrates. En politique, les temps modernes ont donné le pire et le meilleur.

L'économie. Jamais dans le passé il n'y eut une telle abondance produite et consommée. Pour la première fois, la Terre est en mesure de nourrir la totalité de l'humanité. Mais d'un autre côté, jamais dans le passé il n'y eut autant d'hommes vivant dans un tel état de dénuement et de misère. Les ancêtres des Rwandais vivaient mieux que ceux de maintenant, c'est vrai aussi des habitants du Darfour menacés de génocide.

L'éthique. Ici aussi de formidables régressions accompagnent d'extraordinaires progrès. L'homme moyen d'une grande ville occidentale offre un exemple d'étonnant mélange entre morale et cynisme, sensibilité et indifférence, altruisme et égoïsme. Un homme mesquin et malveillant avec ceux qu'il côtoie dans son travail pourra par ailleurs donner 30 euros pour la recherche contre le cancer : c'est le même homme qui éprouve tantôt la haine, tantôt la compassion. Quant à savoir si nous sommes moralement meilleurs que nos ancêtres, c'est impossible à décider.

Faut-il renoncer à l'idée de progrès ?

Les catastrophes du siècle dernier (deux guerres mondiales, deux totalitarismes, les multiples famines, etc.), ajoutées aux menaces toujours présentes et même grandissantes (celles de la guerre nucléaire, celles qui sont liées aux bouleversements climatiques et aux dévastations de l'environnement), avec en plus les insupportables injustices dont souffre le monde, tout cela fait qu'il est de plus en plus difficile de penser que le progrès est *le sens* de l'histoire.

Citation

Merleau-Ponty disait que si l'histoire n'a pas *un sens*, du moins elle a *du sens*. De fait, nous constatons aujourd'hui que la mondialisation constitue du sens, qu'elle est liée à l'histoire passée des derniers siècles et qu'elle obéit à une certaine *logique*.

À savoir

Kant faisait la distinction entre le *concept explicatif*, outil nécessaire à la connaissance (exemple : le concept de « valence » en chimie), et l'*idéal de la raison*, qui ne sert pas à connaître le réel mais à le comprendre pour éventuellement le modifier. Le progrès est un idéal de la raison et non un concept explicatif : il ne dit pas ce qu'est l'histoire ; en revanche, il représente une valeur à laquelle nous autres, êtres raisonnables, devons croire si nous voulons effectivement que le futur soit un peu meilleur que le présent et que le passé...

Texte canonique

Dans ce passage, Karl Marx énonce l'idée de base de sa théorie matérialiste de l'histoire : c'est la vie matérielle des hommes (leurs besoins, leurs travaux, leurs conflits de classe) qui produit le mouvement de l'histoire, et non les « idéaux ». Les idées ne mènent pas le monde, ce sont les forces matérielles qui le mènent. Ce que Marx appelle « forces productives », ce sont les moyens techniques grâce auxquels les hommes exercent une activité économique de production et d'échange. Au Moyen Âge, les bêtes de somme et les moulins à eau faisaient partie des forces productives ; aujourd'hui, on donnera pour exemple les ordinateurs. Chaque société est structurée en « rapports de production », c'est-à-dire en différentes classes divisées en vertu de leurs relations avec la propriété des moyens de production : d'un côté, il y a celles qui les possèdent (ce sont les classes dominantes, comme celle des maîtres dans l'Antiquité ou la bourgeoisie à l'époque moderne), et, de l'autre côté, celles qui ne les possèdent pas (ce sont des classes dominées : les esclaves dans l'Antiquité, le prolétariat à l'époque moderne). Les rapports de production reçoivent leur légitimité grâce au système juridique (les lois ayant pour fonction de protéger un certain ordre social conçu comme devant durer indéfiniment). Mais avec le progrès des forces productives (exemple : la révolution industrielle), c'est tout l'édifice qui se trouve ébranlé. Marx analyse la révolution comme le résultat d'un conflit entre forces productives et rapports de production, et donc comme une crise violente d'ajustement.

Le mode de production de la vie matérielle domine en général le développement de la vie sociale, politique et intellectuelle. Ce n'est pas la conscience des hommes qui détermine leur existence, c'est au contraire leur existence sociale qui détermine leur conscience. À un certain degré de leur développement, les forces productives matérielles de la société entrent en collision avec les rapports de production existants, ou avec les rapports de propriété au sein desquels elles s'étaient mues jusqu'alors, et qui n'en sont que l'expression juridique. Hier encore formes de développement des forces productives, ces conditions se changent en de lourdes entraves. Alors commence une ère de révolution sociale. Le changement dans les fondations économiques s'accompagne d'un bouleversement plus ou moins rapide dans tout cet énorme édifice.

K. Marx, *L'Idéologie allemande*, *Œuvres. Philosophie*, Bibliothèque de la Pléiade, Gallimard, 1982, p. 1050.

Fiche révision

- ***Ne pas confondre l'Histoire*** en tant qu'ensemble des situations et des événements relatifs à la vie des hommes dans le passé, ***l'histoire*** qui est ***la science*** de cet ensemble, et ***l'histoire comme récit*** (l'histoire de *La Guerre des étoiles*, par exemple).
- Le Grec Hérodote est considéré comme le « père de l'histoire », car il fut le premier à ***distinguer*** nettement ***le mythe*** et ***la réalité rationnelle***. Un historien, en effet, ne prendra en compte que des causes naturelles et des événements dûment constatés.
- L'histoire est une science qui, à la différence des sciences de la nature, ne peut effectuer ***aucune expérience***. Il n'y a pas non plus de loi en histoire.
- Exemple de dialectique : ***l'homme fait l'histoire qui le fait*** (Marx). L'homme est à la fois un agent et un produit de l'histoire. L'histoire est un mélange de projets conscients et de sens inconscient.
- ***Pour les pessimistes***, l'histoire est dépourvue de sens, ou alors elle n'a de sens que tragique. ***Pour les optimistes***, le progrès est le sens de l'histoire.
- Au ***siècle des Lumières*** (XVIIIe siècle) la plupart des philosophes croyaient à un ***progrès*** général des sociétés et de l'humanité : progrès techniques, progrès scientifiques, progrès politiques, progrès moraux.

Lecture

QUELQUES AUTEURS ET TEXTES PHARES À CONSULTER

- E. Kant, *Idée d'une histoire universelle au point de vue cosmopolitique*.

Un petit texte d'accès aisé dans lequel Kant montre que l'humanité doit développer ses dispositions naturelles, autrement dit parvenir à un but conforme à sa nature d'être raisonnable et que ce but ne peut être atteint qu'au sein d'une constitution républicaine et que par l'instauration de la paix entre les États. L'histoire humaine réalise – à l'insu et parfois contre le gré des hommes, des peuples – un plan caché de la nature, c'est-à-dire de la Providence.

- G. W. F. Hegel, *La Raison dans l'histoire*, trad. K. Papaioannou, Éditions 10/18.

Dans cette *Introduction* fameuse à ses *Leçons sur la philosophie de l'histoire*, Hegel explicite sa conception de l'histoire. Derrière le chaos apparent, l'histoire ne va pas au hasard : l'Esprit ou Dieu s'accomplit dans et par l'histoire des hommes – le but étant la liberté universelle. Hegel voit dans l'État moderne la fin de l'histoire non au sens où plus rien ne se passerait, mais au sens où tout serait accompli.

Chapitre 14

Théorie et expérience

Ce chapitre intéresse surtout les élèves des séries L et technologiques.

DANS CE CHAPITRE :

- » **Tenir compte de l'expérience ne va pas de soi**
- » **L'aller et retour de l'esprit aux choses**

Apparemment, il existe une opposition claire entre la théorie, qui vient de la pensée, et l'expérience, qui vient de la réalité. En fait, les choses ne sont pas si simples. Pour tenir compte de l'expérience, en effet, il faut déjà avoir une théorie disposée à l'admettre.

Le refus, l'oubli et le mépris de l'expérience

Toutes les sociétés humaines ont une « sagesse » et des savoir-faire établis au fil de siècles de leur existence. Ainsi la distinction (vitale) entre poisons et aliments comestibles ne peut-elle provenir que d'une observation attentive des choses.

Et pourtant la vision du monde que nous donnent les mythologies montre assez qu'à côté d'observations précises faites sur le milieu naturel (plantes et animaux), les systèmes de pensée se construisent indépendamment du monde réel. L'astrologie, par exemple (voir chapitre 15), est une *construction mentale* très largement étrangère aux choses observées (la preuve, c'est que chaque peuple a son astrologie propre et donne des noms différents aux mêmes constellations).

Citation

« Que nul n'entre ici s'il n'est géomètre » : c'est l'inscription que pouvaient lire les élèves de Platon à l'entrée de l'Académie, son école. Or Platon interdisait l'usage d'instruments comme la règle et le compas pour résoudre les problèmes : la géométrie, selon lui, doit rester affaire de pensée pure.

Mais si les mathématiques peuvent être considérées comme une affaire de pure pensée, il en va autrement avec les sciences de la nature. Or, justement, au lieu d'observer et de faire des expériences, les Grecs, puis les Européens du Moyen Âge qui leur ont succédé ont plutôt développé des idées *a priori*, c'est-à-dire indépendantes de l'expérience, sur les phénomènes de la nature ou sur les mécanismes du corps.

LE TABOU DE LA DISSECTION

Ainsi, pour des raisons religieuses, était-il interdit d'ouvrir un corps pour voir ce qui s'y passe. Les premiers chirurgiens et anatomistes, au XVIe siècle, durent travailler clandestinement (parfois en volant des cadavres à la morgue...) pour aboutir à leurs découvertes. On comprend dans ces conditions que les idées fausses, les plus extravagantes, aient circulé en ce domaine pendant des siècles.

Il suffisait qu'une idée émane d'une autorité (religieuse ou philosophique) pour être considérée comme vraie : c'est ce qu'on appelle l'*argument d'autorité*. Au Moyen Âge, les docteurs commençaient et finissaient leurs cours par « Aristote a dit ». Un seul passage dans le livre révélé (Bible ou Coran) dispensait de toute vérification.

La découverte de l'expérience

À savoir

C'est un philosophe anglais, Francis Bacon, qui, au début du XVIIe siècle, justifia ce qui plus tard fut appelé la « méthode expérimentale dans les sciences ». Alors que la raison armée de la seule logique ne peut découvrir des vérités que *déductivement* (d'un axiome, par exemple, elle tire un théorème par des procédés logiques), la pensée qui sait allier l'expérience à l'idée pure est capable d'*induction* : d'un certain nombre d'observations, elle tire une *loi*. Une induction est une généralisation rationnelle ; elle passe de quelques-uns à tous (de ce qu'une feuille d'arbre, une balle lancée en l'air, un verre que j'ai lâché tombent, j'en conclus que *tous les corps* tombent).

Attention

Il y a expérience et expérience. On « a » des expériences, et on « fait » des expériences : le mot « expérience » n'a pas le même sens dans les deux cas. Il y a d'un côté l'expérience vécue (ainsi parlera-t-on d'un « homme d'expérience »), et de l'autre l'expérience scientifique (ainsi parlera-t-on d'une « expérience » en chimie). Les Anglais et les Allemands disposent de deux mots distincts pour désigner ces deux « expériences » : « *experience* » et « *Erfahrung* » pour l'expérience vécue, « *experiment* » et « *Experiment* » pour l'expérience scientifique.

À savoir

L'équivoque en français disparaît avec l'usage d'un adjectif : « empirique », qui renvoie à l'expérience vécue ; « expérimental », qui renvoie à l'expérience scientifique.

LES DEUX MÉDECINES

Ainsi se gardera-t-on de confondre la médecine empirique, fondée sur des traditions répercutées de siècle en siècle et de génération en génération (des baumes et onguents étaient ainsi composés à partir des plantes), et la médecine expérimentale, qui est la véritable médecine scientifique, apparue au XIXe siècle seulement et fondée sur la rigueur des observations et des expériences.

À savoir

En synthétisant la rigueur de la pensée rationnelle et la fécondité de l'expérience, Kant établit une théorie originale de la connaissance. Ce qui est déduit par la pensée est rigoureux mais n'apprend rien, ce qui est donné par l'expérience est fécond mais peu rigoureux : il convient d'allier la vertu de la pensée logique (la rigueur déductive) et la fécondité de l'expérience sensible pour obtenir une vraie connaissance de la nature physique.

Citation

RATIONALISME ET EMPIRISME

À Locke qui disait qu'il n'est rien dans l'entendement (l'intelligence) qui n'ait d'abord été dans les sens, Leibniz ajoutera : « si ce n'est l'entendement lui-même ».

Pour un philosophe empiriste comme Locke, toute connaissance vient des sens : nous n'aurions aucune idée du jaune et du rouge si nous avions pas vu ces couleurs. Pour un philosophe rationaliste comme Leibniz, la raison humaine possède déjà en elle-même, à la naissance (d'où le qualificatif d'« innées » attaché à ces idées), certaines conceptions.

Avec sa théorie critique (criticisme), Kant s'est efforcé de dépasser l'opposition entre ces deux philosophies contraires.

Les trois temps de la méthode expérimentale

Les sciences « dures », c'est-à-dire rigoureuses, sont souvent classées en deux familles : les sciences logico-mathématiques, d'un côté, qui sont une construction de la pensée, et les sciences expérimentales, de l'autre, qui étudient la réalité objective (les sciences humaines, dites « molles », sont en dehors de cette partition). La physique, la chimie et la biologie sont les principales sciences expérimentales.

À savoir

La méthode expérimentale peut être décomposée en trois moments :

- **L'*observation***, qui est la première prise de contact de l'esprit avec les choses.
- **L'*hypothèse***, qui est l'idée d'une explication possible du fait observé (« et si c'était ?... »).
- **La *vérification***, qui permet, grâce à l'expérience, de garder l'hypothèse, et ainsi de la changer en vérité, ou bien de la rejeter.

Citation

Claude Bernard, auteur du célèbre ouvrage *Introduction à la médecine expérimentale*, résume ces trois temps de cette manière : « Le fait provoque l'idée, l'idée dirige l'expérience, l'expérience juge l'idée. »

UN EXEMPLE DE MÉTHODE EXPÉRIMENTALE : LA SOLUTION DU PROBLÈME DE L'ORIGINE DE LA LUNE

Toutes les mythologies racontent la naissance de la Lune – qu'elle soit créée par Dieu ou identifiée à une déesse.

La science la considérera comme un objet matériel, l'unique satellite naturel de la Terre. Mais d'où vient la Lune ? Trois hypothèses s'affrontaient (il n'y en avait pas d'autres possibles scientifiquement) :

- Ou bien la Lune était un astre qui a fini par être capturé dans le champ gravitationnel de la Terre.
- Ou bien elle est née de l'accrétion (agglomération) d'astéroïdes et de poussières cosmiques qui tournaient autour de la Terre.

Ou bien elle est issue d'un morceau détaché de la Terre à l'époque où celle-ci avait la forme d'une patate flasque.

Des sondages et des mesures ont établi la parenté géologique entre la Terre et la Lune : ainsi la troisième hypothèse était la bonne.

La falsifiabilité

À savoir

Karl Popper est connu pour avoir critiqué la conception classique de l'expérimentation. Deux idées sont au centre de son travail. Tout d'abord, l'expérience ne peut établir définitivement la vérité d'une hypothèse. Seule une *infirmation* (l'expérience dit « non » à l'hypothèse) est définitive ; la *confirmation* (l'expérience dit « oui »), elle, est provisoire. Il y a donc une dissymétrie entre la vérification (l'expérience prouve la justesse d'une hypothèse) et la falsification (l'expérience prouve la fausseté d'une hypothèse). Si je dis que tous les merles sont noirs, et que j'observe des merles noirs, ma thèse est confirmée. Mais un seul merle blanc suffit à ruiner cette thèse. Selon Popper, les « vérités » en physique ne sont que provisoires. Ainsi l'hypothèse selon laquelle la vitesse de la lumière (symbolisée par c) est la vitesse maximale indépassable ne peut être considérée comme vraie que tant qu'elle n'a pas été démentie par une expérience.

Seconde idée centrale : les théories qui ne peuvent pas être falsifiées, c'est-à-dire testées par une expérience risquant de les démentir, ne sont *pas* de nature scientifique. Ainsi l'astrologie est-elle entièrement *étrangère à* l'expérience, elle lui est indifférente (aucune observation, aucune mesure n'est susceptible de la remettre en cause aux yeux de ceux qui y croient). Pour Karl Popper, le marxisme et la psychanalyse, malgré leur prétention (celle d'être la science de l'histoire, pour la première, et celle d'être la science de l'inconscient, pour la seconde), ne sont pas des sciences : aucune expérience ne peut les démentir ! Le fait pour une science d'être à l'abri de l'expérience ou, pire, indifférente à l'expérience, loin d'être un signe de force, de vérité, est une preuve de son caractère non scientifique.

La dialectique de la théorie et de l'expérience

À savoir

Il y a dialectique lorsque, entre deux choses (idées, forces, etc.), des relations d'implication réciproque s'ajoutent aux relations d'opposition.

La théorie et l'expérience s'opposent comme la pensée et le réel, l'abstrait et le concret, mais il n'y a pas d'expérience sans théorie et (en physique) pas de théorie véritable sans expérience.

Les liens entre la science et la technique figurent bien cette dialectique :

» D'un côté, la science (théorique) et la technique (pratique) s'opposent (on fera la distinction entre la relation d'Einstein d'équivalence entre la masse et l'énergie – $E = mc^2$ –, qui est scientifique, et la fabrication de la bombe atomique, qui est un acte technique).

» D'un autre côté, cependant : a) la science naît de la technique (on a découvert les lois de la balistique après la découverte des armes à feu) ; b) la science détermine la technique (l'optique a permis la fabrication des microscopes et des télescopes, le laser a donné naissance à de nouvelles armes) ; c) la technique conditionne la science (les instruments permettent nombre de découvertes, en biologie comme en astronomie).

Les découvertes (scientifiques) et les inventions (techniques) se conditionnent donc mutuellement.

Texte canonique

Ce texte extrait de la préface de la *Critique de la raison pure* répond à la question : « À quelles conditions une connaissance scientifique de la nature est-elle possible ? » Kant s'oppose à la thèse empiriste selon laquelle la science procéderait par accumulation d'observations (ce que Francis Bacon appelait « la chasse de Pan »). Il montre que la connaissance scientifique suppose certains principes et la mise en application de ces principes. La raison ne voit que ce qu'elle produit elle-même d'après ses propres règles. La nature ne donne pas les réponses d'elle-même mais doit au contraire être soumise à une batterie de questions. Le phénomène étudié doit pouvoir être reproduit dans le cadre d'une expérimentation. C'est ainsi que Galilée substitue à l'observation passive des corps en mouvement une expérience qui consiste, grâce à un plan incliné, à ralentir la chute afin d'étudier plus précisément le rapport entre l'espace parcouru et le temps du parcours.

Quand Galilée fit rouler ses sphères sur un plan incliné avec un degré d'accélération dû à la pesanteur déterminé selon sa volonté, quand Torricelli fit supporter à l'air un poids qu'il savait lui-même d'avance être égal à celui d'une colonne d'eau à lui connue (...), ce fut une révélation lumineuse pour tous les physiciens. Ils comprirent que la raison ne voit que ce qu'elle produit elle-même d'après ses propres plans et qu'elle doit prendre les devants avec les principes qui déterminent ses jugements, suivant des lois immuables, qu'elle doit obliger la nature à répondre à ses questions et ne pas se laisser conduire pour ainsi dire en laisse par elle ; car autrement, faites au hasard et sans aucun plan tracé d'avance, nos observations ne se rattacheraient point à une loi nécessaire, chose que la raison demande et dont elle a besoin. Il faut donc que la raison se présente à la nature, tenant, d'une main, ses principes qui seuls peuvent donner aux phénomènes concordant entre eux l'autorité de lois, et de l'autre, l'expérimentation qu'elle a imaginée d'après ces principes, pour être instruite par elle, il est vrai, mais non pas *comme un écolier qui se laisse dire tout ce qui plaît au maître, mais, au contraire, comme un juge en fonction qui force les témoins à répondre aux questions qu'il leur pose.*

E . Kant, *Critique de la raison pure*, préface de la seconde édition.

Fiche révision

- Il faut distinguer ***l'expérience vécue*** et ***l'expérience scientifique*** : « ***empirique*** » se rapporte à la première et « ***expérimental*** » à la seconde.
- ***Le rationalisme*** est la philosophie selon laquelle il existe dans l'esprit humain des idées qui ne dérivent pas de l'expérience. Platon, Descartes, Leibniz, Kant sont rationalistes. ***L'empirisme*** est la philosophie selon laquelle les idées dérivent de l'expérience. Locke et Hume sont empiristes.
- ***La méthode expérimentale*** comporte trois temps : l'observation, l'hypothèse, la vérification. D'après Karl Popper, une vérification n'est jamais définitive, à la différence d'une falsification.
- La théorie commande l'expérience, mais l'expérience conduit à la théorie. Il existe ***entre la théorie et l'expérience une véritable dialectique***.

Lecture

QUELQUES AUTEURS ET TEXTES PHARES À CONSULTER

- E. Kant, *Critique de la raison pure*.

Lire la préface à la deuxième édition. Sur le rôle de la raison et de l'expérience dans la connaissance.

- C. Bernard, *Introduction à l'étude de la médecine expérimentale*.

Sur les différents moments de la démarche expérimentale. L'ouvrage contient des exemples utiles d'expérience en biologie.

- G. Bachelard, *La Philosophie du non*.

Sur les ruptures dans l'évolution des sciences : géométries non euclidiennes, chimie non lavoisienne, mécanique non newtonienne, etc.

- A. Einstein et L. Infeld, *L'Évolution des idées en physique*, Payot.

Sur les relations entre l'observation, l'expérience et la théorie. Ouvrage tout à la fois de vulgarisation scientifique et de réflexion sur la science.

Chapitre 15

La raison et la croyance

Ce chapitre intéresse les terminales des séries technologiques, mais il peut bien sûr être lu par tous les lycéens.

DANS CE CHAPITRE :

- **Prouver qu'on n'est pas en train de rêver (ou de faire un cauchemar...)**
- **Le conflit des deux raisons**

Le rêve et la réalité

Quelle preuve avez-vous que vous n'êtes pas, en ce moment précis, en train de rêver, ou de faire un cauchemar ? En effet, puisque dans le temps que vous rêvez vous croyez, presque toujours, dur comme fer, que vous êtes « dans la réalité », qu'est-ce qui vous prouve, inversement, qu'en ce moment vous n'êtes pas dans un rêve ?

Il s'agit là d'un argument sceptique qui vise à ébranler la certitude que nous pouvons avoir au sujet de la réalité. En général, on y répond ainsi : dans le rêve les choses et les événements sautent du coq à l'âne, ils ne forment pas de cohérence d'ensemble. Et puis dans un rêve, nous n'avons pas de communication avec les autres. Certes nous voyons des figures dans nos rêves, mais elles n'existent que par rapport à nous, elles ne possèdent aucune autonomie.

À savoir

Il y aurait donc deux critères pour distinguer la réalité d'un rêve :

- la cohérence des représentations ;
- la communication avec autrui.

Ces deux critères sont aussi ceux de la raison. La raison est une façon de penser les choses qui est à la fois cohérente, logique, et acceptable par d'autres consciences.

Citation

Un vieux philosophe grec disait que tant qu'ils sont éveillés les hommes vivent dans le même monde, mais lorsqu'ils dorment, ils vivent dans deux mondes séparés.

À savoir

Entre la raison et la croyance, il y a d'abord cette double opposition :

» La raison est logique, alors que la croyance ne l'est pas.

» La raison est universelle, alors que la croyance, elle, est particulière (c'est le cas de la croyance religieuse) ou subjective (je peux être le seul à croire ce que je crois), elle n'est jamais universelle.

De plus, alors que la raison donne de la réalité extérieure une présentation fidèle, la croyance est issue, non pas tellement du monde extérieur que de celui qui croit. En d'autres termes, la raison est une faculté objective, qui s'efforce de comprendre les choses telles qu'elles sont, tandis que la croyance est une formation subjective qui trahit davantage celui qui croit qu'elle ne traduit ce qui existe.

C'est pourquoi la Vierge Marie n'est jamais apparue à des gens qui, n'étant pas catholiques, ne connaissaient même pas son existence. Les êtres humains ne croient pas tant ce qu'ils voient qu'ils ne voient ce qu'ils croient.

La logique et le mythe

Dès l'origine de la philosophie, les Grecs faisaient la différence entre le *logos*, la parole rationnelle, et le *muthos*, le récit fabuleux. Du mot *logos*, nous avons tiré notre « logique » et tous les noms de disciplines se terminant par « -logie » (géologie, biologie, zoologie, etc.).

Pour les Grecs, du moins pour les philosophes grecs, le discours d'un homme politique cherchant à convaincre ses concitoyens par des arguments était de l'ordre du *logos*, tandis que les histoires racontées sur les dieux appartenaient au *muthos*, dont la langue française a tiré le terme de « mythe ».

À savoir

Notre esprit (on dit aussi « psychisme », les Anciens disaient « âme») travaille par conséquent sur au moins deux régimes différents : d'un côté, il cherche à comprendre, à expliquer, à analyser, à critiquer, à comparer – cela est le travail de la raison ; d'un autre côté, il cherche à persuader, à avoir du pouvoir, à se rassurer – cela est de l'ordre de la croyance. Face à la raison, et contre elle, la croyance est émotionnelle, sentimentale et passionnée, en un mot : « affective ».

Par quels moyens, par exemple, une affiche ou un spot publicitaires cherchent-ils à persuader un maximum de clients que tel produit est le meilleur ? Ils ne feront pas la description objective de ce produit, mais ils l'associeront à des images de séduction et de plaisir comme le corps d'une jeune femme ou un paysage naturel : ainsi certains clients pourront-ils *croire* que ce produit est effectivement le meilleur.

UN EXEMPLE DE CROYANCE : L'ASTROLOGIE

Comparons l'astronomie, qui est une science rationnelle (l'expression est un pléonasme : toute science est rationnelle), et l'astrologie, qui est une discipline qui repose sur un ensemble de croyances :

- L'astronomie définit avec rigueur ses termes (corps, masse, distance, etc.), l'astrologie ne définit pas les siens (qu'est-ce, au juste, qu'une « influence ? »).
- L'astronomie est objective, elle décrit la réalité telle qu'elle est indépendamment de nous, l'astrologie est tout entière centrée sur nous, avec ses notions d'influences bénéfiques ou défavorables.
- L'astronomie est ouverte aux nouvelles découvertes, qui font les progrès de la connaissance. Les croyances astrologiques, elles, n'ont pas bougé depuis des milliers d'années.

À savoir

Le philosophe Leibniz (XVIIe s.) fut le premier à énoncer le *principe de raison* : tout ce qui existe a une raison d'être. Le principe de causalité (qui dit que rien ne saurait exister sans causes, et qu'aux mêmes causes succèdent les mêmes effets) est dérivé du principe de raison. La croyance, quant à elle, se complaît dans le mystère ou bien, quand elle cherche des causes, elle en trouve des fantastiques. Ainsi, tandis que la raison cherchera toujours les causes les plus simples (si un bateau a disparu, c'est qu'il a fait naufrage), la croyance aura tendance à se bâtir des scénarios fantastiques (dans le triangle des Bermudes, des bateaux ont été enlevés par des puissances extraterrestres, etc.). Alors que la raison démontre et prouve, la croyance ne fait qu'affirmer. La croyance ne réclame que l'adhésion.

Doit-on conclure que la croyance est toujours fausse ou toujours illusoire ? Certains philosophes l'ont affirmé.

Mais on peut faire des distinctions entre différentes façons de croire.

Attention

Déjà, en français, « croire à », « croire en » et « croire que » n'ont pas le même sens. Si je dis que je crois que Lagos est la capitale du Nigeria, c'est que je n'en suis pas sûr. Ici *croire* s'oppose à *savoir*. Si je dis que je crois à l'amour ou à la liberté, cela signifie que j'adhère totalement à une idée, une valeur dont j'espère la victoire. Maintenant, si je dis que je crois en Dieu, je pense qu'il est certain que Dieu existe, du moins pour moi : il n'y a là plus aucun doute.

La croyance peut aller du doute à la conviction la plus forte – l'élément commun étant l'absence de preuve disponible (si je crois en Dieu, je ne peux prouver à l'athée qu'il a *tort* de ne pas y croire).

Mais si la croyance s'oppose à la raison, dirons-nous que toute croyance est irrationnelle ?

Il ne semble pas. Il y a des croyances de types très différents : la croyance en Dieu, par exemple, n'a pas le même sens que la croyance en la télépathie ou que la croyance en la lévitation. Pourquoi la croyance en Dieu n'est-elle pas irrationnelle ? Parce que l'existence de Dieu ne contredit pas l'ordre du monde tel que nous le connaissons (nous pourrions en dire autant que l'inexistence de Dieu, d'ailleurs). On peut être chimiste ou physicien et, à titre personnel, croire en Dieu. En revanche, la capacité de s'élever au-dessus du sol par la seule force de sa pensée (lévitation), celle de communiquer à distance avec quelqu'un sans passer par des moyens techniques (télépathie) contredisent les lois de la physique.

Les deux raisons

Citation

« L'homme est un animal raisonnable » disaient les Grecs. On appelle « rationalisme » la philosophie selon laquelle :

- il existe un ordre du monde que l'homme peut connaître grâce à sa raison ;
- l'être humain peut contrôler ses impulsions.

La distinction entre une raison qui *connaît* la réalité et une raison qui *agit* sur la réalité (et d'abord sur celle du corps) est rendue en français par celle des adjectifs « rationnel » et « raisonnable ». Est rationnel ce qui est conforme à la raison théorique (toute science et toute technique sont par définition rationnelles), est raisonnable ce qui est conforme à la raison pratique (on dira d'une conduite mesurée qu'elle est raisonnable si elle obéit à certaines règles de la vie en société).

Or, entre les deux « raisons », celle du rationnel et celle du raisonnable, un divorce est possible. Les inquiétudes issues d'une certaine science et d'une certaine technique (énergie nucléaire, manipulations génétiques, etc.) montrent qu'une rationalité peut se mettre au service d'un projet déraisonnable. Pour prendre un exemple caricatural mais éloquent, l'entreprise d'extermination des Juifs d'Europe par les nazis a été rationnellement conduite. Elle n'en a pas moins été totalement folle, donc à l'opposé du raisonnable.

À savoir

Si la raison peut déboucher sur la déraison, inversement la croyance peut être rationnelle (et raisonnable à la fois). Par exemple, l'idée selon laquelle les hommes peuvent vivre en paix sur la Terre, que la guerre n'est pas une fatalité éternelle, cette idée ne peut être qu'une croyance, ce n'est ni une connaissance, ni une certitude. Cette croyance n'en est pas moins rationnelle : Kant appelait « idéal de la raison pratique » la croyance au progrès.

La raison, en effet, malgré ses triomphes (les extraordinaires progrès des sciences et des techniques) n'est pas toute-puissante. D'abord la part de mystère semble rester intacte : la science et la technique modernes ne répondent pas aux questions métaphysiques que l'être humain se pose depuis des milliers d'années sur le sens de la vie et de la mort, sur l'existence ou non d'un Dieu créateur, etc. De plus, la science et la technique, en répondant à des questions, posent à leur tour des problèmes auxquels l'homme n'est pas prêt de répondre. Il y aura donc toujours place pour la croyance, quels que soient les progrès futurs.

Que signifie la phrase : « Nous savons que nous sommes mortels mais nous ne le croyons pas » ? Elle signifie que la croyance est plus forte que la raison. L'être humain n'est pas seulement un animal raisonnable, il est aussi, il est peut-être d'abord un animal croyant.

Texte canonique

Dans ce texte, Freud différencie l'erreur, qui est logique, de l'illusion, qui est de nature psychologique et exprime le désir. Les croyances religieuses ne sont pas des erreurs mais des illusions.

Une illusion n'est pas la même chose qu'une erreur, une illusion n'est pas non plus nécessairement une erreur. L'opinion d'Aristote, d'après laquelle la vermine serait engendrée par l'ordure (opinion qui est encore celle du peuple ignorant), était une erreur ; de même, l'opinion qu'avait une génération antérieure de médecins et d'après laquelle le tabès aurait été la conséquence d'excès sexuels. Il serait impropre d'appeler ces erreurs des illusions, alors que c'était une illusion de la part de Christophe Colomb, quand il croyait avoir trouvé une nouvelle route maritime des Indes. La part de désir que comportait cette erreur est manifeste. On peut qualifier d'illusion l'assertion de certains nationalistes, assertion d'après laquelle les races indo-germaniques seraient les seules races humaines susceptibles de culture, ou bien encore la croyance d'après laquelle l'enfant serait un être dénué de sexualité, croyance détruite pour la première fois par la psychanalyse. Ce qui caractérise l'illusion, c'est d'être dérivée des désirs humains.

S. Freud, *L'Avenir d'une illusion*, trad. M. Bonaparte, PUF, 1976, p. 44.

Fiche révision

- La ***distinction du réel et de l'imaginaire***, de la raison et de la croyance est indispensable à une conception philosophique (non mythologique) du monde.
- La ***raison*** peut renvoyer à l'ordre logique (***le rationnel***) mais aussi à l'ordre moral et existentiel (***le raisonnable***). Il n'existe pas forcément de coïncidence entre les deux.
- ***Le rationalisme*** est la philosophie selon laquelle : 1) il existe un ***ordre*** dans l'univers, que l'intelligence humaine peut connaître ; 2) l'être humain dispose d'une raison capable de commander à ses ***passions***. Descartes est le philosophe représentatif du rationalisme. Nietzsche est le philosophe le plus opposé à cette conception.

Lecture

QUELQUES AUTEURS ET TEXTES PHARES À CONSULTER

- Platon, *La République*.

Le livre VII contient le célèbre mythe de la caverne (voir chapitre 44).

- S. Freud, *L'Avenir d'une illusion*.

Une lecture assez facile (voir extrait page précédente).

Chapitre 16

La démonstration

Ce chapitre intéresse les élèves des séries générales (L, ES et S).

DANS CE CHAPITRE :

» **La meilleure voie vers la vérité**

» **Le cerveau humain plus fort que l'ordinateur**

» **Peut-on démontrer que nous existons ?**

La démonstration est la présentation rationnelle de la validité d'un énoncé. Seul un énoncé, en effet, c'est-à-dire un jugement, peut être démontré. Il n'y a de démonstration possible ni au niveau du concept (unité trop élémentaire), ni au niveau de la théorie (unité trop englobante).

Une seconde détermination concerne le champ d'application : purement rationnelle, la démonstration ne touche que des énoncés purement rationnels (un énoncé est purement rationnel si n'entre en lui aucun élément empirique). On ne démontre pas que Napoléon a été vaincu à Waterloo pas plus qu'on ne démontre la fonction glycogénique du foie : on le *prouve*. Mais si la démonstration (rationnelle) n'est pas la preuve (historique ou expérimentale), en un autre sens elle est une espèce de preuve. La preuve est un procédé inventé par la raison pour valider une hypothèse et la transformer en énoncé vrai. La démonstration comme type spécifique de preuve est *productrice* de vérité. Cela signifie que dans un certain ordre d'énoncés, sans elle, la vérité n'existerait pas.

Une forme de raisonnement : la déduction

Jargon

La *déduction* est une forme de raisonnement qui consiste à *inférer* une proposition à partir d'une autre : *si x, alors y*.

Il peut y avoir des déductions empiriques si le *x* de départ est un signe ou un indice : le garagiste, le médecin et l'inspecteur de police font des déductions, chacun dans son domaine ; le garagiste déduit la cause de la panne à partir de celle-ci, le médecin déduit le nom de la maladie à partir des symptômes, l'inspecteur déduit l'identité possible de l'assassin à partir de certaines traces ; la démonstration est une *déduction rationnelle*, qui ne traite pas de choses mais d'idées.

Dans le fameux syllogisme « Tous les hommes sont mortels, Socrate est un homme, donc Socrate est mortel », la conclusion (Socrate est mortel) est *déduite* des deux premières propositions.

Les mathématiques sont, par excellence, la science de la démonstration. C'est à cause de ses « longues chaînes de raisons » que Descartes y reconnaissait sa supériorité sur les autres disciplines, incapables de démontrer ce qu'elles avancent.

Seulement, il faut bien qu'une chaîne s'accroche quelque part, il faut un premier chaînon. Le problème du point de départ est l'un des plus ardus de l'épistémologie (philosophie de la connaissance scientifique).

Les mathématiques sont une science hypothético-déductive

Il n'y a pas de raisonnement sans point de départ. Celui-ci est nécessairement constitué de mots et d'idées.

À savoir

Les Grecs appelaient « postulats », « axiomes » et « définitions », les trois principes de la géométrie. La distinction entre les axiomes, qui portent sur des propriétés, et les postulats, qui concernent l'existence même des objets mathématiques, est finalement apparue artificielle. Quant aux définitions, elles se sont révélées être des axiomes déguisés. Si bien que c'est le terme d'« axiome » qui a fini par absorber les deux autres.

Les mathématiques sont une science hypothético-déductive : l'hypothétique renvoie aux axiomes, le déductif renvoie aux théorèmes. Le travail du mathématicien consiste à tirer des théorèmes à partir d'axiomes de départ.

Jargon

Un *axiome* est une proposition principielle qu'on pose au début d'un raisonnement. Non démontré, non démontrable, il n'est par conséquent ni vrai ni faux. Exemple : l'axiome euclidien des parallèles – par un point pris en dehors d'une droite et situé sur le même plan qu'elle, on ne peut mener qu'une seule parallèle à cette droite. Riemann, au XIXe siècle, a choisi un axiome contradictoire, et déduit à partir de lui une géométrie tout aussi rigoureuse que celle d'Euclide.

Un *théorème* est une proposition mathématique démontrée, c'est-à-dire déduite sans contradiction à partir d'axiomes de départ. Lorsqu'une proposition est censée être vraie mais non encore démontrée, on l'appelle une *conjecture* (exemple : la conjecture de Goldbach – tout nombre pair est la somme de deux nombres premiers).

À savoir

Depuis les Grecs, deux épistémologies s'affrontent : une épistémologie de la découverte (le platonisme : pour lui, le cercle existe, les mathématiciens l'ont rencontré) et une épistémologie de l'invention (les concepts sont des outils, forgés comme eux).

Qu'une science démonstrative parte de principes qui eux-mêmes ne sont pas démontrables, voilà qui a représenté un défi considérable pour la raison, et même un scandale. Les sceptiques en ont tiré parti pour dire qu'il n'existe pas de vérité certaine : toutes les constructions de l'esprit reposeraient sur du sable.

Attention

Ne confondez pas « conventionnel » et « arbitraire ». Ce n'est pas parce que, indémontrables, les axiomes sont conventionnels (choisis par l'esprit humain) qu'ils sont arbitraires.

Citation

La phrase célèbre du philosophe logicien Bertrand Russell : « Les mathématiques sont une science où l'on ne sait pas de quoi l'on parle ni si ce qu'on y dit est vrai », est une boutade – elle visait à faire prendre conscience que même en ce domaine il n'y a pas de vérité absolue.

LA PARTIE ÉGALE AU TOUT !

Pendant longtemps, on a considéré l'axiome comme une vérité d'évidence. Exemple : un axiome d'Euclide énonce que le tout est plus grand que la partie. Or cet axiome n'est pas toujours valide.

Soit la suite des nombres entiers positifs : 1, 2, 3, 4, etc. Soit la suite des nombres pairs : 2, 4, 6, etc. La suite des nombres pairs est une *partie* de celle des nombres entiers, et pourtant il y a *autant* de nombres pairs que de nombres entiers, c'est-à-dire une infinité. Conclusion : la partie peut être égale au tout.

Comment se sortir de cette apparente contradiction ? En distinguant deux types d'ensembles : les ensembles finis (exemple : la population française) et les ensembles infinis (exemple : les nombres entiers). L'axiome d'Euclide est valide pour les ensembles finis, et pour eux seulement.

Contrairement à ce qu'on a longtemps cru, un axiome n'a pas de validité universelle ; il n'a de validité que partielle.

À savoir

Les principes de la démonstration sont ceux de la logique : principe d'identité (une chose est ce qu'elle est) et principe de non-contradiction (un cercle n'est pas un carré).

À savoir

Pascal opposait « l'esprit de géométrie », capable de démontrer, et « l'esprit de finesse », qui saisit ses objets intuitivement, par le « cœur ». Pascal soutenait qu'il existe des notions tellement évidentes par elles-mêmes qu'elles n'avaient nul besoin d'être définies. Les définir, disait-il, ce serait les obscurcir, alors que tout le monde les saisit clairement. Il donnait comme exemples l'idée de temps et celle de nombre. Aujourd'hui, les mathématiques s'attachent à définir *tous* leurs objets. L'appel à l'évidence et à l'intuition apparaîtrait comme une prime donnée à l'absence de rigueur.

L'axiomatique

Jargon

L'*axiomatique* est un ensemble d'axiomes formant le système logique à l'intérieur duquel une partie des mathématiques (l'arithmétique, par exemple) prend valeur de vérité.

L'aventure des géométries non euclidiennes

Au XIXe siècle, plusieurs mathématiciens ont tenté de démontrer par l'absurde le postulat d'Euclide sur les parallèles (par un point pris hors d'une droite dans un plan, on ne peut mener qu'une seule droite parallèle à cette droite).

Jargon

On appelle *démonstration par l'absurde* une démonstration indirecte qui part de la négation du résultat qu'on veut démontrer et qui, par déduction, débouche sur une évidente absurdité. Si, par exemple, on veut démontrer A, on prend non-A et l'on voit ce qui en découle.

De non-A, on déduit B ; or B apparaît faux ; donc non-A est faux ; donc A est vrai.

Au XIXe siècle, plusieurs mathématiciens sont partis de la négation du postulat des parallèles : par un point pris hors d'une droite, on ne peut mener *aucune* parallèle à cette droite ; autre possibilité : par un point pris hors d'une droite, on peut mener une *infinité* de parallèles à cette droite. Deux absurdités, donc. Or, à la grande surprise des mathématiciens eux-mêmes, ces apparentes absurdités débouchaient sur des géométries tout aussi cohérentes que celle d'Euclide mais dont les propriétés semblent paradoxales, contre-intuitives (par exemple, dans l'espace non euclidien, la somme des angles des triangles est soit supérieure, soit inférieure à 180 degrés, alors que dans la géométrie euclidienne classique, elle est égale à 180 degrés).

C'est ainsi que des nouvelles géométries ont construit des *nouveaux espaces* dont les propriétés n'ont plus rien à voir avec celles auxquelles nous sommes habitués.

À savoir

David Hilbert a fixé les règles auxquelles toute axiomatique doit obéir :

- **La *compatibilité* des axiomes** (c'est l'application du principe de non-contradiction) : il est exclu que deux axiomes se contredisent au sein d'une même axiomatique. Un système axiomatique est dit *consistant* lorsqu'il est non contradictoire.
- **L'*indépendance* des axiomes**, faute de quoi nous n'aurions plus affaire à des principes, mais à des théorèmes.
- **La *suffisance* des axiomes** (il s'agit de recenser les seuls axiomes nécessaires aux théorèmes énoncés dans un système, il est inutile que deux axiomes expriment, même en partie, la même chose, la redondance est une faute logique).
- **La *complétude* des axiomes** (aucun axiome ne doit manquer), il s'agit de recenser *tous* les axiomes nécessaires aux théorèmes énoncés dans un système.

LES THÉORÈMES DE GÖDEL

Les théorèmes dits d'« incomplétude » du logicien Kurt Gödel démontrent que la complétude n'est pas possible au sein d'une seule axiomatique. Autrement dit, l'arithmétique ne peut pas prouver sa cohérence logique à l'aide de ses propres moyens arithmétiques.

Imaginons une langue qui ne pourrait pas se décrire elle-même – imaginons qu'il ne puisse pas exister de grammaire de français écrite en français, mais qu'il faille recourir à des grammaires écrites en allemand ou en russe pour avoir une description de la grammaire française ! Telle est l'étrange situation des mathématiques !

Démontrer, prouver, argumenter

Le propre d'une démonstration est qu'elle a une validité *universelle*. Seul l'esprit humain est capable d'un tel exploit : établir la validité universelle d'une proposition, en quoi consiste sa vérité. Sans doute y a-t-il là une différence essentielle entre la pensée humaine et le calcul de l'ordinateur le plus puissant.

Attention

Ne confondez pas *démontrer* et *vérifier*. Vérifier, c'est établir la validité d'une proposition sur un certain nombre de cas. Ce nombre de cas peut être aussi grand qu'on voudra, il ne sera jamais infini. Seul l'esprit humain peut démontrer, c'est-à-dire établir la validité d'une proposition pour un nombre *infini* de cas.

LE CERVEAU : PLUS PUISSANT QUE L'ORDINATEUR !

Certains « théorèmes » ont résisté pendant des siècles avant d'être démontrés. Par exemple, le « théorème de Fermat » – qui en réalité était une *conjecture* (puisqu'il n'était pas encore démontré) – énonçait qu'il n'y avait pas de solution pour $x^n + y^n = z^n$, pour n égal ou supérieur à 3. Autrement dit, si n = 2, on peut trouver un carré qui soit la somme de deux carrés (exemple : $3^2 + 4^2 = 5^2$). En revanche, on ne peut trouver un cube qui soit la somme de deux autres cubes (il n'y a pas de nombre entiers x, y et z, tels que $x^3 + y^3 = z^3$).

Avec l'ordinateur, on peut tester cette idée sur des milliards et des milliards de cas, qui seront autant de vérifications. Mais vérifier n'est pas démontrer. Seul le cerveau humain est capable de démonstration.

À savoir

Prouver, c'est établir avec certitude la vérité d'une proportion en la confrontant avec la réalité. La preuve n'est plus, comme la démonstration, dans le seul domaine des idées. Si la démonstration est l'affaire des mathématiques, la preuve, elle, est le moyen de vérifier les hypothèses dans le champ des sciences expérimentales (physique, chimie, biologie, etc.).

Jargon

Il est rare qu'une *preuve* ait une validité absolue et définitive. Karl Popper disait des lois dans les sciences expérimentales qu'elles ne sont vraies que dans la mesure où elles ont subi l'épreuve de la *falsifiabilité*. Une proposition est falsifiable si elle peut être contredite par l'expérience (tel est le cas des hypothèses faites en physique ou en biologie). Le propre des pseudo-sciences comme l'astrologie est qu'elles ne sont pas falsifiables : échappant à l'épreuve de l'expérience, elles ne peuvent par conséquent être dites *vraies*.

LA PSYCHANALYSE EST-ELLE UNE SCIENCE ?

Pour Karl Popper, la psychanalyse est une fausse science car elle est incapable d'imaginer des expériences qui pourraient mettre ses thèses à l'épreuve. Rien par exemple ne *prouve* l'existence de l'inconscient, ou encore la théorie de l'interprétation des rêves.

Alors que la démonstration est définitive (lorsqu'elle est bien faite), la preuve est provisoire. Les sciences expérimentales, à la différence des mathématiques, ne sont pas à l'abri d'un fait nouveau qui viendra, sinon tout bouleverser, du moins fragiliser bien des acquis. La preuve a donc un degré de certitude plus faible que la démonstration.

Jargon

L'argumentation est un *raisonnement* consistant à établir le caractère acceptable d'une idée grâce à des références tirées de l'observation et des pensées. À la différence de la démonstration et de la preuve, l'argumentation n'exclut pas son contraire : si, par exemple, pour appuyer la thèse selon laquelle l'utilisation de la bombe atomique à Hiroshima et à Nagasaki était indispensable pour mettre fin à la guerre contre le Japon, je présente des arguments, je conçois aussi (si je suis de bonne foi) que des arguments contraires pour appuyer la thèse contraire (le lancement des bombes atomiques n'était pas indispensable) sont possibles.

À savoir

L'histoire, la psychologie, la sociologie – d'une manière générale les « sciences humaines » – ne peuvent user de démonstrations pour établir la validité de leurs thèses. Elles ne disposent par ailleurs que de peu de preuves. Leur travail essentiel est d'argumentation. Avec l'argumentation, nous sommes davantage dans le domaine du *sens* que dans celui de la *vérité*.

Pourquoi ne peut-on tout prouver ?

Puisqu'il n'y a de vérité que prouvée et que tout discours tend à la vérité comme à sa valeur suprême, on aimerait que tout puisse être prouvé. La question posée présuppose que tout n'est pas prouvé ni même « prouvable ». Il reste à savoir pourquoi.

À savoir

Il y a trois moyens de prouver la vérité d'un énoncé : par la démonstration (c'est la preuve mathématique), par l'expérimentation (c'est la preuve dans le domaine des sciences de la nature) et par les documents (c'est la preuve dans le domaine des sciences de l'homme). Or il y a des énoncés qui ne peuvent être l'objet ni de démonstration, ni d'expérimentation, ni de vérification par documents. Telles sont les prises de position en matière politique, morale ou esthétique.

L'existence de Dieu ne peut être prouvée, l'immortalité de l'âme non plus. L'inverse ne peut être prouvé davantage. La seule « preuve » dont les croyants puissent tenir compte – le témoignage – n'en est pas une.

Citation

Nos prises de position en matière éthique, politique et esthétique reposent sur des jugements de valeur *a priori* (voir Einstein : « Il n'est pas possible de démontrer logiquement qu'il n'est pas bon de détruire l'humanité »). Ainsi ne peut-on pas *prouver* que la vie est préférable à la mort, la démocratie préférable à la dictature, le respect d'autrui préférable à son exploitation.

L'homme ne vit pas que de savoirs, il vit aussi de *valeurs* qui donnent à sa vie son *sens* – mais qui ne sont pas de l'ordre de la connaissance rationnelle.

Même dans les sciences exactes, tout n'est pas prouvé. Les axiomes en mathématiques, les principes en physique reposent sur des *a priori* de la raison pure. *Tout* prouver, ce serait prouver la preuve, puis la preuve de la preuve, etc., à l'infini ; mais il y a toujours un premier énoncé qui échappe à la preuve (l'axiome en mathématiques, le principe en physique).

Mais l'absence de preuve n'est pas toujours signe d'échec ou de faiblesse, puisque c'est la raison elle-même qui en reconnaît la nécessité.

UN EXEMPLE D'ILLUSION PHILOSOPHIQUE : LES PRÉTENDUES DÉMONSTRATIONS DE L'EXISTENCE DE DIEU

Pendant des siècles, les philosophes et les théologiens ont prétendu « démontrer » ou « prouver » l'existence de Dieu.

Inutile de dire que ces raisonnements n'ont jamais convaincu personne. Et ils n'ont pas empêché la progression de l'athéisme. Kant a porté un coup fatal à cette illusion de la raison en montrant que l'existence est une position absolue, et non l'objet d'une démonstration possible.

Essayez donc de démontrer que vous, qui lisez ces lignes, vous existez !

Texte canonique

Dans ce texte, Aristote établit l'impossibilité d'une démonstration par les sens comme l'ouïe, la vue, etc. Les sens ont toujours affaire à des choses particulières ; seule la démonstration touche l'universel.

Il n'est pas possible (...) d'acquérir par la sensation une connaissance scientifique. En effet, même si la sensation a pour l'objet une chose de telle qualité, et non seulement une chose individuelle, on doit du moins nécessairement percevoir telle chose déterminée dans un lieu et à un moment déterminés. Mais l'universel, ce qui s'applique à tous les cas, est impossible à percevoir, car ce n'est ni une chose déterminée, ni un moment déterminé, sinon ce ne serait pas un universel, puisque nous appelons universel ce qui est toujours et partout. Puis donc que les démonstrations sont universelles, et que les notions universelles ne peuvent être perçues, il est clair qu'il n'y a pas de science par la sensation.

Aristote, *Seconds Analytiques*, trad. J. Tricot, Vrin, 1995, p. 146-147.

Fiche révision

- Bien distinguer ***la démonstration*** qui ne concerne que les idées, de ***la preuve*** qui part des réalités physiques observables et de ***l'argumentation*** qui pèse le pour et le contre dans une question qui fait débat. Dans les trois cas, il y a raisonnement, mais alors que la démonstration concerne une réalité logique et mathématique, alors que la preuve suppose des indices et des documents, l'argumentation dépend des croyances et des valeurs de celui qui l'effectue.
- ***Tout ne peut pas être démontré***, même en mathématiques, puisque la base de la démonstration (les axiomes) échappe elle-même à la démonstration.
- Le principe est en lui-même indémontrable puisqu'il est le point de départ de la démonstration. Il existe des principes en physique et dans toutes les autres sciences expérimentales. En mathématiques, on les appelle des « axiomes ».

Lecture

QUELQUES AUTEURS ET TEXTES PHARES À CONSULTER

- R. Descartes, *Discours de la méthode.*

Lire la première partie où Descartes dit la supériorité des mathématiques comme « longue chaîne de raisons » sur les autres disciplines.

- B. Pascal, *Pensées*.

Lire le fragment intitulé *De l'esprit de géométrie*.

- Aristote, *Seconds Analytiques*, chapitre 31.

Chapitre 17

L'interprétation

Ce chapitre concerne avant tout les élèves des séries L et ES.

DANS CE CHAPITRE :

» **Il existe un point commun entre Œdipe, un traducteur, un pianiste et un médecin**

» **L'interprétation est relative, ce qui ne veut pas dire « arbitraire »**

Il y a quelque chose là-dessous

On dit que Jules César a inventé le code secret en décalant les lettres de ses messages de deux rangs (A, par exemple, devenait C, et B était remplacé par D etc.). On appelle « chiffre » les règles d'un message codé et « déchiffrement » sa traduction. Tous les services d'espionnage utilisent des messages codés.

À savoir

Interpréter, c'est extraire le sens de quelque chose qui, ou bien n'a pas de sens apparent (une suite chaotique de lettres, par exemple), ou bien a un autre sens que le sens apparent (l'annonce du Débarquement, en juin 1944, consistait en deux vers de Verlaine : « Les sanglots longs / Des violons... »).

Que faisons-nous lorsque nous conversons avec quelqu'un ? Nous interprétons ses paroles et lui, il interprète les nôtres. Pas les paroles seulement, d'ailleurs : l'attitude générale du corps, les mimiques en disent parfois plus long que les mots.

Un « interprète » est un traducteur : il fait passer un message d'une langue à une autre. Œdipe a *interprété* l'énigme du Sphinx (voir chapitre 44) en disant : « C'est l'homme ! » Un pianiste *interprète* un morceau de musique à partir de la partition qu'il a sous les yeux ou qu'il a apprise par cœur. Un acteur *interprète* un personnage.

À savoir

Quel point commun y a-t-il entre le traducteur, Œdipe, le pianiste et l'acteur ? Tous effectuent le passage d'un niveau *apparent* (ce qui est dit, écrit ou montré) à un niveau *caché* (ce qui est *signifié* par ce qui est dit, écrit ou montré). Lire un livre, écouter une conversation, c'est interpréter.

Jargon

L'*exégèse* est la pratique de l'interprétation des textes religieux. L'*herméneutique* est la théorie de l'interprétation, d'abord religieuse (les premiers à l'avoir utilisée sont les théologiens), avant d'être une théorie de l'interprétation en général. La base de l'herméneutique est la distinction entre la *lettre* et l'*esprit*. Les « paraboles » racontées par Jésus dans les Évangiles ne sont pas à comprendre à la lettre mais selon l'esprit. Lorsque Jésus dit : « Si ton œil est occasion de péché, arrache-le ! », il ne nous conseille pas d'arracher vraiment notre œil mais d'extirper la force du mal qui est en nous. Lorsque les Témoins de Jéhovah, une secte (ou une église) protestante, refusent la transfusion sanguine sous prétexte que la Bible interdit de « verser le sang », ils prennent « verser le sang » à la lettre, alors que l'expression peut signifier la même chose que « tu ne tueras pas ». Le *djihad*, la « guerre sainte » ordonnée par le Coran, a été interprété par les musulmans tantôt comme une vraie guerre, physique, tantôt comme une manière de signifier l'*effort* que chacun doit réaliser (une « guerre » contre soi, contre ses faiblesses, contre ses mauvais penchants).

À savoir

Une partie de la médecine, plus précisément la symptomatologie, consiste à savoir interpréter les signes d'une maladie (rougeurs, boutons, fièvres, etc.). La psychanalyse, fondée par Freud, est une « science » interprétative. Le rêve, « voie royale » de la découverte de l'inconscient, a été l'objet privilégié de ce travail d'interprétation. Freud distinguait le *niveau manifeste* (qui signifie qu'on peut se souvenir d'un rêve, et qu'on peut raconter) et le *niveau latent* (qui concerne les désirs refoulés qui ont été à l'origine du rêve).

La dualité du manifeste (de l'apparent) et du caché est également au centre de la métaphysique (voir le mythe de la caverne, chapitre 44).

En ce sens, c'est la philosophie tout entière qui fait un travail d'interprétation.

Citation

« Le dieu ne cache ni ne manifeste, il signifie », disait Héraclite, un philosophe présocratique.

HÉRACLITE, DIT « L'OBSCUR »

Le philosophe Héraclite (VIe s. av. J.-C.) était surnommé « l'Obscur », tellement son livre *De la nature* semblait à ses contemporains difficile à comprendre.

Héraclite, comme beaucoup de philosophes de son époque, parlait comme une espèce de prophète, c'est-à-dire comme un interprète d'un sens absolu, divin, venu d'ailleurs.

La légende dit qu'il déposa son manuscrit au pied de l'autel du temple d'Artémis, à Éphèse (dont il était natif), comme s'il s'agissait d'une restitution. Si le sens de la nature vient des dieux, il est normal qu'il y retourne.

Sens et vérité

« 2 fois 2 font 4 », « la Terre tourne autour du Soleil », « l'uranium est l'élément naturel le plus lourd », « Napoléon a perdu la bataille de Waterloo », etc. Certes toutes ces propositions doivent être comprises, mais elles ne donnent pas lieu à un *travail d'interprétation*. Pourquoi ? Parce qu'elles sont *vraies*.

À savoir

Une proposition vraie est nécessaire (elle ne peut pas ne pas être ce qu'elle est) et universelle (elle doit être admise par tout le monde). La vérité est unique en son domaine : il n'y a qu'une seule réponse vraie à un problème mathématique, alors qu'il en existe une infinité de fausses. Le *sens*, à la différence de la *vérité*, est multiple parce que l'interprétation est relative au *contexte* dans lequel elle s'effectue. Le contexte comprend l'époque, la culture, la personnalité aussi de celui qui interprète. Le sens d'une œuvre d'art, le sens d'un événement historique, le sens d'une action politique ne seront jamais les mêmes pour tout le monde. C'est bien pourquoi les gens se battent sur des questions politiques, alors qu'on n'a jamais vu de mathématiciens trancher au duel à l'épée la validité d'un théorème !

Attention

Qui dit « relatif » ne dit pas forcement « arbitraire ». Aucun interprète ne jouera au piano de manière identique à un autre ; cela ne signifie pas qu'il peut jouer n'importe comment !

UNE PLACE POUR LE SOUPÇON

Aujourd'hui, un grand nombre de mises en scène de théâtre et d'opéra semblent tomber dans l'arbitraire complet lorsqu'elles tournent délibérément le dos aux intentions de l'auteur ou au bon sens. Les metteurs en scène ne se contentent plus d'interpréter, ils veulent « créer ». C'est pourquoi une scène d'opéra prévue par l'auteur « dans un jardin » pourra être transposée dans un bureau de poste, à la gare, dans une boîte de nuit, ou dans un bidonville...

Autant il existe des critères de vérité (voir chapitre 20), autant il n'existe pas de critères pour établir qu'une interprétation est plus « juste » qu'une autre. Mais cela ne signifie pas que toutes les interprétations se valent.

À savoir

La plupart des symboles sont surdéterminés, c'est-à-dire qu'ils ont une pluralité de sens. Il n'y a que des symboles mathématiques pour être univoques, pour ne signifier qu'une seule chose (« + », par exemple, signifie seulement l'« addition »).

Ainsi le lion, par exemple, peut-il symboliser :

- le roi des animaux dans les fables, la force et le courage ;
- une constellation ;
- la marque automobile « Peugeot » ;
- les Sikhs (membres d'une religion indienne, ils s'appellent tous « Singh », « lion » – un mot qu'on retrouve dans le nom de « Singapour », la « ville du lion »).

La liste, évidemment, n'est pas close...

Peut-on dire que toutes les opinions se valent ?

Jargon

La réponse à cette question dépend du sens qu'on donnera au mot *opinion*. Au sens courant, une opinion est un jugement personnel quelconque. Au sens philosophique, introduit par Platon, l'*opinion* s'oppose au *savoir*, comme l'apparence à la réalité, l'erreur à la vérité.

Si toutes les opinions se valent, cela signifie qu'aucune n'est meilleure ni pire qu'une autre. Conséquence : chacun est fondé à émettre l'opinion qu'il désire.

Si toutes les opinions ne se valent pas, cela signifie qu'un critère objectif permet de les ordonner et de les hiérarchiser en bonnes et mauvaises opinions, en meilleures parmi les bonnes et pires parmi les mauvaises.

Thèse : toutes les opinions se valent

Il existe deux points de vue à l'appui de cette thèse : l'un théorique et l'autre pratique.

Point de vue théorique : la théorie sceptique de l'absence de vérité.

Le *scepticisme* est la philosophie selon laquelle la vérité n'existe pas ou, si elle existe, elle est inconnaissable, ou, si elle est connaissable, elle est incommunicable. Dès lors qu'aucun critère objectif ne permet de départager les opinions, toutes les opinions se valent. Je crois que Dieu existe, tu crois que Dieu n'existe pas : aucun argument probant ne pourra jamais dire qui a raison et qui a tort.

Point de vue pratique : l'exigence démocratique de tolérance.

L'homme est un être pensant : tous les hommes sans exception sont des êtres pensants. L'opinion est l'expression d'une subjectivité irréductible aux autres : chaque *moi* est différent des autres. Refuser une opinion, c'est proprement nier l'autre en tant que sujet fondé à émettre des pensées. Si certaines opinions valaient plus que d'autres, cela voudrait dire que certains hommes valent plus que d'autres – conséquence inacceptable d'un point de vue démocratique.

Antithèse : il est impossible que toutes les opinions soient égales

Le *scepticisme* – Platon l'avait déjà observé – est une position proprement *intenable*, car si le sceptique était cohérent avec sa propre pensée, il devrait se montrer sceptique envers son scepticisme même : on ne peut nier dans l'absolu la vérité, puisque cette négation même est nécessairement prise comme vraie par celui qui la produit. Celui qui pense que la vérité n'existe pas pense que ce qu'il dit est vrai, il admet donc implicitement, et contradictoirement, la vérité. Conclusion : on n'échappe pas à la vérité.

La *vérité* existe dans tous les domaines où *la preuve est possible* : en mathématiques (l'aire d'un cercle est égale à πR^2), en physique (la force gravitationnelle est moins grande en montagne qu'au niveau de la mer), en histoire (la Première Guerre mondiale a éclaté en 1914), bref dans les sciences. Là, une opinion serait un aveu d'ignorance : si *je crois* (seulement), si *je pense* (seulement) que « 2 fois 16 font 32 », c'est que je n'en suis pas certain, donc que je ne le *sais* pas. « Je crois qu'il fait jour ! » est possible le matin, au réveil, lorsque les volets de la chambre sont fermés ; on trouverait bizarre celui qui dirait à midi : « Je crois qu'il fait jour ! »

Dans les domaines où *la preuve n'est pas possible* – donc dans ceux où la vérité, au sens rigoureux, ne saurait exister (morale, religion, politique, esthétique) –, où l'on est contraint d'avoir des opinions, *des convictions mais pas des certitudes*, même si aucun critère objectif ne permet de hiérarchiser les opinions en fonction de leur valeur de vérité, il reste d'autres critères, comme l'utilité commune. Il n'y a pas de valeur absolue : la tolérance, par exemple, ne saurait exister sans la définition d'un *intolérable*. Ainsi est-il impossible de mettre sur le même plan l'opinion d'un fanatique et celle d'un démocrate, celle d'un marchand d'esclaves et celle d'un anti-esclavagiste, celle du violeur et celle de la femme violée. L'opinion la plus conforme à l'universel humain sera considérée comme meilleure que toute autre. Certes il s'agit là d'un présupposé, mais après tout l'exigence de la preuve est, elle aussi, un présupposé.

Pour des raisons à la fois théoriques et pratiques, il est donc impossible de soutenir que toutes les opinions se valent.

Texte canonique

La psychanalyse est une science herméneutique : elle interprète les signes émis par la personne (les récits, les paroles, les symptômes) pour chercher le sens de son comportement.

Dans ce texte extrait du début du Rêve et son interprétation, Freud place la psychanalyse à la suite d'une longue histoire de l'interprétation des rêves, qui a commencé par la mythologie et avait cru trouver dans la médecine du XIXe siècle la vérité définitive.

À une époque que nous pouvons nommer préscientifique, l'humanité n'était pas en peine d'interpréter ses rêves. Ceux dont on se souvenait au réveil, on les considérait comme une manifestation bienveillante ou hostile des puissances supérieures, dieux ou démons. Avec l'éclosion de l'esprit scientifique, toute cette ingénieuse mythologie a cédé le pas à la psychologie, et de nos jours tous les savants, à l'exception d'un bien petit nombre, sont d'accord pour attribuer le rêve à l'activité psychique du dormeur lui-même. (…)

Le problème qui nous intéresse en premier lieu, celui de la signification du rêve, se présente sous deux aspects : on cherche ce que signifie le rêve au point de vue psychologique et quelle est sa place dans la série des phénomènes psychiques. On veut savoir en outre si le rêve est susceptible d'interprétation et si le contenu du rêve, comme tout autre produit psychique auquel nous serions tentés de l'assimiler, présente un "sens".

Considérant l'état actuel de la question, nous nous trouvons en présence de trois tendances bien distinctes. La première (...) trouve son expression chez un certain nombre de philosophes. Pour eux, la vie du rêve aurait son principe dans un état spécial d'activité psychique ; ce serait une sorte d'ascension de l'âme vers un état supérieur (...).

Quant aux médecins qui écrivent sur le rêve, (...) c'est à peine s'ils accordent au rêve la valeur d'un phénomène psychique. Il serait provoqué, d'après eux, par les excitations corporelles et sensorielles qui viennent au dormeur tant du monde extérieur que de ses propres organes internes. En ce cas, le contenu du rêve serait aussi dépourvu de sens et aussi impossible à interpréter que les notes frappées au hasard sur le clavier par une main inexperte en musique.

S. Freud, *Le Rêve et son interprétation*, trad. H. Legros, Gallimard, 1981, p. 7-10.

Fiche révision

» ***Interpréter***, c'est découvrir ou inventer un sens. Le sens est la relation que notre esprit peut établir avec une réalité. Lorsqu'une chose n'a pas de sens, nous la disons ***absurde***.

» ***L'herméneutique*** est l'art ou la science de l'interprétation. Son origine est liée à l'étude des textes religieux.

» À la différence de la ***vérité*** acceptable par tous les esprits raisonnables, et donc unique, du moins dans un domaine déterminé, le ***sens*** est multiple. Alors que la vérité exclut son contraire (l'erreur, l'ignorance, l'illusion...), le sens admet toujours une pluralité de points de vue possibles.

» ***Attention !*** Ce n'est pas parce que le sens est relatif que toutes les opinions se valent.

QUELQUES AUTEURS ET TEXTES PHARES À CONSULTER

Lecture

» S. Freud, *Le Rêve et son interprétation*, trad. H. Legros, Gallimard, 1981.

Un petit livre qui résume la théorie psychanalytique du rêve. L'analyse théorique se fait à partir de nombreux exemples.

» Michel Foucault, « Marx, Nietzsche, Freud », *Dits et Écrits I*, 1954-1975, « Quarto », Gallimard, 2001.

Un texte très court et très éclairant.

Chapitre 18

Le vivant

Ce chapitre est réservé aux élèves des séries S et L. Les élèves les moins curieux de ES et des filières technologiques en sont donc dispensés…

DANS CE CHAPITRE :

- **Qu'est-ce qui vit, qu'est-ce qui ne vit pas ?**
- **L'être vivant n'est-il qu'une machine un peu compliquée ?**
- **Les menaces sur la vie**

Au début des années 1960, un artiste exposa l'œuvre suivante : une scie à métaux entourée d'un bandage. Le titre était « La scie malade ». Une machine tombe en panne, elle ne tombe pas malade. Un outil est cassé, il ne tombe pas malade non plus. Sauf pour les artistes !

Pourtant, aujourd'hui, les organes défectueux du corps sont de plus en plus remplacés comme des pièces d'automobile, et on parle de « manipulations génétiques ». Qu'est-ce qui distingue un être vivant d'un objet inerte ?

La difficile détermination des critères

Les Grecs voyaient des dieux dans les étoiles qui brillent la nuit, donc des formes de vie, et la plupart des peuples que nous appelons « primitifs » considéraient les rochers comme des êtres vivants. Une philosophie comme le stoïcisme définissait l'univers tout entier comme un « grand vivant », ou encore comme un « gros animal » – dont nous, les hommes, serions quelques membres.

Nous autres modernes distinguons spontanément ce qui vit (les hommes, les animaux et les plantes) et ce qui ne vit pas (les pierres, les choses, etc.). Mais cette distinction est récente.

À savoir

Le vivant peut se définir par opposition :

- à l'inerte, qui ne vit pas, qui n'a jamais été vivant (exemple : la pierre) ;
- au mort, qui ne vit plus, mais qui a connu une durée de vie (comme le cadavre qui était un corps vivant).

Les mythologies anciennes avaient tendance à voir de la vie partout.

Jargon

On appelle *animisme* la conception selon laquelle tous les êtres et toutes les choses de la nature sont pourvus d'une *âme*. L'*âme* est le nom donné au principe de vie, dont la pensée peut être considérée (c'est le cas chez Platon) comme une manifestation.

Quels peuvent être les critères de vie ?

- **Le *mouvement* :** un être vivant *bouge* (une pierre restera à la même place éternellement si aucune force ne la met en mouvement).
- **Le *mélange* (dialectique) *de stabilité et de changement*.** Un être vivant conserve sa forme globale, mais plus que l'objet inerte, purement matériel, il subit l'épreuve du temps, il vieillit.
- **La *capacité à échanger de la matière et de l'énergie avec le monde environnant*** (un animal mange et défèque, il respire, transpire, etc.). Un objet matériel, comme un morceau de métal, ne subit que des effets mécaniques (un morceau de fer, par exemple, va rouiller sous l'effet de l'humidité). L'organisme vivant possède un *milieu intérieur* et un *métabolisme* qui lui permettent de garder une certaine stabilité face à son environnement.
- **La *capacité à se restaurer et à se reproduire*.** Jamais une scie cassée ne se réparera d'elle-même (dommage !). Le vivant, lui, a ce pouvoir de se reconstituer (une pince de crabe arrachée repousse, une blessure se cicatrise). Par ailleurs, on ne verra jamais une montre se reproduire d'elle-même en se frottant contre une autre montre (encore dommage !), alors que l'être vivant est capable de se reproduire soit par division, soit par fécondation.

À savoir

Le monde de la vie donne à voir une exubérance étonnante (il existe des millions et des millions d'espèces), il prolifère, et tant qu'il ne rencontre pas d'obstacles, il tend à proliférer indéfiniment. Une pierre sur le chemin restera éternellement célibataire.

Le monde vivant nous offre le spectacle d'une création indéfinie de formes. D'une part, grâce à la reproduction qui n'est jamais une répétition à l'identique mais brode des variations à partir d'un canevas de départ : une plante fille ressemble à la plante mère, elle présente néanmoins des différences avec elle. Chez les animaux et plus encore chez les êtres humains, c'est plus évident encore. La vie possède un pouvoir infini de création.

D'autre part, l'évolution fabrique de la nouveauté dans la longue durée.

LA THÉORIE DE L'ÉVOLUTION

Charles Darwin, le père de l'évolutionnisme, avait remarqué que les pigeons d'élevage possédaient des caractères particuliers (grosseur, plumage, etc.) qui étaient dus au fait que les éleveurs s'arrangeaient pour croiser entre eux les individus les plus beaux ou les plus performants (sélection artificielle). Il eut l'idée que la nature procédait de la même façon mais sur une échelle de temps beaucoup plus longue et de façon non intentionnelle.

Dans un monde de concurrence, où les ressources sont rares et la population nombreuse, les individus sont en compétition les uns avec les autres (« *struggle for life* » : la « lutte pour la vie »). Seuls les plus aptes (c'est-à-dire les plus forts, ou les plus discrets ou les plus rusés) survivent – les autres sont éliminés. En survivant, les plus aptes ont toutes les chances de se reproduire. Les plus faibles, rapidement éliminés, n'ont pratiquement aucune chance de transmettre leurs caractères à une descendance. Ainsi, au cours des âges, les espèces ont-elles pu évoluer.

À savoir

Alors que la matière tend vers le désordre et la destruction (il est inévitable qu'une carcasse de voiture finisse par rouiller et par disparaître au bout d'un certain temps), la vie paraît *créer de l'ordre dans le temps.*

La mort est-elle le signe de l'échec ou même de l'impossibilité de la vie ? Bien au contraire ! La mort est moins l'inverse de la vie que son envers, comme l'ombre par rapport à la lumière :

- **D'une part, seul l'être vivant meurt ;** une pierre, elle, ne meurt pas (quand on parle de la « mort » d'une étoile, c'est par métaphore, pour dire sa disparition).
- **D'autre part, la mort de l'individu est le prix payé pour la survie de l'espèce.** Les bactéries qui sont les plus simples parmi les êtres vivants ne « meurent » pas : elles se divisent indéfiniment pour se reproduire. Les animaux supérieurs ne se divisent pas pour se reproduire (si vous voulez un enfant, évitez de vous couper en deux !), mais ils associent leurs gamètes (les cellules germinales) à celles d'un partenaire sexuel.

Le vivant n'est-il qu'une machine ?

Il n'y a pas de science sans analyse. L'étude du vivant a commencé par ce qu'il y a de plus immédiatement visible (les organismes avec leurs formes extérieures), pour ensuite pénétrer dans l'intimité des organes et des cellules, pour enfin aboutir aux briques élémentaires, qui sont à la vie ce que les atomes sont à la matière : les gènes.

Jargon

On appelle *réductionnisme* le point de vue méthodologique selon lequel l'analyse des éléments constituants donne la clé de l'ensemble dont ils font partie – ainsi cherchera-t-on les « secrets de la vie » dans les gènes et les chromosomes. On appelle *holisme* (du grec *holos*, qui signifie le « tout ») le point de vue opposé selon lequel c'est la considération de l'ensemble pris dans sa globalité qui doit nous donner son sens et son secret.

La science a une forte tendance au réductionnisme : pour elle, comprendre, expliquer, c'est chercher les constituants ultimes, fondamentaux, d'un phénomène. Le réductionnisme reproche au holisme d'en rester à une vision religieuse ou philosophique des choses. Le holisme reproche au réductionnisme de réduire ses objets en poussières dépourvues de forme et de sens.

Le conflit de l'organicisme et du mécanicisme

Jargon

Le *mécanicisme* (ou mécanisme) est une philosophie qui assimile l'organisme à une machine, et considère qu'il n'est pas besoin de faire appel à des principes extérieurs et occultes pour expliquer les fonctions du vivant (respiration, alimentation, reproduction, etc.). D'après ce point de vue, un animal serait une machine un peu plus perfectionnée qu'une montre, mais ne manifesterait pas d'autres forces et éléments que ceux qu'on repère dans la matière inerte.

LA THÉORIE CARTÉSIENNE DE L'ANIMAL-MACHINE

Selon Descartes, l'animal, à la différence de l'homme, est dépourvu d'âme. Dès lors, ses mouvements sont assimilables à ceux d'une machine un peu plus compliquée que celles qui ont été créées par l'ingéniosité des hommes, puisqu'elle vient de Dieu. L'animal est un automate naturel.

Par la suite, des philosophes et savants matérialistes étendirent cette théorie à l'être humain lui-même : en l'absence d'âme, l'homme n'est qu'une machine (théorie de l'homme-machine).

Jargon

À l'opposé du mécanicisme, l'*organicisme* considère qu'il existe chez l'être vivant des principes supérieurs, qui ne sont pas réductibles aux seuls mécanismes de la physique et de la chimie. Un animal est autre chose et plus qu'un robot : il possède une sensibilité et une compréhension, il est capable de *projets* qu'aucune machine ne pourrait avoir. Les partisans de la théorie organiciste voient dans le fait qu'on n'a jamais réussi à construire un robot capable d'imiter le comportement global d'un être vivant la meilleure preuve de la supériorité de la vie sur la simple mécanique.

Jargon

On appelle *vitalisme* le point de vue selon lequel le monde de la vie ne peut pas être expliqué et analysé selon les seuls déterminants physiques et chimiques. Le terme est voisin de celui d'« organicisme ».

LA QUERELLE DU FINALISME

Le finalisme est un système d'explication par les fins : dire que nous avons des mains *pour* prendre et des yeux *pour* voir, c'est recourir à une explication finaliste. La science positive, à partir du XIXe siècle, a considéré le finalisme comme une façon naïve de penser. Selon elle, nous n'avons pas des yeux *pour* voir, nous voyons *parce que* nous avons des yeux. En d'autres termes, la fonction (ici : la vision) ne peut pas être pensée comme première par rapport aux organes qui sont à son service. Il y a d'abord les yeux (apparus en vertu de la sélection naturelle) puis la vision. La nature lance les dés (les gènes), certains déterminant des fonctions viables, d'autres non. Les finalistes sont victimes d'une illusion : ils prennent le résultat d'un processus très lent (des millions et des millions d'années) pour un projet de départ. Il est certain que le créationnisme (qui, encore aujourd'hui, surtout aux États-Unis, repousse farouchement la théorie de l'évolution) est finaliste : si c'est Dieu, en effet, qui a tout créé, il a pensé l'harmonie de l'ensemble dès le départ.

Hasard et nécessité

À savoir

Kant disait de la finalité qu'elle n'est pas un « concept explicatif » mais une « idée régulatrice » : nous n'expliquons rien si nous disons que les oiseaux ont des ailes pour voler (il faudrait pour cela imaginer un Dieu très intelligent ou une nature très bienveillante qui, dès le départ, avant même que l'oiseau n'apparaisse, avait prévu ce qu'il devait faire). En revanche, dit Kant, nous ne pouvons pas nous empêcher de *penser* que la nature est ordonnée selon des lois organisatrices, *comme si* une intelligence supérieure et bonne avait tout prévu.

Deux défis majeurs

Les formidables avancées scientifiques et techniques des cinquante dernières années ont contribué à placer sur le devant de la scène deux problèmes particulièrement redoutables.

» **Les *biotechnologies* :** les manipulations génétiques et le clonage en sont les formes les plus spectaculaires. Elles ont fini par intégrer le monde du vivant dans celui de l'économie. Désormais, le vivant est acheté, vendu, échangé, fabriqué, modifié, détruit. Le système capitaliste a réussi à insérer le monde du vivant dans le circuit de l'économie : le vivant est désormais un capital (source de profit) et une marchandise (objet d'échange). Ainsi les OGM (organismes génétiquement modifiés) permettent-ils à des firmes multinationales de s'approprier le vivant.

» **La *biosphère* :** ensemble terrestre comprenant la totalité du monde de la vie (hommes, animaux, forêts, etc.), elle se trouve aujourd'hui gravement menacée à cause de la pression humaine sans précédent qui pèse sur elle. L'activité des 6 à 7 milliards d'humains menace désormais non seulement l'intégrité de la biosphère, mais jusqu'à son existence même. D'où l'émergence de voix nouvelles qui avertissent des dangers : l'être humain qui s'est pensé comme l'accomplissement de la vie dans son aventureux dynamisme, risque, sinon d'y mettre fin, du moins de le bloquer. Devant les périls, certains, plus pessimistes, vont jusqu'à affirmer que l'espèce humaine n'aurait aucune raison particulière pour se considérer comme supérieure aux autres formes de vie, et que le « spécisme », qui fait de l'homme le maître et le possesseur de la nature, est aussi néfaste que le racisme (il serait le racisme de l'espèce...).

Textes canoniques

Dans ce texte, Arthur Schopenhauer pointe dans la capacité à avoir et à conserver une forme, la spécificité du vivant (corps organique) par rapport au monde inorganique (inerte, purement matériel).

Maint cristal, par son aspect extérieur, peut nous rappeler une forme de plante : il n'en existe pas moins une différence essentielle et fondamentale entre le moindre lichen, le plus humble champignon et tout le règne inorganique. Dans le corps inorganique, l'élément essentiel et durable, principe de son identité et de son intégrité, c'est la substance, la matière ; la partie accessoire et variable, c'est au contraire la forme. Dans le corps organique, c'est l'inverse qui se produit : car c'est dans le changement incessant de la matière, avec la persistance de la forme, que consiste sa vie, c'est-à-dire son existence en tant que corps organique. Son essence et son identité résident ainsi dans la seule forme. Aussi ce qui assure le maintien du corps inorganique, c'est le repos et l'isolement des influences extérieures ; c'est là seul ce qui le fait subsister, et si cet état est parfait, la durée d'un tel corps peut être infinie. La condition de stabilité du corps organique est justement au contraire le mouvement continuel et l'incessante admission des influences extérieures : ces impulsions viennent-elles à disparaître, et le mouvement à se ralentir en lui, il est mort et cesse d'être organique, bien que la trace de l'organisme demeure encore quelque temps.

A. Schopenhauer, *Le Monde comme Volonté et comme représentation*, trad. A. Burdeau, PUF, 1989, p. 147.

***

Descartes se représentait le vivant sur le modèle de la machine. Mais c'est négliger l'extrême complexité d'un organisme vivant, comme le montre Kant dans ce texte. D'abord, une machine, qu'il s'agisse de l'organisation d'ensemble ou de chacune de ses parties, ne se produit pas elle-même, mais trouve sa cause, en dehors d'elle, dans un être qui l'a conçue. Au contraire, le vivant a la propriété de se faire lui-même. En outre, chaque partie du tout que constitue un organisme vivant peut être considérée comme cause efficiente des autres parties. Par exemple, les organes de l'appareil digestif conditionnent le développement et l'entretien de ceux de l'appareil circulatoire. Enfin, une machine ne remplace pas d'elle-même les parties qui lui ont été ôtées, ni ne corrige leurs défauts, ni ne se répare elle-même. Or l'autoconservation, l'autorégulation et aussi, dans une certaine mesure, l'autoréparation sont des caractéristiques du vivant. La biologie moderne appellera « métabolisme » l'ensemble des mécanismes de régulation interne qui permettent à l'organisme de maintenir sa stabilité à travers le temps (la température du corps, par exemple, reste la même, quelle que soit la température du milieu extérieur).

Dans une montre, une partie est l'instrument du mouvement des autres, mais un rouage n'est pas la cause efficiente de la production d'un autre rouage. Certes une partie existe pour une autre, mais ce n'est pas par cette autre partie qu'elle existe (...). C'est pourquoi aussi dans une montre un rouage n'en produit pas un autre et encore moins une montre d'autres montres, en sorte qu'à cet effet elle utiliserait (elle organiserait) d'autres matières ; c'est pourquoi elle ne remplace pas d'elle-même les parties qui lui ont été ôtées, ni ne corrige leurs défauts (...) ou se répare elle-même, lorsqu'elle est déréglée : or tout cela nous pouvons en revanche l'attendre de la nature organisée. Ainsi un être organisé n'est pas simplement machine, car la machine possède uniquement une force motrice; mais l'être organisé possède en soi une force formatrice, qu'il communique aux matériaux, qui ne la possèdent pas (il les organise) : il s'agit ainsi d'une force formatrice qui se propage et qui ne peut pas être expliquée par la seule faculté de mouvoir (le mécanisme).

E. Kant, *Critique de la faculté de juger*, trad. A. Philonenko, Vrin, 1993, p. 297-298.

Fiche révision

» Le ***vivant s'oppose*** à la fois à ***l'inerte*** (qui n'a jamais vécu) et ***au mort*** (qui n'est plus vivant).

» ***Dialectique de la vie et de la mort*** : la mort est le contraire de la vie, mais elle ne peut concerner que le vivant (une pierre ne meurt pas).

» Une grande ***controverse*** philosophique fut de savoir si le vivant est assimilable à une machine (***théorie mécaniste ou mécaniciste***), ou bien s'il implique des processus et des réalités irréductibles aux simples mécanismes physiques et chimiques (***théorie organiciste***).

» La ***théorie cartésienne de l'animal-machine*** est caractéristique de la conception mécaniste. Selon Descartes, un corps dépourvu d'âme (tel est le cas de l'animal) est en tout point semblable à une horloge : il n'est qu'un mécanisme sans intelligence, fait de pièces et de rouages.

» Les adversaires de cette théorie objectent que les êtres vivants, à la différence des machines, poursuivent des buts et qu'ils sont capables de stratégie. On appelle ***finalisme*** la théorie selon laquelle c'est le résultat obtenu ou l'objectif poursuivi qui peut expliquer l'ensemble des moyens utilisés pour obtenir ce résultat ou atteindre cet objectif.

Lecture

QUELQUES AUTEURS ET TEXTES PHARES À CONSULTER

» H. Bergson, *L'Évolution créatrice*.

Le grand mouvement de la vie à travers la matière.

» F. Jacob, *La Logique du vivant*.

Exposition historique et philosophique des problèmes et des méthodes de la biologie contemporaine. Comment l'être vivant est-il devenu un objet d'analyse ? L'explication mécaniste du vivant se heurte à l'évidente finalité de certains phénomènes comme le développement d'un œuf en être vivant et pensant.

» J. Monod, *Le hasard et la nécessité*.

Lire plus particulièrement les chapitres 1 et 2. L'évolution du vivant est le produit du hasard et de la nécessité : le hasard lance les dés (les gènes), la nécessité de la sélection naturelle se charge de faire le tri.

Chapitre 19

La matière et l'esprit

Ce chapitre est à lire par les élèves des séries générales.

DANS CE CHAPITRE :

- **Les choses viennent-elles avant les idées ?**
- **Un goinfre n'est pas nécessairement matérialiste…**
- **Les relations entre le cerveau et la pensée**

Au commencement…

Toutes les sociétés, toutes les cultures se sont représenté l'origine du monde. Leurs mythologies répondent à cette difficile question : comment les choses ont-elles commencé ? Qu'y avait-il à leur origine ?

Certaines mythologies font naître le monde d'un œuf primordial, d'autres l'imaginent éternel. D'autres placent un dieu, un esprit à l'origine de toutes choses : les religions monothéistes en sont issues. Ainsi la Bible fait-elle du monde une création de Dieu, lequel est représenté comme éternel, c'est-à-dire hors du temps.

À savoir

Cette confrontation entre deux théories opposées – d'abord la matière ou d'abord l'esprit – se retrouve chez les premiers philosophes grecs, qu'on appelle « présocratiques » parce qu'ils vivaient avant Socrate. Pour Thalès, le plus ancien de tous (il a également inventé la géométrie, c'est à lui qu'est attribué le tout premier théorème, sur les triangles semblables, qui porte toujours son nom), c'est l'eau qui est l'élément primordial de la Nature, ce qui signifie qu'elle est à l'origine de toutes choses (des autres éléments et de tous les êtres), et à la base de toutes choses (sans l'eau, rien n'existerait).

Pour un autre présocratique, Anaxagore, c'est l'Esprit qui est la réalité primordiale, parce que sans lui, aucun ordre n'apparaîtrait dans les choses. Socrate doit sa vocation philosophique à l'enseignement d'Anaxagore. Il était encore jeune, il avait été frappé par cette idée d'un Esprit supérieur aux choses de la nature.

Les trois ontologies

Jargon

Une *ontologie* est une conception de l'être, de la réalité, de la nature des choses.

À savoir

On peut distinguer trois ontologies différentes :

- Ou bien il y a d'un côté la matière et d'un autre côté l'esprit : cette ontologie est dite « dualiste ».
- Ou bien il n'existe que la matière ; « l'esprit » est soit une simple façon de parler, soit un effet, une production elle-même matérielle de la matière : cette ontologie est dite « matérialiste ».
- Ou bien il n'existe que l'esprit, la matière n'est qu'une représentation de l'esprit, et même (chez certains philosophes) une espèce d'illusion : cette ontologie est dite « idéaliste » ou « spiritualiste ».

À savoir

LA SUBSTANCE

L'idée de substance vient de la distinction entre l'apparence et la réalité profonde d'une chose. La substance est ce qui constitue le *fond* des choses (la préposition « sub » indique l'idée d'être « dessous »).

Substance s'oppose à *accident* : l'accident (en latin, le mot signifie « ce qui arrive ») est ce qui affecte la substance sans modifier sa nature (exemple : un visage vu sous un certain éclairage).

Tout change avec le temps. L'idée de substance vient de celle de *permanence* : derrière les changements incessants qui emportent les êtres et les choses, il y a quelque chose qui ne changerait pas. Ainsi, pour Descartes (voir l'expérience du morceau de cire, chapitre 44), la substance de la matière, c'est l'espace.

Le dualisme

S'il existe deux substances, la matière et l'esprit, comment les reconnaître et les distinguer ?

La matière est perçue par les sens (toucher, ouïe, odorat, goût, vue) : on ne touche pas une idée, on ne mange pas de concepts, on ne sent pas une théorie. L'opposition du visible et de l'invisible est capitale, aussi bien dans les religions que pour la métaphysique (qui est la partie de la philosophie qui traite de réalités qui échappent à notre expérience sensible).

La matière est instable : elle ne cesse de changer dans sa façon d'apparaître, et elle peut disparaître. L'esprit, lui, est indestructible. C'est pourquoi il est pensé comme pouvant échapper au temps. Pour Platon, le corps matériel est voué à la mort, tandis que l'âme immatérielle est immortelle. Le christianisme reprendra cette conception.

La matière est presque toujours considérée comme inférieure à l'esprit dans la mesure où elle est *instable* et vouée à la destruction, dans la mesure aussi où elle est *pesante*.

À savoir

On comprend que l'ontologie dualiste débouche souvent sur un manichéisme moral et religieux (le mot vient du nom de Mani, un prophète qui fonda cette religion au IIIe siècle). Le manichéisme voit le monde comme un champ de bataille entre le principe du Bien et le principe du Mal. Il a été considéré comme une hérésie par l'Église parce qu'il mettait le Diable et Dieu sur le même plan. Les gnostiques, proches des manichéens, assimilaient le Mal à la matière et le Bien à l'esprit. Pour eux, c'est le monde matériel tout entier qui est mauvais, parce qu'il a été créé par un faux Dieu, un usurpateur.

LES DEUX SENS DE L'ALCHIMIE

L'alchimie est une doctrine secrète et une pratique d'initiés. Son existence s'étend sur plusieurs siècles.

Son but peut être compris de deux façons. La « pierre philosophale », qui devait changer toute matière en or, et l'« élixir de longue vie », qui devait assurer la jeunesse éternelle, peuvent avoir le sens le plus matériel : les alchimistes désiraient être riches et rester jeunes.

Mais on peut interpréter la recherche de la pierre philosophale et de l'élixir de longue vie en un sens spirituel : en ce cas l'« or » symbolise l'absolu et la « longue vie » symbolise l'immortalité de l'âme.

Le matérialisme

Jargon

On appelle *monisme* l'ontologie selon laquelle il n'existe qu'une seule substance, qu'une seule réalité objective – le monisme est donc anti-dualiste. Il existe deux monismes : le *matérialisme* et le *spiritualisme*.

À savoir

Le tout premier matérialisme remonte à l'Antiquité grecque. Il a été fondé par Démocrite. C'est Démocrite qui le premier pensa que les choses étaient constituées de grains si minuscules, qu'ils sont invisibles : les *atomes*. Dès le départ, donc, le matérialisme a été associé à l'*atomisme*.

Plus tard, Épicure reprit cette conception physique de Démocrite. Son disciple latin Lucrèce s'en servit pour faire la critique des angoisses et des illusions diffusées par la religion.

Si tout est matériel, cela signifie que l'âme elle aussi l'est – les matérialistes grecs imaginaient que les qualités sensibles des choses provenaient de leur composition atomique : par exemple, si le vinaigre pique la langue, c'est parce qu'il est constitué d'atomes hérissés de pointes. Aujourd'hui, nous parlons d'« atomes crochus » pour désigner la bonne entente que nous pouvons avoir avec quelqu'un. Cette image vient des atomistes grecs.

LE DESTIN HISTORIQUE DE L'ATOMISME

Apparu dans l'antiquité grecque, l'atomisme a fini par disparaître avec l'arrivée du christianisme. Du point de vue religieux, le matérialisme était inacceptable, car il était associé à l'athéisme.

Au XVIIe siècle, donc au début de l'époque moderne, le matérialisme réapparut avec les libertins. Il gagna en importance au XVIIIe siècle. Mais, pendant un certain temps, les physiciens résistèrent à la théorie atomiste – qui avait, à leurs yeux, le défaut d'être d'origine philosophique. Ce n'est qu'à la fin du XIXe siècle et au début du XXe que cette théorie s'imposa définitivement en physique et en chimie.

Lorsque nous disons d'une société qu'elle est « matérialiste » ou de quelqu'un qu'il est « matérialiste », cela signifie qu'ils ne s'intéressent qu'à l'argent et aux plaisirs. Le mot est une sorte de condamnation.

Le mépris, voire la haine du matérialisme remontent à l'Antiquité. Cicéron parlait des « pourceaux d'Épicure » : selon lui, les épicuriens étaient des porcs.

À savoir

Le matérialisme, en effet, débouche sur une conception morale qui valorise le bonheur (eudémonisme) et le plaisir (hédonisme). Par ailleurs, et cela explique l'hostilité farouche des pouvoirs religieux, le matérialisme est athée : il ne croit ni en Dieu ni en l'immortalité de l'âme. Pour lui, Dieu et l'âme sont, ou bien des fantômes matériels (c'était le point de vue d'Épicure lui-même), ou bien de franches illusions (c'est le point de vue des matérialistes modernes, qui assimilent la religion à la superstition).

Jargon

Il y a plusieurs matérialismes. À partir de Marx et d'Engels, on a distingué un *matérialisme mécanique* et un *matérialisme dialectique*.

Le *matérialisme mécanique* considère l'esprit et les productions de l'esprit (les idées, les croyances, les idéaux, les normes, les valeurs, etc.) comme de simples effets de la matière. Un biologiste allemand du XIXe siècle disait : « Le cerveau produit la pensée comme le foie produit la bile. »

Le *matérialisme dialectique* (autre nom du marxisme) considère qu'il y a une détermination mutuelle entre la matière et ses productions. Certes tout est matériel, mais les idées ont un pouvoir de transformation ; ainsi la technique (matérielle) conditionne la science (idéelle), mais celle-ci conditionne la technique en retour.

Jargon

INFRASTRUCTURE ET SUPERSTRUCTURE

Ce que le marxisme appelle « matière » correspond d'abord à la base technique, économique et sociale des sociétés. Cette base est désignée sous le nom d'*infrastructure*. La thèse matérialiste énonce que l'infrastructure détermine la *superstructure*, laquelle est formée par les idées de la philosophie, de la science et du droit, par les œuvres de l'art, etc. ; bref, par le monde de « l'esprit ».

Mais Marx considérait que la superstructure pouvait en retour agir sur l'infrastructure : ce ne sont pas les idées qui mènent le monde (ainsi que le croient les idéalistes), mais les faits qui mènent le monde (outillage technique, opposition de classes, etc.) sont en partie déterminés par les idées.

Qu'en est-il aujourd'hui, en science, de la matière ? Il est arrivé ce paradoxe : plus la science progressait dans « l'infiniment petit » – du corps sensible on est passé à l'atome, puis l'atome a été divisé en noyau et en électrons, le noyau en neutrons et protons, les protons en quarks, – et plus la « matière » semblait s'évanouir. Par ailleurs, la plus célèbre équation du siècle (celle d'Einstein : $E = mc^2$) pose l'équivalence de la matière et de l'énergie – laquelle « ne se voit pas », même si elle fait sentir sa présence dans le monde physique. Aujourd'hui, les physiciens ne parlent plus de « matière ». D'où ce paradoxe : alors que les philosophes matérialistes croyaient avec « la matière » en finir avec les illusions métaphysiques et religieuses, l'idée de matière est désormais refoulée dans le domaine de la métaphysique !

L'idéalisme

Jargon

Comme le matérialisme, l'*idéalisme* est un monisme, c'est-à-dire qu'il n'admet l'existence que d'une seule substance. À l'opposé du matérialisme, il admet l'esprit comme substance unique. L'*idéalisme* est la philosophie selon laquelle le monde n'est que l'effet de ma représentation, par conséquent une image. Le *spiritualisme* est la philosophie selon laquelle la totalité du réel est de la nature de l'esprit, ce que nous appelons « matière » n'étant que de l'esprit ou une manifestation de l'esprit.

Comment une conception aussi étonnante a-t-elle pu être soutenue ? La thèse de l'inconsistance du monde matériel a été défendue par plusieurs arguments :

- Tous les corps changent et finissent par disparaître. Un rond, par exemple, est finalement détruit. Une idée, comme celle de cercle, elle, est indestructible.
- Lorsque nous rêvons, nous croyons « dur comme fer » (l'expression est parlante) à la réalité de ce que nous « voyons », alors qu'il ne s'agit que d'illusions produites par le cerveau, d'où l'hypothèse inverse que ce monde que nous croyons voir, en étant éveillés, n'est peut-être qu'un rêve.

L'ILLUSION DU MONDE

Le bouddhisme, qui est à la fois une philosophie et une religion, apparu en Inde à l'époque des présocratiques grecs (VIe-Ve s. av. J.-C.), fait du monde sensible une illusion (*maya*) dont il s'agit de se délivrer par la méditation. L'attachement à ce monde est douloureux : il faut donc se délivrer de la « soif d'exister » pour parvenir à un état de repos absolu (*nirvana*).

Le bouddhisme a été fondé par un prince indien qui a quitté son palais et est parvenu à l'Éveil (*bodhi*) par la méditation : d'où son nom de Bouddha (Éveillé). Mais c'est chaque homme qui peut parvenir à cet état de *bouddha*.

À savoir

En Europe, c'est l'*immatérialisme* du philosophe irlandais George Berkeley qui représente la philosophie la plus aboutie de cet idéalisme.

Avant Berkeley, les philosophes avaient l'habitude de distinguer les *qualités premières* et les *qualités secondes* de la matière. Les qualités premières de la matière sont celles qui lui appartiennent en propre, objectivement (on cite généralement : la dureté, la pesanteur, l'impossibilité de la compénétration, etc.). Les qualités secondes sont celles qui dérivent de notre sensibilité. En font partie les couleurs, les odeurs, la consistance au toucher, etc.

Pour Berkeley, cette distinction n'a pas lieu d'être : toutes les qualités de la matière sont en fait des qualités secondes qui viennent de nous, de notre sensibilité, et non de la matière elle-même. Ainsi, quand je dis « j'entends une voiture » (l'exemple est de Berkeley – qui évoquait évidemment les voitures tirées par les chevaux), ce n'est pas la voiture que j'entends, mais un certain bruit que j'interprète comme venant d'une voiture. De même, lorsque je dis que cette chemise est bleue, le bleu n'est pas une qualité de la chemise mais la façon dont je la vois.

Citation

« Il n'y a pas de matière », disait Berkeley dans ses *Trois dialogues entre Hylas et Philonous*, si par ce terme on entend une substance non pensante qui existe hors de l'intelligence ; mais si par « matière » on entend une chose sensible, dont l'existence consiste à être perçue, alors il y a une matière.

Évidemment, si le monde extérieur n'existe pas objectivement et qu'il n'y a que des façons de le voir, le problème est de savoir comment les êtres humains peuvent s'accorder les uns avec les autres.

Jargon

L'idéalisme ne débouche-t-il pas sur le *solipsisme*, c'est-à-dire sur la théorie selon laquelle chaque *moi* est enfermé dans un monde intérieur, sans portes ni fenêtres, donc sans possibilité de communication ?

Il existe plusieurs manières de répondre à ce problème :

- En recourant à Dieu, créateur de tout, et esprit suprême : c'est la position de Berkeley. Dieu est une espèce de chef d'orchestre qui assure l'harmonie des esprits.
- En postulant que les êtres humains sont tous constitués de manière semblable, qu'il existe des universels de la sensibilité et de la pensée.

Le problème des relations de l'âme et du corps

À savoir

À la question de savoir comment l'âme (immatérielle) et le corps (matériel) peuvent avoir des relations mutuelles, les philosophes classiques, au XVIIe siècle, ont donné des réponses divergentes, en fonction de leur ontologie propre.

Descartes part d'un strict dualisme. Il existe deux substances : l'étendue (il n'y a pas de matière sans espace) et la pensée (qui ne se déploie pas dans l'espace et est immatérielle). Mais, remarque-t-il, mon âme n'est pas logée dans mon corps comme un pilote dans son navire : il y a *comme un mélange* entre les deux (l'expérience de la douleur le montre bien : lorsque ma main est blessée, c'est à la seconde même que je ressens une douleur). Descartes suppose qu'il existe dans le cerveau une glande constituant le point d'articulation de l'âme et du corps. Mais le problème est davantage déporté que vraiment résolu.

À savoir

Spinoza refuse le dualisme de Descartes. Selon lui, il n'y a qu'une seule substance qu'il appelle Dieu ou Nature (nous dirions la « totalité du réel »), dont le corps et l'âme sont des modes, c'est-à-dire des manifestations. Il existe pour Spinoza un étroit parallélisme entre les événements qui affectent l'âme (une suite d'impressions, par exemple) et les événements qui affectent le corps (lequel ne cesse d'être touché par les autres corps). Un peu comme si deux horloges parfaitement réglées marquaient toujours exactement la même heure.

LES RELATIONS DIALECTIQUES DU PSYCHISME ET DU CORPS

Le psychisme (terme que nous utilisons aujourd'hui à la place de celui d'« âme », réservé désormais aux religions) et le corps sont à la fois distincts et mêlés :

- **Relations d'indépendance :** tantôt le psychisme semble fonctionner à part (un tétraplégique dont le corps est inerte continue de penser), tantôt c'est le corps qui se passe de l'esprit (les mains du pianiste nous donnent l'impression de jouer toutes seules).
- **Relations d'influence mutuelle :** tantôt le corps gouverne l'esprit (une maladie organique ou un accident peut nous plonger dans la dépression), tantôt l'esprit gouverne le corps (le « moral » agit fortement sur l'état général du corps ; l'expérience du placebo – un faux médicament qui devient efficace parce qu'il est pris comme un vrai – montre que la pensée peut déterminer un état physique).

Le problème des relations entre le psychisme (l'« âme ») et le corps est loin d'être résolu. Il a même rebondi aux États-Unis depuis cinquante ans, à la faveur des découvertes faites dans le domaine de la chimie et de la biologie du cerveau.

Depuis que le cerveau a été reconnu comme le centre de toutes les représentations (idées, images mentales, rêves, souvenirs, projets, etc.), le problème est celui des rapports entre le *substrat neurophysiologique* (la « matière grise », les neurones) et ces représentations. Les solutions imaginées par les philosophes du passé sont ainsi reprises sur des bases nouvelles constituées par des connaissances qu'ils ne pouvaient évidemment pas avoir. Ainsi retrouve-t-on les grandes options classiques :

- **Le matérialisme réduit le monde mental à un mécanisme purement neurophysiologique.** Dans sa version faible, il est dit « réductionniste », tandis que dans sa version forte il est dit « éliminationniste » (la « conscience » devient ainsi un mot inutile : il n'y a que des états et que des mouvements de cellules).
- **Le parallélisme admet l'indépendance du monde mental par rapport au cerveau.**
- **L'émergentisme admet la priorité du substrat cérébral (pas de pensée sans cerveau), mais à la différence du matérialisme réductionniste ou éliminationniste, il préserve l'autonomie du monde des représentations :** *à partir* des neurones, des représentations surgissent sans qu'on puisse les expliquer par les neurones seuls. De même, une voûte gothique, en architecture, n'existerait pas sans la pierre – mais ce n'est pas la pierre elle-même qui explique la particularité de ce style.

À savoir

Leibniz donna une troisième solution à ce problème des relations entre l'âme et le corps. L'âme et le corps sont distingués comme chez Descartes, mais ils n'agissent pas l'un sur l'autre. Ils agissent de manière parallèle. Seulement, à la différence de Spinoza, Leibniz fait intervenir une force extérieure : Dieu. C'est Dieu qui, à l'origine, a mis en *harmonie* l'âme et le corps, comme il a d'ailleurs mis en harmonie toutes les âmes et tous les corps (théorie de l'*harmonie préétablie*). Dans une symphonie, si les musiciens jouent ensemble, ce n'est pas parce qu'ils règlent leurs mouvements les uns sur les autres, mais bien parce qu'ils suivent les indications du chef d'orchestre.

Textes canoniques

Descartes, en bon chrétien, n'accordait d'âme qu'aux hommes. Les animaux ne seraient alors que des machines, c'est-à-dire des automates, des corps mus par les seules lois de la mécanique. On appelle *théorie de l'animal-machine* la théorie de Descartes – fortement contestée aujourd'hui par les éthologues (spécialistes du comportement animal).

Je sais bien que les bêtes font beaucoup de choses mieux que nous, mais je ne m'en étonne pas ; car cela même sert à prouver qu'elles agissent naturellement et par ressorts, ainsi qu'une horloge, laquelle montre bien mieux l'heure qu'il est que notre jugement ne nous l'enseigne. Et sans doute que, lorsque les hirondelles viennent au printemps, elles agissent en cela comme des horloges. (…) On peut seulement dire que, bien que les bêtes ne fassent aucune action qui nous assure qu'elles pensent, toutefois, à cause que les organes de leurs corps ne sont pas fort différents des nôtres, on peut conjecturer qu'il y a quelque pensée jointe à ces organes, ainsi que nous expérimentons en nous, bien que la leur soit beaucoup moins parfaite. À quoi je n'ai rien à répondre, sinon que, si elles pensaient ainsi que nous, elles auraient une âme immortelle aussi bien que nous ; ce qui n'est pas vraisemblable, à cause qu'il n'y a point de raison pour le croire de quelques animaux, sans le croire de tous, et qu'il y en a plusieurs trop imparfaits pour pouvoir croire cela d'eux, comme des huîtres, les éponges, etc.

R. Descartes, lettre au marquis de Newcastle, 23 novembre 1646.

***

Dans le texte suivant, Bergson défend l'idée selon laquelle la conscience ne saurait être conçue comme un simple reflet du cerveau. Elle possède une dynamique propre, irréductible à la matière cérébrale.

La théorie d'après laquelle la conscience serait attachée à certains neurones, par exemple, et se dégagerait de leur travail comme une phosphorescence, peut être acceptée par le savant pour le détail de l'analyse ; c'est une manière commode de s'exprimer. Mais ce n'est pas autre chose. En réalité, un être vivant est un centre d'action. Il représente une certaine somme de contingence s'introduisant dans le monde, c'est-à-dire une certaine quantité d'action possible – quantité variable avec les individus et surtout avec les espèces. Le système nerveux d'un animal dessine les lignes flexibles sur lesquelles son action courra (bien que l'énergie potentielle à libérer soit accumulée dans les muscles plutôt que dans le système nerveux lui-même) ; ses centres nerveux indiquent, par leur développement et leur configuration, le choix plus ou moins étendu qu'il aura entre les actions plus ou moins nombreuses et compliquées. Or, le réveil de la conscience, chez un être vivant, étant d'autant plus complet qu'une plus grande latitude de choix lui est laissée et qu'une somme plus considérable d'action lui est départie, il est clair que le développement de la conscience paraîtra se régler sur celui des centres nerveux.

H. Bergson, *L'Évolution créatrice*, PUF, 1983, p. 262-263.

Fiche révision

» ***L'opposition entre la matière et l'esprit*** est aussi ancienne que la philosophie. Elle est présente chez les philosophes de l'Inde et de la Grèce ancienne.

» Pour les ***spiritualistes***, seul l'esprit existe. La matière est une illusion, ou bien elle n'est qu'un résultat dérivé de l'esprit. Pour les ***matérialistes***, à l'inverse, seule la matière existe. Les ***dualistes*** considèrent que le monde est constitué de deux réalités fondamentales (on dit : ***substances***) : la matière et l'esprit. Le bouddhisme est spiritualiste, Démocrite, Lucrèce et Marx sont matérialistes, Descartes est dualiste.

» Le ***problème de l'âme et du corps*** est une application particulière à l'être humain du problème général des relations entre l'esprit et la matière. Les matérialistes considèrent que l'âme n'est qu'un mot ou bien qu'elle n'est qu'un effet du corps. Les dualistes comme Descartes séparent rigoureusement la substance matérielle et la substance spirituelle. D'où le problème de la relation entre l'âme et le corps.

» Exemple de ***dialectique***, c'est-à-dire de relations à double sens : ***l'esprit*** est à la fois séparé du ***corps*** et uni à lui ; il commande au corps mais il est aussi commandé par lui.

QUELQUES AUTEURS ET TEXTES PHARES À CONSULTER

Lecture

» G. Berkeley, *Principes de la connaissance humaine*, trad. D. Berlioz, GF-Flammarion, 1991.

Un livre assez facile à lire, et qui expose la théorie de l'immatérialisme.

» H. Bergson, *L'Évolution créatrice*.

La matière y est replacée dans le grand mouvement de la vie qui conduit à la conscience.

Chapitre 20

La vérité

Ce chapitre est à étudier par les élèves des trois séries générales L, ES et S.

DANS CE CHAPITRE :

» **La vérité est-elle dans les choses ou bien dans la façon de les penser et de les dire ?**

» **Les croyants, les fidèles et les fanatiques en matière de vérité**

» **Le menteur peut-il dire la vérité ?**

Être, penser, dire

Beaucoup de choses peuvent être dites « fausses » : le passeport, le semblant, la monnaie, le jeton, les seins, les cheveux, la barbe, la piste, le pas, la note, le plafond, la plinthe, la facture, la modestie, la joie, l'alerte, la promesse, la pudeur, la confidence, le regard, l'air, l'esprit, le nom. Le mot d'origine grec « *pseudo* » (idée de mensonge) est à cet égard très commode car il peut précéder, à volonté, un nombre considérable de substantifs : « pseudo-science », « pseudo-terroriste », etc.

Inversement, nous disons : du vrai argent, des vrais cheveux, de vrais seins, mais aussi un vrai salaud ou un vrai gangster.

« Vrai » et « faux » semblent ainsi désigner le caractère authentique d'une réalité *qui ne peut pas tromper*, à laquelle on *peut se fier.*

À savoir

Ces manières courantes de dire renvoient à la plus ancienne conception de la vérité, celle qui l'assimile à la réalité la plus belle et la plus forte. Telle est la conception de Platon, exprimée dans le mythe célèbre de la caverne (voir chapitre 44) : la vérité, c'est la réalité même, telle qu'elle peut apparaître à l'âme. C'est pourquoi, dans cette conception métaphysique, l'erreur et l'illusion sont d'insupportables scandales, car si la vérité et la réalité se confondent, l'erreur et l'illusion ont quelque chose à voir avec le non-être, la non-réalité.

Le scandale des sophistes

Platon définit le philosophe (dont Socrate est le modèle) comme l'anti-sophiste par excellence. Pourtant, au départ, les deux ont rapport à la « sagesse » – c'est-à-dire au savoir et au bon comportement. « Philosophe » signifie en grec « ami de la sagesse » et le sophiste est le « sage ».

Aux yeux de Platon, les sophistes sont des rusés qui usent des belles paroles pour séduire leur public. Ils ne croient ni au vrai ni au faux, ni au bien ni au mal, tout ce qu'ils cherchent, c'est l'argent et le pouvoir. Ils sont les maîtres du mensonge, de l'erreur et de l'illusion.

Les spécialistes modernes ont réhabilité les sophistes, en montrant qu'ils ont été les premiers à comprendre la nature conventionnelle des lois humaines, ainsi que le pouvoir pratique du langage.

À savoir

Selon Platon, la réalité par excellence, celle qui subsiste au-delà des changements incessants des apparences, c'est l'Idée, qui est le modèle des choses sensibles : ainsi l'Idée de lit précède-t-elle le lit sensible (dans lequel on va dormir). Le lit sensible finira par disparaître, tandis que l'Idée de lit est éternelle. L'Idée est à la fois vraie et réelle. Le cercle est une Idée : il est parfait, et il ne risque pas de vieillir. Lorsque, en revanche, je dessine un rond sur une feuille de papier ou que je pense à un rond dans ma tête, je *reproduis* ce modèle éternel sous forme d'image ou d'idée.

Attention

Ne confondez pas l'idée que nous avons dans l'esprit, et qui peut signifier un projet forgé par nous-même (comme lorsque nous disons que nous avons « l'idée de faire la fête ce soir »), avec l'Idée (avec « I » majuscule), qui, chez Platon, désigne le modèle éternel des êtres et des choses.

À savoir

Puisque, pour Platon, l'Idée est éternelle, la vérité est *découverte* et non pas *inventée*. On invente ce qui n'existait pas (la télévision, par exemple), tandis qu'on découvre ce qui existe déjà (une nouvelle espèce de virus, par exemple). Selon Platon, l'âme découvre la vérité, elle ne l'invente pas.

LA THÉORIE DE LA RÉMINISCENCE

Platon croyait l'âme immortelle. Lorsque le corps meurt, l'âme rejoint son véritable lieu, qui est celui des dieux et des Idées, au ciel. Après un certain temps, elle s'incarnera dans un nouveau corps. Certes, elle sera un peu aveuglée par ce mur de chair et d'os que représente le corps pour elle, mais elle gardera tout de même le souvenir de sa connaissance puisqu'elle fut la compagne des Idées. Connaître, c'est se souvenir.

Ainsi Platon fait-il la théorie du sens impliqué par l'étymologie grecque du mot « vérité » : *alèthéia* signifie proprement « dévoilement » ; la vérité est la *réalité dévoilée*. On retrouve la même image dans le terme « révélation ».

Une bien belle allégorie

Une image traditionnelle de la vérité la représentait sous les traits d'une jeune femme nue qui se regarde dans un miroir. Ainsi étaient exprimées les idées de beauté, de séduction, de simplicité – ainsi que celle de conscience (par le miroir qui *réfléchit*). Si la vérité est nue, c'est parce que le mensonge joue sur les apparences trompeuses (celles, par exemple, qu'un vêtement peut donner). Mais la nudité renvoie aussi au désir érotique : il y a quelque chose d'aimable dans la vérité.

Une autre allégorie figurait la vérité « au fond du puits », manière de dire qu'elle n'est pas toujours évidente, ou encore (les symboles ont souvent plusieurs sens) qu'elle est *profonde*.

Jargon

Par opposition à la vérité, il y a l'*illusion*, assimilée à l'*apparence* chez Platon. Et de même que la vérité s'oppose à l'illusion, le *savoir* (du philosophe) s'oppose à l'*opinion* (*doxa*). L'opinion prend les reflets des choses pour les choses mêmes (voir encore le mythe de la caverne, chapitre 44). Il y a à notre époque quelque chose qui représente tout à fait la caverne imaginée par Platon : la télévision.

La pensée chrétienne fut fortement influencée par Platon, en particulier sur cette identification de la vérité à la réalité. Dieu, infini et parfait, est l'être par excellence et en même temps il est la Vérité. Par opposition à lui, le Diable est le trompeur, le menteur, le séducteur.

De la réalité à la pensée

Qu'est-ce que nous voulons dire lorsque nous parlons de « faux seins » ou d'un « faux Picasso » ? Comment des seins ou un tableau peuvent-ils être *faux* ? Si nous analysons cette façon de dire, nous nous apercevons de ceci : je vois une silhouette de femme qui doit faire dans les 95 D ; si, sans le soutien-gorge qui l'avantage, sa poitrine tient dans un 90 A, alors cela signifie que *je me suis trompé*. Certes, j'ai été, si l'on peut dire, trompé, mais en réalité *c'est moi* qui me suis trompé, car je me suis fié, comme on dit, aux apparences. De même, « un faux Picasso » est une manière rapide de dire en fait : voici un tableau qui ressemble à du Picasso et qui est signé « Picasso ». Si, sur la foi de ce que je vois et de ce que je sais, *je pense* que ce tableau a été peint par Picasso, alors *je me trompe*. Comme avec les seins ci-dessus, l'erreur n'est pas dans la chose (la réalité) mais *dans mon esprit*.

Ainsi, la vérité ne serait plus la réalité même des choses, comme chez Platon, mais une certaine façon (correcte, bonne) de penser.

Citation

C'est un philosophe juif du Moyen Âge qui donna la définition traditionnelle de la vérité : « l'adéquation de la chose et de l'intellect », l'intellect signifiant la *pensée*. En d'autres termes, la vérité n'est pas à chercher ailleurs que dans la *pensée*. Les choses ne sont ni vraies ni fausses, elles sont ou elles ne sont pas, elles appartiennent au monde réel (comme l'éléphant) ou au monde imaginaire (comme la licorne). Ce ne sont pas les choses qui sont fausses (ou vraies) mais les *idées* que nous avons sur elles.

À savoir

La logique est la science qui établit les règles de la pensée rationnelle, celle qui peut énoncer des propositions vraies. Mais elle distingue la *vérité formelle*, celle qui provient de l'application des règles logiques, et la *vérité matérielle*, celle qui est conforme à la réalité objective. Un sophisme (voir plus loin) peut être formellement vrai alors qu'il est matériellement faux. En d'autres termes, on peut respecter toutes les règles de la pensée correcte et dire des absurdités.

Lecture

VÉRACITÉ, FRANCHISE, SINCÉRITÉ

La *véracité* est la qualité de l'énoncé vrai ; la *franchise* est le fait (loué comme une qualité) de dire ce qu'on pense ; la *sincérité* est le fait (loué lui aussi comme une qualité) de penser ce qu'on dit. Mais la franchise et la sincérité n'excluent pas l'*erreur*.

Je peux être sincère ou franc et me tromper. La différence entre l'erreur et le mensonge étant que la première est involontaire alors que le second est toujours intentionnel.

De la pensée au langage

Une pensée peut rester dans un esprit sans être manifestée par des paroles et l'écriture. Certains philosophes, depuis Hobbes (voir le texte à la fin du chapitre), font du langage ce qui conditionne l'existence même de la vérité et de l'erreur. Autrement dit, sans le langage (parlé ou écrit), il n'y aurait ni vérité ni erreur.

Il y a un argument décisif en faveur de cette théorie : ni les petits enfants ni les animaux n'ont de rapport à la *vérité*. En apprenant à parler, l'enfant apprend du même coup à *mentir*, c'est pour lui une expérience extraordinaire qui lui fait prendre conscience du pouvoir qu'il peut avoir sur ses parents et ses petits camarades. Au début de sa vie, l'enfant croit en effet que ses pensées sont transparentes, et qu'elles n'ont pas besoin d'être manifestées pour être connues par les autres. À partir d'un certain stade de son développement psychique et intellectuel, il se rend compte qu'il peut, par ses seuls mots, tromper celui qui est plus fort que lui. À partir de ce moment-là, il sait qu'il détient un pouvoir enivrant.

Citation

« Ce qui se conçoit bien s'énonce *clairement* / Et les mots pour le dire arrivent *aisément* », écrivait le poète Boileau (c'est nous qui soulignons).

À l'époque classique, on pensait que de même que la logique énonce les lois de la *pensée vraie*, la grammaire doit énoncer les lois du *langage juste*. L'étymologie du mot « étymologie » donne « discours de la vérité » : l'idée est qu'il y a une vérité dans les mots eux-mêmes.

Par ailleurs, on ne peut pas penser sans langage : penser, c'est se parler à soi-même. Donc, même si la vérité est dans et par la pensée, tout compte fait, elle doit se trouver dans et par le langage.

De nos jours, nous ne plaçons plus la vérité dans les mots (les signes) mais dans leur association. Dire que « cheval » est vrai n'a pas de sens, mais dire « le cheval est un animal » est vrai, car au sujet « cheval » ont été associés d'autres éléments qui ne le contredisent pas (« le cheval est un oiseau » serait faux, ou fou, ou amusant).

Ainsi, nombre de philosophes des sciences ont défini les sciences comme des langages bien faits.

La contestation sceptique

Jargon

À l'époque classique, on appelait *pyrrhonisme*, du nom de Pyrrhon, son fondateur (un philosophe grec), la philosophie selon laquelle la vérité n'existe pas. On utilise aujourd'hui plutôt le terme *scepticisme* (d'un mot grec qui signifie « examen »).

Il y a plusieurs degrés de scepticisme, depuis le scepticisme faible ou modéré – qui pousse le doute un peu plus loin que ne le fait la critique habituelle – jusqu'au scepticisme fort qui récuse jusqu'à l'idée d'une vérité objective.

Dans l'Antiquité, les sceptiques soutenaient l'argumentation suivante :

- La vérité n'existe pas.
- Si par hasard elle existe, elle est inconnaissable.
- Si par hasard elle est connaissable, elle est incommunicable.

À savoir

Le scepticisme repose sur des arguments appelés « tropes ». Les plus célèbres sont les suivants :

- **La diversité et la contradiction des opinions :** je dis « blanc », mon voisin dit « noir ».
- **L'impossibilité de trouver un critère :** si je dis « blanc » et que mon voisin dit « noir », qui nous départagera ?
- **La régression à l'infini des critères :** si l'on me donne un critère de vérité, quel sera le critère du critère, puis le critère du critère du critère, etc. ? On songe à cette expérience pénible effectuée par tous les lecteurs de dictionnaires : la définition d'un mot ignoré contient des mots qu'on ne connaît pas, ce qui nous oblige à chercher d'autres définitions (en général, par lassitude, on laisse tomber !).
- **Le cercle vicieux (on l'appelle « diallèle »).** Autre expérience de dictionnaire : le mot A renvoie au mot B, lequel renvoie au mot A ; ou bien l'expérience de l'administration : la personne du bureau 103 vous renvoie au bureau 105, lequel vous renvoie au bureau 110, lequel vous renvoie au bureau 103 pour finir (enfin, façon de parler, puisqu'on n'a pas commencé !).
- **La nécessité des postulats invérifiables.** Pour éviter la régression à l'infini et le diallèle, on se voit contraint d'admettre *comme vrais* des énoncés qu'on ne peut pas prouver. Autrement dit, toute théorie qui se prétend vraie est assise sur du sable.

Contre les arguments sceptiques, les *dogmatiques* (qui croient à une vérité absolue) et les *critiques* (qui croient à une vérité relative) répondent :

- **par le fait qu'il existe des savoirs établis qu'on ne saurait radicalement remettre en doute** (si rien ne tenait debout, comment expliquer qu'un ordinateur, fabriqué à partir de milliards de calculs, puisse marcher ?) ;
- **par des arguments philosophiques.** Il faut faire la distinction entre les types de vérité et les types de doute ; toutes les opinions ne se valent pas.

À savoir

IL Y A DOUTE ET DOUTE

On distingue le *doute sceptique*, qui ruine la vérité (ou plutôt son idée), et le *doute cartésien*, qui part à sa recherche.

Constatant que ce qu'il a appris est mêlé de préjugés et d'erreurs, Descartes décide de tout remettre en doute, jusqu'à l'existence même du monde. Dans cette expérience de pensée, il s'aperçoit que même s'il doute de tout, il ne peut douter qu'il doute. Or douter, c'est penser. « Je pense » (*cogito* en latin) ne peut donc être balayé par le doute. Le *cogito* sera par conséquent pris comme modèle en même temps que comme premier exemple de *certitude*.

Jargon

On appelle *certitude* la conscience de connaître la vérité, à ne pas confondre avec la *conviction* qui porte sur des croyances.

La certitude et la conviction ont la même intensité : l'adhésion du sujet pensant à l'objet de sa pensée est totale (sans arrière-pensée, comme on dit bien). Seulement, dans le cas de la certitude, l'objet peut prendre place dans un énoncé de connaissance, où la démonstration et la preuve sont possibles (voir chapitre 16), tandis que dans le cas de la conviction, l'objet ne peut pas être un élément de connaissance scientifique. Je peux être *convaincu* que Dieu existe ou que j'irai au paradis après ma mort (car en écrivant ce *Bac Philosophie pour les Nuls*, j'aurai fait une action qui plaît à Dieu) – mais je ne peux pas en être *certain.*

La conception positiviste de la vérité

Jargon

Le *positivisme* est une philosophie fondée par Auguste Comte au début du XIXe siècle. L'idée centrale en est que seule la science peut parvenir à produire des énoncés vrais, parce qu'elle seule, à la différence de la religion et de la philosophie, est capable de renoncer à se poser des problèmes qui n'ont pas de solutions.

À savoir

La loi des trois états

Selon Auguste Comte, l'intelligence humaine, tant individuelle que collective, passe par *trois stades*, trois états, qui suivent un ordre à la fois chronologique et logique :

- **Dans l'*état théologique* (religieux) ou *fictif*, l'esprit humain imagine des dieux pour expliquer les phénomènes de la nature** (Zeus fait tomber la foudre et rouler le tonnerre, etc.).
- **Dans l'*état métaphysique* ou *abstrait*, l'esprit remplace les dieux par des concepts** – celui de nature, par exemple. Il y a bien un certain progrès par rapport à l'état précédent, mais ce n'est pas suffisant pour constituer une véritable connaissance.
- **Dans l'*état scientifique* ou *positif* (d'où le nom de « positivisme » donné par Auguste Comte à sa philosophie), l'intelligence renonce à poser la question « pourquoi ? »**, qui est sans solution, au profit de la question « comment ? », qui seule peut déboucher sur l'énoncé de lois scientifiques. Ainsi la science renonce-t-elle à savoir *pourquoi* les choses existent (question métaphysique) pour se consacrer au fonctionnement des différents phénomènes – ce que les lois traduisent.

Attention

Ne confondez pas le *positivisme* et le *scientisme*, qui est une forme dérivée mais dogmatique du positivisme. Le scientisme, qui fut très présent au XIXe siècle, mais qui n'a pas disparu, prétend que la science pourra répondre à *toutes* les questions et résoudre *tous* les problèmes – même les problèmes d'ordre politique et existentiel.

En un sens, le scientisme tourne le dos au positivisme, lequel repose sur la distinction claire entre le domaine de la connaissance objective (celui des différentes sciences) et le domaine des théories philosophiques (dont les questions pratiques – morales et politiques – font partie).

Auguste Comte a bien prétendu constituer une morale et une politique positives. Herbert Spencer, son disciple anglais, a lui aussi prétendu élaborer une philosophie totale qui aurait englobé, à partir de la théorie de l'évolution, aussi bien les valeurs pratiques que les sciences. Il n'en reste pas moins vrai que le positivisme a consisté, à partir du XXe siècle, à séparer l'ordre de la vérité de celui du sens.

UN POSITIVISME CONTEMPORAIN

À partir des années 1920, sous l'impulsion des travaux de Bertrand Russell et de Ludwig Wittgenstein, des philosophes réunis dans deux « cercles » (le cercle de Berlin puis le cercle de Vienne) constituèrent, sous le nom de « positivisme logique » ou de « néopositivisme » (on dit aussi « empirisme logique »), une philosophie des sciences à partir de ce qu'ils considéraient comme les deux seules bases possibles de la connaissance, donc de la vérité :

- la logique ;
- les observations empiriques.

Selon les positivistes logiques, la métaphysique, qui ne repose ni sur la logique ni sur l'expérience, est dépourvue de sens (et pas seulement dépourvue de vérité).

La conception positiviste de la vérité, aujourd'hui, est liée à une philosophie du langage qui part de la distinction entre les énoncés qui ont du sens et les énoncés qui en sont dépourvus. Elle différencie par ailleurs le statut de la vérité dans les diverses sciences (une thèse en histoire n'est pas vraie au sens où un théorème peut l'être : voir le chapitre 16 sur la démonstration).

À quoi reconnaît-on un progrès dans le domaine scientifique ?

Certains domaines comme l'art ne progressent pas : nous ne dessinons pas mieux que les artistes de la Préhistoire.

La science est, avec la technique, le domaine où la notion de progrès apparaît comme la plus discutable ; et elle a sur la technique l'avantage de n'engendrer aucun effet détestable. Un progrès est une évolution positive, qui fait d'un « maintenant » quelque chose de *plus* ou de *mieux* qu'un « avant ». On peut en effet définir le progrès d'un point de vue quantitatif et d'un point de vue qualitatif.

Point de vue quantitatif : connaître plus

Un étudiant en médecine connaît aujourd'hui plus de choses sur le fonctionnement du corps que le meilleur biologiste du XVIIIe siècle. La sphère des connaissances n'a pas cessé depuis la Renaissance de voir s'allonger son rayon.

Cela signifie concrètement :

- Qu'on sait ce qu'on ne savait pas (jusqu'au XVIIe siècle, on n'avait aucune idée de la cellule, ou de la dérive des continents).
- Qu'on résout des problèmes : on sait expliquer enfin la nature de l'orage, la croissance d'un embryon, etc.

À savoir

Conséquence : le tout d'une science à une époque donnée se voit ravalé au rang de *partie* à une époque ultérieure ; c'est ainsi que la géométrie d'Euclide est devenue une *partie* de la géométrie, que la physique de Galilée est devenue une *partie* de la physique. Le progrès scientifique se montre immédiatement à la découverte de *nouveaux objets*, à la conquête de *nouveaux continents* (jusqu'au début du XXe siècle, le ciel de l'astronomie était le seul ciel visible, la radioastronomie ayant ensuite élargi ce monde aux dimensions de l'univers entier).

Lorsque le réel se présente sous la forme d'un ensemble fini (les espèces de mammifères, les éléments naturels), le progrès de la science consiste en l'*exhaustivité* des nominations et classifications (on sait aujourd'hui qu'il n'y a pas plus de 92 éléments naturels dans l'univers entier).

Point de vue qualitatif : connaître mieux

Ce qui différencie une connaissance scientifique d'un savoir empirique, c'est la rigueur de ses moyens et la précision de ses résultats. La science compte et mesure : il y aura progrès lorsque cette comptabilité et cette mesure seront plus précises.

Les savoirs empiriques sont dispersés, distribués de manière aléatoire. La science, à l'inverse, imprime une nécessité rigoureuse à la connaissance et tend toujours vers l'unité, la *synthèse*, qui est le moyen le plus commode d'embrasser la totalité. Ainsi un grand nombre d'observations diverses, hétérogènes, pourra-t-il être compris sous l'unité *d'une* loi. Les physiciens travaillent actuellement à l'édification d'une théorie qui permettra d'unifier les quatre interactions fondamentales de l'univers. Les théories ne sont donc pas seulement de plus en plus larges, elles sont aussi de plus en plus puissantes.

Le savoir scientifique ne va donc pas seulement dans le sens de l'extension mais aussi dans celui de l'*approfondissement*.

Qu'était l'atome jusqu'au XIXe siècle ? Une idée vague, une notion quasi métaphysique. Il est devenu un monde avec ses parties (les particules) et sa structure (les interactions).

Les mesures sont de plus en plus précises. Grâce aux mesures par laser et satellite, on connaît désormais au centimètre près la distance de la Terre à la Lune, et on calcule à la fraction de seconde près (nanoseconde, picoseconde) un laps de temps donné.

La dialectique de l'analyse et de la synthèse

» **La science procède par accumulation de données : phase analytique.** Apparemment, c'est le temps de la dispersion (l'observation et la description précèdent l'explication : ainsi l'histoire naturelle précède la biologie, comme l'ethnographie précède l'ethnologie).

» **À cette dispersion, semble-t-il, chaotique des données, fait suite un puissant mouvement de synthèse.** Une théorie englobante (Newton, Darwin, Einstein, Hilbert) unifie par ses concepts nouveaux des centaines d'énoncés jusque-là éparpillés.

La capacité à poser de nouveaux problèmes

À savoir

À la différence de la religion, la science est un système ouvert, dynamique, dans lequel les questions posées sont au moins aussi importantes que les questions résolues. Dans tous les domaines aujourd'hui, se posent des milliers de questions dont on n'avait pas seulement idée il y a peu.

Le critère pragmatique : l'utilité pour une vie meilleure

Si la science a longtemps paru être une activité désintéressée (la vraie science, pour les Grecs, devait être de nature contemplative), à partir de la Renaissance, et surtout du XVIIIe siècle, elle se justifia de plus en plus par ses effets bénéfiques. Grâce à la science, l'être humain pouvait enfin sortir de ses misères ancestrales tant matérielles qu'intellectuelles et morales.

Ce bel optimisme a été battu en brèche. D'une part, la science n'est pas si pure : elle peut avoir des effets néfastes ; d'autre part, elle peut être complètement déconnectée de l'utilité pratique pour une vie meilleure en se mettant au service d'intérêts économiques et financiers. Dira-t-on que les recherches concernant les organismes génétiquement modifiés et le clonage sont des progrès, sous prétexte que des choses nouvelles sont réalisées ?

À savoir

On reconnaît un progrès scientifique en ce qu'on sait plus de choses et mieux, en ce qu'on englobe dans des théories de plus en plus vastes des phénomènes jusque-là isolés, et qu'on est constamment capable de faire rebondir la recherche au lieu de se contenter de gérer le savoir acquis comme une rente.

Ajoutons à cela qu'à la différence du progrès technique, le progrès scientifique, à condition qu'il soit réellement *scientifique*, est absolument bon, et qu'il est la plus belle illustration de cette aventure qui s'appelle l'Esprit.

Citation

Mais plus la sphère du connu se gonfle, et plus le domaine de l'inconnu s'élargit. Ce n'est un paradoxe qu'en apparence. Il est logique que chaque réponse trouvée suscite d'autres questions encore en suspens. Mais n'importe quel scientifique serait prêt à faire sienne la devise que le grand mathématicien David Hilbert fit graver sur sa tombe : « Nous ignorons. Nous saurons. »

Paralogismes, sophismes et cercles logiques

Jargon

Le *paralogisme* est un raisonnement qui transgresse les règles de la logique. Il est involontaire : celui qui commet un paralogisme est de bonne foi. Par exemple, affirmer en toute naïveté : « ce ne peut pas être lui qui a commis le crime puisqu'il est français de souche », est un paralogisme.

Le *sophisme* est un paralogisme intentionnellement utilisé pour embarrasser ou tromper. Le sophisme est au paralogisme ce que le mensonge est à l'erreur. Il vise l'avantage sur autrui, il est un moyen de pouvoir.

Les sophistes et éristiques grecs se sont ingéniés à imaginer une foule de sophismes pittoresques dont voici les principaux :

- **Le *sophisme cornu* :** ce que tu n'as pas perdu, tu l'as, or tu n'as pas perdu de cornes, donc tu as des cornes (Quintilien).
- **Le *sophisme du rat* :** le rat ronge le fromage, or le rat est une syllabe de trois lettres, donc une syllabe de trois lettres ronge le fromage (Sénèque). Ce sophisme joue sur la confusion entre le plan du réel et celui du symbolique.
- **Le *sophisme du tas* :** si j'ôte un grain à un tas de blé, j'ai encore un tas, si j'ôte un deuxième grain j'ai encore un tas ; lorsque je serai en présence du dernier grain, je serai encore en présence d'un tas, à moins de décider arbitrairement qu'un tas commence à 2, à 3, à 4 éléments... Ce sophisme met en évidence le contraste qui peut exister entre une notion intuitive du langage courant (le tas) et l'exactitude du calcul numérique. Sens analogue

avec le sophisme du chauve : un homme n'est jamais chauve puisqu'il n'y a pas de nombre de cheveux à partir duquel il l'est. Si je m'arrache un cheveu, je ne suis pas chauve, un deuxième non plus, etc., comme pour le tas de blé.

À savoir

Les sophismes, comme les mensonges, se donnent l'apparence de la vérité. Ainsi empruntent-ils volontiers l'allure du syllogisme, modèle du raisonnement déductif.

Dans l'exemple qui suit, le sophisme provient d'une *majeure fausse* mais qu'intuitivement l'on accepte comme vraie :

- » Tout ce qu'est rare est cher.
- » Un cheval bon marché est rare.
- » Donc un cheval bon marché est cher.

Il est *faux* que tout ce qui est rare est cher (la preuve en est donnée par l'exemple même), mais comme cela *semble* correspondre à notre expérience quotidienne, on l'accorde imprudemment, sans examen.

Le sophisme peut provenir aussi d'un *changement subreptice de point de vue* masqué par l'identité de la formulation :

- » Plus il y a de gruyère, plus il y a de trous.
- » Plus il y a de trous, moins il y a de gruyère.
- » Donc plus il y a de gruyère, moins il y a de gruyère.

Les trous du gruyère sont ici considérés tantôt comme proportionnels à la quantité de gruyère, tantôt comme des vides absolus, les signes d'une absence de fromage.

Le sophisme peut provenir aussi d'un *changement subreptice de sens* d'un mot masqué lui aussi par l'identité de la formulation :

- » Un homme a marché sur la Lune.
- » Je suis un homme.
- » Donc j'ai marché sur la Lune.

Ce sophisme joue sur l'ambiguïté du mot *un* en français, qui désigne tantôt quelque chose de précis, d'unique, de défini, tantôt quelque chose de quelconque, d'où la plaisanterie : – À New York, un homme est écrasé toute les trente secondes ! – Le pauvre !

Un sophisme analogue joue sur le verbe *avoir*, qui renvoie à des relations de type différent : « Tu possèdes un chien qui a des petits, ce chien a des petits, ce chien est donc père. Tu as donc un père dont les petits sont des chiens, tu es donc toi-même un frère de chien, tu es donc un chien. »

Une forme habile de sophisme consiste à prouver autre chose que ce qui est en question en ignorant volontairement ce qui est à prouver (les scolastiques appelaient ce procédé *ignoratio elenchi*). On songe au prestidigitateur parlant beaucoup et faisant beaucoup de gestes pour attirer l'attention du public là où rien ne se passe. De même, par l'*ignoratio elenchi*, l'auditoire étourdi par la virtuosité rhétorique en finit par oublier lui-même le problème qui était en jeu. Les avocats, les hommes politiques, pour des raisons évidentes, usent et abusent de la chose.

Quand la pensée tourne en rond

À savoir

Le menteur est le plus célèbre des paradoxes. Épiménide est Crétois. Il dit que les Crétois sont menteurs. En disant cela, dit-il vrai ou faux ? Car si Épiménide dit vrai en disant que les Crétois sont menteurs, il ment puisqu'il est Crétois, mais s'il ment, alors il dit vrai en disant que les Crétois mentent. Pas moyen de sortir de cet affreux tourniquet : Épiménide dit la vérité quand il dit qu'il ment, et il ment quand il dit que les Crétois sont menteurs !...

LES PHRASES AUTO-RÉFÉRENTIELLES

Les paradoxes logiques viennent souvent de leur caractère auto-référentiel. Lorsque certains énoncés se prennent eux-mêmes pour contenu et s'englobent dans ce qu'ils disent, il n'est plus possible de savoir si ce qu'ils disent est vrai. Les plus célèbres de ces énoncés auto-référentiels sont :

- « Il est interdit d'interdire » (slogan célèbre de mai 1968).
- « À bas les graffitis » (graffiti lu sur un mur).
- « Toutes les idées générales sont fausses » (mais ceci est une idée générale...).

Jargon

On appelle *indécidables* les énoncés qui ne peuvent être dits ni vrais ni faux en vertu des règles de la logique.

LE PARADOXE DE LA PENDAISON

Cervantès évoque dans son chef-d'œuvre *Don Quichotte* un pays doté d'une loi curieuse. À sa frontière, des soldats demandent à chaque voyageur : « Pourquoi venez-vous ici ? » Si le voyageur dit la vérité, il passe. Mais s'il ment, il est pendu aussitôt (une potence est dressée là…).

Un jour, un voyageur répond à cette question par ces mots :

« Je viens ici pour être pendu ! »

Que peuvent faire les soldats ? Rien ! Car s'ils pendent le voyageur, cela voudra dire que celui-ci a dit vrai – auquel cas il devrait être laissé libre. Seulement, en le laissant passer, les soldats feront en sorte que le voyageur aura menti en disant qu'il est venu pour être pendu. Or s'il a menti, il doit être pendu !…

Tuant, non ?

Les logiciens se sortent de ces difficultés en distinguant entre les différents plans du discours. On admettra que la vérité ne peut qualifier qu'un seul plan à la fois. Ainsi, celui qui dit « je mens » peut dire vrai en disant « je mens », car dire « je mens » ne signifie pas que l'on ment toujours.

Comment doit-on comprendre le dicton « L'erreur est humaine » ?

« *L'erreur est humaine* » : sens superficiel

- Tout le monde peut se tromper.
- L'erreur est habituelle.
- C'est une invitation à la tolérance, au pardon, à l'oubli des erreurs.

« *L'erreur est humaine* » : sens plus profond

- L'erreur est le propre de l'homme : seul l'homme commet des erreurs, l'animal ne se trompe pas puisqu'il n'émet aucun jugement. Dieu ne se trompe pas non plus puisqu'il est parfait.
- L'erreur est relative à la vérité. Or la vérité n'existe qu'à travers le jugement. Comme l'homme est le seul à pouvoir énoncer le vrai, il est le seul à pouvoir se tromper.
- L'erreur peut être profitable, utile et féconde. Il y a eu dans l'histoire des sciences des erreurs qui ont fait avancer la connaissance.

Les lieux communs – un dicton est un lien commun – recèlent parfois des sens profonds. En disant que « l'erreur est humaine », on dit finalement plus qu'on ne croit.

Textes canoniques

Philosophe anglais de la première moitié du XVIIe siècle, Thomas Hobbes fut le premier à avoir clairement situé la vérité du côté du langage, et non plus du côté des choses, comme on le faisait depuis Platon. Dès lors, la vérité change de statut : elle ne désigne plus que la qualité propre à certains énoncés.

Quand deux nominations sont jointes ensemble dans une consécution ou affirmation, telles que Un homme est une créature vivante, *ou* Si c'est un homme, c'est une créature vivante, *si la deuxième dénomination,* créature vivante, *désigne tout ce que désigne la première,* homme, *alors l'affirmation ou consécution est* vraie *; autrement elle est* fausse. *Là où il n'est point de parole, il n'y a ni* vérité *ni* fausseté. *Il peut y avoir* erreur, *comme lorsqu'on attend ce qui n'arrivera pas ou qu'on suppose ce qui n'est pas arrivé : mais ni dans un cas ni dans l'autre on ne peut vous reprocher de manquer à la vérité.*

Puisque la vérité *consiste à ordonner correctement les dénominations employées dans nos affirmations, un homme qui cherche l'exacte vérité doit se rappeler ce que représente chaque dénomination dont il use, et la placer en conséquence : autrement, il se trouvera empêtré dans les mots comme un oiseau dans des gluaux ; et plus il se débattra, plus il sera englué. C'est pourquoi en géométrie, qui est la seule science que jusqu'ici il ait plu à Dieu d'octroyer à l'humanité, on commence par établir la signification des mots employés, opération qu'on appelle définitions et on place ces définitions au début du calcul.*

Th. Hobbes, *Léviathan*, trad. F. Tricaud, Sirey, 1971, p. 31.

***

Dans ce texte extrait de la préface de *La Phénoménologie de l'Esprit*, Hegel critique les deux manières habituelles de concevoir la succession des systèmes philosophiques : puisqu'ils se contredisent, ou bien ils ont tous tort, ou bien un seul a trouvé la vérité. Hegel introduit dans la conception de la vérité deux idées nouvelles : celle de *totalité* et celle de *devenir*. « Le vrai, c'est le tout » : la pensée n'est pas le passage de l'erreur à la vérité (d'un faux système à un système « vrai ») mais l'*ensemble* des systèmes. Par ailleurs, la vérité est le résultat d'un processus : il n'y a pas de vérité de départ, il n'y a de vérité qu'à l'arrivée – ce que la science moderne confirme, en effet.

D'autant plus rigidement la manière commune de penser conçoit l'opposition mutuelle du vrai et du faux, d'autant plus elle a coutume d'attendre dans une prise de position à l'égard d'un système philosophique donné, ou une concordance, ou une contradiction, et dans une telle prise de position elle sait seulement voir l'une ou l'autre. Elle ne conçoit pas la diversité des systèmes philosophiques comme le développement progressif de la vérité ; elle voit plutôt seulement la contradiction dans cette diversité. Le bouton disparaît dans l'éclatement de la floraison, et on pourrait dire que le bouton est réfuté par la fleur. À l'apparition du fruit, également, la fleur est dénoncée comme un faux être-là de la plante, et le fruit introduit à la place de la fleur comme sa vérité. Ces formes ne sont pas seulement distinctes, mais encore chacune refoule l'autre, parce qu'elles sont mutuellement incompatibles. (…) Au contraire, la contradiction à l'égard d'un système philosophique n'a pas elle-même coutume de se concevoir de cette façon ; et, d'autre part, la conscience appréhendant cette contradiction ne sait pas la libérer ou la maintenir libre de son caractère unilatéral ; ainsi dans ce qui apparaît sous forme d'une lutte contre soi-même, elle ne sait pas reconnaître des moments réciproquement nécessaires.

G. W. F. Hegel, *La Phénoménologie de l'Esprit* I,
trad. J. Hyppolite, Aubier, 1941, p. 6.

Fiche révision

- Comme le langage, la vérité peut être rapportée ou bien à la ***réalité***, ou bien à la ***pensée***, ou bien aux signes de la ***communication*** : être, penser, dire.
- Platon s'est farouchement opposé à la ***conception conventionnaliste*** des sophistes. Pour lui, la vérité s'identifiait à la réalité idéale éternelle. Platon est à l'origine des conceptions universalistes (non relativistes) de la vérité.
- ***Le scepticisme*** est la philosophie selon laquelle la vérité n'existe pas, ou bien, si elle existe, elle n'est pas connaissable. Les adversaires du scepticisme lui ont objecté qu'il se contredisait lui-même en supposant sa propre vérité (la vérité du scepticisme). La vérité semble être une valeur contre laquelle et en dehors de laquelle il semble impossible de se situer.
- Ne pas confondre le ***doute sceptique*** et le ***doute cartésien***. Chez Descartes, comme chez les hommes de science modernes, le doute est une méthode pour balayer les ignorances et les préjugés, et ainsi pour parvenir à la vérité. Les sceptiques, quant à eux, entendent détruire l'idée même de vérité.
- ***Le positivisme*** est la philosophie introduite par Auguste Comte. Il considère que la vérité n'existe que dans les sciences. ***Le scientisme*** sera une forme dogmatique du positivisme (il considérera que tous les problèmes, même humains, comme les problèmes moraux et politiques, pourront être résolus un jour par des moyens scientifiques).

QUELQUES AUTEURS ET TEXTES PHARES À CONSULTER

Lecture

» Platon, *Théétète.*

Sur l'art de Socrate : la maïeutique. Sur la distinction entre l'apparence et la vérité.

» Platon, *La République*.

Livre VII : sur la théorie des Idées (c'est dans ce livre que figure la célèbre allégorie de la caverne, voir le chapitre 28) et sur la vérité en mathématiques. Les mathématiques se rapportent à des objets idéaux, intemporels. Elles sont une propédeutique (préparation à l'éducation) à la philosophie.

» A. Einstein et L. Infeld, *L'Évolution des idées en physique*.

Quel est le but de la science ? La science vise l'objectivité : elle cherche à inventer des idées qui correspondent à la réalité de notre monde. La recherche scientifique peut-elle être conduite indépendamment de la croyance en l'harmonie interne du monde ?

» G. Bachelard, *La Formation de l'esprit scientifique*.

Sur l'opposition radicale entre la science et l'opinion et sur les obstacles à la connaissance scientifique.

Chapitre 21
La société

Ce chapitre est à lire de près par les élèves des séries L, ES et S.

DANS CE CHAPITRE :

» **Peut-on imaginer une vie humaine en dehors de la société ?**

» **Entre la guerre et la paix, qu'est-ce qui l'emporte ?**

» **Association et dissociation**

D'où vient la société ?

Citation

Au début des *Politiques*, Aristote dit que l'homme vit naturellement en société, et que celui qui vivrait seul serait ou bien un dieu ou bien une bête sauvage.

L'impossibilité pour l'homme de vivre en dehors de la société avait déjà été énoncée par Platon, le maître d'Aristote. D'où la dimension de scandale que représentaient les cyniques.

LES PREMIERS ASOCIAUX

« Cynique » vient d'un mot grec qui signifie « chien ». Les cyniques se faisaient traiter de « chiens » (animaux particulièrement méprisés alors) et se vantaient de vivre comme des chiens.

L'histoire rapporte que Diogène, le plus célèbre des cyniques (voir chapitre 38), brisa son écuelle le jour où il vit un enfant boire de l'eau à la fontaine, dans le creux de sa main.

Le cynisme, qui désigne tout un courant de la philosophie grecque, se caractérise par le refus des artifices et des conventions de la société. D'où le caractère provocateur des cyniques.

Pour Aristote, la famille représente la première société naturelle – le regroupement de plusieurs familles donne le village, le regroupement de plusieurs villages forme la cité.

La référence à la famille et à sa nécessité sera l'argument le plus souvent utilisé par les défenseurs de l'origine naturelle de la société. Les bébés et les enfants sont incapables de subvenir tout seuls à leurs besoins – on découvrira même que sur le plan du développement physique les êtres humains sont particulièrement lents par rapports aux autres mammifères.

DES GROUPES SOCIAUX DE PLUS EN PLUS VASTES

L'anthropologie (la science qui étudie les sociétés primitives) a souvent repris l'idée d'Aristote d'une formation des sociétés dans des ensembles de plus en plus larges :

- Le clan est un ensemble de familles.
- La tribu est un ensemble de clans.
- La peuplade est un ensemble de tribus.
- Les peuples et les nations sont des sociétés unies (à l'époque moderne) en un État.
- Certains parlent aujourd'hui d'une « société mondiale ».

Jargon

On appelle *sociabilité* la capacité à vivre en société. Appliqué à l'individu, ce terme renvoie à la plus ou moins grande facilité dont celui-ci dispose pour vivre dans un groupe.

Outre la famille, l'observation de la vie animale a constitué le grand argument de ceux qui soutenaient la thèse d'une sociabilité naturelle de l'homme. Beaucoup d'animaux vivent en société (bandes, troupeaux, etc.). Il existe des insectes sociaux (abeilles, fourmis, termites) dont l'organisation a fait l'émerveillement des éthologues (spécialistes du comportement animal).

La théorie de la sociabilité naturelle de l'homme sera reprise du point de vue évolutif, à partir du XIXe siècle : les sociétés humaines s'inscriraient dans la continuité des sociétés de primates. Elles seraient seulement plus complexes.

À savoir

Si la sociabilité est naturelle, quelle est sa condition ? Qu'est-ce qui peut ainsi pousser les êtres humains à s'associer ?

Des réponses divergentes ont été données à cette question. Certains philosophes répondent par le langage, la raison, l'intérêt. D'autres par l'instinct ou par le sentiment.

On voit le sens de cette bifurcation : la société est-elle issue de la réflexion ou bien vient-elle d'une impulsion spontanée ?

Contre la thèse de la sociabilité naturelle : la théorie du contrat social

Au Moyen Âge, la philosophie chrétienne avait accepté la théorie du caractère naturel de la société, à laquelle elle avait ajouté le facteur divin : si l'homme vit en famille (société de départ), puis en groupements plus larges, c'est parce que Dieu l'a voulu ainsi.

À savoir

La théorie du *contrat social* est une conception artificialiste de l'origine de la société et du pouvoir politique : ni la nature ni Dieu ne sont à l'origine de la société, mais les hommes eux-mêmes, c'est-à-dire leur volonté. L'idée de contrat social a donc pour premier effet d'éliminer la nature et Dieu comme facteurs explicatifs.

Attention

Ce que la philosophie classique appelle *contrat social* a un sens politique aussi bien que social. Par le contrat social, les hommes sont censés se regrouper pour vivre ensemble et se mettre d'accord sur le type d'organisation du pouvoir qui doit les diriger.

Jargon

Un *contrat* est un accord passé entre deux ou plusieurs parties, et concerne des affaires les intéressant en commun. Ainsi parle-t-on de « contrat de mariage » ou de « contrat de vente ». Le contrat est *volontaire* par nature. Le contrat (on dit aussi *pacte*) peut être rompu si l'une des parties estime avoir été abusée.

La théorie du contrat social coupe l'histoire humaine en deux temps :

- Celui *d'avant* le contrat social, qui est appelé *état de nature*.
- Celui *d'après* le contrat social, qui est appelé *état civil* ou *état de société*.

Attention

Ce que les philosophes appellent « état civil », c'est l'état de société, par opposition à l'état de nature. Ne pas confondre avec « l'état civil » de nos administrations modernes (même si le lien est évident).

Les philosophes du contrat social ont développé des conceptions diverses et même contraires de l'état de nature.

Certains philosophes en ont eu une vision très pessimiste.

Citation

« *Homo homini lupus* » – « l'homme est un loup pour l'homme » – ne cessa de répéter Hobbes après Plaute (un auteur de théâtre latin). Pour Hobbes, les hommes sont envieux et violents. Sans les lois pour les maintenir en respect, ils sont capables de s'entretuer.

John Locke et Jean-Jacques Rousseau avaient, à l'inverse, une image pacifiée de l'état de nature : l'homme, selon eux, est un être plutôt paisible. S'il sort de cet état de nature, qui est celui de sa naissance, c'est parce qu'il trouve en société des garanties pour la sécurité de sa personne et de ses biens.

Autre divergence : alors que certains philosophes considéraient l'état de nature comme ayant réellement existé dans l'histoire passée la plus ancienne, d'autres l'utilisaient comme un modèle théorique destiné à rendre compte de ce qu'est la société, l'état de nature étant une anti-société.

Attention

Rousseau était beaucoup plus prudent que ce que ses caricatures ont fait de lui :

- Il n'excluait pas l'hypothèse que l'état de nature n'avait peut-être jamais existé.
- Il ne prônait pas le « retour à la nature » (il était assez intelligent pour savoir la chose impossible).
- Son livre *Du contrat social* fait la théorie d'un ordre politique et social qui garantirait la liberté naturelle des hommes.

Jargon

UN EFFET DU CONTRAT SOCIAL : L'APPARITION DE LA PROPRIÉTÉ

Rousseau distingue la *possession*, qui est naturelle, et la *propriété*, qui est garantie par des lois (on parle, par exemple, de « titre de propriété » à propos d'un bien immobilier).

Ainsi dit-on qu'on « possède » un corps, mais non qu'on en a « la propriété ».

Seule la société, par ses lois, peut garantir, légitimer une propriété, laquelle est donc reconnue par les autres, alors que dans l'état de nature, un gibier tué à la chasse peut être volé sans que la victime puisse réagir autrement que par la violence ou la vengeance.

À savoir

La théorie du contrat social rencontre une difficulté, certains y ayant reconnu un cercle logique.

Si les hommes vivaient isolés à l'état de nature, *comment* ont-ils la toute première fois pu se mettre d'accord pour constituer une société ? Pour « se mettre d'accord », ne faut-il pas déjà vivre ensemble ? La même difficulté atteint la théorie conventionnaliste de la langue : pour que les hommes tombent d'accord pour appeler « mammouth » un mammouth, encore faut-il... qu'ils parlent la même langue !

La théorie kantienne de l'insociable sociabilité

À savoir

Kant a établi une habile synthèse avec son expression paradoxale d'« insociable sociabilité » : les hommes ont une tendance spontanée à *s'associer*, mais ils ont aussi une tendance spontanée contraire à *se dissocier*.

Loin d'y voir un malheur, Kant reconnaît dans cette contradiction un fait providentiel : si les hommes vivaient toujours unis, ils seraient comme un troupeau de moutons et non comme un ensemble d'êtres libres et raisonnables.

Jargon

SOCIALISATION, DÉSOCIALISATION

On appelle *socialisation* le processus qui fait d'un être humain un être social. Le mot s'applique à la formation de l'enfant : l'école est un lieu de socialisation.

Un individu peut subir un processus inverse de *désocialisation* : c'est le cas, par exemple, des SDF (« sans domicile fixe »), qui ont perdu leur foyer familial et leur travail. Si le chômage est un *drame* humain, et pas seulement un problème économique, c'est parce que le travail est, en même temps qu'une condition de l'accomplissement de soi, un puissant facteur de socialisation.

D'où vient la force de la loi ?

Il y a deux types de lois : la loi naturelle et la loi sociale. La loi naturelle est l'expression d'un rapport constant entre les phénomènes de la nature, tandis que la loi sociale est l'énoncé des interdits, obligations, autorisations et sanctions qui ordonnent une société et lui donnent sa stabilité. La loi naturelle est universelle et nécessaire ; la loi sociale est particulière (relative à la société en question et changeante avec le temps) et peut être transgressée. Le problème posé ne concerne que la loi sociale. Comme celle-ci n'est pas, à la différence de la loi naturelle, l'expression d'une nécessité objective, il lui reste celle de se faire obéir – ce qui suppose un certain type de contraintes. Il n'y a pas de loi sans pouvoir et pas de pouvoir sans force. D'où vient cette force ?

Solution métaphysique : la force divine de la loi

Dans toutes les sociétés primitives et anciennes, la loi était censée émaner d'une puissance supérieure : dieu(x), ancêtres, etc. Le juridique, l'éthique et le religieux ne formaient pas encore, comme dans les sociétés modernes, trois sphères autonomes. Le Coran, par exemple, est à la fois un livre religieux, un ouvrage de morale et un code juridique.

Si Dieu dit la loi, la force de celle-ci sera le reflet de la puissance de celui-là. Ainsi, au-delà de la sanction humaine, il existe une sorte de sanction transcendante (si le criminel peut, par exemple, échapper à la société des hommes, il ne pourra pas échapper au jugement de Dieu).

Solution philosophique : la force naturelle de la loi

À savoir

Le siècle des Lumières a connu la laïcisation de la société civile en Europe – la transcendance divine fut alors remplacée par l'immanence de la nature. Y triompha l'idée de *droit naturel*. Le concept de loi permettait d'embrasser sous une même unité *loi de nature* et *loi de société* (conçue elle-même comme naturelle). En témoigne la définition que donne Montesquieu au début de *De l'esprit des lois* : lorsqu'il écrit « rapport nécessaire entre les choses », c'est bien aux lois de la nature qu'il pense. Or, quoi de plus fort que la nature ? Si l'homme, en effet, est libre par nature, si la propriété est un *droit naturel*, cela signifie que liberté et propriété sont *inaliénables* (on ne peut ni les céder ni les échanger). De plus, cette *nature* est fondée, fortifiée par la *communauté* des hommes doués de raison. On trouve chez Rousseau et chez Kant tout un système d'équivalences entre nature, raison et communauté humaine.

Solution politique : la force humaine du peuple

Quoi de plus solide, en effet, qu'une loi légitimée par le peuple lui-même ? C'est l'idéal de la démocratie. Chez Rousseau, la volonté générale du peuple s'oppose à la volonté singulière du despote, et triomphe d'elle. Si la loi est forte, c'est parce qu'elle est l'expression de la volonté générale – à la fois fondée en nature et fondée sur la raison. Telle est du moins la représentation « bourgeoise » de la loi – critiquée par Marx.

Solution critique : la force sociale, économique, politique de la minorité privilégiée

Faire d'une loi historique une loi naturelle, faire d'une obligation forcément contingente une nécessité, confondre l'ordre du fait et l'ordre du droit (le concept d'ordre a la même ambiguïté que le concept de loi : il désigne aussi bien une réalité objective – comme dans l'expression « troupes en ordre » – qu'un commandement – « donner un ordre »), tel est le tour de passe-passe auquel se livre, aux yeux de Marx, l'idéologie bourgeoise. La minorité (de riches, de puissants) s'arroge le nom de *peuple*, et elle appelle *naturelles* ses lois qui ne sont que l'expression de ses intérêts. Ainsi l'intérêt « général » n'est-il que le masque, le paravent d'un intérêt particulier, et le droit positif, que l'expression d'un rapport de classes, donc d'un rapport de forces. La force de la loi vient d'abord de la domination économique de la classe des possédants, et de l'arsenal des contraintes et de répression (armée, police, prisons, magistrature) qui, sous couvert d'État neutre et impartial, est placé à leur service. On songe à la phrase de Pascal : ne pouvant fortifier la justice, on a justifié la force. Mais le marxisme est insuffisant à expliquer totalement la force de la loi.

Solution psychologique : la force de l'obéissance

À savoir

Un homme politique a eu ces mots : « Je suis bien obligé de les suivre puisque je suis leur chef ! » Il n'y a pas de pouvoir sans obéissance. La Boétie, au XVIe siècle, fut le premier à montrer que la force du roi que l'on craint n'est que celle qu'on lui attribue. Il n'y a pas de politique sans psychologie : pour que les hommes obéissent, il ne suffit pas de les y contraindre, il faut qu'ils trouvent cela juste. En d'autres termes, il faut que la loi soit intériorisée. Freud a appelé *surmoi* l'instance psychique inconsciente qui est celle de l'intériorisation de la loi. La soumission, même par la violence, peut présenter certains avantages psychologiques tels que l'infantilisation, le sentiment de sécurité.

La force de la loi sociale n'a pas seulement son origine dans le pouvoir d'intimidation. Il faut que la loi corresponde à certains *désirs*. L'explication psychologique de Freud doit donc doubler l'explication historique et socio-économique de Marx.

Remarquons que cette force n'est pas indépassable : partout, toujours, la transgression de la loi est possible. De plus, que furent les progrès dans la législation, sinon, tout d'abord, des transgressions ? À la différence de la loi naturelle, la loi sociale est historique, donc arbitraire (ce qui ne signifie pas entièrement aléatoire : la loi obéit à une logique) ; seulement, dans cet arbitraire, il y a aussi la nécessité (les intérêts économiques et psychologiques en sont une).

Rivalité ou solidarité ?

Les relations entre moi et autrui ont pu être comprises soit comme gouvernées d'abord par l'amour et la sympathie, soit comme commandées d'abord par la haine et l'antipathie (voir chapitre 6).

Cette controverse s'applique évidemment à la société. Les optimistes mettront l'accent sur la solidarité, les pessimistes sur la rivalité.

DE QUI L'HOMME EST-IL LE PLUS PROCHE : DU CHIMPANZÉ OU DU BONOBO ?

Les primatologues qui s'intéressent aux grands singes n'ont pas manqué d'observer la présence de traits dans la vie sociale de ces animaux qui ne sont pas sans ressembler à ceux que l'on remarque dans les sociétés humaines. Or deux espèces très voisines de primates, les chimpanzés et les bonobos, présentent des caractères étonnamment opposés : alors que les chimpanzés sont agressifs au point de pouvoir parfois organiser une manière d'expédition punitive contre l'un d'entre eux et de le tuer, les bonobos sont pacifiques et doux. Lorsqu'un conflit éclate chez eux, il est résolu de manière... sexuelle ! Faites l'amour, pas la guerre, tel serait le message délivré par les bonobos !

Citation

Paul Valéry disait que l'histoire donne des exemples de tout, et que c'est pour cela qu'on ne peut en tirer aucune leçon. On pourrait dire la même chose de la connaissance du monde animal.

Les sociétés humaines ne cessent d'être travaillées par les deux forces contraires de l'union et de la désunion, de l'association et de la dissociation. La rivalité peut dégénérer en violence ouverte (individuelle : l'homicide, ou collective : la guerre).

Jargon

On pourrait définir la *compétition* et la *concurrence* comme des sublimations de la rivalité, c'est-à-dire des moyens de la neutraliser et de la surmonter. Ainsi, dans le jeu et le sport, dominés par la compétition, la confrontation maintient les deux parties dans une entente implicite, tandis que la concurrence est une rivalité plus rude, puisqu'elle n'aboutit pas seulement à la victoire de l'un des camps et à la défaite de l'autre mais au renforcement de puissance de l'un et à l'élimination de l'autre.

LE DARWINISME SOCIAL

Au XIXe siècle, surtout en Angleterre, a été faite la jonction entre l'idéologie capitaliste de la concurrence économique et la théorie darwinienne de l'évolution. Selon cette théorie, nommée *darwinisme social*, les individus et les sociétés ne feraient que transposer dans leurs relations de travail la « lutte pour la vie » (*struggle for life*) que l'on observe entre les animaux dans la nature.

Ainsi le capitalisme serait-il « naturel ». En faisant triompher les plus forts et en éliminant les plus faibles, il ne ferait que reproduire les mécanismes de la sélection naturelle.

À savoir

La théorie du darwinisme social a été contestée de deux manières :

» D'une part, les sociétés humaines possèdent des règles, des normes et des institutions auxquelles on ne peut comparer les « lois » de la nature. Les analogies sont trompeuses : la « reine » dans la ruche n'a que le pouvoir d'être fécondée et de pondre des œufs !

» D'autre part, dans la nature, des relations de solidarité entre individus et entre espèces existent au moins autant que des relations de concurrence – la « loi de la jungle » est un mythe destiné à justifier le pire dans nos sociétés humaines. Dans la nature, la capacité à nouer des alliances (dont l'individu et l'espèce très agressifs sont incapables) est au moins aussi importante que la force de départ.

Société et communauté

À savoir

À la fin du XIXe siècle, le sociologue allemand Ferdinand Tönnies distingua, pour les opposer, la société (*Gesellschaft*), mécanique, et la communauté (*Gemeinschaft*), organique. La société est constituée d'individus indépendants et est assimilable à une machine ; ses différentes parties sont comme des rouages. C'est l'intérêt qui relie les individus les uns et les autres au sein de la société : ainsi, dans le système de la division moderne du travail, tous les métiers finissent par dépendre les uns des autres.

La communauté est un être collectif : la famille, le village sont des communautés. Les individus ne sont pas séparés les uns des autres. Ils sont comme les membres d'un même corps (c'est pourquoi la communauté est dite « organique »).

Qu'on compare une grande ville moderne à un village traditionnel : dans la ville on observe une foule anonyme de gens qui ne se connaissent pas, mais entrent en relation quand l'intérêt les y pousse. Dans le village, il y a un groupe animé par des sentiments forts – qui peuvent être négatifs (qu'on songe aux interminables vendettas !...).

Ce que l'être humain gagne en liberté, dans la société, il le perd en sécurité ; ce qu'il gagne en sécurité, dans la communauté, il le perd en liberté.

Lorsque la société est trop dure, les hommes tendent à se regrouper en communautés : sectes religieuses, communautés ethniques, etc.

À savoir

Plus une communauté est unie, et plus elle a tendance à montrer son hostilité aux communautés voisines. Ainsi le racisme représente-t-il souvent une réaction identitaire d'un groupe communautaire contre un autre groupe, dévalorisé comme inférieur.

Une société mondiale est-elle possible ?

Les stoïciens furent les premiers à parler de la « société universelle du genre humain » – que l'empire romain semblait pouvoir réunir.

À partir du XXe siècle, avec la mondialisation, cette unité du genre humain semble en voie de réalisation.

À savoir

À la fin du XVIIIe siècle, Kant appelait déjà de ses vœux une « Société des Nations » susceptible de mettre un terme aux guerres déchirant les différents États. Il ne s'agissait pas, dans l'esprit du philosophe, de prévoir un empire universel qui engloberait sous son pouvoir tous les pays, mais bien plutôt d'une tribune mondiale où les différends entre les peuples pourraient être réglés par la voie du dialogue.

KANT, PRÉCURSEUR DE L'ONU !

La Société des Nations, ancêtre de notre Organisation des Nations unies, avait été fondée après la Première Guerre mondiale sur un idéal de paix internationale. Ce premier essai ne résista pas au totalitarisme et à la Seconde Guerre mondiale. Mais l'idée de Kant a resurgi sous une appellation nouvelle.

Il est difficile aujourd'hui de dire si l'unification technique (qu'on songe à Internet), économique et financière du monde est capable de faire apparaître une véritable société mondiale, dans laquelle un Français verrait un Chinois de la même façon qu'un Alsacien voit un Breton. Car le monde actuel est travaillé par des forces contraires de dislocation (inégalités croissantes entre la fraction la plus riche et la fraction la plus pauvre de l'humanité, apparition d'un hyperterrorisme radical, etc.).

Textes canoniques

Influencé par la pensée stoïcienne, Cicéron s'inscrit également dans la tradition aristotélicienne lorsqu'il affirme le caractère naturel de la socialité humaine.

Pour savoir quels sont les principes naturels de la communauté et de la société humaine, il semble qu'on doive remonter un peu haut : il en est un qui s'observe dans l'espèce de société que forme le genre humain entier. Le lien en est la parole et la raison : par l'étude et l'enseignement, parce qu'elles permettent de communiquer et de motiver son jugement, elles rapprochent les hommes les uns des autres ; une alliance naturelle s'établit entre eux. Il n'est rien par quoi nous nous distinguions davantage des bêtes : nous disons souvent qu'un cheval, qu'un lion a du courage, jamais nous ne disons que ces animaux sont justes, nous ne parlons jamais de leur équité ni de leur bonté : la parole et la raison leur font défaut. La société la plus étendue, celle qui peut rattacher tous les hommes entre eux, est celle où l'on observe cette règle : les biens créés par la nature pour l'usage commun restent dans le domaine commun, à l'égard de ceux dont les lois et le droit civil règlent la répartition, la loi est respectée et l'on use des premiers conformément au proverbe grec : entre amis tout est commun.

Cicéron, *Des devoirs* I, 16, trad. E. Bréhier, *in Les Stoïciens*, Gallimard, Bibliothèque de la Pléiade, 1962, p. 130.

***

Dans le texte qui suit, en forme d'apologue, Schopenhauer montre la difficulté qu'il y a à maintenir entre les hommes des liens qui ne soient ni trop lâches ni trop resserrés. La « fable des porcs-épics » illustre les deux dangers contraires de l'indifférence et de la gêne fusionnelle.

Par une froide journée d'hiver, une bande de porcs-épics se serrait étroitement les uns contre les autres, de façon que leur chaleur mutuelle les protège du gel. Mais ils ressentirent bientôt l'effet de leurs piquants, ce qui les fit s'écarter. Quand le besoin de se réchauffer les eut à nouveau rapprochés, le même désagrément se répéta, si bien qu'ils se trouvèrent ballottés entre deux maux, jusqu'à ce qu'ils aient trouvé la distance convenable à laquelle ils pouvaient le mieux se tolérer. – C'est ainsi que le besoin de société, né du vide et de la monotonie de leur moi intérieur individuel, rassemble les hommes ; mais leurs nombreuses qualités déplaisantes et leurs vices intolérables, les éloignent à nouveau. La distance moyenne qu'ils finissent par découvrir, et qui leur permet d'être ensemble au mieux, c'est la politesse et les bonnes manières. Ainsi, à celui qui ne se tient pas à cette distance, on crie en Angleterre : reste à distance ! – Celle-ci, il est vrai, ne satisfait qu'incomplètement le besoin de se réchauffer mutuellement, mais, en revanche, elle évite la blessure de piquants. – Cependant, celui qui possède en propre une grande dose de chaleur intérieure, préfère s'éloigner de la société, pour ne pas causer de désagréments, ni en subir.

A. Schopenhauer, *Parerga et Paralipomena* II, § 396, trad. J.-P. Jackson, Coda, 2005, p. 938.

***

Dans ce texte, François George dresse le constat accablant de l'isolement contemporain d'une société qui ne parvient plus à faire communauté.

La société moderne, sous l'impulsion de la technocratie fanatique, entreprend l'isolement de chacun, claustré dans son appartement, dans son automobile ou son bureau, à l'image du cosmonaute dans sa cabine spatiale ou du prisonnier dans sa cellule ultra-moderne, surveillé comme eux par une police préventive. Isolement qui exclut la solitude : dans le "sable humain" de la modernité, chaque grain se sent seul, mais sent aussi l'accablante multitude des autres. Des autres isolés, des autres isolements en somme, agglutinés par l'architecture, par le travail. Plus de communauté ni de solitude véritable, on a perdu beaucoup à la fois. Les drames avortés faits d'indifférence, d'incompréhension, voire d'agressivité : l'homme moderne ne reconnaît plus que sa solitude. Il se réfugie à la hâte dans sa niche ouatée où sa mauvaise conscience, le sentiment trouble du vide de son existence, le remords du temps gâché, la crainte d'un avenir ressemblant, le besoin d'oubli, la lassitude, l'ennui enfin le soumettent à l'invincible chantage de la consommation.

F. George, *Autopsie de Dieu*, Julliard, 1965, p. 12-13.

Fiche révision

» Sur la question de l'origine de la société, la ***théorie du contrat social*** s'est opposée à celle de la sociabilité naturelle de l'homme : la société n'est ni un fait de nature ni un ordre de Dieu, mais le produit d'une convention humaine. Les théoriciens du contrat social appellent ***état de nature*** la situation (réelle ou fictive) dans laquelle les hommes auraient vécu avant que la société ne soit fondée. La théorie du contrat social a un impact révolutionnaire : si, en effet, la société n'est qu'une convention, elle peut être réformée ou bouleversée. Hobbes et Rousseau sont les grands théoriciens du contrat social.

» Ne pas confondre : la ***loi naturelle***, expression d'une nécessité physique qui ne dépend pas des hommes, et la ***loi sociale*** (ou civile) qui est l'expression d'un rapport de force momentané au sein d'une société.

» Une ***controverse*** philosophique majeure a opposé ceux qui pensaient que les êtres humains nouaient entre eux spontanément des ***relations d'alliance et d'amitié*** et ceux qui pensaient à l'inverse que c'est le conflit qui est premier.

Lecture

QUELQUES AUTEURS ET TEXTES PHARES À CONSULTER

» Platon, *La République*.

Lire le livre II où Platon décrit la naissance de la Cité.

» Aristote, *Les Politiques*.

Lire le début où Aristote expose sa thèse du caractère naturellement sociable de l'être humain.

» J.-J. Rousseau, *Discours sur l'origine et les fondements de l'inégalité parmi les hommes*.

Texte célèbre où Rousseau décrit et analyse le passage de l'état de nature à l'état de société.

» E. Kant, *Idée d'une histoire universelle au point de vue cosmopolitique*.

C'est dans cet opuscule que Kant expose sa thèse de l'insociable sociabilité des hommes.

Chapitre 22

Les échanges

Ce chapitre est au programme des séries ES et T.

DANS CE CHAPITRE :

» **Tout, ou presque, peut être objet d'échange**

» **Le commerce conduit-il à la paix ou à la guerre ?**

» **Est-il possible de donner ?**

Diversité des échanges

À savoir

L'anthropologue Claude Lévi-Strauss distingue trois types d'objets échangés, qui concernent les trois grands domaines de l'ordre symbolique définissant le monde de la culture :

» l'échange des marchandises ;

» l'échange des signes ;

» l'échange des femmes.

Il peut paraître assez odieux que les femmes puissent être échangées comme des biens ou des mots. Lévi-Strauss dégage ainsi le sens de la prohibition de l'inceste, un interdit universel, en fonction de l'exogamie, c'est-à-dire de la pratique, qui est celle de *toutes* les sociétés, consistant pour les hommes à s'interdire les relations sexuelles avec les femmes de leur famille ou de leur clan. En réservant leurs filles et leurs sœurs aux hommes des autres familles et des autres clans, lesquels, *en échange*, leur donneront leurs filles et leurs sœurs, les sociétés primitives nouent ainsi des alliances qui auraient été impossibles dans le cadre de l'endogamie (mariage à l'intérieur du groupe).

Pour nous, l'échange est d'abord matériel ; dans les sociétés primitives, il était d'abord symbolique.

Jargon

Un échange est une relation entre quatre termes : deux individus et deux objets. Il est une action *intentionnelle* et *réciproque*. L'individu A donne *a* à l'individu B, lequel, en retour, donne *b* à A.

Attention

La réciprocité (le fait que l'échange concerne les deux parties) n'implique pas nécessairement l'égalité ou l'équité. Tout échange n'est pas équitable, un échange peut être inégal – l'exemple historique le plus tragique fut celui de la traite des Noirs, commerce barbare au cours duquel des hommes (les esclaves) étaient échangés contre de l'alcool et de la verroterie.

À savoir

Dans *La République*, Platon établit que c'est l'échange qui constitue le lien social et que l'échange est rendu nécessaire par le fait qu'aucun homme ne saurait tout seul subvenir à ses propres besoins. Il existe par conséquent une chaîne causale entre besoin, division du travail et société.

Jargon

À l'époque classique (XVIIe-XVIIIe s.), on appelait *commerce* non seulement l'échange des biens, mais aussi l'échange des signes : la conversation était un commerce. Aujourd'hui nous dirions : *communication*. Les deux termes sont formés avec le préfixe « com- » qui vient du latin « *cum* », et qui signifie « avec ».

De la chose au signe

Jargon

On appelle *monnaie* un objet symbolique pourvu d'une valeur matérielle conventionnelle, et qui sert aux échanges économiques. La monnaie permet d'éviter les inconvénients liés au troc. Le *troc* est un échange de biens contre biens ; il suppose parfois des manipulations difficiles. De plus, dans le troc, c'est le bien tout entier qui est remis en échange. La monnaie a cet incomparable avantage de permettre la division de la valeur matérielle. N'importe quoi en théorie peut servir de monnaie : dans une bonne partie du monde tropical le cauri, petit coquillage, servait de monnaie.

L'*argent* a été inventé dans l'Antiquité. L'argent est une monnaie dont l'histoire est allée dans le sens d'une dématérialisation croissante : d'abord les pièces ont été en métal (or, argent, bronze, etc.), puis le papier a été introduit (billets de banque, chèques). Aujourd'hui, des milliards d'euros peuvent circuler grâce à un simple jeu d'écriture électronique.

À savoir

Aristote est le premier philosophe à s'être intéressé aux questions économiques et à en avoir fait une théorie.

C'est lui qui introduisit la distinction entre la *valeur d'usage* et la *valeur d'échange*.

Jargon

La *valeur d'usage* d'une marchandise est son utilité pour une consommation immédiate : un client achète des pommes ou une voiture pour leur valeur d'usage.

La *valeur d'échange* d'une marchandise est son utilité pour le commerce : un vendeur achète des pommes ou une voiture non pour s'en servir personnellement mais pour les revendre.

À savoir

Aristote s'aperçoit que l'argent, au lieu de rester à l'état de moyen pour le commerce, peut devenir une fin en soi. Il appelle *chrématistique* cette perversion de l'*économie* : au lieu de n'être qu'un moyen du bonheur, ce qu'elle devrait toujours rester, la richesse devient une fin en soi : on s'enrichit pour s'enrichir, on aime l'argent pour l'argent.

LA FABLE DU ROI MIDAS

Pour montrer que l'argent n'est pas la vraie richesse, Aristote rappelle la fable de ce roi qui avait, en guise de vœu, obtenu du dieu que tout ce qu'il toucherait de sa main serait transformé en or. Le roi Midas pensait ainsi devenir immensément riche. Hélas pour lui ! Dès qu'il portait la main sur un verre pour boire ou sur un plat pour le manger, le verre et le plat se changeaient en or, et Midas ne pouvait même plus satisfaire ses besoins élémentaires ! Le plus riche des rois était devenu le plus pauvre des hommes !

Le marché traditionnel était un lieu d'échanges complets : car à côté des transactions il y avait les rencontres entre les hommes. Sur le marché, on échangeait des informations aussi bien que des marchandises.

Le marché actuel – là où le marché traditionnel a disparu – est un marché abstrait où le client est seul face à la marchandise.

Le « doux commerce »

Citation

Partout où il y a des mœurs douces, il y a du commerce, disait Montesquieu, et partout où il y a du commerce, il y a des mœurs douces.

Cette idée du « doux commerce » a été défendue par les libéraux, surtout en Angleterre. Voltaire disait : laissez un juif, un chrétien et un mahométan (on ne disait pas « musulman » à l'époque) trafiquer ensemble, ils ne songeront pas à lever le poignard l'un contre l'autre. Le commerce aurait donc un effet civilisateur. Il éliminerait le fanatisme religieux.

À savoir

Le système capitaliste, qui est apparu en Europe au XVIe siècle et qui a fini par gagner à lui la Terre entière, est un système de libre-échange. Marx a montré qu'à la différence des économies fermées antérieures, le capital a besoin de croissance illimitée : pour ce système, les barrières douanières et les politiques d'autarcie (d'autosuffisance) sont des obstacles à éliminer.

La mondialisation actuelle est le résultat du libre-échange international.

Guerre ou paix ?

À savoir

Contre l'optimisme libéral qui, à ses yeux, repose sur des illusions, Marx pense que la guerre est l'aboutissement inévitable de la concurrence.

Citation

Jean Jaurès disait que le capitalisme porte la guerre comme la nuée porte l'orage. La question est donc de savoir si la compétition commerciale est une sublimation de la guerre, c'est-à-dire un moyen de l'éviter en la transposant sur un autre plan (économique) ou bien, au contraire, si elle débouche fatalement sur la guerre – celle-ci étant, en somme, un commerce exacerbé (on échange des bombes et des morts à la place des marchandises).

Il semble que l'histoire du siècle écoulé donne assez d'arguments à l'une *et* à l'autre thèse sans qu'on puisse vraiment trancher dans ce débat.

Qu'est-ce qu'un échange juste ?

L'échange traditionnel concernait autant, sinon plus, les hommes que les marchandises : c'est pourquoi le marchandage était pratiqué.

Aujourd'hui, nous estimons injuste un prix qui varierait en fonction de l'acheteur. Le prix fixe s'adresse à des clients anonymes et théoriquement tous égaux ; c'est pourquoi, pour nous, l'échange juste (égal, équitable) concerne les marchandises, et non les personnes. Un échange sera dit « juste » si les marchandises échangées ont la même valeur matérielle ; il sera dit « injuste » dans le cas contraire.

Le problème du don

Les anthropologues (spécialistes des sociétés primitives) ont été les premiers à s'intéresser au don.

Lecture

Marcel Mauss a écrit un *Essai sur le don*, dans lequel il définit le système de « prestations totales » caractéristique des sociétés traditionnelles. Dans celles-ci, en effet, la dimension économique de l'existence humaine ne s'est pas encore rendue indépendante des autres dimensions magiques, religieuses, politiques, etc.

Pour les anthropologues comme Marcel Mauss, le don doit être replacé dans un cycle (on parle de *cycle du don*) divisible en trois temps : donner/recevoir/rendre. Accepter le don, c'est *reconnaître* un certain pouvoir ; c'est aussi *s'engager* à rendre en contrepartie.

Jargon

On appelle *contre-don*, le don qui est fait en retour par le donataire (le receveur) au donateur.

À savoir

La question philosophique qui sera posée est celle de savoir si le don est encore un don dès lors qu'il appelle un contre-don. Autre manière de poser le problème : le don n'est-il qu'un moment de l'échange (le premier) ou bien peut-il aller au-delà de la logique de l'échange ?

Jacques Derrida a analysé ce paradoxe : le seul vrai don serait effectué sans aucune pensée de retour.

LE MODÈLE DU PÈRE NOËL

Si le don pur est celui qui n'envisage même pas un retour, on peut se demander si le Père Noël l'incarne.

L'enfant croit que les cadeaux lui tombent littéralement du ciel. Mais les parents font presque toujours jouer ce marché : le Père Noël ne viendra que si l'enfant est sage. Il y a donc une contrepartie.

Dans une société mercantile comme la nôtre, où tout s'achète et où tout se vend (même les cadeaux !), le don (avec la gratuité) est le moyen se sortir d'une logique strictement utilitaire, qui est celle de l'économie.

Textes canoniques

Adam Smith est considéré comme le « père » de la science économique (appelée « économie politique »). *La Richesse des nations* commence par la division du travail. Les hommes ont besoin de se spécialiser et d'effectuer des échanges. Les échanges, absents du monde animal, sont une marque d'humanité car ils impliquent la pensée.

Cette division du travail, *de laquelle découlent tant d'avantages, ne doit pas être regardée dans son origine comme l'effet d'une sagesse humaine qui ait prévu et qui ait eu pour but cette opulence générale qui en est le résultat ; elle est la conséquence nécessaire, quoique lente et graduelle, d'un certain penchant naturel à tous les hommes qui ne se proposent pas des vues d'utilité aussi étendues : c'est le penchant qui les porte à trafiquer, à faire des trocs et des échanges d'une chose pour une autre.(...)*

Il est commun à tous les hommes, et on ne l'aperçoit dans aucune espèce d'animaux, pour lesquels ce genre de contrat est aussi inconnu que tous les autres. Deux lévriers qui courent le même lièvre ont quelquefois l'air d'agir de concert. Chacun d'eux renvoie le gibier vers son compagnon ou bien tâche de le saisir au passage quand il le lui renvoie. Ce n'est toutefois l'effet d'aucune convention entre ces animaux, mais seulement celui du concours accidentel de leurs passions vers un même objet. On n'a jamais vu de chien faire de propos délibéré l'échange d'un os avec un autre chien. On n'a jamais vu d'animal chercher à faire entendre à un autre par sa voix ou ses gestes : Ceci est à moi, cela est à toi ; je te donnerai l'un pour l'autre.

A. Smith, *La Richesse des nations* I,
trad. G. Garnier, GF-Flammarion, 1991, p. 81-83.

***

Dans ce texte de jeunesse, Marx évoque le pouvoir universel de l'argent, et donc aussi son pouvoir de destruction, car en acquérant une valeur financière, les choses finissent par ne plus en avoir d'autres.

Note : les « vingt-quatre jambes » du texte renvoient à un équipage de six chevaux : Marx écrivait à une époque où les voitures n'avaient pas encore de moteur.

Ce que je peux m'approprier grâce à l'argent, ce que je peux payer, c'est-à-dire ce que l'argent peut acheter, je le suis moi-même, moi le possesseur de l'argent. Ma force est tout aussi grande qu'est la force de l'argent. Les qualités de l'argent sont mes qualités et mes forces essentielles en tant que possesseur de l'argent. Ce que je suis et ce que je puis n'est donc nullement déterminé par mon individualité. Je suis laid, mais je peux m'acheter la plus belle femme. Donc je ne suis pas laid, car l'effet de la laideur, sa force repoussante, est annulé par l'argent. De par mon individualité, je suis perclus, mais l'argent me procure vingt-quatre jambes ; je ne suis donc pas perclus. Je suis méchant, malhonnête, sans conscience, sans esprit, mais l'argent est vénéré, donc aussi son possesseur. L'argent est le bien suprême, donc son possesseur est bon ; l'argent m'évite en outre d'être malhonnête et l'on me présume honnête. Je n'ai pas d'esprit, mais l'argent est l'esprit réel de toute chose ; comment son possesseur pourrait-il ne pas avoir d'esprit ? De plus, il peut s'acheter les gens spirituels et celui qui possède la puissance sur les gens d'esprit n'est-il pas plus spirituel que l'homme d'esprit ?

K. Marx, *Manuscrits de 1844*,
trad. J.-P. Gougeon, GF-Flammarion, 1996, p. 209-210.

Fiche révision

- C'est parce que les hommes ne se suffisent pas à eux-mêmes qu'ils sont ***contraints d'échanger des biens*** (pas forcément matériels) les uns avec les autres. Les relations de parenté fondées sur le tabou de l'inceste, les conversations, le commerce sont des formes diverses d'échange.
- Le ***commerce*** est-il un ***facteur de paix*** ou ***de guerre*** ? Les libéraux ont penché pour la première hypothèse, les marxistes, pour la seconde.
- Une question importante est de savoir s'il est possible d'échapper à la ***logique de l'échange***. Le ***don*** échappe-t-il à cette logique ?

Lecture

QUELQUES AUTEURS ET TEXTES PHARES À CONSULTER

» Aristote, *Les Politiques*.

Du livre I, lire les chapitres 8, 9, 10 et 11, qui traitent de l'économie (mot grec qui signifie littéralement « la loi de la maison »).

» M. Mauss, *Essai sur le don*.

Un grand classique de la littérature anthropologue, facile d'accès.

» A. Smith, *La Richesse des nations* I, trad. G. Garnier, GF-Flammarion, 1991.

Lire les quatre premiers chapitres du livre I, qui traitent de la division du travail, du commerce et de la monnaie.

Chapitre 23

La justice et le droit

Ce chapitre est à étudier de près par les élèves de toutes les séries.

DANS CE CHAPITRE :

- **L'égalité est-elle toujours juste ?**
- **Peut-on ne pas croire en la justice ?**
- **Y a-t-il des violences qui soient justes ?**

Le terme *justice* possède deux sens en français. Il renvoie tantôt à une *idée*, un idéal, tantôt à une *institution*. Dans le premier sens, on parlera, par exemple, de la conception platonicienne de la justice ; dans le second sens, on dit « une décision de justice », « la justice a été rendue », le « palais de justice ».

LA BELLE FEMME SANS REGARD

La justice est symbolisée par une jeune femme (Thémis est son nom, elle était l'incarnation divine de la Justice chez les Grecs) qui a des yeux bandés (signe d'impartialité du jugement) et tient dans une main la balance (symbolisant la décision équitable) et dans l'autre le glaive (symbolisant l'exécution de la sentence). Ainsi sont représentés les trois moments de l'acte de juger : délibérer, décider, accomplir.

Les deux conceptions de la justice

En un sens, toutes les sociétés, et même tous les hommes, ont une conception différente de la justice. On peut néanmoins classer ces conceptions en deux grandes catégories :

- » Ou bien la justice est rapportée à l'*ordre hiérarchique*.
- » Ou bien elle est rapportée à l'*égalité*.

La justice comme ordre

Dans toutes les civilisations anciennes, le monde est perçu comme ordonné.

À savoir

Tel est le sens du mot grec « *cosmos* » qui signifie l'*ordre*, l'*arrangement* (et la *beauté*) avant d'avoir été appliqué au monde par Pythagore.

En Chine, en Égypte, en Inde et en Grèce, le monde est représenté comme organisé de belle façon selon l'ordre hiérarchique (ainsi le ciel est-il supérieur à la Terre, le Soleil supérieur à la Lune, etc.).

Les sociétés humaines se conçoivent comme étant une partie intégrante de cet ordre cosmique, et leur hiérarchie est censée reproduire, à l'échelle microcosmique, l'ordre macrocosmique.

Jargon

Le terme *microcosme* (« petit monde ») a été forgé par le philosophe grec Démocrite, précurseur du matérialisme, pour désigner l'homme dont le corps semble être un univers en réduction. Par analogie, on a appelé *macrocosme* (« grand monde ») l'univers dans son ensemble. Les correspondances entre macrocosme et microcosme figurent dans toutes les mythologies.

LE MYTHE DU PURUSHA

Un mythe de l'Inde raconte comment les quatre castes qui divisent la société sont issues du sacrifice de Purusha, géant cosmique primordial :

- » Sa tête a donné naissance aux brahmanes, la caste supérieure, celle des prêtres.
- » Ses bras ont donné naissance à la caste des guerriers.
- » Ses jambes ont donné naissance à la caste des commerçants.
- » Ses pieds ont donné naissance à la caste des serviteurs.

À savoir

Dans *La République*, Platon décrit une cité idéale dont la hiérarchie ressemble à celle des castes de l'Inde :

- » Le pouvoir revient aux philosophes-rois (on n'est jamais si bien servi que par soi-même !).
- » La défense de la cité revient à l'ordre des guerriers.
- » La production revient à la classe inférieure (paysans, artisans et commerçants).

Dans un tel contexte, la justice consiste dans le *respect de cet ordre hiérarchique* très fortement inégalitaire. Inversement, l'injustice consiste à contester ou à transgresser cet ordre. Ainsi un esclave qui s'enfuit commet-il une double injustice : il vole son maître (puisqu'il est son bien) et il bouleverse l'ordre général de la société (les esclaves révoltés de Spartacus, à Rome, ont été suppliciés d'affreuse manière).

À savoir

Cet ordre hiérarchique est censé provenir des dieux (de Dieu, dans les sociétés monothéistes) ou de la nature. Il est donc conçu comme *éternel*.

Les sociétés démocratiques n'acceptent plus une telle conception. Elles ont remplacé l'idée d'*ordre hiérarchique* par celle d'*égalité*.

La justice comme égalité

Lorsqu'une décision nous paraît injuste, c'est parce qu'elle viole, à nos yeux, l'exigence d'égalité. Même les enfants ont ce *sens de la justice* : ils trouvent anormal d'avoir une part de gâteau plus petite que celle de leur frère.

On notera toutefois que l'enfant se plaindra de l'injustice dont il est victime mais pas de celle dont il est bénéficiaire. Il en va de même des adultes, d'ailleurs, qui sont sur ce point, comme sur beaucoup d'autres, restés des enfants.

Donc, lorsque nous pensons « justice », nous pensons « égalité ». Mais qu'est-ce que l'égalité ?

À savoir

Pour traduire la conception d'Aristote, les philosophes du Moyen Âge distinguèrent la *justice commutative*, qui est l'égalité complète entre les choses et les personnes, et la *justice distributive*, qui est l'égalité proportionnelle. On distinguera aussi en ce sens une *égalité absolue* et une *égalité relative*.

Il nous paraît juste qu'un citoyen n'ait pas droit à plus d'un bulletin de vote, lors d'une élection. Que dirions-nous si les riches et les puissants avaient le droit de voter plusieurs fois ? Le droit électoral, en démocratie, consacre l'égalité absolue entre les citoyens : un homme, une voix.

En revanche, il nous paraîtrait injuste qu'un homme qui a travaillé deux fois plus qu'un autre reçoive la même paie que lui, ou qu'un voleur de poules soit sanctionné autant qu'un assassin. Dans le domaine du travail et du châtiment pénal, l'égalité est proportionnelle, relative : tel travail, tel revenu ; tel délit ou tel crime, tel châtiment.

Citation

« Tous les êtres sont égaux mais il y en a quelques-uns qui sont plus égaux que d'autres » disait avec humour George Orwell.

Dans *La Ferme des animaux*, l'auteur de *1984* imagine que les animaux de la ferme organisent un coup d'État contre le propriétaire, et établissent un régime communautaire. Mais le cochon, qui a pris la tête du mouvement, se comporte en véritable tyran – histoire connue de bien des révolutions. La citation s'entend évidemment en un sens ironique, elle exprime la perversion des idéaux égalitaristes par ceux-là mêmes qui paraissent les partager.

Citation

Aristote dit que tout en étant juste, l'équité n'est pas le juste selon la loi mais un correctif de la justice légale. Les lois écrites, observait Aristote, ne prennent en compte que les situations les plus générales. Elles ne peuvent statuer au cas par cas. C'est alors qu'interviennent l'idée et la valeur d'*équité*, qui est une forme d'égalité souple, et qui, à la différence de l'égalité stricte de la loi, sait s'adapter aux circonstances.

PLACE DE L'ÉQUITÉ DANS NOS LOIS

Le droit moderne admet que pour un délit ou un crime donné il puisse y avoir des « circonstances atténuantes », ou bien, à l'inverse, des « circonstances aggravantes ».

Ainsi, une conduite en état d'ivresse en cas d'accident sera considérée comme une circonstance aggravante. Le dérangement psychologique sera, au contraire, considéré comme une circonstance atténuante qui pourra valoir à l'auteur de l'accident la relaxe.

Le légal et le légitime

Que disons-nous lorsque nous affirmons que nous *ne croyons pas* à la justice ? Que nous sommes dégoûtés par la façon dont la justice est rendue, par la façon dont les lois sont appliquées (et, la plupart du temps, pas appliquées).

Mais si nous récusons la justice réelle, c'est forcément au nom d'une justice idéale, sinon parfaite ou utopique, du moins meilleure. En fait, nous ne pouvons pas ne pas croire en la justice – de même que nous ne pouvons pas ne pas croire en la vérité (voir chapitre 20).

Jargon

Est *légal* ce qui est conforme à la loi positive, c'est-à-dire à la loi telle qu'elle existe. Est *légitime* ce qui est conforme à la loi idéale ou normale – celle qui peut satisfaire la raison, ou le sens de la justice.

Aucun pouvoir ne peut se permettre de paraître illégitime ; autant dire que la légalité ne suffit pas.

Citation

Rousseau disait que « le plus fort n'est jamais assez fort pour être toujours le maître, s'il ne transforme sa force en droit et l'obéissance en devoir » (*Du contrat social*, I, 3).

Lorsqu'un pouvoir s'établit par la violence (c'est ce que font les révolutions), la première chose qu'il doit faire est d'établir un système de lois qui le légitime aux yeux des gens.

Jargon

On appelle *droit* l'ensemble des lois qui organisent la vie mutuelle des hommes au sein d'une société.

Attention

Le droit désigne également la science juridique, c'est-à-dire la science... du droit. C'est ce sens que nous rencontrons dans l'expression « faire des études de droit ». « Droit » partage avec « histoire » (voir chapitre 13) cette équivoque d'être à la fois une réalité objective (ensemble de lois) et une discipline à vocation scientifique qui prend cette réalité pour son objet propre.

Jargon

Mais « droit » a encore un autre sens : celui de la *liberté* dont un citoyen peut bénéficier en vertu de la loi. Ainsi parle-t-on du « droit de vote » ou du « droit de grève ». Les États démocratiques se caractérisent par la multitude des droits dont jouissent leurs ressortissants. Inversement, les États totalitaires ont supprimé la quasi-totalité des droits pour les remplacer par des devoirs et des peines.

AUGUSTE COMTE : LE DEVOIR, PAS LE DROIT !

Auguste Comte, le fondateur du positivisme (voir chapitre 20), déplorait l'individualisme croissant de la société après la Révolution. La multiplication des droits et l'insistance mise sur eux ne pouvaient, selon lui, que dissoudre la société en une infinité d'intérêts égoïstes et incompatibles. C'est pourquoi Auguste Comte prévoyait par sa « politique positive » un remplacement des droits par les devoirs : les droits dont les hommes bénéficient ne sont que l'expression de certains devoirs.

On distingue le *droit de*, dit aussi *droit-liberté*, et le *droit à*, dit aussi *droit-créance*. Les « droits de » correspondent aux libertés fondamentales, telles qu'elles sont garanties par les constitutions modernes (sécurité, propriété, liberté d'expression, etc.).

Les « droits à » sont volontiers conçus comme des élargissements et des approfondissements de ces droits dits « de la première génération » : en font partie le droit à l'instruction, la droit à la santé, le droit à l'information.

On a même parlé d'un « droit au bonheur » (la constitution américaine en fait mention).

Jargon

La distinction entre le *droit positif* et le *droit naturel* recoupe celle du légal et du légitime.

On appelle *droit positif* le droit en vigueur dans un État, et *droit naturel* l'ensemble des droits dont l'être humain est censé bénéficier du seul fait qu'il est un être humain, c'est-à-dire un être libre, pensant et raisonnable.

LE PRÉCURSEUR DE L'IDÉE DE DROIT NATUREL : LA PETITE ANTIGONE

Héroïne tragique, Antigone désobéit à l'ordre du roi, son oncle Créon, qui a interdit tout geste de sépulture envers le frère de la jeune fille. Créon est mû par l'intérêt politique : le frère d'Antigone a fait la guerre et l'a perdue, il doit être puni même après sa mort (l'absence de rituel funéraire est quelque chose de très grave dans l'Antiquité, car on pensait que le mort n'aurait ainsi aucun repos). Antigone, qui paiera de sa vie sa désobéissance, oppose à la loi du roi, celle des dieux et celle des hommes : l'amour qu'elle portait à son frère ne peut *pas* être *interdit* par une décision humaine.

À savoir

Le *positivisme juridique* est la conception selon laquelle seul le droit positif existe véritablement ; ce qui est appelé « droit naturel » n'est qu'une illusion, une fiction de philosophe.

Attention

Ne confondez pas « droit naturel » avec « droit de la nature » – si tant est que cette dernière expression ait un sens. « Naturel » veut dire ici *universel* et *nécessaire*. L'adjectif renvoie à tous les êtres humains, sans tenir compte de leurs origines et de leurs conditions.

Les *droits de l'homme* peuvent être considérés comme une application de l'idée de droit naturel (c'est pourquoi le positivisme juridique est très critique à leur égard).

Surplombant les différents droits nationaux, les droits de l'homme sont ceux auxquels n'importe quel être humain, sans considération d'origine, de situation sociale, d'âge ou de sexe, peut prétendre.

Les *droits de l'homme* ont été la cible de plusieurs critiques :

- Ils sont abstraits, ils n'ont donc aucun contenu (critique du positivisme juridique).

» Ils sont le masque hypocrite de la classe dominante (critique marxiste, qui voit en eux l'expression des intérêts de la bourgeoisie : ainsi la propriété privée est-elle considérée comme un « droit naturel » alors qu'elle fait l'injustice de l'ordre social).

» Ils sont le masque hypocrite de la culture occidentale (cette critique a été faite par nombre de représentants de pays d'Afrique et d'Asie, les musulmans en particulier).

Pourtant, et quel que soit le bien-fondé de ces critiques, les droits de l'homme semblent aujourd'hui indispensables à l'émergence et au maintien d'une conscience universelle de plus en plus sensible à la violation des droits. De fait, aujourd'hui, plus aucun État n'oserait les transgresser publiquement.

LES ANIMAUX ONT-ILS DES DROITS ?

Les dévastations provoquées par l'occupation et par l'exploitation humaines de la Terre ont conduit certains partisans de l'écologie dite « profonde » (*deep ecology*) à parler de *spécisme* à propos de l'homme, et qui serait l'équivalent d'un racisme à l'égard des autres vivants.

Dans cet ordre d'idées, certains sont allés jusqu'à parler de droits pour les animaux afin non seulement de prendre en compte leur sensibilité, donc leur souffrance, mais aussi de placer un verrou juridique et moral susceptible de mettre fin à des extinctions prévues, sinon programmées.

Presque plus personne aujourd'hui n'oserait affirmer que l'homme a *tous* les droits à l'égard de son environnement. La plupart, en revanche, restent réticents envers l'idée de droits des animaux (ou de droit de la nature en général) et préfèrent parler des *devoirs* de l'homme.

Justice et charité

À savoir

Dans la pensée chrétienne, la justice est (avec la tempérance, la force et la sagesse) l'une des quatre vertus cardinales, tandis que la charité est, avec la foi et l'espérance, l'une des trois vertus théologales. La charité était donc comprise comme supérieure à la justice :

» La justice est froide, elle procède du calcul (d'où l'image de la balance) ; la charité, elle, est « chaude », elle procède de l'amour de l'autre.

» La justice ne fait qu'accorder à l'autre ce qui est à lui ; la charité va plus loin en conduisant à donner ce qui est à soi.

Des voix contraires à cette exaltation de la charité font valoir que plus la charité est forte, plus la justice est faible :

- La charité entretient l'injustice en soulageant (un peu) le malheur au lieu de s'attaquer à ses causes.
- La charité est aveugle, comme tous les sentiments et comme toutes les émotions, elle est irrationnelle (ainsi des reportages et des émissions de télévision susciteront la compassion du public, apporteront des *dons* en quantité, alors qu'aucune réflexion sur la hiérarchie des problèmes n'aura été conduite).
- La charité est destinée à donner bonne conscience à celui qui l'exerce. Finalement, elle se contente des misères du monde (ainsi l'*humanitaire*, qui est une sorte de charité laïque, ne s'intéresse pas réellement au contexte politique des populations qu'elle prétend aider).

La dialectique du droit et de la violence

Pourvoyeuse de mort mais aussi expression de la vie, négation du droit établi mais également source du droit qui se fait, la violence est au cœur de nombre de contradictions. Nous la déplorons mais nous sommes fascinés par elle, elle exprime la barbarie mais elle s'avère parfois nécessaire pour défendre ce à quoi nous croyons.

Jargon

La *violence* se définit à la fois par rapport à la *force* et contre elle. Elle entretient avec la force des rapports contradictoires : elle peut apparaître à la fois comme le triomphe de la force (la violence serait alors la force exacerbée) et comme le signe le plus évident de son échec ou de son absence : la violence, qu'elle soit individuelle (qu'on songe à celle de l'homme sur la femme ou sur l'enfant) ou collective, impersonnelle (qu'on songe à la guerre, à l'État dictatorial), est souvent la manifestation de la faiblesse, qui est le contraire de la force. C'est un symptôme de faiblesse et non une manifestation de force que de battre plus faible que soi ou que de jeter au hasard une bombe dans la foule. Vue sous cet angle, la violence serait plutôt la caricature de la force, son substitut tragique. C'est la faiblesse plutôt que la force que manifeste la violence terroriste.

Contradictoirement, la violence est expression de la vie et moyen de la mort. Il semble en effet que la mort soit inscrite en elle, plus précisément la mort humaine. Car cette notion est, à l'évidence, anthropocentrique. Est violent tout ce qui, potentiellement, anéantit la vie humaine. C'est pourquoi l'explosion d'une étoile ou d'un volcan nous apparaît comme violente, c'est pourquoi nous parlons d'un « violent coup de vent » ou d'un « violent coup de soleil », que l'avalanche est « violente » mais pas la montagne ! Dans un sens analogue, nous parlerons d'une musique violente (le gangsta rap) ou d'une peinture violente (Pollock, Bacon), mais pas d'une architecture violente. La violence est un mouvement effréné qui emporte la vie avec lui.

Car si la violence conduit à la mort, elle exprime aussi la vie. Rien de moins violent, en effet, qu'un cimetière. Schopenhauer avait remarqué que nous naissons dans un cri et mourons dans un râle. La naissance est un événement violent aussi bien pour la mère que pour l'enfant, et quelque civilisée qu'elle ait été, la sexualité humaine ne peut effacer toute dimension de violence, où s'alimentent d'ailleurs l'étourdissement et la jouissance. Et c'est sans doute parce qu'elle représente aussi l'excitation de la vie – parfois même jusqu'au risque de la mort – que la violence, par-delà la répulsion qu'elle provoque, nous fascine tant.

Le droit interdit la violence, la violence est illégale. Inversement, la violence est une violation du droit. Dans toutes les sociétés, le crime est perçu comme une véritable destruction.

Jargon

Rappelons qu'il y a dialectique là où une relation d'*opposition* (comme ici avec le droit et la violence) peut aussi être une relation d'*inclusion* réciproque.

À savoir

De fait le droit *implique* la violence. D'une part, il possède une violence propre (tel est le sens du glaive brandi par l'allégorie de la justice ; voir *supra*).

Citation

Le sociologue allemand Max Weber disait de l'État qu'il est le pouvoir qui possède le monopole de la violence légitime. Ce n'est pas tellement la violence en tant que telle que l'État interdit par ses lois que la violence qu'il ne contrôle pas (celle de la société civile), ainsi que celle qu'il ne *produit* pas lui-même par sa police et son armée (tout État, à l'exception des très rares qui se déclarent neutres, se donne le droit de faire la guerre, qui est une forme extrême de violence).

D'autre part, le droit implique de fait sa transgression comme possible, et même comme nécessaire. Un dicton latin disait : « Pas de crime, pas de châtiment sans loi. » D'où il s'ensuit que là où il n'y a pas de loi pour l'interdire, il n'y a pas d'acte qui puisse être qualifié de crime. Ainsi, l'avortement et l'infanticide (le meurtre d'un enfant) n'étaient pas des crimes dans l'Antiquité, c'est la loi d'inspiration chrétienne qui a fait de ces actes des crimes (l'avortement a été dépénalisé depuis, mais pas l'infanticide).

À savoir

Il n'est donc pas excessif d'affirmer que c'est la loi qui fait le crime. Ainsi comprend-on le paradoxe du sociologue Durkheim selon lequel le crime est *normal* : dès lors que *toutes* les sociétés délimitent le permis et le défendu, l'autorisé et le prohibé, elles peuvent, selon les conventions du moment, élargir ou amoindrir le domaine des transgressions.

Jargon

Normal ne signifie pas seulement *juste*, *légitime* ou *conforme à une moyenne statistique*. Le crime est normal non pas, évidemment, au sens où il est juste d'accomplir des crimes, mais au sens où il est impossible de trouver des sociétés sans criminalité.

Si le droit et la violence s'impliquent mutuellement (condition de la dialectique entre les deux), ce n'est pas seulement parce qu'il y a de la violence dans et par le droit, mais aussi parce qu'il y a du droit dans et par la violence.

La violence est *créatrice* de droit : telle est l'histoire des révolutions réussies. La violence peut être également comprise (dans une certaine mesure) dans le droit : tel est le cas du *droit de la guerre.*

À savoir

On distingue deux parties dans le droit de la guerre :

» **Le *jus ad bellum* (droit de faire la guerre) :** à quelles conditions le recours à la guerre est-il juste ? L'idée de légitime défense est la plus souvent invoquée.

» **Le *jus in bello* (droit dans la guerre) :** à quelles conditions l'action de guerre est-elle admissible ? Tout un ensemble de règles a tenté de canaliser le déchaînement de la barbarie : le respect des populations civiles et des personnes de guerre, en particulier, fait partie de ce *jus in bello*.

Ainsi la violence et le droit ne sont-ils pas aussi contraires qu'on l'a dit. C'est en quoi ils forment une véritable dialectique.

Textes canoniques

Pour donner un fondement rationnel aux lois (en écartant à la fois Dieu créateur et la force aveugle), Montesquieu est conduit à penser ensemble la loi de nature (rapport entre les choses) et la loi civile (le rapport entre les hommes – appelés ici « êtres particuliers intelligents »).

Les lois, dans la signification la plus étendue, sont les rapports nécessaires qui dérivent de la nature des choses, et, dans ce sens, tous les êtres ont leurs lois (…). Les êtres particuliers intelligents peuvent avoir des lois qu'ils ont faites ; mais ils en ont aussi qu'ils n'ont pas faites (…). Avant qu'il y eût des lois faites, il y avait des rapports de justice possibles. Dire qu'il n'y a rien de juste ni d'injuste que ce qu'ordonnent ou défendent les lois positives, c'est dire qu'avant qu'on eût tracé de cercle, tous les rayons n'étaient pas égaux.

Il faut donc avouer des rapports d'équité antérieurs à la loi positive qui les établit, comme, par exemple, que, supposé qu'il y eût des sociétés d'hommes, il serait juste de se conformer à leurs lois (…).

Mais il s'en faut bien que le monde intelligent soit aussi bien gouverné que le monde physique. Car, quoique celui-là ait aussi des lois qui, par leur nature, sont invariables, il ne les suit pas constamment comme le monde physique suit les siennes. La raison en est que les êtres particuliers intelligents sont bornés par leur nature, et par conséquent sujets à l'erreur ; et, d'un autre côté, il est de leur nature qu'ils agissent par eux-mêmes.

Montesquieu, *De l'esprit des lois* I, 1.

***

Le traité *Des délits et des peines* de l'Italien Cesare Beccaria est l'un des plus importants textes du siècle des Lumières. Il annonce à bien des égards la conception contemporaine du droit et de la justice, en particulier dans la façon dont le châtiment est pensé.

Ce n'est pas la rigueur du supplice qui prévient le plus sûrement les crimes, c'est la certitude du châtiment, c'est le zèle vigilant du magistrat (...). La perspective d'un châtiment modéré, mais inévitable, fera toujours une impression plus forte que la crainte vague d'un supplice terrible, auprès duquel se présente quelque espoir d'impunité.

L'homme tremble à l'idée des maux les plus légers, lorsqu'il voit l'impossibilité de s'y soustraire ; au lieu que l'espérance, cette douce fille du ciel, qui souvent nous tient lieu de tous les biens, éloigne sans cesse l'idée des tourments les plus cruels, pour peu qu'elle soit soutenue par l'exemple de l'impunité, que la faiblesse ou l'amour de l'or n'accorde que trop souvent.

Quelquefois on s'abstient de punir un délit peu important, lorsque l'offensé le pardonne. C'est un acte de bienfaisance, mais un acte contraire au bien public. Un particulier peut bien ne pas exiger la réparation du tort qu'on lui a fait ; mais le pardon qu'il accorde ne peut détruire la nécessité de l'exemple.

Le droit de punir n'appartient à aucun citoyen en particulier ; il appartient aux lois, qui sont l'organe de la volonté de tous.

C. Beccaria, *Des délits et des peines*, Flammarion, 1979, p. 105.

Fiche révision

» ***L'idée de justice*** est universelle, mais elle est tantôt rapportée à ***l'ordre hiérarchique*** (donc à l'inégalité), tantôt à ***l'égalité***. Les sociétés démocratiques modernes ont privilégié la seconde conception.

» Bien distinguer la ***justice comme idée ou idéal*** (exemple : la conception de la justice chez tel ou tel philosophe) et la justice ***comme institution*** (on parle d'une décision de justice, d'un homme de justice, d'un palais de justice). Est ***légitime*** ce qui est conforme à la justice idéale, ***légal*** ce qui est conforme à la justice réelle. Ce qui est légitime n'est pas nécessairement légal (exemple : un acte de résistance dans un pays occupé), inversement, ce qui est légal n'est pas nécessairement légitime (exemple : la législation raciste de l'Afrique du Sud du temps de l'apartheid). Selon le ***positivisme juridique***, la seule loi réelle est celle qui est inscrite dans les codes. À l'inverse, les philosophes du ***droit naturel*** (rien à voir avec un droit de la nature) considéraient qu'au-dessus de la loi effective il existe une loi idéale, à laquelle toutes les sociétés humaines doivent tendre.

» ***Le droit*** désigne l'ensemble des lois qui organisent la vie collective des hommes au sein d'une société (exemple : le droit romain). Un droit renvoie à une liberté dont bénéficie un individu (exemple : le droit de vote).

» On distingue les ***droits de***, qui sont les droits fondamentaux, universels, comme le droit de libre expression ou de propriété, et les ***droits à***, plus concrets et touchant de plus près la vie réelle des hommes (exemples : droit à la santé, droit au bonheur…). Les premiers sont appelés ***droits-libertés***, les seconds, ***droits-créances***.

» ***Dialectique du droit et de la violence*** : d'un côté, le droit et la violence s'opposent, mais d'un autre côté, ils s'impliquent.

Lecture

QUELQUES AUTEURS ET TEXTES PHARES À CONSULTER

» Platon, *La République*.

Lire le livre II sur le droit et la force.

» Aristote, *Éthique à Nicomaque*.

Lire, en particulier, le livre V sur la distinction entre la justice commutative et la justice distributive.

» D. Hume, *Traité de la nature humaine*.

Lire le livre III. La justice est une convention humaine qui trouve son origine dans l'égoïsme.

» B. Pascal, *Pensées* 298 et 299, édition Brunschvicg.

Sur les rapports entre le droit et la force.

» J.-J. Rousseau, *Lettres écrites de la montagne*.

Sur les rapports entre la liberté et la loi. La liberté, en société, est l'obéissance à la loi qui émane de la volonté générale. La justice est l'art de faire coexister les libertés.

» C. Beccaria, *Des délits et des peines*, Flammarion, 1979.

Un ouvrage court et facile d'accès. Les principes de la justice par l'un des tout premiers adversaires de la peine de mort.

Chapitre 24

L'État

Ce chapitre concerne les séries L, ES et S.

DANS CE CHAPITRE :

- » **Pourquoi l'État ?**
- » **Est-il bon, est-il méchant ?**
- » **Force et faiblesse de l'État**

Si aujourd'hui il n'est pas de terre, pas un seul pays au sens géographique qui ne soit sous la juridiction d'un État, cette forme de pouvoir et d'organisation spécifique des sociétés humaines n'a pas toujours existé et a mis longtemps à s'imposer. Jusqu'au siècle dernier, en effet, moment historique qui vit s'achever le partage du monde par les puissances coloniales, la plupart des sociétés humaines ignoraient l'État. « Société sans État » est une expression équivalente à « société primitive ».

Il est philosophiquement intéressant de comprendre pourquoi et comment l'État est apparu dans certaines sociétés, et est resté absent dans beaucoup d'autres.

Jargon

Il est difficile de définir l'État sans avoir recours à une *tautologie* (une simple répétition avec d'autres mots) implicite : dire que l'État est l'ensemble des structures du pouvoir *politique* d'une société est une tautologie, car *le politique* (à distinguer *de la politique* qui n'en est que l'apparence) est l'ensemble des phénomènes relatifs à l'État dans une société donnée. De fait, une société sans État est aussi une société sans politique.

À savoir

Le pouvoir politique, le pouvoir d'État, même s'il émane du « peuple » (c'est le cas des régimes démocratiques), doit être *séparé* – constituer un *corps* – pour exister. La présence d'un *chef* (roi, empereur, président, etc.), nom et symbole du pouvoir politique, celle d'un gouvernement et celle d'un ensemble de fonctionnaires aux tâches distributivement et hiérarchiquement réparties (collecte des impôts, police, armée, justice, éducation, etc.), sont des manifestations nécessaires de l'État.

Origines et fondements de l'État

La toute première condition nécessaire pour que l'État apparaisse semble être la sédentarisation – phénomène lui-même induit par la révolution du néolithique qui vit naître l'agriculture (à la place de l'économie de cueillette), l'élevage (à la place de la chasse) et toutes les techniques qui les accompagnent, les conditionnent et en dérivent (poterie, tissage, métallurgie). La ville est un centre polyfonctionnel de vie, de travail et de pouvoir. Il ne peut y avoir d'État chez les tribus nomades. C'est à partir de certains noyaux urbains que se sont constitués les premiers grands empires historiques (Sumer, Égypte, Chine) où l'on peut reconnaître la forme la plus ancienne de l'État.

L'immensité géographique, la grandeur et la variété des populations, l'organisation d'amples travaux collectifs rendaient nécessaire l'existence d'un pouvoir central capable de diriger, de répartir, d'ordonner et de prévoir. L'État est une gestion de l'espace et du temps ; on pourrait presque dire qu'il est une question de nombre. Certes, apparaîtront plus tard des États à petite échelle (les cités grecques, les États-confettis modernes), mais c'est avec le défi d'unifier le divers, de centraliser l'hétérogène que les premiers États sont nés. C'est pourquoi l'écriture est née dans leur cadre : une communauté villageoise n'a pas besoin d'écriture pour transmettre la passé et le présent au futur, ou pour communiquer les ordres et les idées : la mémoire et la parole suffisent. De plus, comme les premiers États sont nés de la conquête guerrière de vastes territoires, l'armée constituera toujours l'un des piliers fondamentaux de cette forme de pouvoir. Ce qui présuppose une division du tout social en castes, rangs, classes, sous-groupes ignorés des communautés primitives.

À savoir

La division sociale, à la fois cause et effet de la division du travail, est présente dans toutes les sociétés organisées en États, absente inversement dans les sociétés sans État. Si bien que l'État peut être défini comme la force qui maintient soudés les groupes hétérogènes : ce caractère se retrouve évidemment dans les États modernes.

Contre l'État

À savoir

L'anthropologue Pierre Clastres a écrit un livre – *La Société contre l'État* – dans lequel il établit que les sociétés primitives ne sont pas seulement, comme on le dit, *sans État* (ce qui suppose un stade peu avancé de développement illusoirement conçu comme nécessaire) mais *contre l'État*, ce qui implique une véritable stratégie concertée vis-à-vis d'un danger perçu comme mortel. Il n'y a pas d'État sans classes, donc sans inégalités. Il faut que la communauté originelle, celle du sentiment et de l'effusion, se brise pour que l'État naisse. Si bien que les primitifs auraient fait montre de sagesse en refusant l'émergence d'un pouvoir à ce point séparé de leur existence.

On trouve déjà une idée analogue chez Karl Marx, lequel, récusant la théorie hégélienne d'un État rationnel et impartial, voit au contraire dans l'État une forme de domination d'une classe sur une autre, donc le signe d'une violence sociale exprimée politiquement.

La communauté primitive, qui ne connaît pas encore les classes, n'a pas d'État ; la communauté future qui ne connaîtra plus les classes, selon l'utopie marxienne, n'aura pas d'État.

Jargon

Marx appelle *communisme* ce régime de travail libre qui, dans son organisation autonome et immanente, aura jeté bas l'antique transcendance de l'État – espèce de religion terrestre qui fait l'homme servile. Le communisme est le régime de la société libre, sans classes, donc sans État (pour Marx, l'État a pour fonction d'assurer la domination d'une classe sur une autre).

De même, c'est au nom de la liberté que l'*anarchisme* (Proudhon, Bakounine, Kropotkine) veut la destruction complète de l'État – celui-ci est en effet perçu comme radicalement incompatible avec la liberté humaine. L'État vole (les impôts), l'État tue (les guerres). Il est une barbarie dont il convient de se débarrasser.

Jargon

À l'autre bout de l'échiquier politique, le *libéralisme* semble rejoindre une position semblable en plaidant pour un État minimal. Né au XVIIe siècle avec Locke, le libéralisme est une idéologie qui milite pour la liberté politique et économique – donc contre l'absolutisme royal (aspect politique) et contre le système féodal des corporations (aspect économique). De ses origines chrétiennes, il garde l'idée d'une nature bonne créée par Dieu et d'un ordre spontané dont la loi de l'offre et de la demande, en économie, est la plus éclatante des manifestations.

À savoir

Le libéralisme est rigoureusement *anti-interventionniste* : dans le domaine de la production et des échanges, l'État doit s'effacer le plus possible, il représente en soi un danger liberticide (la dictature) ; en outre, son pesant pouvoir ne peut que décourager les initiatives privées, seules capables de faire travailler les forces sociales, pour le plus grand profit de toutes. Le libéralisme n'accepte de l'État qu'un rôle de contrôle social (maintien de l'ordre) et de police extérieure.

Pour l'État

Les partisans d'un État puissant ont des points de vue aussi divers que ses adversaires.

À savoir

Thomas Hobbes fut, dans la première moitié du XVIIe siècle, le premier philosophe à justifier méthodiquement la puissance de l'État.

Il symbolise celui-ci par le nom de Léviathan, un monstre biblique qui lui sert de titre pour son grand ouvrage de philosophie politique. Hobbes est pessimiste (« l'homme est un loup pour l'homme »). L'état de nature est un état de guerre perpétuel de tous contre tous. Seul un État tout-puissant, véritable Dieu incarné, est capable de mettre fin à cette violence illimitée, d'assurer à chacun l'ordre et la sécurité, sans lesquels il n'est pas d'existence humaine possible.

Attention

L'ABSOLUTISME N'EST PAS TOTALITAIRE

On a vu (Karl Popper, en particulier) en Hobbes l'une des origines de l'idéologie fasciste moderne. Gardons-nous des anachronismes ! L'absolutisme de jadis, qui semblait donner au roi un pouvoir « absolu », est fort différent des fascismes et des totalitarismes contemporains. Louis XIV, « roi absolu », régnait sur un pays partagé en une pluralité de régions, de lois, de coutumes et même de langues. Sa phrase célèbre « l'État c'est moi » peut être interprétée comme un signe de faiblesse aussi bien que comme un signe de puissance, car que pouvait concrètement contrôler le pouvoir royal en 1670 dans la vie d'un paysan du Languedoc ou dans celle d'un artisan du Rouergue ?

Il en va tout autrement avec les régimes totalitaires modernes. Utilisant pour sa violence et sa propagande ces puissantes innovations techniques que sont l'électricité, la radio et le chemin de fer, le pouvoir nazi pénétrait dans chaque maison et surveillait chaque individu du berceau à la tombe.

Citation

On connaît la formule de Mussolini, le fondateur du fascisme, formule qui deviendra le résumé du totalitarisme : « Tout pour l'État, rien contre l'État, rien en dehors de l'État. » Le totalitarisme est une espèce de pathologie politique : les idées et les croyances, le travail et les rêves, il cherche à tout contraindre et à tout contrôler.

Avec le totalitarisme, la terreur, qui, durant les périodes révolutionnaires, demeurait exceptionnelle et éphémère, devient principe du gouvernement. L'État monstrueux écrase ceux qu'il devait protéger.

À savoir

Tout autre est l'État que pensa Hegel dans ses *Principes de la philosophie du droit*. Le philosophe de l'Esprit absolu voit dans l'État la Raison réalisée dans l'histoire, la totalité incarnée (Marx dénoncera dans cette thèse une illusion idéaliste). Le fonctionnaire devient ainsi le véritable philosophe de la vie moderne en interprétant l'universel en actes. Il est, aux yeux de Hegel, de la nature de l'État moderne d'être impartial – puisqu'il est la voix du tout.

En faisant de Hegel un apôtre du totalitarisme, Karl Popper oubliait (ou feignait d'oublier) le caractère foncièrement irrationnel du totalitarisme (la « pureté de la race », dans le nazisme, ou « l'homme nouveau », dans le stalinisme, sont des *fantasmes*, pas des objectifs politiques). Le rationalisme absolu de Hegel fait plutôt de lui le père de l'idéologie technocratique moderne, voire de celle de la social-démocratie.

QU'EST-CE QUE L'ÉTAT-PROVIDENCE ?

L'idée centrale de ce qu'on appelle l'État-providence (*Welfare State* en anglais) est qu'il est vain d'attendre de la « nature des choses », comme le fait le libéralisme, un hypothétique état d'équilibre. Le jeu égoïste des forces du marché, la logique égoïste de la recherche du profit peuvent au contraire induire de profondes distorsions sociales – que seul un pouvoir d'État soucieux du bien collectif peut combattre et faire disparaître. La grande crise de 1929 avait montré que la politique du « laisser-faire, laisser-passer » des libéraux pouvait conduire à des catastrophes. Par réaction, la politique keynésienne conféra à l'État la mission de combattre le chômage grâce à une forte « politique de la demande » (commande de grands travaux, fixation d'un salaire minimal, mesures d'incitation à l'embauche, etc.).

On peut donc être pour ou contre l'État pour des raisons non seulement différentes mais divergentes. Entre une démission totale – qui laisse aux plus riches et aux plus malins le soin d'organiser la société à leur image – et une surveillance indiscrète qui finit par ne plus laisser aucun jeu dans la vie collective, le milieu est difficile à trouver. Mais il est une nécessité pour tous.

L'État menacé

Une carte du monde actuel montre immédiatement que partout la forme de l'État s'est imposée. Les continents où vivent les hommes sont aujourd'hui partagés entre quelque deux cents États qui, si l'on excepte quelques cas singuliers, sont tous représentés à l'Assemblée générale de l'Organisation des Nations unies comme autant de personnes collectives. De même, c'est significativement derrière le drapeau de leur pays et sous le nom de leur État que défilent tous les quatre ans les participants des Jeux olympiques.

À savoir

Les différences subsistent, certes, entre les régimes démocratiques et les régimes dictatoriaux, entre les républiques et les monarchies, mais elles sont d'un point de vue strictement politique plus formelles que réelles. Un peu partout, les États présentent les mêmes structures fondamentales. Cette convergence (à défaut d'unité) politique mondiale est un fait nouveau dans l'histoire. Or, contradictoirement, c'est au moment où la forme « État » montre partout sa précellence qu'elle se voit menacée à deux niveaux, au niveau supérieur par des forces supra-étatiques, au niveau inférieur par des forces infra-étatiques.

Au-dessus de l'État, une multitude d'organisations volontaires ou spontanées tendent à rogner toujours davantage les prérogatives de souveraineté qui depuis les origines sont les siennes.

Les traités internationaux, les règles internationales obligent les États, naguère attachés aux limites de leur territoire propre, à obéir à des instances dont la plupart sont désormais mondiales.

Cela va des principes les plus généraux (comme la Déclaration universelle des droits de l'homme) jusqu'aux règles les plus spécifiques (comme les normes des produits industriels). La mondialisation des échanges a en outre privé les États d'une indépendance qui, jadis, confinait à l'autarcie : même le pays le plus puissant (les États-Unis) n'est plus totalement maître de sa monnaie. Le capital n'a pas de patrie. L'argent et les informations se jouent des frontières.

Conséquence : du banquier international à l'utilisateur d'Internet, beaucoup tendent à voir toujours davantage en l'État moins une nécessaire instance de régulation qu'un insupportable pouvoir de censure.

L'État n'est pas moins menacé de dislocation « par en bas ». En réaction sans doute à cette mondialisation qui emporte tout, les grands ensembles se disloquent (voir ce qui est arrivé à l'ancienne URSS ou à l'ancienne Yougoslavie), les hommes se replient sur leur région, leur langue, leur ethnie particularisantes. Partout fleurissent les intégrismes, les fondamentalismes, les régionalismes qui prétendent faire revivre d'antiques solidarités et qui ont pour premier effet de ressusciter d'antiques haines (comme dans l'ancienne Yougoslavie).

L'État est regardé comme contraignant ; on lui reproche contradictoirement d'être à la fois trop proche et trop lointain, trop présent et trop absent. Telle est en cette fin de siècle la situation critique dans laquelle l'État se trouve placé : noyé, absorbé par des instances supra-étatiques qui l'ignorent, écartelé, déchiré par des forces infra-étatiques qui le combattent.

C'est là sans doute qu'il convient de trouver la cause de cette *crise du politique* que les analystes ont diagnostiquée et que les hommes, qui ont de plus en plus de mal à se définir comme citoyens, manifestent par un désintérêt croissant à l'égard de la chose publique. Contre les forces aveugles du marché qui risquent de tout emporter et les particularismes barbares qui ne conçoivent leur identité que dans le repli et la guerre, il est utile de rappeler que, aussi imparfait soit-il, l'État reste une possibilité indépassable d'organisation un tant soit peu rationnelle de la société.

À quelles conditions un régime politique peut-il être appelé démocratique ?

À savoir

Aristote avait distingué trois types de régimes politiques, selon le critère quantitatif :

- **la monarchie :** le gouvernement d'un seul ;
- **l'aristocratie :** le gouvernement de quelques-uns ;
- **la démocratie :** le gouvernement de tous.

Ce sont les trois catégories logiques de la quantité : le singulier (un seul), le particulier (quelques-uns) et l'universel (tous). Voici la première condition : l'essence de la démocratie, c'est l'universel.

Le régime de l'universel

Jargon

La *démocratie* est le régime politique dans lequel le peuple tout entier est la seule source de souveraineté.

Mais qu'est-ce que le *peuple* ? Une certaine ambiguïté sémantique est attachée à ce mot. Le *peuple* peut avoir un sens ethnique (le peuple équivaut alors à la population : le peuple français, ce sont tous les Français), ou bien un sens sociologique : le peuple, ce ne sera plus la population mais la majeure partie de celle-ci. Au siècle dernier, le peuple était constitué par les ouvriers et les paysans – au XXe siècle, on y ajoutera les classes moyennes. En somme, le peuple est dans la continuité de ce qu'au XVIIIe siècle on appelait « Tiers état » : les classes dirigeantes, les riches, les aristocrates n'en font pas partie. Sociologiquement, les classes populaires se différencient de la bourgeoisie. Les régimes communistes de l'Europe de l'Est, pour donner le change des libertés disparues, s'étaient nommés « démocraties populaires », ce qui, en philosophie politique, constitue évidemment un pléonasme. Car qu'on prenne le peuple comme l'ensemble de la population ou bien comme l'immense majorité de celle-ci, il ne saurait y avoir de démocratie que populaire.

En droit, la seule acception recevable du peuple est l'*ensemble* de la population. De quel droit, en effet, une partie de celle-ci serait-elle exclue de la souveraineté ? Seulement, l'*universel* est-il possible en matière politique ?

Première remarque : le peuple est constitué de classes sociales, de catégories socio-professionnelles différentes, voire antagonistes ; ainsi peut-on comprendre que les intérêts divergents de ces classes et de ces catégories se traduiront par des conceptions divergentes du pouvoir. Et puisque *tous* ne seront jamais d'accord sur *un* pouvoir donné, celui-ci sera choisi par la *majorité*. On observe donc une inflexion importante : de l'universalité de principe, on passe à une majorité de fait, et pour que la première soit conservée, on considérera que celle-ci reflète exactement celle-là. En effet, pour que les exigences d'universalité (donc la démocratie, au sens strict) soient respectées, il faudrait :

» **que tous les intérêts concordent,** donc qu'il n'y ait plus de classes sociales opposées, ni de catégories socio-professionnelles opposées.

» **que tous se mettent d'accord (l'unanimité).** Or, si l'unanimité des besoins est impossible (les intérêts des vendeurs sont par nature opposés à ceux des acheteurs), celle des désirs l'est encore bien davantage.

Cependant, ce qu'on appelle *majorité*, dans une démocratie donnée, est presque toujours une minorité de fait (par exemple, tous n'ont pas le droit de vote, et parmi ceux qui en jouissent, tous ne l'exercent pas). La majorité n'est donc en fait que la plus grande minorité.

À savoir

Dans *Du contrat social*, Jean-Jacques Rousseau établit une distinction entre la *volonté de tous* (la somme de toutes les volontés singulières) et la *volonté générale* (la volonté du peuple dans son ensemble). Il n'y a pas de démocratie si n'est pas d'avance, *a priori*, reconnue la validité de la volonté générale. C'est ainsi qu'en France, le député, élu dans une circonscription particulière, est le *représentant du peuple français*, et que le président de la République, souvent élu par une minorité de fait, est censé être le « président de tous les Français ». Il est clair que le fait d'être évincé du pouvoir aide à critiquer de telles fictions. Cela dit, l'élection par la majorité, censée être l'expression de la volonté générale, est une condition indispensable à la démocratie, mais elle n'est pas suffisante. L'universel n'en reste pas moins essentiel (le même droit pour tous, contre le système des privilèges, l'égalité des chances, le suffrage universel, etc.).

L'exercice du pouvoir

Choisir librement les gouvernants ne suffit pas à fonder une démocratie. Car si je choisis librement quelqu'un en qui j'ai confiance pour lui remettre mon argent, destiné à acheter tel bien, et si cet ami fait de mon argent un tout autre usage, je serais en droit de me plaindre d'un abus de confiance. Il ne suffit pas de choisir librement, encore faut-il avoir la possibilité de *contrôler*. Lénine parlait de cette utopie – jamais réalisée, surtout pas en son pays – : la révocation des fonctionnaires, sur décision du peuple, à tout instant. L'effet pervers de la réalisation d'un tel idéal (une promesse non tenue, le renvoi) serait bien sûr l'instabilité chronique (il suffit de regarder du côté des sondages pour constater à quel point l'opinion publique est versatile). Le problème est celui-là même de la *démocratie représentative* qui fonctionne par délégation de pouvoirs.

Jargon

Devons-nous alors considérer la *démocratie directe* comme la seule véritable démocratie ? On sait que ce fut la pensée de Rousseau – dont le modèle était Genève, le canton suisse. Il est clair en effet que la démocratie directe – ce régime idéal dans lequel le peuple exerce le pouvoir sans intermédiaire – n'est possible que dans le cadre de petites unités territoriales, lorsque le peuple peut se réunir en corps. On peut aisément réunir un village sous un vieil arbre, mais une nation de 65 millions de citoyens ?

On a prétendu que le référendum permettrait de connaître directement la volonté du peuple.

À savoir

Le référendum (inventé par Napoléon, qui ne fut pas un modèle de dirigeant démocratique) n'est démocratique que si :

- la question est librement posée et intellectuellement honnête (donc pas du type : préférez-vous être riche comme maintenant ou pauvre à l'avenir ?) ;
- le peuple est informé – ce qui présuppose une connaissance des problèmes et donc une conscience politique aiguë (il n'y a pas de liberté sans cela). Or, les référendums, comme les sondages, dont ils constituent la forme élaborée, s'adressent à des hommes ignorants.

Attention

La démocratie n'est pas le *populisme* – et le populisme n'est presque jamais démocratique. Le populisme, qui est l'autre nom de la *démagogie*, en appelle au bon sens des gens contre l'indifférence et l'incompétence (réelles ou supposées) des élites. Une loi démocratique peut être impopulaire (exemple : la suppression de la peine de mort en France) ; inversement, une loi populaire peut être anti-démocratique (pratiquement toutes celles qui jouent sur le sentiment, le fantasme d'insécurité). Quels ont été les régimes les plus populaires du XXe siècle, et même de l'histoire tout entière ? Les totalitarismes, c'est-à-dire les régimes les moins démocratiques qui soient. Roosevelt n'a jamais eu la popularité de Hitler.

De plus, les grands progrès dans l'histoire ont été accomplis par des minorités *au nom du peuple*. C'est vrai aussi bien du domaine politique, social, que du domaine scientifique et technique. Il y a une contradiction possible, tragique, entre la *volonté générale* et l'*intérêt général* : l'homme politique démocrate est-il celui qui agit conformément à l'intérêt général ou celui qui exprime la volonté générale ? C'est celui qui agit conformément à l'intérêt général, mais cela suppose qu'il l'*interprète*.

La libre opposition

Puisque l'unanimité est impossible (et même non souhaitable), l'opposition entre au moins deux camps, celui qui gouverne et celui qui résiste, est inévitable. Il n'y a pas de démocratie sans opposition – inversement, le totalitarisme est le rêve (le cauchemar) fort d'une unité immobile. Cependant, cette opposition ne doit pas seulement être légalement reconnue, elle doit avoir les moyens d'exercer son pouvoir, parce que dans une démocratie, justement, il y a un pouvoir de l'opposition. C'est peut-être même la condition essentielle : la répartition du pouvoir ; on peut appeler « démocrate » le régime politique dans lequel ceux qui n'ont pas le pouvoir ont du pouvoir.

Selon la logique marxiste, l'idéologie est l'expression des intérêts antagonistes de classe. Si bien que la seule forme de critique concevable est l'autocritique. Mais cela définit exactement le totalitarisme.

Jargon

Cependant, la critique marxiste porte sur un point fondamental, qui nous servira à dégager une quatrième condition du caractère démocratique d'un pouvoir : il existe une différence de fond entre la *démocratie formelle* et la *démocratie réelle*. La première est apparente (les textes proclament l'égalité, la liberté, etc.), la seconde suppose la justice, l'égalité concrètes. Par exemple : que peut signifier la liberté de la presse dans des pays où existent de nombreux analphabètes (en France même, il y a de nombreux analphabètes), et où la presse est liée aux puissances de l'argent, nécessairement du bord droit de la politique ?

Dans l'absolu, la démocratie serait le régime du peuple tout entier qui exercerait directement le pouvoir. Or, l'universalité est en histoire un être de raison ou un idéal asymptotique, on la remplace donc par la majorité ; de plus, la démocratie directe n'est guère possible dans la pratique, au niveau de l'État ; des médiations sont nécessaires, mais avec des *contrôles* (si imparfaits soient-ils, les sondages jouent parfois ce rôle). À une échelle plus petite (usines, ateliers, villages, quartiers, etc.), la démocratie directe est possible, ce qui implique la *décentralisation* effective du pouvoir et une conscience politique aiguë du côté du peuple.

La démocratie serait donc impossible sans un minimum d'autogestion (donc d'anarchisme). Mais il y a cette croix du politique : quel autre pouvoir que celui de l'État pourrait-il se porter garant de la liberté de tous ?

Une autre condition fondamentale, avons-nous vu : l'existence d'une opposition libre, qui rend possible la libre alternance (la démocratie a cet avantage indiscutable de remplacer la violence par l'élection : on n'assassine plus un président pour prendre sa place).

Citation

Churchill disait de la démocratie qu'elle est le pire régime à l'exception de tous les autres.

À savoir

Ce n'est pas parce qu'un idéal n'est pas réalisé qu'il est frappé d'invalidité ; qualifier d'utopique une théorie, ce n'est pas la condamner.

Cependant, force est de constater aujourd'hui qu'aucun pays ne remplit toutes les conditions énoncées ci-dessus. Cela nous conduirait donc à conclure qu'aucun pays au monde ne mérite le nom de démocratie : il y a seulement des pays plus ou moins éloignés de cet idéal.

Texte canonique

Dans ce texte, Hobbes définit le pouvoir de l'État comme le représentant de la volonté de tous. Seul un État fort – ou république (*Commonwealth* en anglais) – peut assurer aux citoyens la sécurité sans laquelle aucune vie en commun n'est possible. Hobbes appelle Léviathan (c'est le titre de son ouvrage) cet État – du nom d'un monstre de la Bible, pour symboliser sa puissance.

La seule façon d'ériger un tel pouvoir commun, apte à défendre les gens de l'attaque des étrangers, et des torts qu'ils pourraient se faire les uns aux autres, et ainsi à les protéger de telle sorte que par leur industrie et par les productions de la terre, ils puissent se nourrir et vivre satisfaits, c'est de confier tout leur pouvoir et toute leur force à un seul homme, ou à une seule assemblée, qui puisse réduire toutes leurs volontés, par la règle de la majorité, en une seule volonté. Cela revient à dire : désigner un homme, ou une assemblée, pour assumer leur personnalité ; et que chacun s'avoue et se reconnaisse comme l'auteur de tout ce qu'aura fait ou fait faire, quant aux choses qui concernent la paix et la sécurité commune, celui qui a ainsi assumé leur personnalité, que chacun par conséquent soumette sa volonté et son jugement à la volonté et au jugement de cet homme ou de cette assemblée. Cela va plus loin que le consensus, ou concorde : il s'agit d'une unité réelle de tous en une seule et même personne, unité réalisée par une convention de chacun avec chacun passée de telle sorte que c'est comme si chacun disait à chacun.

T. Hobbes, *Léviathan*, trad. F. Tricaud, Sirey, 1971, p. 177.

Fiche révision

- » ***L'État*** est l'ensemble des structures de pouvoir qui organisent la vie des hommes en société. Il suppose une division entre le pouvoir et la société, dite ***société civile***. Les sociétés traditionnelles sont des sociétés sans État, ce qui ne veut pas dire des sociétés sans pouvoir.
- » La philosophie politique s'est partagée entre ceux qui, comme Thomas Hobbes, ont considéré que seul un ***État fort*** était susceptible d'assurer la sécurité au sein de la société et ceux qui, à l'instar de Locke, ont pensé que l'État devait se contenter de fonctions de surveillance et de police.
- » Il y a eu ***deux façons de s'opposer aux pouvoirs de l'État*** : pour les ***libéraux*** (comme Locke), l'État représente toujours un risque de tyrannie auquel les citoyens doivent échapper ; pour les ***antilibéraux*** (comme Marx), l'État constitue le moyen grâce auquel une classe dominante assure son pouvoir sur la classe dominée.
- » Pour Hegel, l'État incarne la conscience et la rationalité du pouvoir politique et social. Les partisans de ***l'État providence*** s'inscrivent dans cette lignée : l'État impartial (au-dessus des groupes de pression et des classes sociales) est susceptible d'organiser au mieux la société et de répartir le plus justement possible les contributions et des bénéfices.
- » Depuis l'Antiquité, on distingue trois régimes politiques : la ***monarchie*** (gouvernement d'un seul), ***l'aristocratie*** (gouvernement de quelques-uns), et la ***démocratie*** (gouvernement de tous).

Lecture

QUELQUES AUTEURS ET TEXTES PHARES À CONSULTER

» Th. Hobbes, *Léviathan*.

Lire le chapitre XVII, dans lequel le philosophe anglais analyse les causes et la nature de la république (de l'État).

» E. Kant, *Projet de paix perpétuelle*.

Dans cet opuscule, assez facile à lire, Kant définit la république (opposée au despotisme) comme le régime susceptible d'assurer la paix entre les États.

» G. W. F. Hegel, *Principes de la philosophie du droit*.

Lire le paragraphe 258 dans lequel Hegel distingue l'État de la société civile.

Chapitre 25

La liberté

Quelle que soit votre série, lisez ce chapitre !

DANS CE CHAPITRE :

» **Les conceptions à écarter**

» **La liberté n'est-elle qu'une illusion ?**

» **Ce qui différencie les hommes des animaux et des machines**

» **La dimension politique de la liberté**

Les idées fausses les plus courantes

La liberté, c'est faire ce qui nous plaît

Bien sûr que non : il plaît à l'alcoolique de boire, au junkie de se piquer, au sadique de torturer : trois exemples d'aliénation humaine. Très souvent, au contraire, être libre, c'est précisément faire ce qui *ne nous plaît pas* : on est plus libre à dire la vérité qui nous déplaît plutôt que le mensonge qui nous plaît. Il faut suivre sa pente, disait l'écrivain André Gide, mais pourvu que ce soit en montant. On peut être enchaîné par ses passions, par son plaisir. La liberté n'est ni l'envie, ni la spontanéité, ni la licence.

Lecture

Ainsi Socrate montre-t-il au sophiste Gorgias, qui donne son nom au dialogue de Platon, que, contrairement à ce qu'il avait dit étourdiment, le tyran n'est pas l'homme le plus libre de la cité sous le prétexte qu'il peut se débarrasser de qui il veut, puisqu'il est l'esclave de ses propres colères et de ses propres envies.

Être libre, c'est faire ce qu'on veut

Mais qu'est-ce que la volonté ? Elle n'est pas plus claire que la liberté (on remplace un problème par un autre). En outre, la volonté renvoie à la liberté, et on tombe dans un cercle vicieux (on est libre parce qu'on veut quelque chose et on veut quelque chose parce qu'on est libre !).

La liberté des uns s'arrête là où commence celle des autres

C'est une formule de petit boutiquier : seule une propriété matérielle peut s'arrêter là où commence celle de l'autre. La France, par exemple, s'arrête là où commence le Luxembourg ou l'Allemagne. La liberté est une *valeur*, or une valeur n'est pas divisible. La liberté est analogue à l'amour d'une mère tel que l'évoquait Victor Hugo : « Chacun en a sa part et tous l'ont tout entier. » Prenons la liberté d'expression : *ma* liberté de penser commence en réalité là où *commence* aussi celle de l'autre, finit là où *finit* celle de l'autre ; le monde des valeurs obéit à une logique de la solidarité et non à une logique de la concurrence (laquelle, en revanche, gouverne le marché du travail, le marché des biens matériels, et les territoires).

Le monde de l'économie, du travail et de la propriété est, en effet, celui de la concurrence : le poste que j'occupe, les autres ne l'auront pas, le bien dont je jouirai, les autres en seront *privés* (d'où le terme : propriété *privée*, elle est celle dont les autres sont *privés*). Mais la liberté ? Elle n'est pas une marchandise, elle est une *valeur*. Le monde des *valeurs*, à la différence de celui des *marchandises*, n'est pas celui de la concurrence, c'est celui de la solidarité : ma liberté de penser n'est pas limitée par celle de l'autre, au contraire, elle est *garantie* par elle. Que signifie « liberté de vote », sinon liberté *pour tous* ? L'autre m'empêcherait-il de choisir, de penser, d'agir ? Évidemment, on pense à la « musique » tonitruée à minuit : mon plaisir ne doit pas être payé du prix de la douleur du voisin. Mais pourquoi parler de *liberté* ici ? C'est avoir une piètre conception d'elle que de la confondre avec l'envie ou la simple possibilité.

Être libre consiste à être soi-même

Apparemment, oui : l'esclave ne peut être lui-même. En fait, non : on peut crever de ne pas pouvoir être autre que soi. Être soi-même : idéal mesquin de petit rentier. Pour être libre, il faut sortir de soi, s'ouvrir aux autres et au monde. Un aliéné, c'est quelqu'un qui ne peut pas sortir de lui-même.

On ne peut pas se passer d'un maître

Oui, mais quel maître ? Bach est un maître, Hitler aussi. Il y a des maîtres dont on se passerait bien !

On commence tous par être des enfants. Mais certains restent mineurs toute leur vie (il est plus facile de ne pas penser que de penser, plus facile de ne rien dire que de dire, plus facile de se soumettre que de se révolter).

Qu'est-ce qu'un maître ? Le maître de Wagner, c'était Beethoven ; le maître de Platon, c'était Socrate ; le maître de la télévision, c'est le gouvernement (dans les pays non démocratiques) ou l'argent (dans les pays démocratiques) !

Être libre, c'est agir sans contraintes

À savoir

Si l'on entend par « contraintes » les règles et limites de notre action, la chose, alors, est impossible. Il y a toujours forcément des contraintes, c'est-à-dire des règles et des limites. Seulement, il existe plusieurs types de contraintes : les contraintes externes et les contraintes internes, les contraintes subies et les contraintes assumées.

Il faut donc distinguer parmi les contraintes : a) celles qui sont justes et celles qui ne le sont pas ; b) celles qui sont acceptables et celles qui ne le sont pas. Les contraintes que s'impose un poète lorsqu'il écrit un sonnet ne sont pas de même nature que celles qui écrasent un peuple soumis à la dictature.

À savoir

De toute manière, une absence totale de règles ou de lois est impossible. Leibniz a formulé le *principe* de *raison*, en vertu duquel on peut dire que tout ce qui existe a une raison d'être. Les actes et le comportement de l'homme ne sauraient violer le principe de raison : tout acte possède une cause.

L'indépendance est le plus haut degré de la liberté

L'indépendance, comme l'émancipation, est une condition nécessaire mais non suffisante de la liberté. Un enfant mineur qui s'affranchit n'est pas libre pour autant : il s'est seulement libéré d'une dépendance. Les pays africains, nominalement indépendants, ne sont presque jamais libres. Pour être libre, il ne suffit pas de sortir de prison ; encore faut-il savoir ce qu'on va faire en dehors de la prison.

Être libre, c'est n'obéir qu'à soi-même

Oui, à condition que le « soi-même » soit le porte-voix de la raison, ce qui est rare (voir *supra* « Être libre, c'est faire ce qui nous plaît »). Et puis, n'oublions pas à quel point le « soi » peut être divers et changeant. Il est loin de constituer cette force homogène et stable que l'idée d'identité nous donnerait à penser.

Obéir à soi-même, certes, mais à quel « soi » ? Celui qui pense ou celui qui agit impulsivement ? Celui d'aujourd'hui, sachant qu'il n'était pas le même hier et ne sera plus le même demain ?

L'idée d'inconscient exclut toute idée de liberté

Savoir que l'inconscient existe, ce n'est déjà plus le subir passivement. Déjà Spinoza définissait la liberté comme la connaissance de la nécessité (voir page suivante).

Citation

Hegel disait : « L'homme est un animal, et il le sait. Mais, du fait qu'il le sait, il ne l'est plus. »

La part animale de l'être humain renvoie à des pulsions parfois incontrôlables. Mais être conscient de cela, c'est montrer qu'une certaine maîtrise est possible.

La psychanalyse, qui a découvert l'inconscient psychique, n'a pas supprimé pour autant toute idée de liberté. Connaître ne serait-ce que l'existence de l'inconscient (pulsions et désirs refoulés), c'est déjà un moyen de prendre une certaine distance, donc une certaine liberté, par rapport à lui.

L'homme a toujours aimé la liberté et a toujours combattu pour elle

Citation

Un romancier russe, Dostoïevski, nous dit, à plus juste titre, l'exact inverse :

« Il y a une chose que les hommes préfèrent à la liberté, c'est la servitude. »

Liberté et servitude sont contradictoires ; or l'amour de la liberté paraît universel – d'où la forme paradoxale de cette citation.

La liberté n'est pas l'objet d'amour permanent qu'on dit, elle peut inquiéter, et même effrayer. Il existe un réel *désir de servitude* assez répandu parmi les hommes (dans l'histoire, les révoltes et les révolutions ont été longues à venir et sont restées partielles lorsqu'elles se sont voulues totales, elles ont dégénéré dans la violence chaotique). La servitude offre parfois l'avantage de la sécurité, d'où la résignation fataliste des asservis.

La liberté, c'est l'inconnu ; or les hommes préfèrent le connu. De fait, les révoltes contre les pouvoirs despotiques sont, dans l'histoire, plutôt rares (l'absence de révolution est beaucoup plus répandue que la révolution), et quand elles existent, elles sont toujours le fait d'une minorité instruite, consciente, intelligente (*on* se révolte au nom du peuple ; le peuple, lui, se drogue, va au temple, a l'esprit embrumé par les préjugés et le corps hébété par la faim ; il ne se révolte pratiquement jamais).

Citation

Jean-Jacques Rousseau disait que l'esclave a tout perdu, jusqu'au désir de se libérer.

La citation de Dostoïevski n'est donc paradoxale qu'en apparence ; elle peut se justifier de trois manières :

- Par le fait massif de la résignation : un esclave n'a pas spontanément l'idée de la liberté. Le réel, pour lui, ne peut être que normal (ainsi s'explique la soumission quasi universelle des femmes).
- Par un désir inconscient : être soumis, c'est n'être pas responsable. La servitude peut assouvir le désir de sécurité.
- La liberté peut être angoissante, car elle est choix, projet, décision, aventure, etc.

Fatalisme et déterminisme

Jargon

Le *fatalisme* est la conception selon laquelle le monde entier, et l'être humain qui en fait partie, sont soumis à un destin qui ne peut pas être changé. L'histoire d'Œdipe (voir chapitre 44) est l'illustration connue de cette toute-puissance du Destin qui rend impossible la liberté humaine. Les religions monothéistes (judaïsme, christianisme et islam) ont changé en *providentialisme* le fatalisme ancien : Yahvé, Dieu et Allah sont tout-puissants, mais, à la différence du Destin, ils ne sont ni aveugles ni injustes. Cela dit, si Dieu sait et fait tout, quelle liberté reste-t-il à l'homme ?

Citation

Spinoza disait de la liberté qu'elle est l'ignorance de la nécessité : si une pierre était consciente, en tombant, elle se dirait : « je veux tomber », alors qu'elle ne fait qu'obéir à des lois physiques. Si dans la nature tout est soumis à des lois nécessaires, alors la liberté comme transgression de cet ordre est une fiction. La liberté véritable, dit Spinoza, ne peut être que la connaissance de la nécessité.

La nécessité de la liberté

Pourtant, il existe, semble-t-il, bien de la différence entre l'être humain et la nature. Seul l'être humain possède des raisons *intérieures* pour se déterminer. Une éruption volcanique, une migration de tourterelles sont des phénomènes produits par un ensemble de causes *externes*. Seul l'être humain est capable de se déterminer par des forces qui viennent de lui – des raisons, des mobiles, des motivations.

Le problème n'est pas seulement philosophique : il est aussi moral. Car si l'homme n'est pas libre, cela signifie qu'il n'est pas responsable de ce qu'il fait. Et s'il n'est pas responsable, cela signifie qu'on ne peut pas raisonnablement le punir s'il a mal agi.

Citation

On comprend que Nietzsche ait pu dire que « la liberté est la métaphysique du bourreau » : la société a *besoin* de croire à la liberté des individus pour pouvoir les châtier en cas de crime.

À savoir

Kant a tenté de concilier les deux points de vue : celui d'une stricte nécessité (qui anéantit la liberté, donc la responsabilité, donc la morale) et celui d'une liberté incompréhensible. Les actions humaines, dit-il, sont situées sur deux plans : sur le plan sensible, elles ne dérogent pas aux lois de la nature, et suivent l'ordre de la causalité (telle cause, tel acte). Mais sur le plan intelligible, l'être humain est un être libre, moral, qui doit *répondre* de ses actes, car il est toujours capable de dire *non* à ses mobiles (intérêts et envies). Ainsi, au tribunal, on pourra *expliquer* par des causes repérables (enfance difficile, scolarité écourtée, absence de travail fixe, etc.) le comportement d'un assassin ; les juges et les jurés n'en pourront pas moins penser que l'accusé est *responsable*, et pas seulement coupable.

Dire non

À savoir

La *puissance du refus* est sans doute ce qui différencie le plus nettement l'être humain des animaux et des machines. Certes un animal peut « désobéir » à l'ordre qu'on lui donne (traditionnellement, l'âme incarnait cet entêtement), certes une machine peut tomber en panne. Seulement, on ne dira pas, en ce cas, qu'il y a *puissance du refus* : ni l'animal ni la machine ne sont capables de faire ce que fait très tôt le petit enfant (dès qu'il commence à parler) : *dire non.*

Liberté d'indifférence, libre arbitre

Jargon

On appelle *liberté d'indifférence* le pouvoir dont l'être humain serait seul à disposer et qui lui permettrait de choisir entre deux éventualités rigoureusement équivalentes pour lui en termes de plaisirs ou d'avantages.

LA CAPACITÉ DE NIER

Peut-être est-ce ici que la liberté se marque de façon tangible : la capacité de dire *non* – celle de désobéir, celle d'aller à contre-courant des forces qui devraient logiquement l'emporter. Aucun tyran dans l'histoire n'a réussi à asservir *toutes* les consciences. Au sein du malheur, il s'est toujours trouvé au moins une voix pour dire : « *Non* ! *Tu n'es qu'un imbécile ! Même sous la menace de mort, je ne me soumettrai pas à toi !* »

C'est peut-être d'ailleurs une marque de l'humain que cette présence du sens au sein de la négativité : le malade sait mieux que le bien portant ce qu'est la bonne santé. Si l'on nous demande de définir la liberté, nous sommes embarrassés (nous avons vu plus haut que les énoncés classiques sont tous déficients). En revanche, nous savons tous ce que signifie l'*absence de liberté* : la prison, l'esclavage, la mort. De même que le bonheur ne se vit que lorsqu'il n'est déjà plus là, de même la liberté s'éprouve d'autant mieux qu'on ne la vit pas, qu'on l'espère ou qu'on la sent menacée.

Jargon

Le *libre arbitre* va encore plus loin que la liberté d'indifférence : il permettrait aux êtres raisonnables que nous sommes tous en tant qu'humains de choisir *contre* les impulsions premières, les envies immédiates, les intérêts les plus évidents. Ainsi, grâce à son libre arbitre, l'homme pourrait-il *choisir* le sacrifice de son plaisir individuel pour faire triompher un idéal auquel il croit (les combattants de la liberté dans les circonstances extrêmes – guerre de libération, par exemple – sont capables de risquer la mort pour la victoire de leur cause).

L'ÂNE DE BURIDAN OU LE MALHEUR DE N'ÊTRE QU'UNE BÊTE

Pour illustrer la nécessité d'une liberté d'indifférence chez l'être humain, on raconte l'histoire (attribuée à Buridan, philosophe du Moyen Âge) de cet âne qui, placé à égale distance d'un seau d'avoine et d'un seau d'eau, et également tenaillé par la faim et par la soif, se laisserait littéralement mourir d'inanition sur place.

L'être humain, qui est loin d'être un âne, pourrait, grâce à sa liberté, choisir, même dans une situation d'indifférence (de non-différence), et ainsi se sortir d'une mauvaise passe.

« Vouloir libère » (Nietzsche)

Peut-être n'y a-t-il jamais eu d'acte *libre*.

En revanche, l'histoire et la vie offrent de nombreux cas d'actions de *libération* : un peuple qui acquiert son indépendance (« cette nuit, la liberté »), un esclave qu'on affranchit, un adolescent qui, pour la première fois, quitte la maison des parents, un prisonnier qui voit se refermer derrière lui les portes de sa prison, éprouvent tous ce vertige (chacun devrait l'avoir éprouvé au moins une fois dans sa vie). La liberté est peut-être davantage un *passage* qu'un état. Pourtant, elle n'est pas simple émancipation : on l'a vu avec la décolonisation, il ne suffit pas d'acquérir une indépendance nominale, formelle, pour devenir libre. Sans le sou, sans travail, l'adolescent qui a quitté le foyer de son père s'est libéré d'une dépendance, il n'est pas libre pour autant. L'indépendance est une condition nécessaire mais non suffisante de la liberté.

À savoir

Une définition purement négative de la liberté est incomplète : il ne suffit pas de ne plus dépendre d'une autorité extérieure pour être libre, encore faut-il pouvoir donner un *contenu concret* à ses actions. Or, pour ce faire, deux conditions sont requises : le pouvoir matériel (niveau de vie convenable) et le pouvoir psychologique et intellectuel (niveau d'instruction convenable). Une liberté dans la misère est une illusion, que cette misère soit matérielle (la pauvreté) ou intellectuelle (l'ignorance, l'analphabétisme). Que signifie la liberté de voyager si l'on n'a pas d'argent pour voyager, que signifie la liberté de voter si l'on n'a pas la culture politique nécessaire pour choisir entre les partis ? Ni le pauvre ni l'ignorant ne sont vraiment libres (du moins dans les conditions actuelles de la société). La liberté est *pouvoir*, mais pas seulement – elle est *puissance*.

Cette puissance, on peut la rêver sans limites. Or les limites sont de deux ordres : *limites naturelles* (faiblesse du corps, finitude de l'existence vouée à la mort) et *limites sociales* (nécessité de vivre avec les autres, d'où la présence des règles et des lois, donc des contraintes).

À savoir

Notre imagination nous suggère que notre liberté serait renforcée par l'absence de ces contraintes : ainsi la colombe imaginée par Kant pense-t-elle, l'étourdie, que sans l'air dont elle sent désagréablement la résistance sur ses plumes, elle volerait beaucoup mieux ; elle oublie, elle ignore que *ce qu'elle ressent comme un obstacle est en réalité une condition de possibilité* (sans l'air, en effet, elle ne volerait pas mieux : elle ne volerait pas du tout !). Nous éprouvons les règles et les lois comme la colombe de Kant éprouve l'air : comme autant de gênes. Ainsi l'automobiliste peste-t-il contre les sens interdits, ainsi le contribuable râle-t-il contre les impôts. Le premier rêve d'une route libre, le second d'une société libre – mais sans panneaux, la route serait impraticable, sans impôts, aucune société ne pourrait plus fonctionner. La mort est une douleur. Mais imaginons-nous immortels. Que ferions-nous de plus ? N'agirions-nous pas moins, au contraire ? Agir, n'est-ce pas inscrire dans le présent, précisément, ce qu'on n'a pas tout le temps pour le faire ?

Liberté des Anciens, liberté des Modernes

À savoir

La distinction est de Benjamin Constant, écrivain français et apôtre du libéralisme (début du XIXe siècle). Dans l'Antiquité, on n'était pas libre en tant qu'individu, mais :

- en tant que membre d'un peuple non soumis à la loi de l'étranger (d'où la nécessité pour le citoyen de défendre sa patrie en cas d'invasion) ;
- en tant que membre d'une classe de citoyens, c'est-à-dire d'hommes libres, par opposition aux esclaves.

Depuis quatre siècles, sous l'impulsion de facteurs économiques (naissance du capitalisme) et idéologiques (perte d'influence de l'Église, lutte pour la tolérance), la liberté est allée de pair avec un individualisme croissant : la liberté est ainsi devenue l'attribut de l'individu lui-même, elle n'est plus l'apanage d'une classe de privilégiés. Dans toutes les constitutions des États démocratiques modernes, dans toutes les déclarations des droits, la liberté est affirmée comme un droit *naturel*, c'est-à-dire universel, nécessaire et inaliénable.

Dilemmes et questions

Dans les sociétés modernes, la valeur de liberté entre en conflit avec deux autres valeurs non moins indispensables à une existence digne : celle de sécurité et celle de justice (ou d'égalité).

Dilemme liberté/sécurité : l'absence de sécurité est ruineuse pour la liberté (une femme qui n'ose plus sortir seule le soir n'est donc pas *libre* de le faire) ; pour assurer la sécurité, il y a nécessité d'un pouvoir d'État (administration, justice, armée, police) ; or celui-ci risque d'empiéter sur la liberté alors même qu'il prétend la défendre (inquiétante ambivalence de ce mot : *défendre* !).

À savoir

Dilemme liberté/justice : l'absence de justice est ruineuse pour la liberté ; Jaurès disait du capitalisme que c'était le système du renard libre dans le poulailler libre. Dans une situation d'inégalités fortes, la liberté n'est plus que le privilège de quelques-uns (les riches). Mais aucune justice ne s'établit spontanément : il y faut un pouvoir, dont la force peut à son tour menacer la (ou les) liberté(s). Aucune solution objective n'existant, la tâche des sociétés est d'aboutir aux meilleurs compromis possibles.

Que prétend-on affirmer en déclarant que l'homme est né libre ?

- » Que toute situation de servitude est un fait de société et non de nature.
- » Que ce droit (naturel) est universel puisque, à la naissance, les distinctions sociales ne jouent pas encore.
- » Que la liberté est l'essence de l'homme.
- » Que la liberté est la destination de l'homme, qu'aucune autre valeur ne peut le définir avec autant de force.

Qu'est-ce que penser librement ?

Cela signifie se libérer des préjugés, des représentations communes, critiquer, inventer, chercher, dire *non*, résister.

Qu'est-ce qu'agir librement ?

Il s'agit ici de dire *non* à ce qui peut écraser l'homme : ignorances, illusions, préjugés, injustices, contraintes, violences. La liberté est un autre nom pour la puissance – et la première puissance par quoi se montre la liberté est celle du *refus*. Un esclave, un ignorant, un serviteur, un valet, un frivole, un infantile sont des impuissants à des titres divers.

Faut-il apprendre à être libre ?

- » **La Déclaration des droits de l'homme répond *non* puisqu'elle proclame que les hommes naissent libres.** On n'apprend pas à être ce qu'on est naturellement.
- » **Mais cette liberté innée, spontanée, naturelle, pourrait n'être qu'un mythe, une illusion.** Un nourrisson est-il libre ? La liberté, c'est la puissance réelle et non la simple possibilité formelle. Un homme riche est plus libre qu'un pauvre parce qu'il a plus de puissance que lui ; un homme instruit est plus libre qu'un illettré, etc. Dès lors, on ne naît pas libre, on n'est pas libre : on *peut* se libérer.

Liberté et égalité sont-elles opposées ou complémentaires ?

À savoir

Les deux valeurs sont conflictuelles : au nom de la liberté, on a laissé se développer de grandes inégalités (exemple des États-Unis). Au nom de l'égalité, on a tué la liberté (exemple de l'Union soviétique). Mais une liberté sans égalité n'est une liberté que pour quelques privilégiés, et une égalité sans liberté n'est plus que celle de la masse asservie.

Le passé est-il facteur de servitude ou de liberté?

Il peut être l'un et l'autre : boulet insupportable à traîner (certaines traditions, certains souvenirs d'enfance, certaines expériences malheureuses) ou bien condition d'une prise de conscience de soi – sans laquelle il ne saurait y avoir de liberté.

Pour les peuples, nous constatons la même équivoque : le passé historique, c'est la culture, la langue, les traditions, sans lesquelles il ne saurait y avoir d'identité. Mais le passé collectif peut également être terriblement pesant (les préjugés religieux, par exemple) et fauteur de conflits interminables (exemple de l'ex-Yougoslavie).

De quelles contraintes l'homme souffre-t-il ?

À savoir

Les contraintes peuvent être :

- ***naturelles :*** les besoins, les maladies, la mort ;
- ***sociales :*** les autres, les pouvoirs, les lois ;
- ***psychologiques :*** le passé, l'inconscient, le « caractère ».

Le pouvoir de l'État est-il un facteur de liberté et d'oppression ?

Les deux. Tout dépend des situations et des circonstances :

- **Facteur d'oppression :** la dictature, le totalitarisme.
- **Facteur de liberté :** seul l'État peut exprimer l'intérêt général. L'État libère des tyranneaux locaux, des féodalités idéologiques et financières. La Russie actuelle offre un contre-exemple, de multiples mafias s'étant substituées à l'État.

Le gouvernement par le peuple signifie-t-il nécessairement la liberté ?

À savoir

Apparemment, oui : « démocratie » signifie (en grec) « pouvoir du peuple », « république » signifie (en latin) « chose commune ». Ce qui distingue la démocratie des tyrannies, despotismes, dictatures, totalitarismes, c'est la liberté du peuple.

Cela dit, les totalitarismes ont été à la fois des régimes populaires et populistes.

- **Populaires :** les chefs d'État les plus follement acclamés ont été des dictateurs.

  Populistes : on ne comprend rien au nazisme ni au stalinisme si on oublie quel formidable pouvoir ils donnaient au citoyen de base (dans ces régimes, les promotions pouvaient être particulièrement rapides - un ouvrier méritant, un membre du parti, un SS avaient un prestige et une puissance sociale qu'ils n'auraient jamais eus en démocratie).

Citation

« La liberté consiste à ne dépendre que des lois » (Voltaire)

Tout dépend de quelles lois, il y a des lois ineptes, injustes, barbares. Voltaire voulait dire qu'une loi garantit mieux la liberté que le caprice d'un chef.

Quelle est, selon vous, la forme la plus achevée de la liberté ?

Plusieurs réponses possibles :

» **la puissance du refus :** se révolter, dire *non*, résister. Parler et agir contre la banalité, l'injustice, la bêtise. Agir contre les préjugés ;

» **la création :** modèle de l'artiste ;

» **faire de son existence une destinée,** un projet accompli.

S'engager, est-ce renoncer à sa liberté ?

Tout dépend de la qualité de l'engagement : il y a ceux qui s'engagent dans une carrière de scientifique, et ceux qui s'engagent dans l'armée (Einstein disait que pour marcher au pas, le cerveau est inutile, la moelle épinière suffit).

Citation

« Pas de liberté pour les ennemis de la liberté ! » (Saint-Just)

Ce slogan justifia la politique de Terreur, pendant la Révolution française (1794). Comment un État fondé sur les principes de liberté et de justice peut-il admettre les agissements de ceux qui les récusent ? Mais en retour, que peut signifier être ami de la liberté si l'on commence par emprisonner, et même tuer, ceux qui ne sont pas d'accord ? Difficile de répondre de manière unique. La démocratie allemande fut coupable de faiblesse en 1932 en laissant la barbarie nazie s'emparer des villes et des têtes, et Salvador Allende, président élu du Chili, fut bien bon de ne pas sévir contre l'armée fasciste en 1972 : un an plus tard, il était tué dans le coup d'État qui permit aux ennemis de la liberté de l'emporter.

Textes canoniques

Dans ce texte extrait des *Lettres écrites de la montagne*, Rousseau analyse le rapport, en société, de la liberté à la loi.

Deux cas sont possibles. Le premier, condamné par Rousseau, est celui où un individu (ou un groupe) est placé au-dessus des lois. Dès lors, nous n'avons plus affaire à un *peuple* de *citoyens*, où le *chef*, chargé de faire appliquer la loi, y est lui-même soumis, mais à un ensemble disparate d'*individus*. Certains d'entre eux, en se mettant au-dessus des lois, se sont érigés en *maîtres*. Le rapport à la loi est alors un rapport où l'*obéissance* de tous est remplacée par la *servitude* du plus grand nombre. Ce qui domine alors, ce n'est plus la rationalité de la loi, ce n'est plus un univers de *droits* (et de devoirs), c'est un monde instable de *rapports de force*.

L'autre cas de figure, celui qui a les préférences de Rousseau, rend possible un lien social qui n'est plus marqué par la relation d'individus occupant des positions particulières dans un rapport de force fondant ou justifiant l'inégalité entre les hommes. Au contraire, ce rapport, valorisé par l'obéissance à la loi, est un rapport de droit qui, en soustrayant la personne au rapport de force, la libère. L'obéissance de tous à la loi est bien la condition de la liberté de tous. D'où la thèse principale du texte : en société, il n'y a pas de liberté sans lois.

Il n'y a donc pas de liberté sans lois, ni où quelqu'un est au-dessus des lois : dans l'état même de nature l'homme n'est libre qu'à la faveur de la loi naturelle qui commande à tous. Un peuple libre obéit, mais il ne sert pas ; il a des chefs et non des maîtres ; il obéit aux lois mais il n'obéit qu'aux lois et c'est par la force des lois qu'il n'obéit pas aux hommes. Toutes les barrières qu'on donne dans les républiques au pouvoir des magistrats ne sont établies que pour garantir de leurs atteintes l'enceinte sacrée des lois : ils en sont les ministres, non les arbitres, ils doivent les garder, non les enfreindre. Un peuple est libre, quelque forme qu'ait son gouvernement, quand dans celui qui le gouverne il ne voit point l'homme mais l'organe de la loi. En un mot, la liberté suit toujours le sort des lois, elle règne ou périt avec elles.

J.-J. Rousseau, *Lettres écrites de la montagne*, Œuvres complètes III, Gallimard, Bibliothèque de la Pléiade, 1964, p. 842.

***

Tocqueville fut un critique lucide de la démocratie américaine. Son observation sur le terrain et sa réflexion l'ont conduit à se demander si la démocratie n'induisait pas une contrainte subtile, une tyrannie secrète. La valeur d'égalité, qui est au cœur de la société démocratique, risque d'anéantir la liberté.

Je pense que l'espèce d'oppression dont les peuples démocratiques sont menacés ne ressemblera à rien de ce qui l'a précédée dans le monde ; nos contemporains ne sauraient en trouver l'image dans leurs souvenirs. Je cherche en vain moi-même une expression qui reproduise, exactement, l'idée que je m'en forme et la renferme ; les anciens mots de despotisme et de tyrannie ne conviennent point. (...) Je vois une foule innombrable d'hommes semblables et égaux qui tournent sans repos sur eux-mêmes pour se procurer de petits et vulgaires plaisirs, dont ils emplissent leur âme. Chacun d'eux, retiré à l'écart, est comme étranger à la destinée de tous les autres : ses enfants et ses amis particuliers forment pour lui toute l'espèce humaine ; quant au demeurant de ses citoyens, il est à côté d'eux, mais il ne les voit pas ; il les touche et ne les sent point ; il n'existe qu'en lui-même et pour lui seul, et, s'il lui reste encore une famille, on peut dire du moins qu'il n'a plus de patrie.

Au-dessus de ceux-là s'élève un pouvoir immense et tutélaire qui se charge seul d'assurer leur jouissance et de veiller sur leur sort. Il est absolu, détaillé, régulier, prévoyant et doux. Il ressemblerait à la puissance paternelle si, comme elle, il avait pour objet de préparer les hommes à l'âge viril ; mais il ne cherche, au contraire, qu'à les fixer irrévocablement dans l'enfance ; il aime que les citoyens se réjouissent, pourvu qu'ils ne songent qu'à se réjouir.

A. de Tocqueville, *De la démocratie en Amérique*, II, IV, VI.

Lecture

QUELQUES AUTEURS ET TEXTES PHARES À CONSULTER

» R. Descartes, *Lettres*.

Lire la lettre au Père Mesland sur le libre arbitre (liberté de la volonté).

» B. Spinoza, *L'Éthique*.

Livre I, propositions 28-32 et livre III, proposition 2. Le sentiment de la liberté est une illusion qui consiste en ce que les hommes sont conscients de leurs actes et ignorants des causes qui les déterminent.

B. Spinoza, *Lettre à Schuller* (1675).

Exemple de la pierre qui reçoit d'une cause extérieure une certaine quantité de mouvements, par laquelle elle continue de se mouvoir après l'arrêt de l'impulsion externe. Si cette pierre était consciente, elle croirait être libre et ne persévérer dans son mouvement que par la seule raison qu'elle le désire. Telle est cette liberté humaine que tous les hommes se vantent d'avoir et qui consiste en cela seul que les hommes sont conscients de leurs désirs et ignorant des causes qui les déterminent.

» J.-J. Rousseau, *Du contrat social*.

Lire les livres I et II. La liberté en société, définie comme l'obéissance à la loi qu'on s'est prescrite à soi-même.

» A. de Tocqueville, *De la démocratie en Amérique*.

Une analyse toujours actuelle.

» J.-P. Sartre, *L'Existentialisme est un humanisme*, Nagel, 1947.

L'homme est condamné à être libre. L'homme n'a pas d'essence, il se définit lui-même par ses choix et ses actes. La liberté est source d'angoisse car, en se choisissant, l'homme choisit pour tous les hommes, il engage l'humanité tout entière.

Fiche révision

- ***La liberté*** ne doit être confondue ni avec le caprice ni avec l'impulsion. Il ne suffit pas d'être indépendant pour être libre.
- La liberté peut être définie ***négativement*** comme la capacité à agir sans cause extérieure déterminante et ***positivement*** comme puissance d'agir.
- Le ***déterminisme***, dont le principe gouverne les sciences de la nature (il n'y a pas de phénomène sans cause et l'ordre de la nature présente une succession stable de causes et d'effets), ne doit pas être confondu avec le ***fatalisme*** qui est une conception métaphysique et religieuse d'un Destin aveugle gouvernant tous les événements. Alors que le fatalisme ruine la liberté, le déterminisme peut la favoriser (c'est en connaissant les lois de la nature que les êtres humains peuvent agir à leur avantage).
- On appelait ***liberté d'indifférence*** celle de l'individu qui, comme l'âne de Buridan, serait placé devant deux possibilités rigoureusement égales pour lui. Le ***libre arbitre*** est l'autre nom pour désigner une liberté capable de choisir, même contre les intérêts et les avantages immédiats.
- Alors que les ***Anciens*** considéraient la ***liberté*** comme une ***affaire*** d'abord ***collective***, les ***modernes*** placent ***l'individu*** au centre de tout (pour eux, la liberté est d'abord une affaire personnelle).

Chapitre 26

Le devoir

Élèves de L, ES ou S, lisez ce chapitre !

DANS CE CHAPITRE :

» **L'évolution de la notion de devoir**

» **La conception de Kant**

» **Les problèmes et les conflits**

De la contrainte externe à l'obligation intérieure

À savoir

Le verbe « devoir » en français est équivoque : lorsque nous disons que la pluie *doit* tomber ou que le ministre *doit* démissionner, ou encore que le débiteur *doit* rembourser ses dettes, nous utilisons le mot en des sens différents. Le verbe « devoir » renvoie tantôt à la nécessité physique, naturelle, tantôt à l'événement logique, prévisible, tantôt à l'action normale sur le plan moral.

Les sociétés modernes sont individualistes. Elles centrent les volontés et les actions sur les sujets particuliers (moi, toi, lui, etc.). Il n'en allait pas de même autrefois.

Dans la Bible et le Coran, les devoirs sont prescrits aux hommes par Dieu lui-même – la désobéissance est donc un crime contre Dieu. Dans les sociétés traditionnelles, on identifiait l'ordre social (humain) et l'ordre de la nature (physique), la nécessité et l'obligation. Ainsi, en Inde, chaque caste avait des devoirs spécifiques : les prêtres (brahmanes) avaient les leurs, ainsi que les commerçants, les guerriers, etc. Ne pas accomplir les devoirs de sa caste, c'est s'exposer à subir, dans une vie future, une mauvaise réincarnation.

La séparation de la religion, du droit et de la morale

Dans les sociétés traditionnelles, religion, droit et morale sont confondus. Ainsi le Coran est-il un livre à la fois moral, juridique et religieux.

À savoir

Les sociétés modernes tendent à l'inverse à séparer les différentes sphères : la religion a quitté le champ politique et social (laïcité), la morale a été intériorisée, elle est devenue une affaire de conscience.

Jargon

Kant distingue, pour les opposer, le *droit* et la *morale* : avec le droit, j'obéis à une loi extérieure (hétéronomie) ; avec la morale, j'obéis à une loi intérieure (autonomie). La distinction entre la nécessité et l'obligation a le même sens.

La conception kantienne du devoir

C'est Kant qui donna au devoir une place centrale dans la philosophie morale.

À savoir

La morale selon Kant ne peut venir ni d'en haut (Dieu, la religion), ni de l'extérieur (la société), elle doit reposer sur la conscience même de l'être humain. Mais Kant refuse également la théorie partagée par la plupart des philosophes (surtout anglais) de son époque, celle selon laquelle le bien moral repose sur l'affectif (le sentiment ou l'émotion).

LA MORALE DU SENTIMENT

Si le bien moral n'est pas dicté par Dieu et est distinct des lois de la société, il vient de l'être humain lui-même. Seulement, l'être humain peut être compris ou bien comme un être sensible et sentimental (c'est le point de vue des empiristes anglais), ou bien comme un être rationnel et raisonnable (c'est le point de vue de Kant).

À partir de Kant, on opposa donc les « morales du sentiment » aux « morales du devoir ».

À savoir

Pour les empiristes anglais, le bien, c'est ce qui fait du bien, le mal, ce qui fait du mal. Aux yeux de Kant, cette confusion ôte toute force à la morale : rien de plus relatif et de plus changeant que le « bon ». Après tout, le voleur et l'assassin « se font du bien » en cambriolant et en tuant !

Jargon

Kant distingue les *mobiles* sensibles (l'intérêt, par exemple) et les *motifs* rationnels. Un homme qui agit par impulsion, parce que cela lui est plus facile et lui procure un avantage immédiat, agit selon des *mobiles*. Une action morale, elle, s'appuie sur des *motifs*.

Pour Kant, comme pour Rousseau, le devoir est la voix (on peut écrire aussi « la voie ») de la raison, car lui seul rend possible la coexistence entre tous les membres d'une société. Il n'y a, en fait, qu'un seul devoir : celui qui me dit d'agir comme je voudrais que tout le monde agisse.

Citation

Telle est l'expression du fameux impératif catégorique : « Agis toujours de telle sorte que la maxime de ton action puisse être tenue pour une loi universelle. » Cette formulation complexe traduit philosophiquement la question que tout le monde s'est posée des centaines de fois depuis l'enfance, et qui est la vraie question morale : et si tout le monde en faisait autant ?

UNE EXPÉRIENCE DE PENSÉE FACILE À RÉALISER

Pourquoi le mensonge, le vol et le meurtre sont-ils impossibles à accepter moralement ? Parce que leur extension à l'ensemble de l'humanité (leur « universalisation ») aboutirait aussitôt à des situations impossibles. Imaginez qu'on vous ait menti depuis votre entrée en terminale, que le baccalauréat n'aura pas lieu, imaginez que toutes les informations que vous recevez soient fausses, à commencer par celles contenues dans *Le Bac Philosophie pour les Nuls !* Pouvez-vous croire que la société pourrait encore tenir sur de telles bases ?

Telle est l'action immorale, celle dont la généralisation est impossible : le menteur ne peut pas vouloir qu'on lui mente aussi, le voleur ne peut pas vouloir être volé à son tour et l'assassin ne peut pas vouloir être tué.

Jargon

Kant distingue l'*impératif hypothétique* (« Si tu veux ceci… fais cela ! ») et l'*impératif catégorique* (« Fais cela ! »). Seul le devoir, qui obéit à l'impératif catégorique, est moral. Le commerçant qui est honnête afin ne pas perdre ses clients n'accomplit pas de cette façon une action morale, car il agit selon son intérêt (un mobile) bien compris. Le commerçant qui, de son côté, fait payer le prix juste *par principe*, accomplit, lui, une action morale, car il agit *par devoir* (et non « conformément au devoir »).

Extérieurement, les deux actions reviennent au même, elles ont le même résultat (les clients ne sont pas grugés). C'est la preuve que la moralité d'une action tient à des facteurs *internes*, qu'elle appartient à l'intériorité du sujet humain (son intention).

Attention

Kant appelle *bonne volonté* la volonté qui nous ordonne d'agir par devoir, c'est-à-dire selon la loi morale. Cette bonne volonté (qui évidemment n'a pas le sens habituel) est dite « sublime » (voir chapitre 43).

LES SS ÉTAIENT-ILS KANTIENS ?

Lors de son procès, Adolf Eichmann, l'un des maîtres d'œuvre de la Solution finale (le plan d'extermination totale des Juifs d'Europe par les nazis), invoqua Kant pour se justifier : il n'avait fait qu'obéir à son devoir ! Ainsi, l'un des principaux responsables de six millions de morts n'aurait fait qu'obéir à son devoir !

Il n'est pas difficile de dénoncer là un sophisme : Eichmann a obéi *sans penser* à un ordre criminel qui lui venait de l'extérieur. Or il n'y a pas de morale sans pensée.

C'est pourquoi les êtres amoraux sont beaucoup plus dangereux que ceux qui sont simplement immoraux. Un tueur psychopathe, par exemple, est plus amoral qu'immoral : il n'a pas de sens moral, de même qu'un aveugle n'a pas le sens de la peinture.

Conflits et problèmes

Jargon

On appelle *principialisme* le point de vue selon lequel une action moralement bonne est celle qui s'appuie sur un principe du bien, posé au départ. Le *conséquentialisme* est le point de vue selon lequel la moralité d'une action se juge d'après ses résultats, et non d'après ses principes ou ses intentions. L'utilitarisme est conséquentialiste.

Entre les deux, l'*intentionalisme* accorde la priorité à l'intention de l'agent : une action est moralement bonne si elle a été déterminée par la conscience morale de l'agent.

À savoir

L'utilitarisme fait de l'utilité le critère de l'action bonne aussi bien en morale qu'en politique. Le critère de l'utilité est lié au « calcul des plaisirs » : si la somme des avantages (ou des plaisirs) est plus grande que celle des inconvénients (ou des déplaisirs), alors l'action est bonne.

Dans une société, une décision sera dite « bonne » si elle améliore le sort d'une majorité d'individus.

Les conflits de devoirs sont en réalité très courants – la vie morale n'est pas un long fleuve tranquille...

À savoir

Le sociologue allemand Max Weber opposait la *morale de la conviction* et la *morale de la responsabilité*. La première veut tenir ferme sur ses principes au risque d'être abstraite et sans prise sur la réalité ; la seconde adapte ses valeurs et ses idéaux en fonction de la complexité de la situation. Ainsi, en politique, un homme qui voudra rester pur dans ses convictions risquera de passer sa vie isolé et cantonné dans l'opposition. D'un autre côté, celui qui aura adopté la « morale de la responsabilité » sera tenu pour un traître ou un hypocrite, en tout cas, pour un opportuniste.

UN EXEMPLE DE CONFLIT MORAL : LE MENSONGE PAR HUMANITÉ

À la question de savoir s'il est bon de mentir dans certains cas (pour protéger un innocent en fuite, pour cacher une nouvelle affreuse, etc.), la plupart d'entre nous répondent : oui. Nous sommes presque tous utilitaristes et conséquentialistes : pour nous, le mensonge peut être préférable à la franchise.

Kant, par principe, refusait de croire qu'il pouvait y avoir de bons mensonges. Et il donnait même l'exemple de l'innocent injustement poursuivi, et qui se réfugierait chez nous. Même en ce cas, disait Kant, nous ne devons pas mentir...

Peut-on agir par-delà le bien et le mal ?

La dualité du bien et du mal fonde toutes les morales. Peut-on agir par-delà la morale ? En d'autres termes, est-il possible d'agir de telle manière que nos actes ne puissent plus être moralement qualifiés ?

La dualité inhérente à l'ordre symbolique

À savoir

L'ordre symbolique est la réalité humaine par excellence – la réalité à double face langage/pensée, que les Grecs appelaient *logos*. Deux signes suffisent à constituer un langage (exemple : l'algèbre de Boole réduit tous les chiffres à 1 et à 0 et peut écrire par combinatoire tous les nombres possibles). Tout ordre symbolique est un ensemble d'oppositions fondamentales : vrai/faux, bien/mal, beau/laid, etc.

De même que la dualité du vrai et du faux structure nos discours et leur donne un sens, de même la dualité du bien et du mal structure nos actions et leur donne un sens. On ne peut pas davantage échapper au bien (et au mal) dans nos actes, qu'on ne peut échapper au vrai (et au faux) dans nos discours. On dépend toujours en quelque manière de ce contre quoi on s'insurge. Les personnages de Sade et les gangsters d'Al Capone n'agissent pas « par-delà le bien et le mal » mais contre des valeurs que le système social veut dominantes.

L'immoralisme n'est pas un non-moralisme. De même que le non-art finit toujours par devenir de l'art, de même qu'il n'y a pas de discours contre le langage (puisque pour parler contre le langage, il faut parler), de même l'immoralisme est une forme de moralisme. Les règles de la mafia sont en fait hyper-codées (sens de l'honneur, vertu du courage, règle absolue de la parole donnée, loi du silence, etc.). On n'échappe pas à l'ordre symbolique.

Quant aux actes que les stoïciens nommaient *indifférents* (marcher, manger quand on a faim, etc.), s'ils ne peuvent être moralement qualifiés, ce n'est pas parce qu'ils sont au-delà du bien et du mal mais *en deçà*. Il en va de même avec les actions du fou et du petit enfant : leur amoralisme n'est pas du tout un dépassement.

À quelles conditions un dépassement est-il néanmoins possible ?

Les valeurs morales servent à perpétuer un ordre social. Le mal, c'est le désordre : un mensonge, un vol, un crime introduisent des chaos dans la vie humaine et c'est pourquoi ils sont qualifiés de mauvais.

Or il peut arriver, même si cela revêt un caractère exceptionnel, que certains individus, en certaines occasions, transcendent les réquisits de la vie morale. Qu'on songe à la façon dont les saints ont vécu, en les dépassant, les vertus d'amour et de sacrifice, à la façon dont les héros ont vécu, en les dépassant, les vertus de courage et d'abnégation. Non seulement l'évêque Myriel, dans *Les Misérables* de Victor Hugo, ne dénonce pas son voleur (Jean Valjean), mais il lui donne *en présence des gendarmes* deux chandeliers en argent, en laissant entendre qu'il les lui avait donnés !

Il y a aussi, hélas !, des dépassements dans l'horreur : les crimes contre l'humanité, par exemple, dont le génocide (entreprise d'extermination de tout un peuple) est la forme la plus abominable.

Une éthique supérieure à la morale est donc possible. Une morale est par essence conservatrice, tandis qu'il y a un aspect proprement créateur dans l'éthique.

Texte canonique

Jargon

On appelle *déontologie* l'ensemble des devoirs propres à une profession. Le plus ancien code de déontologie est le *serment d'Hippocrate*, qui est aussi, depuis vingt-cinq siècles, l'expression des règles morales auxquelles le médecin jure de se conformer dans l'exercice de sa profession. Bien sûr, nous ne croyons plus à Apollon ni à Esculape, dieux de la médecine, ni à Hygie (qui a donné son nom à l'hygiène), ni à Panacée, les filles d'Esculape, mais les forces qu'ils symbolisaient sont toujours vivantes, car ce sont celles de la civilisation.

Or c'est pour ne pas désobéir aux devoirs prescrits par ce texte que certains médecins ont refusé et refusent toujours de pratiquer l'avortement – par ailleurs légalisé par voie démocratique. Le même dilemme s'est posé à propos de l'euthanasie, strictement prohibée par le serment d'Hippocrate mais largement pratiquée (tout en étant encore, dans la plupart des pays, criminalisée).

Je jure par Apollon médecin, par Esculape, par Hygie et Panacée, par tous les dieux et tous les déesses, les prenant à témoin que je remplirai, suivant mes forces et ma capacité, le serment et l'engagement suivant : Je mettrai mon maître de médecine au même rang que les auteurs de mes jours, je partagerai avec lui mon avoir, et, le cas échéant, je pourvoirai à ses besoins ; je tiendrai ses enfants pour des frères, et, s'ils désirent apprendre la médecine, je la leur enseignerai sans salaire ni engagement. Je ferai part des préceptes, des leçons orales et du reste de l'enseignement à mes fils, à ceux de mon maître, et aux disciples liés par un engagement et un serment suivant la loi médicale, mais à nul autre. Je dirigerai le régime des malades à leur avantage, suivant mes forces et mon jugement, et je m'abstiendrai de tout mal et de toute injustice. Je ne remettrai à personne du poison, si on m'en demande, ni ne prendrai l'initiative d'une pareille suggestion ; semblablement, je ne remettrai à aucune femme un pessaire abortif. Je passerai ma vie et j'exercerai mon art dans l'innocence et la pureté. Je ne pratiquerai pas l'opération de la taille, je la laisserai aux gens qui s'en occupent. Dans quelque maison que j'entre, j'y entrerai pour l'utilité des malades, me préservant de tout méfait volontaire et corrupteur, et surtout de la séduction des femmes et des garçons, libres ou esclaves. Quoi que je voie ou entende dans la société ou même hors de l'exercice de ma profession, je tairai ce qui n'a jamais besoin d'être divulgué, regardant la discrétion comme un devoir en pareil cas. Si je remplis ce serment sans l'enfreindre, qu'il me soit donné de jouir heureusement de la vie et de ma profession, honoré à jamais parmi les hommes ; si je le viole et que je me parjure, puissé-je avoir un sort contraire !

Le serment d'Hippocrate.

Fiche révision

- **»** On parle de ***devoir*** à partir du moment où une force d'origine sociale ou morale l'emporte sur les contraintes physiques. Manger tous les jours, par exemple, est une nécessité (naturelle), pas un devoir.
- **»** ***Pour Kant***, le devoir vient du sujet moral lui-même, il ne lui est imposé ni par les commandements de la religion ni par les lois de la société. Il est dit, pour cette raison, ***autonome*** (le contraire d'autonome est hétéronome : dont la loi vient de l'extérieur).
- **»** Aux yeux des ***principialistes***, le Bien existe objectivement et constitue la norme absolue par rapport à laquelle une action peut être dite bonne ou mauvaise. Aux yeux des ***conséquentialistes***, à l'inverse, le bon existe relativement et qualifie un acte dont les résultats sont utiles ou profitables.

Lecture

QUELQUES AUTEURS ET TEXTES PHARES À CONSULTER

» Platon, *Criton*.

Dans ce petit dialogue, qui prend place entre *L'Apologie de Socrate* où est fait le récit du procès de ce dernier, et *Phédon*, qui retrace le dernier entretien de Socrate avec ses disciples juste avant de boire le poison auquel il a été condamné, Platon raconte comment Socrate, dans sa prison où il attend avec tranquillité le jour de sa mort, refuse la proposition d'évasion faite par ses amis. L'argument de Socrate est le suivant : ce sont les lois de la cité qui ont fait de lui un citoyen ; elles sont par conséquent sa véritable mère. S'évader, ce serait leur ôter toute valeur. Un citoyen a le devoir absolu d'obéir aux lois, même lorsque celles-ci commettent une injustice à son égard.

» E. Kant, *Fondements de la métaphysique des mœurs*.

» G. W. F. Hegel, *Propédeutique philosophique*, § 23, trad. M. de Gandillac, Gonthier, 1964, p. 31.

Distinction entre droit et morale.

Chapitre 27

Le bonheur

Quelle que soit votre série, ne zappez pas ce chapitre !

DANS CE CHAPITRE :

- **Le bonheur dépend-il de nous ?**
- **Bonheur et plaisir**
- **Y a-t-il des sociétés plus heureuses que d'autres ?**

Citation

Pourquoi Saint-Just a-t-il proclamé que « le bonheur est une idée neuve en Europe » ? Tous les philosophes grecs, vingt ou vingt-cinq siècles avant la Révolution française, ont parlé du bonheur, certains même (les stoïciens, les épicuriens) allant jusqu'à dire qu'il est la grande affaire de la philosophie, et même de l'existence.

La phrase de Saint-Just peut s'entendre ainsi : jusqu'à présent le bonheur a été l'affaire d'une élite (les puissants, les riches et les philosophes), il est désormais l'affaire du peuple ; jusqu'à présent le bonheur a été affaire personnelle, désormais il est inséparable du projet politique visant à constituer une république libre et juste, qui permettra aux citoyens d'être heureux.

Apparaît ainsi en filigrane le grand débat sur la nature subjective ou objective du bonheur : est-il une espèce de don personnel (cette facilité à être heureux dont bénéficieraient certaines personnes), ou bien dépend-il d'abord de conditions objectives qu'une société bien faite devrait fournir à tous ? Commençons par une tentative de définition.

Qu'est-ce que le bonheur ?

À savoir

Schopenhauer fondait son pessimisme sur le constat que seuls les situations et les affects négatifs sont réellement éprouvés. Il y a, selon lui, une dissymétrie tragique entre la maladie et la bonne santé, entre la douleur et le plaisir, entre la servitude et la liberté : alors que les seconds peuvent passer inaperçus (être en bonne santé, c'est ne pas s'occuper de sa santé, vivre comme si elle n'existait pas), les premiers sont immédiatement ressentis. Il est difficile de définir la liberté. En revanche, chacun sait ce que le fait d'être contraint ou empêché signifie. Un homme de la rue ne sait pas qu'il est libre, un prisonnier, lui, sait qu'il ne l'est pas.

Lecture

Dans les *Rêveries d'un promeneur solitaire*, Jean-Jacques Rousseau a écrit quelques-unes des plus belles pages sur le bonheur. Il y évoque les moments de paix, de douceur profonde qu'il vécut en barque sur un lac de Suisse. Aucun événement marquant, aucun acte singulier, ni à plus forte raison spectaculaire, ne vient qualifier ces instants de bonheur. D'où cet étonnant paradoxe d'un état comblé où rien ne se passe réellement.

En cela le bonheur est fort différent du *plaisir*. Le plaisir est vécu comme une réussite ponctuelle et éphémère qui met en coïncidence notre moi (corps ou psychisme, les deux à la fois le plus souvent) avec une certaine réalité.

À savoir

Prônant davantage une morale ascétique, la plupart des philosophes se sont beaucoup méfiés du plaisir. Et ce sont souvent les marginaux (les cyniques, les épicuriens) qui le louèrent. Dans *Phédon*, Platon met en scène son maître Socrate constatant dans le cachot de sa prison que le plaisir est chose décidément impure, puisqu'il suffit qu'une douleur ou une gêne cesse pour qu'on puisse l'éprouver. Boire quand on a très soif, se gratter quand cela nous démange, ces actes d'une grande banalité nous procurent un intense plaisir. Peut-on sérieusement – les épicuriens disaient oui – considérer que le bonheur consiste en une somme de plaisirs ? Comment une somme de choses aussi mesquines et triviales pourrait-elle faire le bonheur ? Les utilitaristes anglais allèrent jusqu'à parler d'un « calcul des plaisirs » : selon eux, tout homme cherche spontanément à fuir la douleur et à obtenir le plaisir. La vie heureuse sera celle qui aura accumulé le plus de plaisirs et le moins de déplaisirs possibles. D'ailleurs, le bonheur, ajoutent les utilitaristes (qui ne font qu'appliquer l'empirisme à la vie pratique), est chose vague, abstraite ; le plaisir au moins est concret et peut se mesurer (il est susceptible d'être plus ou moins intense).

À cette théorie, on a toujours objecté depuis Platon qu'une vie de plaisirs peut être malheureuse (parce que la répétition du plaisir crée l'ennui et que l'ennui est un malheur) et, inversement, qu'une vie rude, à la limite de la gêne, pouvait être parfaitement heureuse. Le bonheur serait supérieur au plaisir.

À savoir

Épicure distingue dans la *Lettre à Ménécée* trois catégories de plaisirs :

» Les plaisirs naturels et nécessaires, comme boire quand on a soif : ces plaisirs sont bons.

» Les plaisirs naturels et non nécessaires comme manger un plat raffiné : le sage peut en user avec modération.

» Les plaisirs non naturels et non nécessaires : ce sont tous ceux qui ont rapport aux richesses, à la réputation, aux pouvoirs : le sage doit les éviter car ils n'apportent finalement que des déceptions et des soucis.

La joie est-elle plus proche du bonheur que le plaisir ? Elle paraît plus profonde que le plaisir et moins physique, plus intellectualisée que lui. La joie est toujours de l'ordre de la représentation : par exemple, une bonne nouvelle nous met en joie. Seulement, il y a dans la joie une soudaineté qui l'écarte du bonheur. Dans la trame de l'existence, la joie est une rupture vite recouverte. Un bonheur un peu triste n'est pas absolument impensable ; inversement, l'excitation de la joie est souvent un étourdissement sur fond de malheur : qu'on songe aux ivresses de la fête, pas spécialement recherchée par les gens heureux.

Il y a dans le bonheur une profondeur calme que ni le plaisir ni la joie (ni la gaieté éclatante comme un rire) ne possèdent. Est-ce à dire qu'avec le bonheur nous atteignons l'acmé de l'existence humaine, sa plus haute réussite ?

Citation

Einstein disait que le bonheur est un idéal de pourceaux. Les religions l'ont pensé ainsi, elles qui ont placé au-dessus du bonheur la béatitude et la félicité. Par opposition à elles – toutes tendues vers la transcendance d'un au-delà qu'on voudrait aussi proche que possible –, le bonheur est en effet un idéal humain, trop humain.

Le bonheur regarde vers la terre et ne méprise pas le corps. La béatitude est oubli du corps ; seuls comptent pour elle l'âme et le ciel.

Rousseau nommait « bonheur » l'unité éprouvée entre lui et les choses.

Le malheur, à l'inverse, est un état de séparation de soi à soi (le malheureux se vit comme s'il était étranger à lui-même), de soi à autrui (le malheur est un enfermement) et de soi au monde (le monde semble loin au malheureux).

LA PART DE L'INCONSCIENT

La psychanalyse voit dans la symbiose du fœtus et de la mère, l'archétype (le modèle) du bonheur parce qu'elle est unité parfaite, et dans la séparation brutale de la naissance l'archétype du malheur.

Inconsciemment, le bonheur désiré ou vécu correspondrait donc à une régression psychique menant l'individu jusqu'à une situation prénatale.

Jargon

On appelle *eudémonisme* la conception selon laquelle le bonheur est le bien suprême et *hédonisme* la conception selon laquelle le plaisir est le bien suprême. L'hédonisme est eudémoniste mais l'eudémonisme n'est pas forcément hédoniste.

On peut refuser l'eudémonisme, et donc la valeur supérieure du bonheur, au nom de la connaissance vraie (c'est le point de vue de Platon), au nom de Dieu et du salut de l'âme (les religions monothéistes), ou encore au nom du devoir (Kant).

Le bonheur entre subjectivité et objectivité

L'argument principal de ceux qui voient dans le bonheur une question d'abord ou exclusivement personnelle prend appui sur le constat simple que le bonheur est un état subjectivement vécu qui ne peut être décidé à la place de l'autre. De plus, pourquoi, face à une même situation objective, deux individus ressentent-ils des impressions différentes, voire contradictoires ? Il est banal de voir des gens ne manquant de rien (dans le réel) et frustrés de tout (dans la représentation), et inversement d'autres faisant de leur peu de biens matériels un bonheur sans pareil (ce type de gens est, il est vrai, de plus en plus rare dans notre société). Rien ne fait le bonheur, ni l'argent, ni la puissance, ni la célébrité, parce que le bonheur ne consiste pas dans le fait de vivre des expériences déterminées, mais dans le fait de sentir d'une certaine façon (douce et apaisée) les expériences qu'on vit, quelles qu'elles soient.

À cette théorie, d'autres objecteront que penser ainsi c'est faire bon marché des conditions objectives, réelles, du bonheur : comment l'être humain ne se sentirait-il pas mieux en étant en bonne santé plutôt qu'en état de maladie, en disposant de ressources matérielles et financières appréciables plutôt que n'en ayant pas, en suscitant respect et admiration plutôt que mépris ?

Même s'il est vrai que le bien-être ne se réduit pas au beaucoup-avoir, celui que le hasard et la naissance, mais surtout la société, auront doté de *biens* aura infiniment plus de chance que celui qui en aura été dépourvu. D'ailleurs ne voit-on pas dans l'histoire que des sociétés produisent plus de malheurs que d'autres ?

Une société qui non seulement n'évite ni la guerre ni la famine (pour prendre ces exemples extrêmes) mais les suscite, fabrique du malheur collectif, alors qu'une société qui vit en état de paix et d'abondance fabrique, sinon du bonheur collectif, du moins les conditions à partir desquelles un maximum d'individus pourra vivre heureux. Il n'y a en effet pas de conditions suffisantes au bonheur mais il en est des nécessaires.

Citation

Pascal disait que même celui qui va se pendre n'a pas perdu tout espoir puisqu'il croit que la mort le soulagera de son malheur. La quête du bonheur comporte certes une bonne part d'illusion, mais elle n'a rien de méprisable puisqu'elle donne un sens à la vie, tant au niveau personnel que collectif. Le bonheur est peut-être moins une réalité qu'un désir, mais il est au moins la réalité de ce désir puisque c'est pour lui que les hommes continuent de vivre, de travailler et même parfois de souffrir.

Le bonheur peut-il être un but en politique ?

À savoir

Aristote avait déjà remarqué que si tous les hommes s'accordent sur la fin dernière de leur existence – le bonheur –, ils divergent sur les moyens de l'atteindre. Or la politique, qu'on peut définir comme l'ensemble des pratiques de pouvoir collectif dans une société donnée, est aussi un ensemble de moyens. D'où une possible conjonction. Mais si l'on fait du bonheur une affaire strictement personnelle – alors la politique n'a pas à s'en mêler. Plus : il serait dangereux qu'elle s'en mêle.

Thèse : le bonheur comme but du politique

Il y a une grande diversité de régimes, de partis et d'hommes politiques. Or s'il y a divergence sur les moyens, il y a consensus sur la fin : le bonheur. Même Hitler, pour prendre cet exemple forcé, voulait le bonheur en un sens. Seulement, le bonheur de qui ? Toute la question est là. Un roi peut bien de se contenter de jouir tout seul, et d'en faire profiter famille et amis – un président de la République dans une démocratie ne se contentera évidemment pas d'un tel but.

Toutes les fins du politique – paix, abondance, liberté, justice, etc., n'ont de sens que par rapport au bonheur – qui joue le rôle d'une véritable condition éthique. Si la guerre et l'esclavage sont pratiqués, c'est aussi comme moyens pour un bonheur futur.

Le bonheur des hommes est dû en grande partie à des conditions objectives : santé, richesses, culture – qui sont du ressort de la politique. Si une politique de guerre peut plonger un peuple dans le malheur, cela signifie, inversement, qu'une politique de paix favorisera les conditions du bonheur. Il en va évidemment de même avec la politique économique.

Antithèse : le bonheur n'est pas une affaire politique

Si le bonheur est une affaire strictement personnelle, alors il ne peut être un but en politique. De fait, il appartient à une sphère (éthique) étrangère au politique. Les buts du politique sont l'ordre, le pouvoir ; en soi, ils sont neutres moralement.

D'ailleurs, il n'y a pas « le bonheur » qui serait celui de tout le monde. Le peuple n'est qu'un conglomérat d'individus, il n'est pas une personne. Ce qui rend un individu heureux (certains sacrifices, par exemple) pourrait faire le malheur d'un autre, et inversement.

Et puis le peuple sait-il toujours bien où se trouve son bonheur, ou du moins les conditions de son bonheur ? Une mesure peut être très bonne démocratiquement et franchement impopulaire : la vaccination obligatoire, par exemple (il faut se rappeler les résistances du « peuple »), ou bien l'instruction universelle, qui semblent d'évidentes conditions du bonheur, n'ont pas toujours été bien accueillies à l'origine.

Inversement, les politiques qui ont prétendu faire le bonheur du peuple, fût-ce malgré lui, ont été les plus calamiteuses. Il n'est qu'à voir l'échec de la plupart des révolutions : que de crimes n'a-t-on pas commis au nom de lendemains prétendument radieux ! En histoire, l'enfer est pavé de bonnes intentions : nombreux furent ceux qui, ayant le bonheur du peuple en tête, ont fini par la lui couper, la tête.

La question néanmoins est prudente : le bonheur peut-il être *un but* en politique ? Ce n'est pas : peut-il être *le but* en politique ? De fait, derrière chaque décision, chaque action politique, le bonheur est présent en filigrane, mais prétendre faire le bonheur du peuple est presque toujours un gros mensonge et très souvent débouche sur de gros crimes.

Texte canonique

Pour Kant, le bonheur est inapte à fonder la moralité. Le bonheur est trop indéterminé, trop contradictoire aussi (ce qui nous rend heureux sur le moment peut faire notre malheur plus tard). Le bonheur est un idéal de l'imagination, et non de la raison. Kant ne dénie cependant pas toute valeur au bonheur. Cela dit, seul le devoir peut fonder la moralité.

Le concept du bonheur est un concept si indéterminé que, malgré le désir qu'a tout homme d'arriver à être heureux, personne ne peut jamais dire en termes précis et cohérents ce que véritablement il désire et veut. La raison en est que tous les éléments qui font partie du concept du bonheur sont dans leur ensemble empiriques, c'est-à-dire doivent être empruntés à l'expérience, et que cependant, pour l'idée du bonheur, un tout absolu, un maximum de bien-être dans mon état présent et dans ma condition future, est nécessaire. Or il est impossible qu'un être fini, si perspicace et en même temps si puissant qu'on le suppose, se fasse un concept déterminé de ce qu'il veut ici véritablement. Veut-il la richesse ? Que de soucis, que d'envie, que de pièges ne peut-il pas par là attirer sur sa tête ! Veut-il beaucoup de connaissance et de lumières ? Peut-être cela ne fera-t-il que lui donner un regard plus pénétrant pour lui représenter d'une manière d'autant plus terrible les maux qui jusqu'à présent se dérobent encore à sa vue (...). Bref, il est incapable de déterminer avec une entière certitude d'après quelque principe ce qui le rendrait véritablement heureux : pour cela il lui faudrait l'omniscience.

E. Kant, *Fondements de la métaphysique des mœurs*, trad. V. Delbos, *Œuvres philosophiques* II, Gallimard, Bibliothèque de la Pléiade, 1985, p. 281.

Fiche révision

» ***L'eudémonisme*** est la philosophie selon laquelle le bonheur constitue la valeur la plus haute de l'existence humaine. ***L'hédonisme***, qui identifie le plaisir au bien, est une forme d'eudémonisme.

» ***L'épicurisme*** est un hédonisme. Épicure distinguait trois sortes de plaisirs : ***les plaisirs naturels et nécessaires***, les seuls auxquels le sage pouvait s'adonner, ***les plaisirs naturels et non nécessaires***, auxquels il pouvait s'adonner avec modération, et ***les plaisirs non naturels et non nécessaires***, qu'il devait fuir résolument. Boire quand on a soif est un plaisir naturel et nécessaire, boire une boisson délicate quand on a soif est un plaisir naturel et non nécessaire, boire une boisson forte quand on n'a pas soif est un plaisir ni naturel ni nécessaire.

» Sur le bonheur, la grande controverse est de savoir s'il est conditionné par des ***facteurs externes*** (économiques, sociaux, politiques) ou bien s'il n'est qu'une ***question subjective***.

QUELQUES AUTEURS ET TEXTES PHARES À CONSULTER

» Aristote, *Éthique à Nicomaque*.

Lire les livres I, VII et X. Le bien identifié au bonheur. Pour le sage, le bonheur est la conformité à la vertu. Tous les hommes veulent être heureux et le bonheur est la conformité à la vertu.

Par contraste, on lira avec profit le texte de Freud *Au-delà du principe de plaisir*, qui, d'une part, établit le caractère amoral de la recherche du plaisir (la libido, ou pulsion sexuelle, ne se soucie absolument pas du bien, sinon de celui qui l'éprouve) et, d'autre part, conteste la thèse d'Aristote selon laquelle tous les hommes veulent être heureux : même si l'on laisse de côté le cas extrême du masochisme, qui est une perversion, il y a inconsciemment chez l'être humain, qui se complaît volontiers dans le rôle de bourreau de lui-même, des forces qui agissent contre lui pour son malheur.

» Épicure, *Lettre à Ménécée*.

Texte court et clair où figure la célèbre tripartition des plaisirs.

» J.-J. Rousseau, *Rêveries du promeneur solitaire*.

Lire la cinquième promenade.

PARTIE 3
L'ÉPREUVE CLÉ EN MAINS

DANS CETTE PARTIE…

Une multitude de conseils pratiques et faciles à retenir pour réussir l'épreuve de philo au bac : comment travailler le plus efficacement possible durant l'année, que faire, et surtout qu'éviter de faire le jour de l'examen, les trucs que les profs n'avouent jamais, même à leurs meilleurs amis, et enfin pour les moins chanceux ou les plus mous, les conditions pour réussir l'épreuve orale.

Si après cela, vous persistez à avoir des mauvais résultats… !

Chapitre 28

Le travail de l'année

DANS CE CHAPITRE :

- **Les conseils pour être le mieux armé**
- **Les risques à éviter**

En premier lieu : écouter

C'est le plus important et, pour certains d'entre vous, le plus difficile : le premier travail d'un candidat au bac consiste à écouter attentivement un cours. Combien de catastrophes à l'examen auraient été évitées si ce simple conseil avait été suivi ?

Malheureusement, ce travail est devenu difficile pour beaucoup d'entre vous, parce que depuis la maternelle ceux qui sont capables d'être attentifs plus de dix minutes de suite sont ultra-minoritaires. La société dans laquelle nous vivons, les stimulations diverses qu'elle offre sous forme d'images, de bruits, de rêves et de marchandises rendent presque héroïque une prise d'habitude en matière d'attention. Être attentif dans une société de distraction, et au milieu d'un groupe ou d'une foule de distraits, relève parfois d'un exploit !

À cette difficulté s'ajoute celle qui est propre à la philosophie elle-même, une discipline nouvelle (sauf pour les redoublants, et encore !), qui peut paraître inutilement compliquée et ennuyeuse.

Enfin, il convient de faire la part du rapport plus ou moins difficile que vous aurez eu avec votre professeur de philosophie, le « prof de philo », avec tout ce que cela peut entraîner de meilleur ou de pire. Même si vous êtes d'entre les plus Nuls, sachez que votre humeur en classe dépendra presque à coup sûr beaucoup plus de vous, c'est-à-dire de votre caractère et de votre histoire personnelle, que de votre professeur et que de la philosophie.

Truc

Quoi qu'il en soit, rien ne remplacera vraiment les cours dispensés par votre professeur. Ne vous dites pas : « cela m'ennuie ! [en général, vous dites quelque chose de nettement plus *hard*], donc je n'écoute pas ». Dites-vous plutôt : « plus j'écouterai, plus je serai attentif, et moins cela m'ennuiera ! »

Faites donc un effort, même si cela dépasse vos habitudes : vous verrez, vous y prendrez goût, et en bonus le temps passera plus vite !

Écouter, c'est aussi participer. N'hésitez pas à poser des questions, à dire que vous ne comprenez pas (aucun professeur n'est aussi sévère que vos camarades de classe – la censure la plus forte vient d'eux plutôt que de lui), manifestez votre audace et votre liberté en parlant « philosophie » en classe de philosophie ! Au début, vous passerez pour un fayot, à la fin ce sont les autres qui seront des légumes !

Écouter, c'est aussi prendre des notes. Écrivez ce que vous ne savez pas, le nom des philosophes inconnus, les concepts nouveaux, les arguments différents.

Attention

Ne vous dîtes surtout pas : « les textes ne serviront qu'aux blaireaux qui passeront l'oral de rattrapage ». Les programmes sont constitués par des notions (fixées) et par des auteurs (au choix du professeur à partir d'une liste proposée). L'étude des textes fait partie intégrante du cours ; elle constituera pour vous une base de connaissances indispensable.

Qu'est-ce qu'on peut apprendre en philosophie ?

Évidemment, on n'apprend pas un cours de philosophie comme on apprend un cours de géographie ou de biologie. D'ailleurs, on n'apprend pas « un cours de philosophie » mais « la philosophie », ou plutôt « de la philosophie ».

La première chose qui doit être apprise est le sens des mots utilisés en cours ou dans les textes.

Truc

Pour ce travail, un lexique que vous constituerez vous-même viendra en complément de vos notes de cours. Ne laissez rien dans l'ombre. Le jour de l'examen, celui d'entre vous qui saura utiliser à bon escient un concept, pas forcément difficile, mais précis (comme « nécessité » ou « état de nature », ou encore « hédonisme »), bénéficiera d'un avantage sélectif par rapport à ses camarades.

Il est inutile d'apprendre « la vie » des grands philosophes. En revanche, mieux vaut savoir à quelle époque ils ont vécu (cela dit, aucune connaissance déterminée n'est exigée en ce domaine).

Il est en revanche utile et même nécessaire de connaître les grands courants de pensée, et les controverses auxquelles ils ont participé (vous pouvez vous reporter aux chapitres 38 et 39 de ce guide pour prendre connaissance des choses les plus fondamentales en la matière).

Si votre professeur et les correcteurs ne vous en voudront pas de ne pas faire de citations, en revanche ils vous gratifieront si vous en faites.

Que faire en dehors de la classe ?

Bien sûr, en premier lieu, les devoirs écrits qu'on vous aura donnés. Plutôt que de les bâcler à la six-quatre-deux, profitez de ces devoirs pour faire quelques recherches personnelles, qui enrichiront votre culture et fortifieront votre pensée.

Truc

Utilisez les dictionnaires d'usage courant et les dictionnaires de philosophie pour connaître le sens exact des mots. N'hésitez pas à parler des sujets et des problèmes avec vos camarades ou avec les gens de votre famille. La philosophie est née en grande partie du dialogue, elle pourra aussi naître en vous du dialogue !

Les manuels, même si la plupart sont d'accès difficile, sont un complément utile au cours. Parfois même, hélas !, lorsque le professeur a été longtemps absent sans qu'il ait été remplacé ou sans qu'il ait pu rattraper ses cours, les manuels sont un complément indispensable. Il est très important que *toutes les notions* du programme aient été vues par vous. Si cela n'est pas le cas, pour une raison ou pour une autre, faites vous-même les recherches : vous ne pouvez pas le jour de l'examen arriver en ne sachant rien sur une ou plusieurs notions du programme.

Lorsque vous lirez un chapitre de manuel ou un article de dictionnaire, ou encore un extrait d'œuvre, ou enfin un texte en entier, prenez des notes : écrire est une façon de s'approprier un contenu nouveau (c'est pourquoi prendre des notes durant le cours, c'est déjà apprendre).

La philosophie est partout (rendez-vous ! vous êtes cerné !), donc pas seulement dans les livres de philosophie, et même pas seulement dans les livres, mais aussi dans les journaux et magazines, dans les expositions, au cinéma, etc.

Truc

Prenez l'habitude de relier quelque chose que vous aurez fait, vu ou entendu à une notion du programme : la conscience, la liberté, le bonheur, etc. Ainsi, vous pourrez enrichir votre réflexion et fortifier votre culture (plus haut, c'était l'inverse !).

Pour ceux qui ont des habitudes de grand navigateur, Internet est un outil très précieux, et pas seulement pour les corrigés des sujets de dissertation...

Il existe désormais un très grand nombre de sites consacrés à la philosophie et à la philosophie pour le bac (webphilo, philocours, weborama, etc.). *Philogora* est l'un des meilleurs, sinon le meilleur. *Heraclitea* et *Hippias* vous donneront tout ce que vous avez toujours voulu savoir sans jamais oser le demander sur les systèmes de philosophie et les philosophes.

Réviser

Ce n'est un secret pour personne : les meilleures révisions, les plus efficaces, sont celles qui sont faites durant toute l'année. Rien de pire qu'un travail par à-coups (une journée non-stop suivie d'une semaine de bidouille), sinon la révision de dernière heure, voire de dernière minute.

Travailler même un peu, mais régulièrement, vaudra toujours mieux que travailler beaucoup en dents de scie (c'est vous qui, dans ce cas, serez scié !).

Chapitre 29

Le jour J

DANS CE CHAPITRE :

» **Les meilleurs conseils pour réussir le jour de l'épreuve…**

» **… et pour réussir à ne pas rater !**

Arriver frais et dispo

Il n'y a pas d'activité intellectuelle efficace sans bonne forme physique et sans tranquillité d'esprit.

Attention

Les révisions de dernière minute sont déconseillées : elles vous affoleraient inutilement en vous mettant la tête au-dessus de l'abîme de vos ignorances. Mangez bien, dormez bien, mettez-vous en état de calme olympien (le gore et le porno après minuit sont à éviter). Ne buvez pas d'alcool avant l'épreuve pour vous donner courage (cela se voit…). Pas de fumette non plus…

Truc

Le cerveau, même le vôtre, est de tous les organes celui qui dépense le plus d'énergie, aussi emportez avec vous friandises et boissons. Évitez tout de même les traces de chocolat fondu sur les copies !

La découverte des sujets

Les sujets sont choisis de telle manière qu'au moins une notion du programme soit clairement identifiée par les candidats. Repérez la ou les notions du programme en jeu.

Ainsi y a-t-il un sujet « sur » le bonheur ou un texte « sur » la vérité. Mais il s'agit de penser, et non de réciter. C'est pourquoi il est notifié à la commission chargée de choisir les sujets d'éviter les rédactions qui, empruntant littéralement les formules du programme, paraissent inviter les candidats à reproduire un cours, ainsi que l'emploi, dans le libellé des sujets, de termes techniques ou de termes exigeant la connaissance d'une doctrine philosophique déterminée (vous ne courez pas le risque de trouver « immanent » ou « transcendantal » dans la question posée, et vous pouvez faire votre dissertation même si vous ne savez rien de Platon ou de Kant).

Attention

C'est pourquoi il convient de bien lire l'intitulé des questions et le texte. Chaque mot compte, surtout dans les sujets de dissertation. Bien sûr, on évitera de prendre un sujet qui paraîtra trop obscur ou incertain.

Une fois que vous avez fixé votre choix, tenez-vous y. Il est catastrophique de se rendre compte après deux heures qu'on a fait fausse route, et de changer de sujet.

Ce qu'il faut faire

Attention

Bien lire *tous* les sujets, et choisir parmi eux, pas nécessairement celui qui vous plaît le plus, mais celui sur lequel vous aurez les choses les plus intéressantes à dire. Le sujet qui vous « dit quelque chose » peut être un piège pour vous, car il peut vous amener à dire ce que vous savez déjà au lieu d'exprimer ce que vous penserez (car on ne sait pas toujours ce qu'on pense avant de l'écrire : voir le chapitre sur le langage). Inversement, un sujet sur lequel vous n'avez pas d'idées préconçues pourra peut-être vous permettre d'être plus performant (n'oubliez pas que ce n'est pas l'erreur mais la banalité qui est le péché mortel de la philosophie).

Utiliser les quatre heures qui sont à votre disposition. Bien sûr, vous avez tous entendu parler d'untel qui l'an passé a eu 14 et est parti au bout d'une heure et demie. N'oubliez pas que l'épreuve dure quatre heures, et que vous êtes jugé(e) en fonction aussi de ce temps. Mieux vaut faire le sacrifice d'une heure de glande plutôt que celui de plusieurs points à une épreuve d'examen. Dites-vous bien qu'en philosophie *on sait toujours*. Prenez-vous la tête au moins une fois dans votre vie ! Pensez à toutes les éventualités, à toutes les réponses possibles. Il y en a là-dedans beaucoup plus que tout ce que vous pouvez imaginer (ceux qui ont un peu lu Freud le comprendront facilement).

Bien gérer son temps : un quart d'heure pour le choix du sujet, une heure et demie pour la rédaction du plan et du brouillon, deux heures pour la rédaction ; un quart d'heure pour la relecture finale (indispensable, pour éliminer les bourdes d'orthographe).

Truc

L'idéal est de rédiger l'introduction et la conclusion au brouillon et de se contenter d'un plan (précis, tout de même, avec sous-parties, phrases entières, références et citations) à partir duquel une rédaction improvisée pourra être faite. Il n'y a pas de règle absolue en la matière mais une copie de série **L** peut difficilement comporter moins de quatre pages écrites (soit la feuille entière de l'examen). Pour les séries **S** et **ES**, des copies de trois pages sont plus facilement admises. Pour les candidats des séries **technologiques**, essayez d'aller jusqu'à la troisième page. Les correcteurs en seront émus jusqu'aux larmes.

Soigner la présentation. La vue du correcteur a peut-être encore baissé cette année, ménagez-la donc ! Si vous avez une écriture difficile (litote, etc.), efforcez-vous de la rendre plus lisible (ce n'est pas pour vous que vous écrivez).

Sauter une ligne après l'introduction et après chaque partie du développement (mais pas plus : ne sautez pas de ligne après chaque paragraphe pour faire croire que vous avez beaucoup écrit, ne donnez pas à penser à votre correcteur que vous avez attrapé la tremblante du mouton juste avant de venir). Évitez les fantaisies d'écriture – type violet fluo ou les petites fleurs à la place des points sur les *i* (ce dernier conseil s'adresse davantage aux candidates, plus poétiques que leurs camarades masculins).

Porter une attention particulière à l'introduction et à la conclusion. L'expérience montre qu'on peut avoir déjà une idée de la note finale rien qu'en lisant l'introduction (tous les professeurs le diront dans l'intimité). C'est par l'introduction que le candidat montre s'il a ou non compris le problème posé.

Conseil

La conclusion est également très importante : elle déterminera l'impression sur laquelle restera le correcteur. C'est pourquoi il est conseillé de la rédiger à l'avance. Rien de plus calamiteux qu'une conclusion bâclée en deux lignes quelques secondes avant que le surveillant n'arrache la copie des mains ou, pire encore, qu'une conclusion absente.

Les titres des ouvrages cités sont soulignés. Les titres comportent des majuscules à l'article et au premier mot (exemple : *La République*), au premier mot seul lorsqu'il n'y a pas d'article (*Critique de la raison pure*).

Les citations sont entre guillemets. Il est inutile d'écrire les noms propres en capitales.

Ce qu'il ne faut pas faire

Se contenter de dire ce qu'on sait « à propos » du sujet. L'épreuve de philosophie n'est pas une épreuve de connaissance : les connaissances que vous avez acquises grâce à vos cours et à vos lectures doivent être *mises au service* d'un travail de pensée qui est d'argumentation et de réfutation, d'analyse et de synthèse.

Prendre le sujet comme simple prétexte pour traiter d'autre chose. Soyez donc attentif *à tous* les mots de la question (« L'histoire a-t-elle un sens ? » n'est pas un sujet sur l'histoire en général, un texte de Spinoza sur la liberté ne sera pas un prétexte à parler de la liberté en général, etc.).

Croire que les citations et les références aux grands auteurs sont attendues par les correcteurs. Vous pouvez très bien rédiger une excellente dissertation sur la notion de devoir sans faire référence à Kant. Encore une fois, un travail de philosophie n'est pas un devoir d'histoire ou de géographie.

Ne pas dépasser le niveau des opinions communes. *Tous* les sujets de dissertation et *tous* les textes, sans exception aucune, posent des problèmes qui sont matières à controverses (la philosophie n'est ni la science, qui n'admet que des solutions vraies, uniques, ni la technique, qui n'admet que des résultats efficaces uniques). S'il y a philosophie, il y a argumentation pour et contre, affirmation et objection. Rien ne doit être pris ni asséné comme évident.

Faire la peau de Platon ou de Descartes en deux coups de cuiller à pot ! Un grand nom n'est ni à vénérer (il ne peut servir de preuve) ni à démolir. N'oubliez pas qu'on ne vous demande pas de refaire le monde en quatre heures, mais plus humblement de réfléchir sur des problèmes qui ont occupé une bonne partie de la vie de ces auteurs qui, pour être nos devanciers, n'étaient certes pas nés de la dernière pluie…

Parler de soi. Un travail de philosophie n'est pas un blog. Certes, vous pouvez utiliser des expériences vécues et y faire référence, mais sans que cela tourne à la confession. D'une manière générale, il convient de préférer le « nous » au « je ».

Écrire des phrases trop longues qui noient le lecteur dans le chagrin ou trop courtes qui le ballottent désagréablement.

Faire usage de termes familiers et d'abréviations. Dites « amis » plutôt que « copains » et « discutable » plutôt que « taré ».

Et on rappelle que « etc. » s'écrit « etc. » et non « ect. ».

Les erreurs fatales à éviter

À savoir

La pensée philosophique – on devrait dire, la pensée tout court – commence avec la critique de l'opinion, c'est-à-dire des préjugés, des idées toutes faites, des énoncés mal pensés. Par paresse ou par ignorance, nous nous contentons souvent de formules qui ne sont pas des pensées, mais que nous prenons pour telles.

Préjugés, lieux communs, erreurs, illusions, idées préconçues sont répétés des milliers de fois à des milliers d'exemplaires. Leur présence est pour le correcteur un signe, un mauvais signe. Il est impératif de les éviter. Et pour cela il faut les connaître.

Ne pas oublier que ni les dictons ni les proverbes, ni même les citations des grands auteurs, ne sont d'indubitables vérités. Le prêt-à-penser, comme le prêt-à-porter, est de mauvaise qualité.

Tics de langage, pensées paresseuses

Depuis toujours (variante : *de tout temps*) : les deux premiers mots d'une foule de copies. Expression à éviter *impérativement* pour deux raisons : elle est banale et elle est fausse. De quoi pourrait-on dire en effet « depuis toujours », puisque tout a commencé un jour ?

Corollairement, il convient de se méfier de l'adverbe ***jamais*** : la nature et l'histoire sont vastes, et la réalité change.

Réaliser signifie « rendre réel ». Ne pas l'utiliser à la place de « prendre conscience ».

Le progrès est une idée, pas un fait. On n'est pas contraint d'y croire. Éviter de l'hypostasier (de le prendre pour une réalité autonome à la manière d'une force occulte).

La société est très souvent hypostasiée comme s'il s'agissait d'un être doté de conscience, d'intelligence et de volonté. La société est d'abord un terme commode pour désigner un ensemble d'individus vivant selon des coutumes et des lois globalement semblables.

La nature est elle aussi hypostasiée. Évitez de lui attribuer une personnalité, avec intelligence et volonté (style : la nature « se venge » de ce qu'on lui fait subir). Évitez les majuscules de majesté style « Dame Nature ».

Le bon sens est souvent bien mauvais. Que la Terre soit immobile, que les femmes n'aient pas d'âme, que les Africains soient des singes, c'était, jadis, une question de « bon sens ».

La tolérance est une valeur morale et politique, pas une valeur intellectuelle. Les erreurs et les absurdités sont intolérables, la barbarie aussi.

Les « on dit » les plus affreux

Tout est affaire d'opinion. Toutes les opinions se valent. Cette position est intenable proprement, car si l'on admet que toutes les opinions se valent, alors on admettra que l'opinion selon laquelle toutes les opinions ne se valent pas vaut l'opinion selon laquelle toutes les opinions se valent. Donc, on ruine son opinion dans le moment même où l'on prétend la glorifier. Même chose pour l'énoncé « à chacun sa vérité » : qu'advient-il si ma vérité, c'est de dire qu'« à chacun sa vérité » est une idiotie ?

Tous les goûts sont dans la nature. Il faut être tolérant. Et si le goût de celui-là, c'est de violer ou de torturer les enfants ? Il y a des gens qui dévorent leurs propres excréments (cette perversion s'appelle coprophagie) : il est douteux qu'ils fassent un dîner aussi fin que s'ils avaient mangé à La Tour d'Argent, qui reste l'un des meilleurs restaurants de Paris. La tolérance est une valeur politique qui ne s'applique qu'au domaine idéologique (religion, politique). Parler de tolérance à propos d'idées et de goûts en général n'a aucun sens rationnel.

C'est le progrès ! Un progrès est par définition positif (il nous apporte un plus et/ou un mieux). Si une découverte ou une intervention est dommageable pour l'homme, alors ce n'est pas un progrès : juste une innovation.

Tout est art, tout peut être art. On entend cela souvent dans la bouche de ceux qui ne font pas dans la dentelle. Il est rassurant de penser que le bruit qu'on fait peut être de la musique, et que les taches qu'on fait peuvent être de la peinture. Dira-t-on que celui qui a roté trois fois et qui l'a compté est un mathématicien ? Le domaine de l'art est celui de la transcendance de la valeur : laissons les démagogues et les ignorants dans l'illusion que les graffitis du métro sont de l'art : ils ne le sont pas plus que les pétarades des grosses cylindrées ne sont de la musique.

Les goûts sont subjectifs. Il est évident qu'un goût est lié à un sujet sensible : mais on pourrait le dire aussi de n'importe quel énoncé scientifique. Les goûts ne sont pas aussi personnels qu'on le croit : 200 millions d'Américains, sans doute plus, aiment le Coca-Cola et croient que c'est leur goût *personnel*. Un goût n'est pas quelque chose d'inné : il s'acquiert, se transforme, se forme et se déforme. Quel goût un aveugle peut-il avoir pour la peinture, un sourd pour la musique ?

Il y a du bon et du mauvais en tout. Pensée idiote : quel est le bon côté d'Auschwitz, et le mauvais d'une sonate de Mozart ? Quel est le bon du mauvais et le mauvais du bon ?

Être libre, c'est faire ce qui nous plaît. Voir chapitre 25.

La liberté, c'est faire ce qu'on veut. Voir chapitre 25.

La liberté des uns s'arrête là où commence celle des autres. Voir chapitre 25.

Tout ça est une question de mots. On ne croit pas si bien dire. Car il n'y a pas de pensée *ni d'action* sans mots. Quels sont ceux qu'on appelle « hommes d'action » ? Ceux qui parlent : chefs, entrepreneurs, dirigeants. Faire, c'est faire faire, et pour faire faire, il faut parler. On croit souvent qu'il y aurait une idée, une pensée avant et en deçà du langage. C'est une illusion. Une pensée informulée est une pensée vague, souvent c'est une absence de pensée.

La vérité n'est pas toujours bonne à dire. Mais la vérité n'existe que formulée dans et par le langage. Cette proposition revient donc à dire : la réalité nous fait peur, courage ! fuyons !

Le principal, c'est d'être bien dans sa tête. En somme, mieux vaudrait être une ordure tranquille qu'un brave type tourmenté !

Des goûts et des couleurs, on ne dispute pas. Le goût n'est pas inné, il s'éduque, se forme ou se déforme. Aimer, c'est connaître. D'un autre côté, admettons que les goûts soient subjectifs, mais alors, justement, il faudrait en discuter. Car si l'on ne parle pas de ce qui pose problème, de quoi alors parlera-t-on ? Il est certain que ce n'est pas de 2 fois 2 font 4 qu'on dispute.

Les absurdités philosophiques

À savoir

Les *sociétés non civilisées* n'existent que chez les animaux. À propos des hommes, l'expression jure comme « cercle carré » ou « couleur transparente ». Toute société humaine a par définition une civilisation ; point n'est besoin pour cela de portables.

Société peu civilisée n'est pas de meilleure veine : la civilisation n'est pas une température susceptible de monter ou de descendre. Le Papou n'a pas de 4 x 4, mais il a une technique, un art, des lois, une langue, des coutumes, des croyances : il n'en faut pas davantage pour avoir une civilisation. Sur ce plan, le plus intelligent des animaux est infiniment au-dessous du plus abruti des hommes.

Vie naturelle (à propos de l'être humain). À strictement parler, rien de ce qui est humain n'est naturel. La culture façonne les besoins, le corps, les émotions. On ne naît plus, on ne vit plus, on ne meurt plus de façon « naturelle ».

Les *races humaines*. Il n'y a des races que chez les animaux (domestiques qui plus est). Le racisme commence précisément avec l'affirmation qu'il existe des races au sein de l'humanité. Si l'on veut parler de l'humanité sur le plan biologique, mieux vaut dire « le genre humain » ou « l'espèce humaine » plutôt que « la race humaine ». Si l'on veut parler des peuples, il faut écrire « ethnies ». Si l'on veut parler de l'apparence physique (couleur de la peau, cheveux, etc.), il faut dire : « types physiques ».

La *loi de la jungle*, qui désigne un prétendu état de concurrence brutale entre les individus (ou les espèces), où les seules relations seraient celles de la proie et du prédateur, n'a existé nulle part, dans aucun écosystème et dans aucune société. Les liens de solidarité spontanée (naturelle) ou volontaire (humaine) ont une importance au moins aussi grande.

Un *mauvais progrès*. Un progrès est bon, par définition. Si l'innovation est mauvaise, c'est donc que ce n'est pas un progrès.

Ne pas confondre

Obligatoire* et *nécessaire L'obligation est d'ordre moral et juridique, la nécessité d'ordre logique et physique. Le lion n'est pas « obligé » de manger de la viande, il est « contraint » de le faire.

Création* et *origine L'origine est un fait, la création une théorie. On ne peut écrire « la création du monde » (ou de l'homme) comme s'il s'agissait d'un fait. C'est une croyance. On dira : « l'origine du monde » (ou de l'homme). On peut parler de « création », mais à condition de préciser qu'il s'agit d'une croyance.

Écologie* et *écologisme L'écologie est une science (celle des relations entre les êtres vivants et leur milieu), l'écologisme est une idéologie (politique de protection de la nature).

Destin* et *déterminisme Le destin est une idée, un objet de croyance, pas une réalité objective. On n'est pas forcé d'y croire. Le déterminisme est une théorie « rationnelle » (philosophique) selon laquelle les événements naturels se suivent dans un ordre nécessaire (principe de causalité).

Naturel* et *bon Tout ce qui est naturel n'est pas bon et ce qui est bon n'est pas nécessairement naturel. Les microbes sont naturels et la plus belle musique ne l'est pas.

Spontané* et *inné Un acquis peut finir par devenir spontané (exemples : l'embrassade et la poignée de mains sont devenues spontanées, elles sont pourtant des conventions sociales acquises).

Évolution* et *histoire L'évolution est naturelle (biologique), tandis que l'histoire est humaine.

Relatif* et *subjectif De ce qu'un phénomène soit relatif (à un observateur donné, à un instrument de mesure, ou à une table des valeurs) il ne s'ensuit pas qu'il est subjectif. Si tout ce qui est subjectif est relatif, l'inverse n'est pas vrai.

Droit* et *justice Presque toujours le droit a été injuste (l'esclavage a été légitimé par tout un ensemble de lois).

Inconscient* et *inconscience L'inconscience est un état (exemple : le coma), l'inconscient est une structure psychique reconnue par la psychanalyse (mais contestée par certains).

Normal* et *naturel Qu'elle soit une moyenne statistique ou un idéal à atteindre, la norme est mesurée ou déterminée par l'homme et non par la nature. « Le crime est normal », disait Durkheim, en ce sens qu'il n'y a pas de société sans crime. Cela ne signifie évidemment pas que le crime soit naturel.

Les erreurs historiques les plus courantes

» **Galilée n'a pas découvert que la Terre est ronde et il n'est pas mort pour cela.** Depuis longtemps les hommes connaissaient la nature sphérique de celle-ci (en mer et du haut d'une montagne, l'horizon est circulaire) ; il faut distinguer *circulaire* et *sphérique*. Galilée avait affirmé que la Terre *tourne* un siècle après que des navigateurs portugais eurent effectué le premier tour du monde en bateau, et Galilée est mort dans son lit. L'Église catholique a été suffisamment bête et méchante pour qu'on n'aille pas la charger de victimes supplémentaires.

» **Einstein n'a pas inventé la bombe atomique et il ne l'a pas lancée sur Hiroshima.** Einstein était un physicien qui a trouvé des lois qui furent ensuite à la source de l'invention de la bombe atomique (faite par d'autres que lui).

» **Picasso n'est pas un peintre abstrait.** Il a déformé ses sujets mais les a gardés : il est resté un grand peintre figuratif.

» ***Les enfants sauvages* n'ont en fait jamais existé.** Il est physiquement impossible que des enfants survivent plus de quelques jours dans la nature, loin et hors de toute société humaine.

» ***L'état de nature* est une théorie, pas un fait.** C'est une hypothèse théorique, et non une période historique ou préhistorique.

» ***L'homme reste toujours le même.*** Il y a pourtant de sacrées différences entre l'australopithèque et l'homme moderne…

» ***Il y a toujours eu la guerre.*** Il n'y a *jamais* eu « toujours ». L'univers est né, il disparaîtra ; la Terre est née, elle sera anéantie ; l'homme est né, il mourra. Même les étoiles, que durant des millénaires les hommes ont prises pour des signes d'éternité (chez les Grecs, elles étaient des dieux), disparaîtront. La guerre est née avec l'agriculture, la propriété, l'accumulation primitive du capital (la fameuse *guerre du feu* est une fiction littéraire, elle n'a historiquement jamais existé). La guerre est née il y a 10 000 ans. L'homme est cent fois plus vieux qu'elle. Il y a soixante ans, on entendait dire que les Français et les Allemands se feront *toujours* la guerre !

» ***La loi du plus fort.*** Qui est le plus fort dans la nature ? L'insecte est plus fort que le microbe, l'oiseau plus fort que l'insecte, le lion plus fort que l'oiseau, mais le microbe peut faire mourir le lion. La force physique n'assure pas le pouvoir. Dans les sociétés, c'est souvent le plus vieux (donc le moins fort physiquement) qui a le pouvoir. La force n'est que le pouvoir des faibles (aucun enfant de la bourgeoisie américaine n'est devenu champion du monde de boxe).

» ***Les hommes ont toujours lutté pour la liberté et la justice.*** Totale contre-vérité : c'est la résignation et non la révolte qui est l'état normal des humiliés et des offensés. « Il y a une chose que les hommes préfèrent à la liberté, c'est la servitude » (Dostoïevski). Le peuple n'a presque jamais fait la révolution lui-même, on l'a presque toujours faite pour lui. Parce que le peuple ne *veut* rien, le droit de vote, la richesse, la santé, l'hygiène ont été voulus pour lui, à sa place.

Noubliez pas ! Votre performance philosophique sera jugée à votre capacité à vous libérer des idées reçues.

Chapitre 30

Les trucs que les profs n'avouent jamais…

DANS CE CHAPITRE :

» **Le professeur est un être humain presque comme les autres**

» **Le pif est-il le meilleur système du prof ?**

Comprendre le correcteur

En principe, tous les professeurs de philosophie des classes de terminale de lycée sont convoqués pour corriger les épreuves écrites du baccalauréat et pour faire passer les oraux de rattrapage. Il y a là une évidence mathématique : alors que les professeurs de sciences ou d'histoire au lycée ont des classes de seconde, de première et de terminale, les professeurs de philosophie n'enseignent qu'en terminale. Donc, l'espèce de puissance assez terrifiante que représente pour vous le correcteur de votre copie de baccalauréat – puissance terrifiante parce qu'elle n'a ni nom ni visage, comme Big Brother – n'est tout simplement que le professeur d'un autre lycée. Inversement, votre professeur de l'année aura été convoqué pour corriger les copies dans un centre d'examen (un lycée) où auront été convoqués de leur côté des élèves de divers établissements. Il n'y a par conséquent aucune chance (ou aucun risque !) pour que vous soyez corrigé par votre professeur de l'année.

Maintenant, imaginez la situation de cet homme (de plus en plus une femme, mais la philosophie reste une discipline encore très masculine) : les cours de l'année sont enfin terminés, les classes ont été comme d'habitude difficiles, l'été triomphe sur le printemps, il fait beau, les oiseaux piaillent le soir et le matin dans les arbres – bref, c'est les vacances, la liberté (le prof est un être humain à peu près comme n'importe quel autre). Voilà que – catastrophe attendue ! – un paquet de 150 copies tombe sur le malheureux comme la plus grosse des tuiles. Certes, certains indélicats sont déjà partis sous d'autres cieux – grâce à un certificat médical de complaisance ; d'autres sentent leurs forces les abandonner et tombent littéralement malades. Mais – rassurez-vous ! – ceux-là sont plutôt rares et de toute façon ils seront remplacés. Pas de panique : votre copie sera corrigée en temps et en heure.

La grosse majorité des professeurs de philosophie (il en va évidemment de même avec les autres disciplines) a conservé une conscience professionnelle à toute épreuve (c'est le cas de le dire !). Le travail sera correctement fait, d'autant qu'il est payé en plus du salaire habituel (5 euros par copie). Quant au temps passé : un quart d'heure en moyenne pour une copie de série L, cinq minutes pour les correcteurs les plus pressés, mais une demi-heure, parfois plus, pour les plus scrupuleux. Depuis qu'un règlement prévoit qu'un candidat pourra avoir accès à sa copie d'examen, des remarques en marge sont placées par le correcteur, lequel, en outre, justifiera sa note par une appréciation globale.

Cela dit, les disparités entre les correcteurs, donc entre les professeurs, sont presque aussi grandes que celles qu'on observe entre les lycéens (vous vous en êtes déjà rendu compte durant vos années d'études) : il y a les excellents et les nuls, les moyens et les pas très bons. Dites-vous bien qu'il y a entre vous et votre correcteur presque toujours moins de distance qu'entre lui et Kant (ou Descartes) ; il n'est même pas certain que devant le même sujet, les correcteurs fassent automatiquement un bien meilleur travail que celui fourni par les meilleurs d'entre vous. Cette remarque n'est évidemment pas faite pour inciter au mépris, mais à la relativisation de la situation.

L'examen est un concours déguisé

Vous connaissez la différence qui existe entre un examen, où ceux qui obtiennent la moyenne sont admis, et un concours, où seuls ceux qui arrivent dans les places prévues à l'avance sont reçus. Le baccalauréat est en théorie un examen : il faut 10 de moyenne pour être admis. En fait, puisque les statistiques des dernières années montrent qu'il y a de 85 à 90 % des candidats qui sont reçus, donc 10 à 15 % de recalés, le baccalauréat est de fait analogue à un concours. Il s'agit par conséquent de faire partie des six meilleurs septièmes ou des cinq meilleurs sixièmes.

La notation est-elle une roue de la fortune ?

La philosophie et l'épreuve même de philosophie au baccalauréat traînent derrière elles une réputation solide et sordide : celle d'être une vaste loterie. Tel aimable promeneur lycéen n'a rien fait de l'année et a obtenu 15 en philosophie au bac, tandis que le meilleur élève d'une classe qui avait une moyenne de 14 sur les trois trimestres s'est ramassé un 6. Des exemples comme ceux-là, tout le monde en connaît à la pelle et à l'appel. Ils contribuent à plomber l'image de la philosophie auprès d'une bonne partie des lycéens et de leurs parents.

À la différence des mathématiques et de l'histoire, la philosophie ne peut pas être évaluée d'après un barème rigoureux (un correcteur ne donnera jamais tant de points à l'introduction, tant de points à la première partie, etc.), c'est globalement qu'une copie est jugée. Et l'honnêteté oblige à reconnaître que les différences d'appréciation d'une même copie d'un correcteur à l'autre peuvent être colossales, tandis que la chose n'arrivera presque jamais dans les autres matières.

Cela dit, ces cas de grand écart, entre 5 et 15 points par exemple, sont rares (moins d'un vingtième des copies), et c'est pour les supprimer ou les réduire que sont organisées des réunions « d'entente et d'harmonie » entre les correcteurs du baccalauréat, entre le moment où ils ont pris possession de leurs copies et celui où ils doivent remettre leurs notes. Durant ces réunions (auxquelles, malheureusement, tous ne viennent pas, les profs étant, comme chacun sait, d'anciens élèves...), les correcteurs se mettent globalement d'accord sur ce qu'ils peuvent raisonnablement accepter ou refuser pour chacun des trois sujets de l'examen.

À savoir

L'échelle commune des notes est la suivante :

- **De 0 à 5 : le sujet ou le texte n'a pas du tout été compris.** Le travail n'a pas été fait. La copie est vide de contenu. Le candidat ne sait pas ce qu'est une dissertation ou une explication de texte philosophique. Presque toujours, les notes les plus basses ne font que sanctionner un travail qui n'a tout bonnement pas été fait (le candidat est parti au bout d'une heure).
- **De 6 à 10 : le sujet ou le texte n'a pas été compris (6-7). Mais il y a un effort de rédaction et d'organisation des idées (8-9).** L'immense majorité des copies de bac en philosophie se situe dans cette zone.
- **De 11 à 15 : le sujet ou le texte a été bien compris.** Le candidat sait faire une dissertation ou une explication de texte ; il sait analyser, argumenter, et ne se contente pas de redire ce qu'il sait.
- **De 16 à 20 : la copie a toutes les qualités d'excellence (compréhension de la problématique, organisation des idées, richesse des références, etc.).** Même si elle est rarissime, la note suprême (20) n'est pas impossible. S'il est vrai que les professeurs de philosophie ont tendance à grouper leurs notes entre 7 et 11, les recommandations officielles ne cessent de les inciter à valoriser les bonnes et les très bonnes copies. On n'attend pas, à l'occasion d'une épreuve de philosophie au bac, que naissent des petits Kant et des bébés Nietzsche.

Chapitre 31

L'épreuve orale

DANS CE CHAPITRE :

- » **Tous les conseils pour réussir totalement après un échec partiel…**
- » **… afin de transformer en triomphe une inquiétude !**

Les textes étudiés en classe

Dans le programme de toutes les séries, figurent, en dehors des notions, des textes choisis parmi une liste de philosophes, où l'on retrouve tous les grands noms du passé (prudents, les responsables des programmes attendent qu'un philosophe soit mort et assez reconnu pour l'ajouter à leur liste…).

Deux œuvres « au moins » seront étudiées en série L et une « au moins » en séries ES et S.

Pour les séries technologiques, un ensemble de textes courts liés aux notions du programme remplacera les œuvres complètes. Ce sont ces textes qui, le cas échéant, seront présentés par l'élève à l'épreuve orale. Mais pour ces séries technologiques, il est prévu de présenter également une seule œuvre d'un philosophe, d'où auront été extraits plusieurs textes. L'étude d'œuvres est étroitement liée à celle des notions du programme. Elle donne aux candidats une indispensable culture philosophique.

Attention

N'allez donc pas vous figurer que la lecture et l'étude des textes peuvent être écartées sous prétexte que : a) vous ne passerez pas l'oral, parce que vous aurez votre bac du premier coup ; b) s'il vous arrive un accident à l'écrit, ce n'est pas avec la philosophie que vous rattraperez des points à l'oral.

D'abord, l'étude des textes fait partie de votre programme, au même titre que celle des notions. Ensuite, vous pouvez très bien vous retrouver à l'oral et vous pouvez très bien avoir intérêt à choisir « philosophie » comme matière de rattrapage.

Choisir « philo » à l'oral ?

Vous avez obtenu entre 8 et 10 de moyenne à l'écrit : vous devez passer deux épreuves de rattrapage au choix.

Angoisse, questionnement : quelles matières choisir ?

Conseil

Même si, évidemment, les coefficients comptent, ils ne sont pas les seuls à entrer en ligne de compte. Un candidat de **S** ou même de série **technologique** pourra avoir davantage intérêt à choisir « philosophie » malgré son faible coefficient (3 et 2) comparé à celui des autres disciplines si, par exemple, il a fait une nette contre-performance à l'écrit (un 3 catastrophique alors que la moyenne de l'année tournait autour de 14), et s'il a fait le plein de points dans les autres matières. L'expérience montre que chaque année des candidats ont échoué au final pour avoir effectué un mauvais choix des matières de rattrapage (on voit ainsi couramment des élèves de **S** choisir « mathématiques » à l'oral après avoir eu un 7 alors que leur moyenne de l'année était de 6, sous prétexte qu'avec un fort coefficient, on rattrape beaucoup de points en mathématiques).

À noter que les candidats des séries **technologiques** sont si rares à se présenter en philosophie que, à condition qu'ils aient fait un travail honnête durant l'année, les examinateurs les évaluent presque toujours avec la plus grande indulgence.

Les modalités pratiques de l'épreuve

Les coefficients pour les épreuves orales sont, dans toutes les séries, les mêmes que pour les épreuves écrites : 2 pour les techniques, 3 pour les S et les TMD, 4 pour les ES et 7 pour les L.

Dans toutes les séries, le temps de préparation est fixé à vingt minutes, et celui de l'oral proprement dit à vingt minutes également. Le jour de l'épreuve, le candidat présente à l'examinateur la liste des œuvres philosophiques dont l'étude est obligatoire. Cette obligation s'impose à tous les candidats, qu'ils soient élèves d'un établissement ou candidats libres. La liste présentée par les élèves d'un établissement d'enseignement aura été signée par le professeur, visée par le chef d'établissement et annexée au livret scolaire.

Au cas où le candidat, en contravention avec les dispositions réglementaires, ne présente aucune liste, ou présente une liste qui, n'étant pas conforme au programme, ne lie pas l'examinateur, il est recommandé à celui-ci de fournir au candidat deux ou trois œuvres, le candidat choisit l'une d'entre elles, dont il lui est demandé d'expliquer un bref fragment.

Lorsqu'une œuvre a été étudiée seulement dans certaines de ses parties, et non entièrement, la délimitation précise de celles-ci sera indiquée explicitement.

Si certains candidats se présentent sans liste, l'absence de celle-ci sera consignée au procès-verbal de l'épreuve.

Il est souhaitable que le candidat ait avec lui deux exemplaires des textes (faites des photocopies ou empruntez un second exemplaire de livre à un camarade), pour en remettre un à l'examinateur, dont la tâche sera ainsi facilitée.

Qu'écrire sur la feuille pendant la préparation ?

Vous n'avez pas le temps de tout rédiger, et puis une lecture d'un texte écrit a quelque chose de froid et d'ennuyeux.

Truc

Rédigez l'introduction et la conclusion, et faites un plan détaillé du développement, à partir duquel vous pourrez improviser (rien ne vous interdit d'annoter au crayon la page de votre texte). Dans l'introduction, vous rappellerez la situation du texte dans l'œuvre de l'auteur (s'il ne s'agit pas d'un texte isolé), vous direz à quelle notion du programme le texte peut être rattaché, et vous exposerez la problématique ainsi que la thèse défendue par l'auteur.

Conseil

Il est inutile de raconter la vie du philosophe et de dire tout ce que vous savez sur lui. Vous n'avez pas beaucoup de temps : restez concentré sur le texte lui-même.

Dans le développement, vous analyserez, étape par étape, les différentes parties du texte, en prenant soin de marquer les transitions. Soyez attentif aux concepts importants ainsi qu'aux arguments de l'auteur. Dans la conclusion, vous direz en quoi ce texte fait sens pour nous, ce qu'il implique, en quoi et comment il peut être critiqué.

Conseil

Il est recommandé de rédiger une conclusion ferme. Rien de plus pénible qu'un oral qui s'arrête en plein silence !

Pensez aussi à votre examinateur !

La plupart du temps, il s'agira du même dragon qui vous a réduit en cendres à l'écrit. Même s'il est payé en plus de son salaire (pas tellement : un peu plus de 36 euros pour une vacation complète de 4 heures, avec 12 candidats), il pense, tout comme vous, à l'été déjà bien installé.

Même si les règlements de compte par contumace et en différé ne sont pas, hélas !, complètement à exclure (il arrive que des enseignants se vengent sur le premier malheureux qui leur tombe sous la main, l'accusant de tous les déboires que leurs classes leur auront fait subir durant l'année…), vous aurez toutes les chances de tomber sur quelqu'un de sérieux et de compatissant qui sera sincèrement désolé de ce qui vous arrive et aura sincèrement à cœur de vous rattraper.

Attention

Ce qui signifie qu'il vous faut conduire votre oral le plus honnêtement possible. Si vous ne comprenez pas la question posée, demandez qu'elle vous soit rappelée. N'allez surtout pas croire que votre examinateur cherche à tout prix par ses questions à vous « coincer ». Bien à l'inverse de cette interprétation paranoïaque (les échecs scolaires favorisent la paranoïa), ces questions sont la plupart du temps destinées à permettre l'expression du meilleur de vous.

Conseil

Évidemment, l'apparence compte, comme toutes les fois que des êtres humains, surtout s'ils ne se connaissent pas, se trouvent ensemble face à face dans un local fermé. Conseil de bon sens : aussi bien dans votre tenue vestimentaire que dans votre attitude, fuyez les extrêmes. Si vous avez l'intention de vous teindre les cheveux en vert fluo, repoussez le projet à quelques jours. Les jeunes filles ne viendront pas avec un décolleté plongeant qui risque d'affoler les examinateurs et d'énerver les examinatrices. Durant l'oral, essayez de tenir le milieu entre la trop grande confiance en vous, qui pourrait être comprise comme de l'arrogance déplacée, et la timidité extrême, qui pourrait être comprise comme un aveu de faiblesse.

Le déroulement de l'oral

Conseil

Vous disposez de vingt minutes, mais vous pouvez très bien n'en utiliser que quinze, et même moins, et faire cependant un très bon oral. Ne soyez pas trop bref tout de même !

La lecture à voix haute qui doit précéder votre explication est un moment important de celle-ci. Lisez lentement et clairement, en marquant les fins de phrase, et en insistant sur les concepts essentiels. Ainsi vous faites déjà comprendre à l'examinateur que vous avez compris.

Conseil

Pendant votre explication, mieux vaut jouer franc jeu et signaler tout de suite le point que vous n'avez pas bien compris, plutôt que de le passer sous silence. Votre examinateur y reviendra selon toute vraisemblance.

L'entretien après l'explication a une durée variable, qui dépend d'abord de la durée de votre explication. Les textes officiels précisent que l'interrogation devra permettre au candidat « de faire preuve de connaissances élémentaires (vocabulaire, problèmes fondamentaux, etc.), de tirer parti de ses qualités de réflexion et d'expression, ainsi que des lectures qu'il a pu faire au cours de l'année ».

Au cours de l'oral, n'importe quelle notion du programme peut faire l'objet d'une interrogation, surtout si elle est en liaison directe avec le texte.

L'examinateur cherchera pour vous des moyens de rattraper une erreur, ou un oubli. Répondez-lui le plus honnêtement possible, vous en serez récompensé.

Chapitre 32

Et si vous aviez passé l'épreuve l'année dernière ?

DANS CE CHAPITRE :

- **Les trois sujets corrigés du bac 2017 de chaque série**
- **Pas à pas, les erreurs à éviter et les bonnes choses à dire ou à faire (en italique)**

Il n'y a évidemment pas de corrigés de philosophie comme il y a des corrigés de mathématiques ou de géographie. Il y a beaucoup plus de façons de réussir que de manquer un devoir de philosophie. Ces corrigés ne sont donc pas des modèles, mais des exemples. Et puis n'oubliez pas que ce ne sont que des résumés.

Série L

1er sujet : Suffit-il d'observer pour connaître ?

Conseil

Lorsque l'intitulé de la question commence par « suffit-il », vous pouvez être sûr que la réponse attendue est négative. Il en va de même avec la forme « ceci n'est-il que cela ? ».

Introduction

Observer signifie examiner attentivement un objet. Quant à la connaissance, elle est la possession intellectuelle d'un objet dans sa vérité. La question posée revient à savoir si l'observation est une condition suffisante pour la connaissance.

Conseil

Rappelons qu'en introduction les définitions sont indispensables, même pour les mots de la langue courante.

Première partie : L'observation est un acte de connaissance

Observer un objet, que celui-ci soit matériel ou non, c'est attacher son esprit à lui avec une attention et une intention particulières. Observer, en effet, est bien davantage que « voir » et même que « regarder ». Lorsque j'observe, je suis animé par la volonté de connaître.

Dans les sciences expérimentales, toutes les grandes découvertes sont issues d'observations. Les lois de Kepler et de Newton, par exemple, n'auraient jamais pu être formulées sans la multitude des observations astronomiques faites auparavant.

Inversement, les errements de la « physique » aristotélicienne sont issus d'une trop grande confiance accordée à la seule réflexion aux dépens de l'observation des faits.

Conseil

Si une dissertation est une analyse conceptuelle, elle doit toujours contenir des références et des exemples.

Deuxième partie : L'observation n'est pas une condition suffisante pour la connaissance

On fera tout d'abord remarquer que les mathématiques ne font pas usage de l'observation, du moins au sens empirique du mot. La connaissance peut, dans certains domaines, s'élaborer sans observation, par la pensée pure.

Dans les sciences expérimentales et les sciences humaines, l'observation est une condition nécessaire, mais non suffisante, pour la connaissance. Il convient à cet égard de faire une distinction entre l'information, le savoir (qui est une somme d'informations), et la connaissance, qui est une élaboration théorique. Une description détaillée d'un phénomène naturel ou humain, produit d'une observation méticuleuse, ne saurait par elle-même constituer une connaissance.

La connaissance, en effet, ne va pas sans une élaboration conceptuelle laquelle, par définition, est au-delà de l'observable. Par exemple, en histoire, la cause d'une guerre ou d'une crise économique ne peut être *observée*. Or, connaître, comme le disait Aristote, c'est connaître les causes.

Conclusion

L'observation étant nécessairement liée au visible ou à l'apparent, elle ne saurait représenter une condition suffisante pour la connaissance, laquelle va précisément au-delà du visible et de l'apparent.

2e sujet : Tout ce que j'ai le droit de faire est-il juste ?

Conseil

Analogue au précédent : un sujet de dissertation qui commence par « tout » implique fatalement une réponse négative. On commencera donc par les arguments pouvant conduire à une réponse positive.

Introduction

Avoir le droit d'agir de telle ou telle manière, c'est avoir une possibilité de le faire, sans encourir le risque d'une sanction. Cette liberté est garantie par la loi de la société.

Une action peut être qualifiée de juste à deux conditions : lorsqu'elle est conforme à la loi positive d'une société donnée, ou lorsqu'elle est conforme à un idéal rationnel de justice. La contradiction possible entre ces deux plans, celui de la *légalité* de la loi effective, et celui de la *légitimité* de la loi idéale, est au cœur de la question posée.

Conseil

Définissez clairement tous les termes de la question, et le sens de celle-ci.

Première partie : Seule la loi définit le juste et l'injuste

Dans une société esclavagiste comme la société grecque ou romaine de l'Antiquité, il est juste qu'un maître possède des hommes comme esclaves, et les révoltes d'esclaves étaient perçues comme injustes. Chaque société définit par ses propres lois ce qui est juste ou injuste. C'est cela que voulait dire Pascal lorsqu'il écrivait : « Plaisante justice qu'une rivière borne ! Vérité en deçà des Pyrénées, erreur au-delà ».

Puisque ce sont les mêmes lois qui définissent le juste et l'injuste, le permis et le défendu, ce que j'ai le droit de faire est juste, ce que je n'ai pas le droit de faire est injuste. L'infanticide était permis chez les Romains. Celui qui le pratiquait avait le droit de le faire, il ne commettait aucune injustice.

On appelle *positivisme juridique* la conception du droit selon laquelle il n'y a pas de normes de justice supérieures à celles définies par les lois positives de la société. Mais certains philosophes et juristes se sont opposés à cette conception.

Conseil

Une référence savante n'est ni exigée ni attendue dans un devoir de dissertation. Mais lorsqu'elle est présente, elle élève immédiatement la qualité du travail fourni.

Deuxième partie : Les lois peuvent être injustes

Contre son oncle Créon, le roi qui représentait la légalité des lois humaines, Antigone invoquait la légitimité supérieure des lois divines. L'idée de « droit naturel » est issue de l'histoire d'Antigone. Certes, chaque société définit pour son propre compte le juste et l'injuste, mais, au-dessus, il y aurait un idéal de justice, que l'on a tour à tour lié à la nature, à Dieu ou à la raison.

Dès lors le légal ne coïncide plus nécessairement avec le légitime. Ce qui est légal, c'est-à-dire conforme à la loi positive, n'est pas nécessairement légitime, c'est-à-dire conforme à la loi de la raison. Les lois raciales de l'Allemagne nazie et du régime de l'apartheid en Afrique du Sud donnaient, par définition, à ceux qui n'en étaient pas les victimes, le droit d'agir et de se comporter de manière raciste. Cela ne suffit pas à faire du racisme quelque chose de juste.

Inversement, le légitime peut n'être pas légal ainsi qu'on le voit avec les actes de résistance dans un pays occupé ou colonisé. Un attentat est par définition illégal, aucun individu n'a le droit de le commettre. Or, dans certaines circonstances, il peut apparaître comme légitime, *justifié* (le terme signifiant proprement « rendu juste »).

Conclusion

Le positivisme juridique dénonce comme une fiction métaphysique toute conception du droit et de la justice qui dépasserait la légalité réelle, effective dans un pays donné et à un moment donné de son histoire. Mais si l'idéal de justice, transcendant la réalité historique, n'avait jamais été pensé ni voulu, aucun progrès en matière juridique n'aurait eu lieu. Si l'esclavage et la torture ont été abolis, c'est bien parce qu'on a fini par penser qu'il ne suffit pas d'avoir le droit de faire quelque chose pour que cela soit juste.

3e sujet : Expliquer le texte suivant

*Un Auteur célèbre**, calculant les biens et les maux de la vie humaine et comparant les deux sommes, a trouvé que la dernière surpassait l'autre de beaucoup et qu'à tout prendre la vie était pour l'homme un assez mauvais présent. Je ne suis point surpris de sa conclusion ; il a tiré tous ses raisonnements de la constitution de l'homme Civil : s'il fût remonté jusqu'à l'homme Naturel, on peut juger qu'il eût trouvé des résultats très différents, qu'il eût aperçu que l'homme n'a guère de maux que ceux qu'il s'est donnés lui-même, et que la Nature eût été justifiée. Ce n'est pas sans peine que nous sommes parvenus à nous rendre si malheureux. Quand d'un côté l'on considère les immenses travaux des hommes, tant de Sciences approfondies, tant d'arts inventés ; tant de forces employées ; des abîmes comblés, des montagnes rasées, des rochers brisés, des fleuves rendus navigables, des terres défrichées, des lacs creusés, des marais desséchés, des bâtiments énormes élevés* *sur la terre, la mer couverte de Vaisseaux et de Matelots ; et que de l'autre on recherche avec un peu de méditation les vrais avantages qui ont résulté de tout cela pour le bonheur de l'espèce humaine, on ne peut qu'être frappé de l'étonnante disproportion qui règne entre ces choses, et déplorer l'aveuglement de l'homme qui, pour nourrir son fol orgueil et je ne sais quelle vaine admiration de lui-même, le fait courir avec ardeur après toutes les misères dont il est susceptible et que la bienfaisante nature avait pris soin d'écarter de lui.*

Rousseau, *Discours sur l'origine et les fondements de l'inégalité parmi les hommes*, 1755.

** un auteur célèbre : il s'agit de Maupertuis, philosophe et mathématicien (1698-1759) [note figurant sur la feuille d'examen].*

La connaissance de la doctrine de l'auteur n'est pas requise. Il faut et il suffit que l'explication rende compte, par la compréhension précise du texte, du problème dont il est question [*avertissement figurant sur la feuille d'examen*].

Attention

L'usage des majuscules peut désarçonner le candidat, et le sens de certains termes (« homme civil », « arts ») peut n'être pas bien compris. Cela dit, le texte ne présente aucune difficulté majeure de compréhension. Mais la difficulté, précisément, sera d'expliciter la thèse centrale de Rousseau. Expliquer un texte, rappelons-le, c'est en développer le sens, c'est-à-dire en dérouler les implications.

Introduction

L'utilitarisme, philosophie fondée par Jeremy Bentham à la fin du XVIIIe siècle, définit le bonheur comme la balance positive d'une existence qui a connu la plus grande quantité de plaisirs diminuée de la plus petite quantité de peines. C'est à un calcul analogue qu'avait procédé le philosophe mathématicien Maupertuis pour aboutir à la conclusion qu'il y a beaucoup plus de malheur que de bonheur dans la vie humaine.

Conseil

Les références aux philosophes et à l'histoire de la philosophie ne sont pas exigées du candidat. Mais elles seront particulièrement valorisées par le correcteur. N'hésitez pas à mobiliser vos connaissances !

Jean-Jacques Rousseau reproche à Maupertuis d'avoir appliqué à l'homme en général ce qui n'est vrai que pour « l'homme civil », c'est-à-dire l'homme en société, l'homme « cultivé » devenu, pour reprendre une expression de Descartes, « maître et possesseur de la nature ».

Première partie : L'homme civil et l'homme naturel

Le *Discours sur les lettres, les sciences et les arts*, qui rendra Rousseau célèbre, développe une thèse paradoxale, voire scandaleuse à l'époque des Lumières : loin d'avoir été le moteur d'un Progrès qui serait la loi de l'Histoire, la culture, c'est-à-dire l'ensemble des travaux et des productions humaines (les connaissances, les techniques…) qui ont transformé et détruit la nature, a fait le malheur de l'homme plutôt que son bonheur.

Conseil

N'oubliez pas que la philosophie est une discipline qui procède par concepts, et que ceux-ci doivent être définis.

Le *Second Discours*, d'où ce passage est tiré, reprend l'opposition entre Nature et Société, pour en tirer des implications politiques et sociales. Les philosophes qui ont disserté sur « l'homme » en général ont ignoré ou oublié que l'homme n'a pas toujours vécu dans l'état de société, et que dans l'état de nature qui a précédé celui-ci, les artifices qui caractérisent la vie des hommes d'aujourd'hui (leurs outils, leurs constructions, leur habillement, mais aussi leurs façons de parler, de penser et de s'émouvoir) étaient totalement inconnus.

C'est donc, aux yeux de Rousseau, commettre un paralogisme, c'est-à-dire une faute de raisonnement, que de transposer à l'homme en général des traits de caractère propres à l'homme d'aujourd'hui. Si Rousseau s'est tant intéressé aux récits des navigateurs et des voyageurs sur les populations des Amériques et de l'Océanie, c'est qu'il reconnaissait en elles un mode d'existence humaine proche de l'état de nature (voir le mythe du bon sauvage).

Deuxième partie : La domination de la nature n'a pas rendu l'homme plus heureux

Rousseau n'était pas naïf au point de croire que, dans l'état de nature, l'homme vivait dans un état de béatitude parfait. Ses adversaires ont caricaturé sa pensée. Il y a toujours des serpents dans les jardins d'Éden : le bon sauvage connaît des maux et des malheurs, et même la violence ; cela, Rousseau ne l'ignore pas. Seulement, qu'est-ce qu'une bagarre aux poings, et même à coups de bâtons, à côté de la bombe atomique (produit de l'intelligence scientifique et de l'ingéniosité technique) ? Qu'est-ce qu'une rage de dents – un mal naturel tant qu'on ne sait pas le soigner – à côté de la multitude des maux psychiques (angoisse, stress…) induits par la technique et la vie en société ?

Aux yeux de Rousseau, la plupart des maux dont souffre l'homme aujourd'hui viennent de lui-même, et non de sa constitution naturelle. Ils viennent de son activité, laquelle prend la forme d'un affairement, d'une agitation illimitée : rien de ce qui existe dans la nature ne doit être laissé en l'état. Les trois révolutions industrielles qui se sont succédé après l'époque de Rousseau, et les radicales transformations qu'elles ont opérées dans l'environnement, confirment amplement la thèse du philosophe.

Conseil

Les exemples historiques servant à illustrer les idées du texte seront toujours les bienvenus, à condition qu'ils soient rapidement mentionnés, et ne soient pas traités pour eux-mêmes.

Troisième partie : Les raisons du malheur humain

Contrairement à ce qu'affirmait Aristote, les hommes ne veulent pas être heureux. Ils *désirent* être malheureux, ils ont tout fait pour l'être, et l'on peut dire qu'ils sont parvenus à leurs fins. Pascal disait déjà que tout le malheur de l'homme vient de ce qu'il ne sait pas rester seul dans une chambre. Rousseau parle d'aveuglement, de « fol orgueil », de « vaine admiration de soi ». Ce qui signifie que le caractère proprement catastrophique du cours de l'histoire, qui a toujours plus éloigné l'homme de la simplicité paisible de sa condition primitive, aurait des causes psychologiques.

Rousseau reprend ici à son compte un thème judéo-chrétien. L'orgueil, péché capital, est précisément la tendance à vouloir dépasser une condition d'origine donnée par le Créateur afin de lui ressembler. C'est par orgueil que le premier couple humain a mangé du fruit défendu dans le jardin d'Éden.

Conseil

Rappelons que les références culturelles tirées de la religion ou des arts ne sont ni obligatoires ni attendues, mais qu'elles sont toujours appréciées.

Les transformations radicales que le travail humain a fait subir à la nature, auxquelles Rousseau fait allusion (forêts rasées, villes édifiées), et qui de nos jours se manifestent par le dérèglement climatique et l'effondrement de la biodiversité, sont les fruits empoisonnés de l'orgueil.

À l'orgueil s'est ajoutée, selon Rousseau, la « vaine admiration de soi », que l'on pourrait traduire comme narcissisme générique. L'homme, finalement, n'aime que lui-même, le produit de ses mains et de son cerveau. C'est pourquoi il a tué Dieu et détruit la nature.

Conclusion

Il est difficile, voire impossible, d'établir un état de bonheur général d'une humanité indéfiniment hétérogène. Il est toujours problématique de comparer les époques et les pays en termes de bonheurs et de malheurs, tant il y a de facteurs et d'incertitudes à prendre en compte !

Cela dit, les statistiques et les sondages d'opinion tendraient à contredire Rousseau en révélant une corrélation entre le bonheur et l'augmentation du niveau de vie, laquelle est évidemment due au développement des techniques.

Mais là où l'analyse du philosophe conserve toute sa pertinence, c'est dans le constat d'une « étonnante disproportion » entre les efforts déployés par des milliards et des milliards d'individus qui vivent dans une agitation continuelle, et les résultats obtenus en termes de bien-être.

Conseil

N'oubliez pas qu'une conclusion est une sorte de bilan et qu'elle sert à juger globalement un sujet de dissertation ou un texte.

Série ES

1er sujet : La raison peut-elle rendre raison de tout ?

Conseil

Vous savez que lorsqu'une question contient le mot « tout », la réponse attendue est négative. Il conviendra donc en premier lieu de chercher des arguments pour la thèse.

Introduction

La raison est une faculté qui cherche à comprendre le réel en faisant abstraction des croyances et des émotions. La connaissance scientifique est l'expression par excellence de la raison.

Rendre raison de quelque chose, c'est l'expliquer, dire pourquoi cette chose existe et pourquoi elle est ainsi. La question posée revient à savoir si la raison peut avoir une portée universelle.

Attention

N'oubliez jamais de définir en introduction les termes de la question, et d'expliciter le sens de la question en la formulant autrement.

Première partie : Le principe de raison est universel

On appelle, depuis Leibniz, « principe de raison » le principe selon lequel tout ce qui existe a une raison d'exister et d'exister de telle manière déterminée. Il implique l'idée que la raison en tant que faculté humaine a pour tâche et pour finalité de comprendre la raison d'être des choses et leur essence.

Au Moyen-Âge, Thomas d'Aquin s'est servi de la philosophie d'Aristote (la raison) pour comprendre les vérités révélées par la religion, qui dépassent la raison. La théologie et la métaphysique ont eu pour ambition de traduire en termes rationnels ce qui, en première analyse, dépasse infiniment la raison comme l'existence de Dieu ou la nature de l'âme.

Ce qui contredit la raison peut être infra- et non seulement supra-rationnel. Tel est le cas du rêve ou de la folie. Or certaines disciplines, comme la psychanalyse ou la psychiatrie, se sont efforcées de rendre raison des formes les plus radicales d'irrationalité. En droit, la raison peut tout comprendre, même ce qui au premier abord lui échappe.

Seconde partie : La raison ne peut rendre raison de tout

La remarque a été faite par Nietzsche : la confiance que la philosophie accorde à la raison n'est pas elle-même rationnelle, elle est de l'ordre de la *foi*. La raison ne peut pas davantage rendre compte d'elle-même qu'un estomac ne peut se digérer lui-même.

On a dit que le sens d'Auschwitz est de n'avoir pas de sens. Il existe dans l'histoire collective des hommes, comme dans leur histoire personnelle, des « noyaux infracassables de nuit », pour utiliser dans un autre contexte une expression d'André Breton. Freud était un rationaliste convaincu. La psychanalyse qu'il a fondée était bien une tentative pour rendre raison de ce qui par excellence échappe à la raison, à savoir l'inconscient. Mais il admettait lui-même que, quand bien même on connaîtrait l'enfance d'un artiste, ses fantasmes et ses refoulements, le mystère de son génie créateur resterait entier.

Conclusion

Si, comme dit le fameux dicton, le sommeil de la raison engendre des monstres, sa toute-puissance n'en engendre pas de moins terribles. D'ailleurs, les chercheurs eux-mêmes admettent aujourd'hui que dans le travail de la raison qui constitue la science, la raison n'est pas seule à agir : l'émotion, la sensibilité, le désir n'ont pas une part moindre. Un monde dans lequel la raison pourrait rendre raison de tout serait un monde de machines, un monde organisé et traduit par une intelligence artificielle.

2e sujet : Une œuvre d'art est-elle nécessairement belle ?

Conseil

À croire que ceux qui choisissent les sujets de dissertation n'attendent que des réponses négatives à leurs questions. Lorsqu'il y a « nécessairement », comme lorsqu'il y a « tout », la fin est pratiquement connue : c'est « non ! ».

Introduction

Une œuvre d'art est une production humaine dont la seule finalité est esthétique. La beauté, comme ordre, mesure et harmonie sensibles, est une qualité qui lui est communément attachée. La question est de savoir si cette qualité est nécessaire, ou bien si elle n'appartient pas plutôt à une certaine histoire et à une certaine conception de l'art.

Conseil

N'oubliez pas qu'il faut toujours déterminer le sens de la question posée, en la posant autrement, et en définissant ses termes.

Première partie : Une œuvre d'art est belle par nature

Pourquoi certains tableaux sont-ils exposés sur les murs des musées alors que d'autres, en bien plus grande quantité, sont relégués dans les caves et les réserves ? Parce que les premiers ont une qualité de beauté que les seconds n'ont pas.

Le lien étroit et nécessaire qui unit l'œuvre d'art et la valeur de la beauté est exprimé par le mot « esthétique » qui renvoie aussi bien à l'un qu'à l'autre. L'esthétique est la spécialité de la philosophie qui traite de l'art, et lorsque nous parlons des qualités esthétiques d'un objet, nous faisons référence à sa beauté.

La beauté est aussi essentielle à l'art que la vérité l'est à la science.

Seconde partie : La beauté n'est pas la seule valeur de l'art

La nécessité du lien entre art et beauté n'est pas universelle. Elle caractérise l'art classique occidental, depuis les Grecs jusqu'à la fin du XIXe siècle. La découverte des cultures non européennes et les révolutions de la modernité ont entièrement remis en question ce lien.

Conseil

N'oubliez pas de mobiliser vos connaissances historiques lorsque vous rédigez une dissertation de philosophie.

Les objets que nous appelons aujourd'hui « œuvres d'art » n'ont, pour la plupart, pas eu de finalité esthétique, mais magique, religieuse, technique, politique... Une statue aztèque et un masque africain n'avaient pas pour fonction d'être beaux. Bien à l'inverse, ils devraient susciter l'effroi en exprimant non pas la grâce et l'harmonie, comme dans l'art classique européen, mais la puissance surhumaine.

En Europe, depuis le romantisme, l'art n'a pas cessé de cultiver d'autres valeurs que celle de la beauté : la puissance de l'expression, l'étrangeté, la laideur même. Non seulement la beauté a été « dépassée », mais elle a été récusée, violemment refoulée.

Conclusion

La définition de l'art par la beauté n'a donc pas, comme on l'a longtemps cru, une portée universelle. Elle caractérise bien plutôt un moment très particulier (le classicisme) d'une culture particulière (celle de l'Europe), ce qui ne signifie pas, bien entendu, que les autres cultures aient été étrangères au sens de la beauté artistique.

3e sujet : Expliquer le texte suivant

Étant donné […] qu'il n'existe pas au monde de République où l'on ait établi suffisamment de règles pour présider à toutes les actions et paroles des hommes (car cela serait impossible), il s'ensuit nécessairement que, dans tous les domaines d'activité que les lois ont passés sous silence, les gens ont la liberté de faire ce que leur propre raison leur indique comme étant le plus profitable. Car si nous prenons la liberté au sens propre de liberté corporelle, c'est-à-dire le fait de ne pas être enchaîné, ni emprisonné, il serait tout à fait absurde, de la part des hommes, de crier comme ils le font pour obtenir cette liberté dont ils jouissent si manifestement. D'autre part, si nous entendons par liberté le fait d'être soustrait aux lois, il n'est pas moins absurde de la part des hommes de réclamer comme ils le font cette liberté qui permettrait à tous les autres hommes de se rendre maîtres de leurs vies. Et cependant, aussi absurde que ce soit, c'est bien ce qu'ils réclament ; ne sachant pas que les lois sont sans pouvoir pour les protéger s'il n'est pas un glaive entre les mains d'un homme (ou de plusieurs) pour faire exécuter ces lois. La liberté des sujets ne réside par conséquent que dans les choses que le souverain, en réglementant les actions des hommes, a passées sous silence, par exemple la liberté d'acheter, de vendre, et de conclure d'autres contrats les uns avec les autres ; de choisir leur résidence, leur genre de nourriture, leur métier, d'éduquer leurs enfants comme ils le jugent convenable et ainsi de suite.

Hobbes, Léviathan, 1651.

La connaissance de la doctrine de l'auteur n'est pas requise. Il faut et il suffit que l'explication rende compte, par la compréhension précise du texte, du problème dont il est question *[avertissement figurant sur la feuille d'examen].*

Attention

Ce texte ne présente pas de difficultés apparentes mais offre néanmoins de nombreuses tentations de hors-sujet. Lorsque vous choisissez le troisième sujet, relisez plusieurs fois le texte, de manière à vous en imprégner et à en dégager clairement la thèse centrale.

Introduction

Dans ce texte, Hobbes établit qu'il est impossible à un État (c'est le sens du mot « République » utilisé ici) de légiférer pour tous les domaines d'activité et d'existence des êtres humains, et que c'est précisément dans ce « silence de la loi » (*silentium legis* en latin) que réside leur liberté.

Attention

On ne vous reprochera jamais de ne pas faire des références savantes, mais si vous les faites (et à condition qu'elles soient justes, bien entendu !), vous susciterez de la part de votre correcteur une bienveillance infinie.

Première partie : Il est impossible de légiférer pour tout

La loi, au sens de principe organisateur des sociétés humaines, présente toujours un fort degré de généralité, en décalage avec le caractère singulier, unique, des activités et des situations. D'où la difficulté de son application.

La loi présente à cet égard une certaine analogie avec le mot, un signe qui vaut pour un nombre indéfini de réalités. De même qu'aucune langue ne pourrait prévoir un mot particulier pour chaque être particulier (il en faudrait un nombre quasi infini), aucun système de lois ne peut s'occuper de toutes les actions possibles des individus.

Hobbes en conclut que les individus sont libres d'agir selon leur propre volonté dans les domaines dont les lois de l'État ne s'occupent pas. À la fin de cet extrait, il donne comme exemples d'activités libres le commerce, le travail, l'éducation des enfants et le mode de vie d'une manière générale (le choix du lieu de résidence, la manière de se nourrir, on pourrait ajouter : la manière de se vêtir).

Conseil

Normalement, votre explication doit suivre dans l'ordre les différentes parties du texte. Mais des exceptions sont possibles, comme ici. La dernière phrase de cet extrait, en effet, peut être directement raccordée à la première, qu'elle continue et explicite.

Deuxième partie : La liberté n'est pas d'ordre physique

Dans la suite du texte, Hobbes s'oppose à deux conceptions, qu'il juge erronées, de la liberté.

Selon la première, la liberté consiste à disposer de son propre corps (un esclave n'est pas libre), et à pouvoir aller et venir selon son plein gré (un prisonnier n'est pas libre). D'ailleurs, en Angleterre, peu de temps après la parution du *Léviathan*, le principe connu sous le nom d'*Habeas corpus* – qui sera une des origines des droits de l'homme – stipulera qu'aucun individu ne pourra être arrêté sans motif valable fourni par les autorités.

Conseil

Comme les références philosophiques, les références historiques sont les bienvenues sans être attendues.

Pour Hobbes, c'est la libre disposition de son propre corps, en tant que liberté naturelle, qui est la règle, et sa suppression (par l'incarcération, par exemple), qui est l'exception. Nul, en effet, n'ira manifester dans la rue pour réclamer de l'État cette liberté puisqu'il en bénéficie déjà.

Troisième partie : La liberté n'est pas dans la transgression de la loi

Puisque la loi est une contrainte souvent difficile à supporter (que l'on songe à l'obligation de payer des impôts, ou à celle de respecter le bien d'autrui), une idée très commune est de définir la liberté par la transgression de la loi. Seulement, cette transgression, nous ne la désirons que pour notre propre bénéfice. Nous ne pouvons pas vouloir qu'elle soit généralisée, parce qu'alors aucune vie sociale ne serait possible.

Par ailleurs, ce n'est pas la loi en tant que telle qui peut protéger les citoyens des violences commises par autrui (pour Hobbes, assurer la sécurité est le premier devoir et la première fonction de l'État), mais le fait que l'État dispose, pour reprendre une expression de Max Weber, du monopole de la violence légitime (le « glaive » dont parle Hobbes dans son texte), pour la faire respecter.

Conseil

S'il est bien dit, sur la feuille d'examen, que « la connaissance de la doctrine de l'auteur n'est pas requise », il est clair que cette connaissance est on ne peut plus profitable.

Conclusion

Hobbes est connu pour avoir été le théoricien de l'absolutisme. Pour lui, la première fonction de l'État n'est pas d'assurer la liberté des citoyens, encore moins leur égalité, mais leur sécurité. Léviathan (nom d'un animal monstrueux) symbolise la puissance de l'État.

Pourtant, comme on le voit à travers cet extrait, rien n'est plus éloigné de la philosophie politique de Hobbes que la nature des régimes totalitaires. Ce qui caractérise ces régimes, en effet, c'est la direction et le contrôle de tous les domaines de l'existence et de l'activité humaines.

On remarquera, enfin, que, ainsi que l'avait pressenti Tocqueville, les États démocratiques tendent à légiférer partout. Symptôme de cette inquiétante inflexion : alors que jadis on se félicitait du *silence de la loi* comme espace de liberté pour les citoyens, aujourd'hui on se plaint du *vide juridique* lorsque la loi est encore muette.

Série S

1er sujet : Défendre ses droits, est-ce défendre ses intérêts ?

Conseil

Encore une question à réponse négative contrainte. Comme toujours en philosophie, il s'agit de faire le tour du problème, c'est-à-dire de le considérer dans tous ses éléments.

Introduction

Un droit est une liberté d'agir et de se comporter garantie par la loi. La question posée revient à savoir si les droits subjectifs (par opposition au droit objectif qui est le système juridique organisant la société tout entière) ne sont que l'expression des intérêts personnels, ou bien s'ils ont une valeur générale.

Première partie : Les droits subjectifs sont l'expression des intérêts propres

Les droits subjectifs, c'est-à-dire ceux dont on peut dire que ce sont *mes* droits, ont leur raison d'être dans l'intérêt qu'ils peuvent satisfaire. Des droits contrevenant à l'intérêt ne seraient plus des droits, mais des contraintes.

Lorsque l'on défend ses droits, ce n'est pas au nom d'un collectif anonyme, mais au nom de ses propres intérêts. Ainsi peut-on défendre son droit de propriété, son droit d'expression, son droit de manifestation, etc.

Deuxième partie : Les droits subjectifs ne sont pas personnels

Ce qui est subjectif n'est pas nécessairement personnel, mais peut avoir valeur universelle. Tel est le cas du « je pense » cartésien. Tel est aussi le cas des droits de l'homme. Dès lors qu'un droit a valeur générale, défendre *ses droits* revient à défendre du même coup les droits des autres. Ainsi, lorsque des journalistes défendent leur liberté d'expression menacée, ce ne sont pas seulement, et parfois pas d'abord leurs intérêts personnels qu'ils défendent, mais un droit collectif.

Conclusion

Il n'y a, par conséquent, pas nécessairement antinomie entre la défense de ses droits et la défense de ses intérêts dans la mesure où, dans une société, des intérêts, même personnels, peuvent avoir un sens général. Ainsi les luttes sociales ont-elles toujours eu un sens qui excède de beaucoup leurs motivations particulières de départ. C'est jeter une illégitime suspicion sur la défense de ses droits que de laisser supposer qu'elle n'est que la couverture de la défense de ses intérêts propres.

2e sujet : Peut-on se libérer de sa culture ?

Attention

La question ici posée n'est pas de savoir s'il est bon de se libérer de sa culture mais s'il est possible de le faire. N'oubliez pas les définitions en introduction !

Introduction

La culture est l'ensemble des productions matérielles et immatérielles d'une société, qui englobe les œuvres et les produits, mais aussi les valeurs et les croyances.

Seuls ceux qui ressentent leur culture comme une contrainte ou une servitude (alors que la plupart des hommes n'ont pas du tout ce sentiment) voudront s'en libérer. Mais le peuvent-ils ?

Première partie : La culture est un englobant

Karl Jaspers parlait d'englobant pour désigner des réalités ou des concepts qui interdisent toute position en extériorité. Le langage, par exemple, est un englobant dans la mesure où il n'est pas possible de se situer à l'extérieur de lui.

Dès lors que la culture est un ensemble qui définit non seulement une appartenance mais une formation (*Bildung* en allemand), il paraît impossible de se situer en dehors d'elle. Il ne suffit pas, en effet, de se révolter contre tel ou tel aspect de sa propre culture (une coutume, par exemple, ou une croyance religieuse), pour exister en dehors d'elle, ce qu'implique l'expression « se libérer ». D'ailleurs l'attitude de révolte est en grande partie déterminée par l'objet même de la révolte. L'athéisme, par exemple, n'a pas le même sens en Arabie Saoudite, où il est puni de mort, qu'en France.

Seconde partie : Une possible libération

Il existe néanmoins des cas observables d'émancipation, sinon de libération à l'égard de sa culture propre : lorsque l'on quitte sa culture d'origine (sa langue, ses coutumes, ses valeurs, ses croyances, etc.) pour adopter une culture étrangère. L'Histoire nous fournit de nombreux exemples d'assimilation.

Conclusion

Cela dit, « se libérer de sa culture » présuppose que le processus d'acculturation est libre et volontaire. Or ce n'est presque jamais le cas. C'est sous l'empire de la nécessité, parfois de la violence physique ou symbolique, que les individus sont arrachés à leur culture et insérés dans un autre.

Attention

En conclusion, mettez en question, s'il y a lieu, les présupposés du sujet.

3e sujet : Expliquer le texte suivant

À la limite, la vie, c'est ce qui est capable d'erreur. Et c'est peut-être à cette donnée ou plutôt à cette éventualité fondamentale qu'il faut demander compte du fait que la question de l'anomalie traverse de part en part toute la biologie. À elle aussi qu'il faut demander compte des mutations et des processus évolutifs qu'elle induit. À elle qu'il faut demander compte de cette mutation singulière, de cette "erreur héréditaire" qui fait que la vie a abouti avec l'homme à un vivant qui ne se trouve jamais tout à fait à sa place, à un vivant voué à "errer" et destiné finalement à l'"erreur". Et si on admet que le concept, c'est la réponse que la vie elle-même donne à cet aléa, il faut convenir que l'erreur est à la racine de ce qui fait la pensée humaine et son histoire. L'opposition du vrai et du faux, les valeurs qu'on prête à l'un et à l'autre, les effets de pouvoir que les différentes sociétés et les différentes institutions lient à ce partage, tout cela même n'est peut-être que la réponse la plus tardive à cette possibilité d'erreur intrinsèque à la vie. Si l'histoire des sciences est discontinue, c'est-à-dire si on ne peut l'analyser que comme une série de "corrections", comme une distribution nouvelle du vrai et du faux qui ne libère jamais enfin et pour toujours la vérité, c'est que, là encore, l'"erreur" constitue non pas l'oubli ou le retard d'une vérité, mais la dimension propre à la vie des hommes et au temps de l'espèce.*

** Intrinsèque : qui provient de la vie elle-même.*

Foucault, *Dits et Écrits*, 1978.

La connaissance de la doctrine de l'auteur n'est pas requise. Il faut et il suffit que l'explication rende compte, par la compréhension précise du texte, du problème dont il est question *[avertissement figurant sur la feuille d'examen].*

Attention

Le risque est grand que le problème central du texte (avant d'être un défaut dans la connaissance et la pensée, l'erreur est issue de la vie elle-même) soit oublié. Il ne s'agit pas ici de faire une dissertation sur la vérité et l'erreur en général, mais de suivre pas à pas l'argumentation de Michel Foucault.

Introduction

La philosophie classique a conçu le problème de la vérité et de l'erreur comme un problème logique, concernant la pensée et la connaissance. Nietzsche a opéré une révolution lorsqu'il a interprété la logique elle-même comme une certaine expression de la vie. Dans ce texte, Michel Foucault développe cette idée en s'aidant des travaux de Gaston Bachelard (l'histoire des sciences que l'histoire de la vérité exprime est une suite d'erreurs rectifiées), et de Georges Canguilhem (l'anomalie, qui dévie de la norme, n'est pas anormale, en dehors des normes, mais créatrice de normes nouvelles).

Attention

On le voit, il est très difficile de comprendre ce texte de Foucault sans références en histoire de la philosophie. Néanmoins, et heureusement, un candidat qui ignorerait ces références pourrait malgré tout faire une excellente explication de texte.

Première partie : L'erreur est le propre de la vie

La façon la plus simple de définir l'erreur, c'est de dire qu'elle est le contraire de la vérité : ce qui est faux n'est pas vrai. Mais ce « contraire » doit plutôt être compris en termes d'écart : 2 fois 6 égale 14 est une erreur parce que 14 marque un écart par rapport à 12, qui est la bonne réponse. On ne dira pas que « 2 fois 6 égale une grand-mère » est une erreur.

Mais ici nous sommes dans l'ordre symbolique, avec le langage des signes et des chiffres, et donc dans le domaine de l'esprit, de la pensée. Comment comprendre que la vie puisse être capable d'erreur ? La vie, en effet, ne pense pas, elle n'a pas besoin d'ordre symbolique pour fonctionner.

Première remarque : la matière inerte, exclusivement soumise aux lois physico-chimiques, obéit à une rigoureuse nécessité. Il ne peut y avoir d'erreur, c'est-à-dire d'écart dans la formation d'un atome ou d'une molécule. Un atome d'un élément naturel aura toujours le même nombre de protons et d'électrons. La déviance apparaît effectivement avec la complexité de la matière organique. La vie elle-même est une déviance par rapport à la matière non vivante. Et si la vie avait été une répétition à l'infini, comme l'est l'histoire de la matière inerte, il n'y aurait jamais eu de diversification ni d'évolution des espèces. C'est à partir d'anomalies génétiques, en effet, que des espèces nouvelles apparaissent. Ces anomalies sont des erreurs dans la mesure où elles dévient par rapport à un programme qui tend vers la reproduction, donc vers la répétition.

Seconde partie : L'homme est voué à l'erreur et à l'errance

La théorie de l'évolution nous enseigne que l'homme, qui fait partie de la grande histoire de la vie, est lui-même le résultat d'une déviation, d'une anomalie génétique. Ce qui signifie que, comme les autres espèces vivantes, il aurait très bien pu ne pas apparaître sur Terre. Évidemment, les théories créationnistes, de nature religieuse, s'opposent radicalement à cette idée d'une foncière contingence de l'espèce humaine.

Attention

Vous pouvez faire allusion à des dogmes religieux, même s'ils s'opposent à la science, à condition de leur garder leur caractère de croyance, donc de ne pas en faire des vérités établies.

La pensée et la connaissance elle-même sont des systèmes symboliques qui dévient par rapport à la réalité. La définition classique de la vérité comme adéquation au réel présente comme la nature même de la vérité ce qui n'est qu'un idéal asymptotique. Comme l'avait montré Nietzsche, le concept représente toujours une approximation puisqu'il néglige les différences individuelles : dans le concept d'animal, par exemple, tout ce qui peut faire la spécificité d'un écureuil ou d'un cheval disparaît. Il en va de même avec une loi scientifique, dont le caractère est forcément d'être générale.

C'est pourquoi Gaston Bachelard définissait le progrès des sciences comme une suite d'erreurs rectifiées. Ainsi, la théorie newtonienne de la gravitation, qui repose sur le postulat du caractère absolu de l'espace et du temps, a-t-elle été « rectifiée » par la théorie de la relativité.

Conclusion

Conseil

Si vous n'avez pas suffisamment d'idées pour constituer une troisième partie équivalente en longueur aux deux précédentes, réservez votre idée nouvelle pour la conclusion.

Dans ce texte, Foucault arrache la notion de vérité à sa sphère logique et la rattache à la vie et au pouvoir. Le pouvoir, en effet, se caractérise aussi par la manière dont il conçoit, traite et manipule la vérité.

On peut néanmoins se demander dans quelle mesure il s'agit de la même « vérité ». Peut-on assimiler une anomalie à une erreur ? N'est-on pas alors victime d'une métaphore ? Le fait même que Foucault met, à deux reprises, le terme d'erreur entre guillemets, montre sans doute qu'il était conscient de cette difficulté.

Séries technologiques

1er sujet : Y a-t-il un mauvais usage de la raison ?

Attention

C'est devenu une quasi habitude au fil des années : les candidats des séries technologiques tombent sur les sujets les plus difficiles. Pour traiter convenablement celui-ci, il faut bien définir la raison et garder l'esprit fixé sur la notion d'usage.

Introduction

La raison est une faculté qui cherche à comprendre, à connaître et à transformer la réalité de manière logique, méthodique. La science et la technique sont, par excellence, les domaines d'exercice de la raison.

Il nous est demandé si cette faculté contribue toujours au meilleur.

Première partie : La raison est bonne

Non seulement la raison est bonne par elle-même, ce que montrent la vérité de son travail théorique et l'efficacité de son travail pratique, mais tout ce qui la contredit est mauvais. « Le sommeil de la raison engendre des monstres », disait un proverbe. L'Histoire en montre des exemples particulièrement tragiques avec les violences des guerres de conquête, les déportations, et les massacres de masse.

Seconde partie : Tout ce qui est rationnel n'est pas pour autant raisonnable

À savoir

Une dissertation de philosophie comprend au moins deux parties.

Les pires tragédies du dernier siècle écoulé ont été en grande partie dues aux « progrès » de la science et des techniques. C'est la rationalité technoscientifique qui a abouti à la fabrication de la bombe atomique, et c'est une certaine rationalité militaire qui a conduit à la décision d'utiliser cette arme contre le Japon.

Kant distinguait l'usage théorique de l'usage pratique de la raison. Tout ce qui est rationnel, c'est-à-dire produit par la raison, et donc conforme à l'ordre logique, n'est pas nécessairement raisonnable, c'est-à-dire utile et bon. Une politique délirante, donc tout ce qu'il y a de plus déraisonnable, peut être rationnellement conduite. Ainsi les génocides sont-ils souvent systématiquement ordonnés.

Conclusion

La raison technoscientifique peut être mise au service de la barbarie. La distinction entre l'usage théorique de la raison, toujours bon, et l'usage pratique de la raison, qui peut être mauvais, va parfois jusqu'au divorce.

2e sujet : Pour trouver le bonheur, faut-il le rechercher ?

Attention

Le sujet ne porte pas sur le bonheur en général mais sur ses conditions.

Introduction

À la différence du plaisir ou de la joie, le bonheur est un état de contentement durable. La question revient à déterminer la part de la volonté et de la liberté dans l'expérience du bonheur.

Première partie : Le bonheur est un état involontaire

Le bonheur dépend de tellement de facteurs, de tant de circonstances, que la volonté semble n'y avoir aucune part. Les gens heureux n'ont pas davantage voulu l'être que les gens malheureux.

C'est ce que veut dire l'étymologie du mot : « heur » signifiait « chance ». On disait jadis que les gens heureux étaient favorisés par les dieux. Manière de dire que le bonheur ne dépend pas de nous, mais du hasard.

D'ailleurs, par expérience personnelle, nous pouvons nous rendre compte que le bonheur surgit à l'improviste. Ou encore que c'est après coup que nous prenons conscience que nous avons été heureux. Le bonheur semble venir de l'extérieur.

Enfin, la recherche du bonheur à tout prix est souvent un moyen très efficace de le manquer. On ne recherche pas le bonheur comme on recherche un trésor ou la solution à un problème.

Seconde partie : La part de liberté dans le bonheur

Celui qui recherche le bonheur ne le trouve pas forcément. Mais du moins peut-il chercher à éviter le malheur. Peut-être est-ce là que notre liberté est la plus grande. Il existe en effet des activités et des comportements qui impliquent un risque important de malheur, et que nous pouvons éviter.

Conclusion

« Rechercher », « trouver » le bonheur : ces verbes suggèrent que le bonheur serait un bien, une espèce d'objet que nous pourrions acquérir. Or le bonheur est d'abord un état, c'est-à-dire un ensemble subtil et complexe de relations diverses, où les autres ont au moins autant d'importance que nous. C'est la raison pour laquelle il n'est pas certain que nous puissions rechercher ou trouver le bonheur.

Conseil

En conclusion, n'hésitez pas à mettre en question l'intitulé même de la question.

3e sujet : Explication de texte

On voit à quoi se réduirait l'homme, si l'on en retirait tout ce qu'il tient de la société : il tomberait au rang de l'animal. S'il a pu dépasser le stade auquel les animaux se sont arrêtés, c'est d'abord qu'il n'est pas réduit au seul fruit de ses efforts personnels, mais coopère régulièrement avec ses semblables ; ce qui renforce le rendement de l'activité de chacun. C'est ensuite et surtout que les produits du travail d'une génération ne sont pas perdus pour celle qui suit. De ce qu'un animal a pu apprendre au cours de son existence individuelle, presque rien ne peut lui survivre. Au contraire, les résultats de l'expérience humaine se conservent presque intégralement et jusque dans le détail, grâce aux livres, aux monuments figurés, aux outils, aux instruments de toute sorte qui se transmettent de génération en génération, à la tradition orale, etc. Le sol de la nature se recouvre ainsi d'une riche alluvion qui va sans cesse en croissant. Au lieu de se dissiper toutes les fois qu'une génération s'éteint et est remplacée par une autre, la sagesse humaine s'accumule sans terme, et c'est cette accumulation indéfinie qui élève l'homme au-dessus de la bête et au-dessus de lui-même. Mais, tout comme la coopération dont il était d'abord question, cette accumulation n'est possible que dans et par la société.*

Durkheim, *Éducation et sociologie*, 1922.

* « alluvion » (nom féminin) : mélange de matières minérales et végétales accumulées et portées par les cours d'eau, riches en nutriments variés [*note de la feuille d'examen*].

Pour expliquer ce texte, vous répondrez aux questions suivantes, qui sont destinées principalement à guider votre rédaction. Elles ne sont pas indépendantes les unes des autres et demandent que le texte soit d'abord étudié dans son ensemble [avertissement figurant sur la feuille d'examen].

Dégager l'idée principale du texte et les étapes de sa construction

Deux traits caractérisent l'être humain par rapport aux autres animaux : d'une part, il ne fait pas que vivre en société (bien des animaux le font également), il est formé, instruit par elle, et son travail, comme l'avait montré Marx, est de nature sociale ; d'autre part, il vit dans une histoire cumulative, alors qu'une espèce animale, programmée par son instinct, ne tire aucun enseignement des générations précédentes.

La première phrase du texte énonce la thèse générale : l'homme est le produit de la société dans laquelle il vit, et c'est en cela qu'il dépasse les animaux. Durkheim donne deux arguments à l'appui de cette thèse. D'une part, le travail humain est de nature sociale, il est proprement une *coopération* (le terme signifie « travailler avec »). D'autre part, chaque génération bénéficie du travail de la précédente. Alors que la vie animale se déroule sur le mode de la répétition, l'histoire humaine est cumulative. Les animaux n'ont pas d'histoire en ce sens que leur histoire n'est que naturelle. À la fin de son texte, Durkheim laisse entendre que l'accumulation constitue par elle-même un progrès, chose que les animaux ignorent.

Conseil

Lisez bien le texte en entier, phrase après phrase. Ne vous contentez pas d'une compréhension vague et intuitive.

Expliquer :

a. « il n'est pas réduit au seul fruit de ses efforts personnels »

Auguste Comte disait que l'inventeur de la charrue laboure invisible aux côtés du paysan. Même lorsqu'il travaille seul, l'être humain bénéficie du travail des autres, son travail s'inscrit dans un réseau aussi large que la société elle-même. Sa formation (éducation et instruction), ses expériences, ses réussites, il les doit à la société elle-même, même s'il n'en a pas toujours conscience. Le *self-made-man* est un mythe libéral.

b. « la sagesse humaine s'accumule sans terme »

Attention

Durkheim prend ici le terme de « sagesse » dans son sens ancien.

Il faut entendre par « sagesse humaine » l'ensemble des expériences accumulées par l'humanité au cours de son histoire. Du passé, l'homme ne fait pas table rase. Une génération nouvelle ne part jamais de zéro. La construction des villes nous donne un exemple matériel, l'histoire des sciences nous donne un exemple intellectuel de ce processus d'accumulation. Cette accumulation est sans terme, c'est-à-dire infinie. On peut également l'entendre comme : sans but défini.

c. « c'est cette accumulation indéfinie qui élève l'homme au-dessus de la bête et au-dessus de lui-même »

L'histoire des animaux est celle, exclusivement naturelle, de l'évolution. À cette histoire, qui est si lente qu'elle paraît répétitive à l'échelle de quelques générations, l'humanité a ajouté son histoire propre, qui est celle de ses inventions et de ses découvertes. Animal social, l'homme est le seul animal à avoir une culture, laquelle, dans toutes ses manifestations (outillage technique, constructions, habillement, cuisine, etc.) transcende l'ordre de la nature.

La vie au sein de la société est-elle toujours facteur de progrès ?

Conseil

Lorsque, dans l'intitulé d'une question, figure l'adverbe « toujours », vous pouvez être certain que la réponse sera « non ». Mais puisqu'on attend de vous une dissertation, il faudra examiner les raisons qui peuvent faire pencher vers le « oui ».

À la différence de l'*évolution*, qui est un processus naturel, le progrès n'existe que parce qu'il y a une société et une histoire humaines. L'éducation et l'instruction, qui sont par elles-mêmes des formes de progrès, n'existent pas en dehors de la société. Et si les sciences et les techniques connaissent des progrès, c'est parce que les chercheurs et les ingénieurs travaillent en équipes et bénéficient du travail des autres.

Mais, comme l'avait dénoncé Rousseau, la société peut être aussi un facteur de décadence. Que l'on songe à la délinquance et à la criminalité : elles ne sont pas moins sociales que la science et la technique. Presque plus personne aujourd'hui ne croit à la théorie du criminel-né : un bébé ne naît pas avec une kalachnikov entre ses petites mains. La misère et le malheur sont eux aussi des produits funestes de la société.

Puisqu'elle est capable du meilleur comme du pire, des plus grands progrès comme des plus grandes échéances, il est impossible de juger globalement « la société » comme « bonne » ou comme « mauvaise ».

Chapitre 33

Entraînez-vous sur les sujets de 2016 !

DANS CE CHAPITRE :

- **Les trois sujets corrigés du bac 2016 de chaque série**
- **Pas à pas, les erreurs à éviter et les bonnes choses à dire ou à faire (en italique)**

Il n'y a évidemment pas de corrigés de philosophie comme il y a des corrigés de mathématiques ou de géographie. Il y a beaucoup plus de façons de réussir que de manquer un devoir de philosophie. Ces corrigés ne sont donc pas des modèles, mais des exemples. Et puis n'oubliez pas que ce ne sont que des résumés et non des rédactions complètes.

Série L

1er sujet : Nos convictions morales sont-elles fondées sur l'expérience ?

Attention

Le sujet met en relation trois concepts : la conviction morale, l'expérience et le fondement. Il ne porte donc pas sur la morale en elle-même. Attention au hors-sujet !

Introduction

Une conviction morale est un attachement ferme et résolu du sujet à des principes et des valeurs de la morale qui représentent pour lui un idéal de vie. La question posée revient à savoir si les convictions morales sont issues de l'éducation et de l'existence même du sujet, ou bien si elles ne reposeraient pas sur autre chose.

Conseil

Rappelons qu'il faut toujours définir les termes de la question et que, lorsque le sujet implique une alternative entre oui et non, un plan doit commencer par l'exposé de la thèse contraire à la sienne propre.

Première partie : Nos convictions morales ne dérivent pas de l'expérience

Tel est le point de vue de toutes les morales religieuses : elles se conçoivent comme fondées dans l'absolu, parce qu'elles sont réputées avoir une origine transcendante. Ainsi les dix commandements de la Bible et les lois morales énoncées dans le Coran sont-ils censés provenir de Dieu lui-même.

On peut également concevoir les convictions morales comme fondées sur la raison même de l'homme, qui est innée, et donc indépendante de l'expérience. Ainsi certains philosophes ont-ils parlé d'une appétence naturelle de l'homme pour le bien, et d'une répulsion naturelle envers le mal.

Deuxième partie : Nos convictions morales dérivent de l'expérience

Même si elle repose sur une base objective, ou transcendante, une conviction est un vécu et un ressenti subjectifs. Seul un sujet humain peut être dit posséder des convictions.

Or, une conviction est nécessairement issue de l'existence même du sujet moral, c'est-à-dire de sa famille (d'où le rôle de l'éducation), de ses rencontres, de sa formation personnelle et de son expérience quotidienne. Il nous est difficile de penser, comme le faisaient certains philosophes rationalistes classiques, que nous naissons avec un sens du bien et des principes moraux dans l'esprit.

Conseil

Une référence, même vague, à la philosophie passée sera toujours bien vue par le correcteur.

Troisième partie : Nos convictions morales peuvent transcender l'expérience

Aux yeux de Kant, la raison pratique, qui contient en elle les principes de la morale, est *pure*, c'est-à-dire que, loin de dériver de l'expérience, c'est elle qui la fonde. Le sujet humain est un être raisonnable, c'est-à-dire qu'à la différence des autres animaux, il est capable de juger et d'agir moralement, indépendamment de son intérêt et de ses plaisirs.

Par ailleurs, comment un domaine aussi fluctuant et aussi traversé de contradictions comme l'expérience pourrait-il fonder des convictions morales qui soient par nature dogmatiques, et, en théorie, définitives ? On pourrait dire de l'expérience ce que Paul Valéry disait de l'histoire : comme elle nous fournit des exemples de tout, elle ne peut nous donner aucune leçon.

Enfin, une conviction, qu'elle soit morale ou d'une autre nature, a ceci de spécifique d'être très largement indifférente à l'expérience. Telle est sa force, mais également sa faiblesse. Une conviction, par définition, est ce dont on ne démord pas. Par exemple, l'omniprésence du mal sur Terre a-t-elle jamais empêché les hommes de croire à l'existence d'un Dieu à la fois bienveillant et tout-puissant ?

Conclusion

On pourrait dire en conclusion que si nos convictions morales ont une nécessaire origine empirique, cela ne signifie pas pour autant qu'elles soient fondées sur l'expérience. Il en va de même avec le langage : un enfant qui n'entendrait jamais parler une langue ne pourra à son tour la parler (c'est la nécessaire origine empirique), mais s'il n'était pas doté des conditions biologiques et psychologiques indispensables à l'émission du langage articulé, alors il ne parlerait jamais non plus.

2e sujet : Le désir est-il par nature illimité ?

Attention

La question posée met en jeu trois idées : celle de désir, celle d'infini, et celle de nature. Il ne convient pas, par conséquent, de se contenter d'examiner la question de savoir si le désir est infini ou limité.

Introduction

Le désir est la tendance, inhérente à l'être humain, à poursuivre un objet dont l'atteinte procurera une satisfaction.

Conseil

Répétons au risque de lasser les pierres qu'il faut, en introduction, définir les termes du sujet.

À la différence du besoin, dont la satisfaction marque un temps d'arrêt (normalement, on ne mange plus lorsque l'on n'a plus faim), le désir, semble-t-il, porte la marque de l'infini : on n'a jamais assez de puissance, assez de plaisir, assez d'amour. La question est de savoir si ce caractère propre au désir est naturel ou bien s'il est suscité et cultivé par l'environnement socio-culturel.

Première partie : Le désir est par nature illimité

Épicure distinguait les désirs naturels et nécessaires, comme de boire quand on a soif, les désirs naturels et non nécessaires, comme de boire un cocktail sophistiqué quand on a soif (ce n'est pas un exemple d'Épicure lui-même), et les désirs ni naturels ni nécessaires, comme de boire quand on n'a pas soif. Seuls les premiers sont limités et donc, selon l'éthique du philosophe grec, peuvent être satisfaits sans modération.

Mais, justement, la morale épicurienne est de type ascétique, elle vise la discipline des désirs et le contrôle des satisfactions. Ce qui signifie, par contrecoup, qu'elle admet l'existence des désirs illimités, ceux par exemple que cultive le tyran ivre d'orgies et de conquêtes sanglantes.

Mais l'existence de désirs infinis est aussi la preuve que l'homme n'est pas seulement un animal qui se contente de satisfaire ses besoins. Pour le besoin, le mot de la fin est « assez » ; pour le désir, il est « encore ».

Deuxième partie : Le caractère illimité des désirs ne vient pas de la nature

Rousseau faisait une importante distinction entre la possession (naturelle) et la propriété (sociale). La première est forcément limitée, car elle signale le champ d'extension de la satisfaction des besoins. Mais la société développe des passions artificielles : au lieu de simplement satisfaire ses besoins, et de se satisfaire de cette satisfaction, l'être humain se compare dans l'état de société continûment aux autres, vivant sous le regard des autres, il veut paraître plus qu'eux. Ainsi voit-on aujourd'hui entre les milliardaires une compétition qui n'a d'autre moteur que la vanité.

Attention

Répétons, au risque de briser les dernières bonnes volontés, qu'une référence à un auteur n'est pas exigée, mais qu'elle sera toujours particulièrement valorisée par le correcteur.

Troisième partie : Les désirs sont par nature artificiels

Un désir, et là encore nous retrouvons l'opposition au besoin, est fatalement illimité, car il est voué à l'insatisfaction. Certes, les désirs sont suscités et cultivés par la société (il suffit de voir la façon dont la publicité joue avec le souci de l'apparence, le narcissisme et l'érotisme, etc.), mais l'homme est, par nature, un être social, c'est-à-dire un être voué à un ensemble d'artifices qui l'éloignent d'autant de la nature.

Conseil

Nul n'est obligé de faire une troisième partie (une « synthèse ») pour un sujet qui pose une alternative (oui ou non). Une « synthèse » suppose une idée nouvelle, ou des arguments nouveaux.

Conclusion

On peut conclure que le désir est « par nature » illimité, mais que son caractère d'infini n'est pas dicté par la nature, mais par la culture. À l'opposé d'Épicure, on pourrait donc dire qu'il est nécessaire qu'il y ait des désirs à la fois non naturels et non nécessaires.

Conseil

N'hésitez pas à prendre parti en conclusion, même si c'est au profit de la chèvre aux dépens du chou, ou l'inverse.

3e sujet : Explication de texte

Est-ce qu'il existe aucun fait qui soit indépendant de l'opinion et de l'interprétation ? Des générations d'historiens et de philosophes de l'histoire n'ont-elles pas démontré l'impossibilité de constater des faits sans les interpréter, puisque ceux-ci doivent d'abord être extraits d'un chaos de purs événements (et les principes du choix ne sont assurément pas des données de fait), puis être arrangés en une histoire qui ne peut être racontée que dans une certaine perspective, qui n'a rien à voir avec ce qui a eu lieu à l'origine ? Il ne fait pas de doute que ces difficultés, et bien d'autres encore, inhérentes[1] aux sciences historiques, soient réelles, mais elles ne constituent pas une preuve contre l'existence de la matière factuelle, pas plus qu'elles ne peuvent servir de justification à l'effacement des lignes de démarcation entre le fait, l'opinion et l'interprétation, ni d'excuse à l'historien pour manipuler les faits comme il lui plaît. Même si nous admettons que chaque génération ait le droit d'écrire sa propre histoire, nous refusons d'admettre qu'elle ait le droit de remanier les faits en harmonie avec sa perspective propre ; nous n'admettons pas le droit de porter atteinte à la matière factuelle elle-même. Pour illustrer ce point, et nous excuser de ne pas pousser la question plus loin : durant les années vingt[2], Clemenceau, peu avant sa mort, se trouvait engagé dans une conversation amicale avec un représentant de la République de Weimar[3] au sujet des responsabilités quant au déclenchement de la Première Guerre mondiale. On demanda à Clemenceau : "À votre avis, qu'est-ce que les historiens futurs penseront de ce problème embarrassant et controversé ?". Il répondit : "Ça, je n'en sais rien, mais ce dont je suis sûr, c'est qu'ils ne diront pas que la Belgique a envahi l'Allemagne".

Hannah Arendt, *Vérité et politique* (1964).

Notes figurant sur la feuille d'examen :

La connaissance de la doctrine de l'auteur n'est pas requise. Il faut et il suffit que l'explication rende compte, par la compréhension précise du texte, du problème dont il est question.

Introduction

Dans ce texte, Hannah Arendt critique la conception commune du « fait » comme réalité objective, évidente, qu'il suffirait de constater pour la

1. Inhérent : qui appartient essentiellement à quelque chose.
2. Années vingt : période de 1920 à 1929.
3. République de Weimar : régime politique de l'Allemagne de 1929 à 1933.

connaître. Il n'y a pas de faits sans interprétation. Mais cela ne signifie pas pour autant qu'il n'y a que des interprétations, et pas de faits.

Conseil

N'hésitez pas à entrer directement dans le vif du sujet. Trop de candidats tournent autour du pot dans l'introduction.

Première partie : Il n'y a pas de fait sans interprétation

« Les faits sont faits », disait le mathématicien Henri Poincaré. Pourquoi avoir choisi « la prise de la Bastille », parmi la multitude des événements et des situations révolutionnaires, sinon parce que ce fait a très tôt symbolisé la révolte contre la monarchie et le régime féodal ? Même un astronome ou un physicien ne se contente pas de constater « ce qui se passe », il imagine, il anticipe, il pose des hypothèses, bref il interprète. Cela vaut davantage encore pour l'historien.

Conseil

Expliquer un texte, c'est, parfois, mettre en rapport certains éléments de ce texte avec d'autres éléments issus d'autres disciplines. En philosophie, n'oubliez pas de mobiliser votre savoir.

Deuxième partie : La critique du relativisme sceptique

S'il n'y a pas de faits sans interprétation, alors la tentation est grande de conclure que « tout n'est qu'interprétation ». Mais la dénonciation de la prétendue évidence des faits ne peut nous autoriser à croire que ceux-ci sont manipulables à volonté. Même si les faits historiques peuvent être l'objet d'interprétations divergentes (voir le problème des causes d'une guerre ou d'une révolution : religieuses ? économiques ? politiques ? etc.), nous condamnons comme proprement criminelle la pratique des régimes totalitaires qui consiste à réécrire le passé en fonction des intérêts idéologiques du présent.

Troisième partie : La nécessaire distinction du fait et de son interprétation

En rapportant le mot de Clemenceau à propos de la Première Guerre mondiale, Hannah Arendt rappelle la nécessité de la distinction entre l'interprétation (qui est le responsable ?), et le fait (qui est l'envahisseur ?). Si, par force, les interprétations sont diverses au point d'être divergentes, il y a, en revanche, consensus sur la réalité des faits eux-mêmes.

Conclusion

Dans son texte, Hannah Arendt n'évoque pas la possibilité et le problème du négationnisme et du complotisme, qui se caractérisent par la négation radicale de certains faits, et pas simplement par une divergence d'interprétation.

Clemenceau pouvait dire que ce dont il était sûr, c'est que les historiens futurs ne diront pas que la Belgique a envahi l'Allemagne en 1914. Mais il s'est trouvé des gens pour affirmer qu'il n'y a pas eu de génocide des Arméniens en 1915, qu'il n'y a pas eu de politique d'extermination des juifs par les nazis, et que ce sont les Américains eux-mêmes qui ont organisé la destruction des Twin Towers le 11 septembre 2001. Internet favorise la prolifération de ces « théories » qui s'attaquent aux faits eux-mêmes, et pas seulement à leur interprétation. Mais il est vrai qu'elles n'émanent pas d'historiens et, par conséquent, ne contredisent pas réellement l'analyse d'Hannah Arendt.

Attention

L'intérêt d'un texte philosophique n'est pas nécessairement lié à son caractère actuel. Au contraire, un texte peut être d'autant plus intéressant qu'il est bousculé par l'actualité.

Série ES

1er sujet : Savons-nous toujours ce que nous désirons ?

Conseil

Lorsqu'une question contient l'adverbe « toujours », vous pouvez être sûr que la réponse sera « non ». Une grande partie du travail (presque forcément la première) consistera par conséquent à trouver des arguments pour une réponse affirmative.

Introduction

Nos désirs sont-ils nécessairement conscients ? Ou bien doit-on admettre l'existence de désirs inconscients, c'est-à-dire de désirs dont nous ne savons même pas que nous les avons ?

Conseil

Rappelons que l'introduction doit servir à définir les termes du sujet (pour la définition du désir, voire le deuxième sujet de la série L) et à expliquer le sens de la question, en la formulant autrement.

Première partie : Un désir est par définition conscient

Spinoza définissait le désir comme un « appétit » conscient. Par exemple, nous ne connaissons pas réellement la physiologie et le fonctionnement de notre corps. Mais lorsque nous éprouvons la faim et la soif, ou un désir sexuel, nous en sommes immédiatement conscients. La preuve : nous avons aussitôt l'idée de ce qui pourrait satisfaire notre désir.

Par ailleurs, qui d'autre que le sujet désirant pourrait connaître son désir ? Nous ne pourrons jamais nous substituer à autrui pour lui dire ce qu'il désire (une réalité couramment traduite par la formule courante : on ne fait pas le bonheur des gens malgré eux).

Conseil

En philosophie, songez à être attentif à la façon dont les choses se disent dans la langue courante, soit pour vous en servir, soit pour la critiquer.

Seconde partie : L'hypothèse de désirs inconscients

Freud faisait la distinction entre les pulsions, toujours inconscientes, et les désirs qui les traduisent, et qui peuvent être, soit conscients, soit inconscients. Le modèle des désirs inconscients est donné par le scénario du complexe d'Œdipe. Si Freud a choisi le mythe grec d'Œdipe pour nommer le « complexe » que connaissent, selon lui, les enfants autour de l'âge de cinq ans, c'est parce que ce héros a tué un homme dont il ne savait pas qu'il était son père, et a couché avec une femme dont il ne savait pas qu'elle était sa mère.

D'après la psychanalyse, loin d'être l'exception, les désirs inconscients sont la règle. Et s'il existe des désirs inconscients, c'est parce qu'il existe des désirs inavouables en raison de leur caractère scandaleux ou paradoxal. Ces désirs sont l'objet de déni, le sujet ne veut pas et ne peut pas les reconnaître pour siens : allez donc dire à un malade qu'il désire rester malade, à un étudiant qu'il désire échouer, à un individu apparemment en bonne santé qu'il désire mourir !

Conclusion

La seule façon de penser que nous savons toujours ce que nous désirons, c'est de refuser l'hypothèse et l'existence de l'inconscient. Nous sommes donc ici en présence d'une véritable bifurcation dans les conceptions que nous pouvons avoir du sujet humain, et du pouvoir, total ou relatif, de sa conscience.

2e sujet : Pourquoi avons-nous intérêt à étudier l'histoire ?

Attention

Gare au hors-sujet, si vite arrivé ! Il ne s'agit pas ici de parler de l'histoire ni de l'étude de l'histoire en général, mais de savoir en quoi cette étude est utile.

Introduction

Il se trouve qu'en français nous utilisons le même terme d'« histoire » pour désigner l'ensemble du passé humain et sa connaissance. L'utilité de celle-ci semble si évidente que peu nombreux sont ceux qui se hasarderaient à soutenir le contraire. La question consiste à dégager les arguments en faveur d'un tel intérêt.

Première partie : Le présent dérive du passé

L'être humain est le seul être vivant à posséder une certaine mémoire d'un passé qu'il n'a pas personnellement connu et dont il peut tenir compte par ailleurs. Le monde dans lequel il surgit a été constitué avant lui. Le temps présent est un héritage du temps passé, lequel représente, tant pour ce qui concerne les biens matériels (les constructions et les techniques, par exemple) que les biens immatériels (la culture de l'esprit), un patrimoine. Le passé, c'est la culture humaine elle-même.

Le présent ne dérive pas seulement du passé, il dépend de lui. C'est donc se donner les moyens de connaître le présent, c'est-à-dire nous-mêmes, que de connaître le passé.

Seconde partie : La connaissance objective contre l'instrumentalisation de la mémoire

Le passé est une dimension de rêve et de fantasme plutôt qu'un objet d'étude : il n'est que de voir les débats actuels autour de l'esclavage, de la colonisation, et de leurs responsables. Lorsqu'une guerre éclate, c'est presque toujours à cause de l'insistance d'un passé qui ne passe pas.

La connaissance objective du passé permet d'écarter sa manipulation fantasmatique (le négationnisme et le complotisme sont des exemples caricaturaux de celle-ci).

Troisième partie : Toute connaissance est bonne

Conseil

En philosophie, il convient de toujours mener à son terme le travail critique. Et donc d'interroger les présupposés de la question.

Certains pensent que la connaissance du passé est inutile d'autant qu'avec ce que l'on appelle « l'accélération de l'histoire » le présent dépend de moins en moins du passé. Aux antipodes des sociétés traditionnelles, les sociétés modernes sont des sociétés du risque et de l'innovation. Dès lors, une trop grande présence du passé apparaît comme une inertie à écarter.

Mais la dignité de l'être humain ne réside pas seulement dans sa puissance technique. Elle tient aussi à sa conscience, dont la connaissance représente une forme élaborée.

Conclusion

Une connaissance n'a pas à être justifiée. Dès lors qu'il y a du réel, et le passé historique fait évidemment partie du réel, il doit être connu. Si nous prenons connaissance du passé, ce n'est pas seulement, ce n'est pas d'abord parce qu'il est *intéressant*, c'est parce qu'il est une partie de l'humanité elle-même.

Conseil

Il est possible de contester ou de relativiser les termes de la question. Mais cela ne peut être fait qu'en conclusion.

3e sujet : Explication de texte

Parce que nous savons que l'erreur dépend de notre volonté, et que personne n'a la volonté de se tromper, on s'étonnera peut-être qu'il y ait de l'erreur en nos jugements. Mais il faut remarquer qu'il y a bien de la différence entre vouloir être trompé et vouloir donner son consentement à des opinions qui sont cause que nous nous trompons quelquefois. Car encore qu'il n'y ait personne qui veuille expressément se méprendre, il ne s'en trouve presque pas un qui ne veuille donner son consentement à des choses qu'il ne connaît pas distinctement : et même il arrive souvent que c'est le désir de connaître la vérité qui fait que ceux qui ne savent pas l'ordre qu'il faut tenir pour la rechercher manquent de la trouver et se trompent, à cause qu'il les incite à précipiter leurs jugements, et à prendre des choses pour vraies, desquelles ils n'ont pas assez de connaissance.

René Descartes, *Principes de la philosophie* (1644).

Avertissement figurant sur la feuille d'examen :

La connaissance de la doctrine de l'auteur n'est pas requise. Il faut et il suffit que l'explication rende compte, par la compréhension précise du texte, du problème dont il est question.

Attention

Contrairement à ce que soutient l'avertissement ci-dessus, ce texte de Descartes est pratiquement incompréhensible pour ceux qui ignorent tout de la philosophie cartésienne de la vérité. Par ailleurs, il y a dans ce texte des tournures d'ancien français qui ne sont pas nécessairement compréhensibles par les élèves de terminale d'aujourd'hui. Cela dit, l'indulgence des correcteurs est à la mesure du courage et du risque pris par les candidats.

Introduction

La vérité est, selon sa définition la plus classique, la qualité d'un jugement conforme à la réalité objective. Son contraire est l'erreur. Si je dis qu'on est lundi alors qu'on est lundi, ce que je dis est vrai, si je dis qu'on est lundi alors qu'on est mardi, ce que je dis est faux.

Dans ce texte, Descartes s'interroge sur la cause de l'erreur. Puisque « l'erreur dépend de notre volonté », comment se fait-il que nous manquions la vérité ? Personne, en effet, ne veut se tromper ni être trompé. Descartes voit dans la précipitation la cause de l'erreur : je me trompe lorsque je juge alors que je ne dispose pas clairement et distinctement de tous les éléments pour le faire.

Conseil

Il faut toujours définir les termes, que ce soit en explication de texte ou en dissertation, il ne faut jamais penser qu'il y a des termes si évidents qu'ils n'ont pas besoin d'être définis.

Première partie : Le paradoxe de l'erreur

Attention

Le plan d'une explication de texte doit généralement suivre le texte lui-même. Or celui-ci, comme la plupart de ceux proposés à l'examen, est formé d'un seul paragraphe. Dès lors, ce sont les trois phrases du texte qui détermineront le découpage de son explication en trois parties.

La thèse selon laquelle « l'erreur dépend de notre volonté » n'est pas si facile à comprendre aujourd'hui. En effet, la distinction immédiate que nous faisons entre l'erreur et le mensonge tient au fait que celui-ci est volontaire alors que celle-là ne l'est pas. Mentir, c'est vouloir mentir, alors que l'on ne veut pas se tromper.

Descartes reconnaît lui-même que « personne n'a la volonté de se tromper ». Alors, comment peut-il prétendre que l'erreur dépend de notre volonté ? Pour éclaircir ce point, il convient de rappeler que l'erreur est la qualité ou la forme de certains jugements nécessairement effectués par le moyen du langage, et qu'un jugement est *un acte* de l'esprit. C'est une chose que d'avoir des idées, mais c'en est une autre que de juger, c'est-à-dire que d'affirmer ou de nier certains attributs à propos de certains sujets. Si, par exemple, j'affirme que la Lune est aussi grosse que le Soleil, mon jugement consiste à attribuer à la Lune un certain attribut. En l'occurrence, ce jugement est faux parce que cet attribut (« aussi grosse que le Soleil ») ne colle pas à la réalité objective de notre satellite naturel. En revanche, si j'affirme que la Lune *apparaît* aussi grosse que le Soleil, alors mon jugement est vrai parce qu'il concerne une apparence sensible dont je peux constater la réalité à l'occasion des éclipses totales du Soleil, lorsque les deux disques se superposent exactement.

Conseil

Il n'y aurait pas de philosophie sans élément de surprise. En liant l'erreur à la volonté, ce texte de Descartes ne peut que nous interpeller.

Deuxième partie : Le consentement est le plus bas degré de la volonté

Conseil

Répétons qu'il faut être particulièrement attentif à chaque mot du texte. Dans celui-ci, « consentement » apparaît à deux reprises. Le correcteur attend donc du candidat qu'il fasse une analyse de ce concept.

Nul, donc, ne veut être trompé, ni se tromper. Descartes le sait autant que quiconque. Comment donc peut-il soutenir que l'erreur dépend de la volonté ? En établissant une distinction entre « vouloir » et « consentir ».

Lorsque je consens à quelque chose, cela signifie que je l'accepte, que je ne le refuse pas. Mais cela ne signifie pas que je le veuille d'une volonté qui ne vient que de moi, qui est l'expression immédiate de ma personnalité. Alors que la volonté est, par nature, active, il y a de la passivité dans le consentement, parce que l'impulsion vient de l'extérieur.

On ne manquera pas d'observer le caractère très actuel de cette distinction. « Consentement » est un terme qui figure de manière récurrente dans nos textes juridiques. Il peut être dit le plus bas degré de la volonté dans la mesure où il représente une sorte de moyen terme entre la volonté expresse et le refus définitif. Chacun sentira la différence entre vouloir avoir des relations sexuelles avec quelqu'un, et consentir à celles-ci, entre vouloir mourir et consentir à l'euthanasie.

La distinction entre *vouloir* et *consentir* permet à Descartes d'affirmer que l'erreur dépend de notre volonté alors même qu'elle n'est pas volontaire. L'erreur dépend de notre volonté parce qu'elle est issue d'opinions fragiles, incertaines, non vérifiées.

Troisième partie : La précipitation du jugement est la source de l'erreur

Descartes est l'auteur du *Discours de la méthode* dont l'objectif est la possession de la vérité grâce à « l'ordre des raisons ». Si nous nous trompons aussi souvent, c'est parce que nous ne suivons pas les règles de la méthode, que nous ne prenons ni le temps, ni la peine de vérifier les éléments de notre jugement, que – la plupart du temps – nous nous reposons sur l'opinion et les évidences, ce que depuis les Grecs on appelle la *doxa*.

Conseil

Toute référence à l'histoire de la philosophie est la bienvenue.

Conclusion

Il y a aujourd'hui un fait qui confirme pleinement la théorie cartésienne de l'erreur comme jugement précipité. Avec la concurrence accrue entre les laboratoires de recherche scientifique, lesquels dépendent d'enjeux financiers considérables, on observe, depuis quelques décennies, une augmentation sensible des protocoles expérimentaux mal établis et des résultats biaisés. Chaque agent voulant être l'auteur d'une importante découverte, on annoncera, à grands renforts médiatiques, des découvertes qui n'en sont pas.

Conseil

Il peut être bon d'analyser la pertinence d'un texte ancien à la lumière de faits récents sans que cela puisse constituer une règle de méthode.

Série S

1er sujet : Travailler moins, est-ce vivre mieux ?

Attention

Sujet casse-cou tant il invite au laisser-aller ! Les candidats qui ont résisté à la tentation de faire allusion au slogan d'un ancien président (« Travailler plus pour gagner plus ») auront été bien inspirés. Évitez d'écrire ce que des dizaines de milliers d'autres candidats pourraient écrire, soyez soucieux de l'état mental de votre correcteur, et n'oubliez pas que la pire faute que l'on puisse commettre en philosophie n'est pas l'erreur, mais la banalité.

Introduction

La question nous invite à réfléchir sur la relation entre le travail, et plus précisément le temps de travail, et la qualité de l'existence. Est-elle réciproque ou inverse ? Nous commencerons par la thèse qui semble la plus évidente.

Première partie : Le caractère progressiste de la réduction du temps de travail

Dans les pays économiquement développés, on constate, depuis un siècle, une baisse tendancielle du temps de travail. Avec l'allongement de l'espérance de vie, nous passons désormais moins de la moitié de notre existence à travailler.

Les innovations techniques qui ont permis la libération vis-à-vis des tâches répétitives et mécaniques, ainsi que les lois sociales qui ont assuré un temps croissant de repos et de loisirs apparaissent à tous comme des progrès objectifs. Grâce à eux, l'être humain peut s'adonner à des activités enrichissantes, comme les sorties culturelles ou les voyages.

Le travail est une nécessité qui dérive elle-même d'une nécessité (celle de satisfaire les besoins). Comme l'a fortement souligné Marx, il n'y a pas de liberté, donc pas de « vivre bien » sans la maîtrise de cette nécessité. Nous supposons ici que la liberté est une condition nécessaire au bien-vivre.

Deuxième partie : Le travail peut être une condition du bien-vivre

Si le travail est une nécessité, il n'est pas forcément vécu comme une fatalité. Il y a bien de la différence entre un travail contraint et un travail choisi, entre un travail ingrat, à la fois peu rémunéré et peu considéré, et un travail épanouissant, bien payé, et socialement valorisé. Il n'est pas possible de qualifier le travail d'une manière générale et univoque.

C'est parce qu'on a tenu compte de la différence de pénibilité et de dangerosité entre les différentes activités professionnelles que l'on a prévu, par exemple, des dates différentes de départ à la retraite. Picasso a peint jusqu'à sa mort, à 90 ans passés. Il n'aurait certainement pas mieux vécu en travaillant moins. Il en va autrement avec le mineur menacé par la silicose.

Conclusion

Il est toujours difficile de mettre en balance une quantité (travailler moins, c'est travailler moins longtemps), et une qualité (vivre mieux, c'est mener une existence améliorée, plus agréable et enrichissante). Par ailleurs, les conditions sociales et les idiosyncrasies (c'est-à-dire les caractères individuels) sont tellement différentes les unes des autres qu'il semble impossible de répondre de manière unilatérale à une question aussi générale.

Attention

Rappelons que la relativisation du sens de la question posée n'est pas obligatoire et que, par ailleurs, elle ne peut être faite qu'en conclusion.

2e sujet : Faut-il démontrer pour savoir ?

Introduction

Démontrer, c'est établir par le raisonnement (lequel peut être déductif, inductif ou analogique) la validité d'une hypothèse. La démonstration est donc proprement l'épreuve de la vérité. Elle nous permet d'atteindre la certitude.

Le savoir est la possession intellectuelle d'un objet. Dans la mesure où la démonstration nous permet d'atteindre la certitude, elle semble être la voie royale du savoir.

Conseil

Rappelons, au risque d'être lourd, qu'il est indispensable de définir dans l'introduction les termes de la question.

Première partie : Pas de savoir sans démonstration

Comment savons-nous ce que nous savons ? Comment savons-nous, par exemple, que le carré de l'hypoténuse d'un triangle rectangle est égal à la somme des carrés des deux côtés de l'angle droit ? Parce que cette propriété a été démontrée. Inversement, pourquoi ne savons-nous toujours pas en quoi consistent exactement la matière noire et l'énergie noire, qui constituent 95 % de la masse de l'univers (notre matière commune ne représentant que 5 %) ? Parce que, en ce domaine de l'astrophysique et de la cosmologie, les données et les preuves manquent toujours.

Émettre des opinions ou formuler des hypothèses, cela n'est pas savoir. Il n'y a de savoir que lorsque son objet est possédé intellectuellement dans un état de certitude. Or, seule la démonstration peut conduire à cet état.

Seconde partie : Tout n'est pas objet possible de démonstration

Il n'y a, rigoureusement parlant, de démonstration possible que dans le domaine logico-mathématique. Ainsi, les prétendues « démonstrations de l'existence de Dieu » ne sont que des *arguments*. Dans les sciences de la réalité matérielle (physique, chimie, biologie, etc.), on parle davantage de *preuve* que de démonstration. La preuve a déjà un degré de certitude plus faible. Quant aux sciences de la réalité humaine (histoire, sociologie, psychologie, etc.), elles travaillent davantage sur des arguments que sur des preuves (les démonstrations en sont complètement absentes).

Conseil

N'oubliez pas en philosophie de mobiliser votre savoir dans les domaines autres que celui de la philosophie.

Troisième partie : Il existe différents degrés du savoir

Le savoir certain peut être considéré comme le savoir par excellence. Mais il est bien des domaines où la certitude est inaccessible ou impossible, sans que pour autant nous soyons voués à l'ignorance. Il y a des choses que nous savons plus ou moins, plus ou moins bien.

Déjà, la *connaissance* marque une élaboration théorique, plus abstraite et systématique, du savoir. Il y a bien de la différence entre le savoir que nous avons de la date de notre naissance (une connaissance par ouï-dire, selon l'expression de Spinoza), le savoir que nous avons appris à l'école, et le savoir que nous acquérons par expérience professionnelle. On se rend compte que, dans ces trois champs hétérogènes du savoir, la démonstration n'intervient pas.

Conclusion

Il n'y a donc guère qu'en mathématiques que l'on puisse dire qu'il faut démontrer pour savoir. La plupart des autres savoirs scientifiques sont élaborés sans démonstration (mais avec des preuves et des arguments). Quant aux savoirs non scientifiques, ils sont dénués de toute certitude, complètement étrangers au travail de la démonstration.

3e sujet : Explication de texte

«Je n'ignore pas que beaucoup ont pensé et pensent encore que les choses du monde sont gouvernées par Dieu et par la fortune[4]*, et que les hommes, malgré leur sagesse, ne peuvent les modifier, et n'y apporter même aucun remède. En conséquence de quoi, on pourrait penser qu'il ne vaut pas la peine de se fatiguer et qu'il faut laisser gouverner le destin. Cette opinion a eu, à notre époque, un certain crédit du fait des bouleversements que l'on a pu voir, et que l'on voit encore quotidiennement, et que personne n'aurait pu prédire. J'ai moi-même été tenté en certaines circonstances de penser de cette manière.*

Néanmoins, afin que notre libre arbitre[5] *ne soit pas complètement anéanti, j'estime que la fortune peut déterminer la moitié de nos actions mais que pour l'autre moitié les événements dépendent de nous. Je compare la fortune à l'un de ces fleuves dévastateurs qui, quand ils se mettent en colère, inondent les plaines, détruisent les arbres et les édifices, enlèvent la terre d'un endroit et la poussent vers un autre. Chacun fuit devant eux et tout le monde cède à la fureur des eaux sans pouvoir leur opposer la moindre résistance. Bien que les choses se déroulent ainsi, il n'en reste pas moins que les hommes ont la possibilité, pendant les périodes de calme, de se prémunir en préparant des abris et en bâtissant des digues de façon à ce que, si le niveau des eaux devient menaçant, celles-ci convergent vers des canaux et ne deviennent pas déchaînées et nuisibles.*

Il en va de même pour la fortune : elle montre toute sa puissance là où aucune vertu n'a été mobilisée pour lui résister et tourne ses assauts là où il n'y a ni abri ni digue pour la contenir.

Nicolas Machiavel, *Le Prince* (1532).

Notes figurant sur la feuille d'examen :

La connaissance de la doctrine de l'auteur n'est pas requise. Il faut et il suffit que l'explication rende compte, par la compréhension précise du texte, du problème dont il est question.

Attention

Ce texte ne présente pas de difficultés particulières de compréhension. Par ailleurs, son découpage en trois paragraphes donne immédiatement le plan. Rappelons seulement qu'il est demandé aux candidats une lecture attentive du texte et une analyse précise.

Introduction

Dans ce texte, Machiavel s'oppose à une conception fataliste de l'histoire et de l'existence humaines pour mieux ouvrir le champ à une activité libre

4. Fortune : le cours des choses.
5. Arbitre : capacité de juger et de choisir.

et volontaire. Il ne nie pas l'existence de facteurs extérieurs (« Dieu » et la « fortune »), sur lesquels le libre arbitre ne peut rien, mais il considère qu'à partir d'une situation donnée, la marge de notre action est importante. Il appuie son argumentation sur l'exemple de l'inondation : si on ne peut pas l'empêcher, du moins peut-on se prémunir de sa dévastation.

Première partie : La conception fataliste du cours des choses

Les Grecs croyaient à l'existence d'un Destin aveugle et inexorable qui gouvernait le cours des choses et contre lequel, même en le connaissant (voir l'histoire d'Œdipe), l'être humain ne peut rien. Le monothéisme chrétien a remplacé le Destin par la Providence divine, laquelle, à la différence de celui-ci, est bienveillante et juste. Mais la conséquence peut être la même : si, en effet, Dieu est tout-puissant, si c'est lui qui en toute occasion dirige le cours des choses (en choisissant par exemple le vainqueur d'une guerre ou le successeur d'un roi), alors la seule attitude à adopter est celle d'une résignation fataliste. « Mektoub », « c'était écrit ! ».

Les « bouleversements » auxquels Machiavel fait allusion dans son texte sont les guerres étrangères et civiles auxquelles l'Italie a été en proie depuis la fin du XVe siècle. À l'époque, les gens ont perçu ces troubles comme des calamités naturelles, contre lesquelles ils ne pouvaient rien.

Jargon

La « fortune » est un mélange de nécessité et de hasard (c'est le sens que l'on retrouve dans la « roue de la fortune »). Si le mot a fini par signifier la richesse, c'est parce que celle-ci apparaissait comme un don du Ciel, indépendante de la volonté humaine.

Deuxième partie : Le libre arbitre peut changer le cours des choses

Machiavel pose l'existence du libre arbitre moins comme une réalité objective que comme un principe d'action (« afin que notre libre arbitre ne soit pas complètement anéanti »). Déjà les stoïciens distinguaient les choses qui dépendent de nous et les choses qui ne dépendent pas de nous, mais alors qu'ils réduisaient les premières aux seules représentations (la mort ne dépend pas de nous, l'idée de la mort, en revanche, dépend de nous), Machiavel développe une conception pragmatique de la pensée.

Pour ce faire, il va développer une analogie avec une catastrophe naturelle : qu'elle soit historique comme une guerre ou naturelle comme une inondation, une catastrophe apparaît en effet comme quelque chose qui anéantit la volonté humaine, au point de sembler la rendre impossible.

Mais, si l'existence de la catastrophe naturelle ne dépend que de la « fortune », il n'en reste pas moins vrai que les hommes peuvent se prémunir de ses effets les plus dévastateurs en construisant des barrages et des digues, en aménageant des abris, en renforçant les matériaux de leurs habitations. De même, si nous ne pouvons rien contre l'existence de la foudre, en revanche, grâce au paratonnerre, nous pouvons nous protéger de ses effets destructeurs.

Troisième partie : Faire exister le libre arbitre en y croyant

Dans le paragraphe précédent, Machiavel écrit qu'il « estime que la moitié des événements dépendent de nous » « afin que notre libre arbitre ne soit pas complètement anéanti ». Autrement dit : la liberté, ainsi que la capacité d'action qu'elle détermine, n'existe que dans la mesure où nous y croyons. Inversement, c'est anéantir la liberté, et donc notre champ d'action, que de se croire soumis à Dieu et à la fortune. Le fatalisme et la résignation sont des attitudes auto-entretenues : celui qui se croit impuissant *se rend* impuissant, inversement, celui qui se croit libre se donne par là-même les moyens d'agir librement.

C'est pourquoi Machiavel écrit que la fortune « montre toute sa puissance là où aucune vertu n'a été mobilisée pour lui résister ».

Jargon

Les professeurs qui ont choisi ce texte auraient pu pousser la charité jusqu'à préciser qu'ici « vertu » n'a pas le sens moral habituel, mais celui, conforme à l'étymologie, de force.

Conclusion

Si Machiavel est considéré comme le premier philosophe moderne de l'action politique, c'est parce que, indépendamment des valeurs religieuses et morales dominantes depuis l'Antiquité et le Moyen Âge, il a promu la liberté et l'action volontaire comme des forces déterminantes, susceptibles d'aménager un espace proprement humain.

Séries technologiques

1er sujet : Pour être juste, suffit-il d'obéir aux lois ?

Attention

C'est une habitude prise depuis déjà quelques années que de réserver les sujets les plus alambiqués aux élèves des séries technologiques. Personne n'a jamais prétendu qu'il suffit d'obéir aux lois pour être juste. Comme d'habitude, il va falloir feindre de croire qu'on traite un sujet intelligent.

Introduction

Être juste, cela signifie avoir un comportement conforme à la justice. Or, et en cela tient le nœud de la question posée, la justice peut être ou bien une réalité (le pouvoir judiciaire, la légalité inscrite dans les codes de loi) ou bien un idéal qui confine à l'utopie. La même dualité ou la même ambiguïté frappe le concept de loi : il renvoie tantôt à la légalité des codes, tantôt à la légitimité d'un idéal de la raison qui peut très bien n'être jamais appliqué.

Conseil

Commencez toujours par des définitions. Il vaut mieux une définition maladroite ou imprécise plutôt que pas de définition du tout. Le sujet pose la question de la relation entre deux concepts : celui de justice et celui de loi. Il est nécessaire par conséquent de partir de leur définition.

Première partie : Il n'y a pas de justice sans loi

En quelque sens que l'on prenne le terme de justice – pratique effective, pouvoir institutionnel, ou idéal de la raison –, on ne peut le concevoir sans celui de loi. L'absence de loi correspond toujours à une situation d'injustice, soit parce qu'elle signifie le chaos, soit parce qu'elle donne l'avantage au plus fort du moment.

La violation de la loi nous paraît injuste. Le milliardaire qui dissimule ses bénéfices grâce aux sociétés-écrans des paradis fiscaux pour échapper à l'impôt auquel l'ouvrier ou l'employé est soumis de son côté commet évidemment une injustice. Inversement, nous paraît juste le comportement de celui qui respecte la loi, sans chercher à la transgresser, ni à la contourner.

Seconde partie : Ce n'est pas faire preuve de justice que d'obéir à des lois injustes

Les nazis qui appliquaient les lois contre les juifs, les blancs sud-africains qui appliquaient les lois contre les noirs, respectaient, par définition, la loi. Ils n'étaient pas justes pour autant. Il convient, en effet, de faire la distinction entre la légalité, qui est la conformité à la loi positive (celle qui est en vigueur dans un État donné, à un moment donné de son histoire), et la légitimité, qui est la conformité à la loi idéale de la raison (comme celle qui anime les articles de la Déclaration universelle des droits de l'homme). Dans un pays qui légalise la torture, celui qui torture obéit à la loi. Il n'est pas juste pour autant.

Inversement, celui qui désobéit à la loi peut faire preuve d'un sentiment profond de justice. Tel est le sens de l'histoire d'Antigone, qui a désobéi à la loi du roi pour mieux respecter celle des dieux. Un révolutionnaire, par définition, n'obéit pas aux lois ; souvent, il les transgresse. Mais ce peut être au nom d'un idéal supérieur de justice. Il y a des obéissances qui sont injustes ; inversement, il y a des désobéissances qui sont justes.

Conclusion

Pour répondre positivement à la question, il faut une condition : que les lois auxquelles on obéit soient elles-mêmes justes. Non seulement le légalisme, qui désigne un comportement de respect inconditionné envers les lois positives, n'est pas une garantie de justice, mais il peut être le masque, la couverture des plus scandaleuses injustices.

2e sujet : Pouvons-nous toujours justifier nos croyances ?

Conseil

Lorsque la question contient l'adverbe « toujours », on peut être certain que la réponse attendue sera négative. Il en va d'ailleurs de même avec l'adverbe contraire « jamais ».

Introduction

Justifier une croyance, c'est pouvoir en rendre raison, lui donner un fondement, fournir des arguments de manière à montrer que cette croyance n'est ni arbitraire, ni absurde. La question est de savoir si toutes nos croyances sont justifiables, ou bien si certaines d'entre elles échappent à toute justification. Il est possible également qu'il soit de la nature même de la croyance de ne pas pouvoir être justifiée.

Conseil

Prouvez par votre introduction que vous avez compris le sens de la question. Et pour le faire, il faut reformuler cette question.

Première partie : Une croyance doit pouvoir être justifiée

Certes, la croyance, qui est une adhésion individuelle à des objets qui échappent à la certitude du savoir, n'est pas de l'ordre de la preuve, et encore moins de la démonstration. Mais si nous faisons spontanément la différence entre des croyances raisonnables et des croyances absurdes, c'est parce que nous estimons que certaines croyances sont plus et mieux justifiées que d'autres. Si, par exemple, je crois que ma bicyclette a une âme immortelle, il me sera difficile de faire partager aux autres ce qui leur apparaîtra comme une fantaisie ou une provocation. En revanche, nous pouvons constater que les croyances collectives comme les croyances religieuses reposent sur des traditions susceptibles de leur donner une certaine assise, et donc de les arracher à l'arbitraire et aux fantasmes individuels.

Nous croyons bien davantage que nous ne savons. Mais si nous adhérons à des croyances, c'est parce que nous les estimons justifiées.

Seconde partie : La logique de la croyance est subjective et non objective

Alors que la connaissance est commandée par l'objet, la croyance est d'abord fondée sur la psychologie du sujet. Alors que l'objet de la connaissance s'impose à nous, au point de contredire parfois nos préjugés premiers, l'objet de la croyance doit se conformer à nos propres dispositions psychiques. C'est pourquoi la croyance est une expression de soi-même et non de la réalité. C'est pourquoi aussi nous tenons généralement davantage à ce que nous croyons qu'à ce que nous savons.

Nous ne savons pas pourquoi nous croyons à ce que nous croyons car, pour le savoir, il faudrait connaître les profondeurs de notre psychisme et de notre passé personnel. Par ailleurs, toute croyance est une espèce de pari, puisque son objet échappe à la connaissance. Croire, c'est ne pas savoir.

Conclusion

Le philosophe chrétien Tertullien disait : « Je crois, parce que c'est absurde ». En fait, toute croyance contient une dimension d'injustifiable. Seule la connaissance peut se justifier de part en part.

Conseil

Une citation bien choisie, placée au bon moment, mettra le correcteur dans une situation de bienveillance absolue, à moins qu'il ne soit un barbare. Mais cela ne saurait exister.

3e sujet : Explication de texte

Même quand les peintres travaillent sur des objets réels, leur but n'est jamais d'évoquer l'objet même, mais de fabriquer sur la toile un spectacle qui se suffit. La distinction souvent faite entre le sujet du tableau et la manière[6] du peintre n'est pas légitime parce que, pour l'expérience esthétique, tout le sujet est dans la manière dont le raisin, la pipe ou le paquet de tabac est constitué par le peintre sur la toile. Voulons-nous dire qu'en art la forme seule importe, et non ce qu'on dit ? Nullement.

Nous voulons dire que la forme et le fond, ce qu'on dit et la manière dont on le dit ne sauraient exister à part. Nous nous bornons en somme à constater cette évidence que, si je peux me représenter d'une manière suffisante, d'après sa fonction, un objet ou un outil que je n'ai jamais vu, au moins dans ses traits généraux, par contre les meilleures analyses ne peuvent me donner le soupçon de ce qu'est une peinture dont je n'ai jamais vu aucun exemplaire. Il ne s'agit donc pas, en présence d'un tableau, de multiplier les références au sujet, à la circonstance historique, s'il en est une, qui est l'origine du tableau.

Maurice Merleau-Ponty, *Causeries* (1948).

6. Manière : la façon dont le peintre peint, son style propre.

Note figurant sur la feuille d'examen :

Pour expliquer ce texte, vous répondrez aux questions suivantes, qui sont destinées principalement à guider votre rédaction. Elles ne sont pas indépendantes les unes des autres et demandent que le texte soit d'abord étudié dans son ensemble.

Attention

Rappelons ce conseil : ne choisissez pas le troisième sujet par défaut, parce que les deux premiers ne vous « plaisent » pas, ne prenez l'explication que si vous avez bien compris le texte. Malgré son apparente simplicité, ce texte n'est pas si facile, d'autant que la plupart des élèves des séries technologiques n'ont qu'une expérience réduite de la peinture, et de l'art en général.

1. Dégagez la thèse du texte et les étapes de son argumentation

Dans ce texte, Merleau-Ponty critique un lieu commun classique en matière d'esthétique, l'opposition entre le contenu (le « sujet ») et la forme (la « manière » ou le « style »), et montre que les deux sont en réalité inséparables. Ce qu'il dit de la peinture pourrait tout aussi bien valoir pour la littérature.

Même lorsque le tableau évoque des « objets réels » (ce peut être une scène, un paysage ou un personnage), c'est-à-dire que même lorsque nous n'avons pas affaire à la peinture dite « abstraite », la finalité de l'œuvre n'est pas la représentation de l'objet (ce qui voudrait dire qu'elle est extérieure à l'œuvre elle-même), mais intrinsèque : c'est « un spectacle qui se suffit ». Est-ce à dire que le sens d'un tableau tient à la dualité de la forme et du contenu, et que seule la forme importe ? Dans la deuxième partie de ce texte, Merleau-Ponty critique cette déduction issue de la thèse de départ. La connaissance d'un objet, une guitare par exemple, ne peut rien me dire sur cet instrument tel qu'il a été peint. Pour le savoir, il est nécessaire d'avoir un contact avec le tableau lui-même.

2. Expliquer...

a) « un spectacle qui se suffit »

Un tableau donne à voir, mais, avant de donner à voir un paysage, un cheval, ou une femme nue, il se donne à voir lui-même. Le sens d'un tableau (on pourrait faire la même remarque à propos de n'importe quelle œuvre d'art) ne tient pas à son référent, c'est-à-dire à l'objet extérieur qu'il « représente », mais à la façon dont l'artiste a créé quelque chose d'original et de prenant.

b) « la forme et le fond, ce qu'on dit et la manière dont on le dit ne sauraient exister à part »

Conseil

Même si une question reprend un élément du texte qui a déjà été évoqué précédemment, arrangez-vous pour ne pas vous répéter, soit en énonçant une idée nouvelle, soit en formulant la même idée d'une autre façon.

c) « les meilleures analyses ne peuvent me donner le soupçon de ce qu'est une peinture dont je n'ai jamais vu aucun exemplaire »

Imaginons que nous fassions la description de *La Joconde* à quelqu'un qui n'aurait jamais vu le tableau au Louvre et qui n'aurait même jamais vu une reproduction. Même si notre description était très précise (et elle ne peut pas l'être vraiment), notre interlocuteur ne pourrait avoir aucune idée du tableau de Léonard de Vinci. Une peinture est une réalité que le langage des mots ne peut réellement traduire. On pourrait dire la même chose de la musique.

3. Une œuvre d'art a-t-elle pour but de représenter la réalité ?

Attention

La troisième question est un sujet de dissertation : il faut donc examiner les différentes réponses possibles. Par ailleurs, vous savez que la philosophie attache une attention particulière aux mots. On attend donc du candidat qu'il analyse ce que l'on peut penser sur le fait de « représenter » et sur « la réalité ».

La réponse à cette question dépend du sens que l'on attribuera à la représentation et à la réalité.

« Représenter » signifie étymologiquement présenter une deuxième fois, ce qui implique une idée de répétition ou de redoublement. Or, une représentation peut être plus ou moins proche de la réalité. Il y a bien de la différence, par exemple, entre une représentation réaliste, une représentation stylisée, et une représentation symbolique. On peut tout de suite faire observer qu'une œuvre d'art ne représente pas nécessairement quelque chose. Ainsi en va-t-il d'un monument ou d'un morceau de musique.

Lorsque l'on dit d'une œuvre d'art qu'elle représente la réalité, cela signifie d'abord que le spectateur reconnaît ce qui a été représenté. Ainsi peut-on nommer tous les animaux dessinés, gravés et peints des grottes préhistoriques.

Mais de quelle réalité parle-t-on ? Certainement pas de la réalité objective, telle qu'elle est en soi. Le support de la peinture n'a que deux dimensions, alors que la réalité matérielle en a trois. Par ailleurs, ce que l'artiste représente, c'est un certain point de vue sur la réalité, à l'exclusion de tout autre.

Or le travail de transposition effectué par l'artiste peut considérablement éloigner son œuvre de « la réalité ». Il est certain que *Guernica* ne « représente » pas le bombardement de la petite ville basque par l'aviation allemande durant la guerre civile espagnole. Mais ce tableau donne à voir et à sentir la violence et la barbarie de l'événement.

L'œuvre d'art n'a pas pour but de représenter la réalité, mais de présenter une réalité nouvelle.

Conseil

Une formule bien frappée à la fin de votre dissertation ne manquera pas de frapper à son tour votre correcteur.

Chapitre 34

Entraînez-vous sur les sujets de 2015 !

DANS CE CHAPITRE :

- **Les trois sujets corrigés du bac 2015 de chaque série**
- **Pas à pas, les erreurs à éviter et les bonnes choses à dire ou à faire (en italique)**

Série L

1er sujet : Respecter tout être vivant, est-ce un devoir moral ?

Attention

Le sujet met en relation trois concepts : le respect, l'être vivant et le devoir moral, qu'il faut définir dès l'introduction. Il ne porte donc pas sur le vivant en lui-même. Attention au hors-sujet !

Introduction

Respecter, c'est, pour reprendre la formule de Kant, considérer quelqu'un ou quelque chose comme une fin, et non comme un moyen. Le respect est la reconnaissance d'une dignité.

Le vivant se définit par opposition à ce qui est inerte, c'est-à-dire purement matériel, et à ce qui est mort. Quant au devoir moral, il est l'expression d'une obligation, dont la transgression n'est cependant pas sanctionnée par la loi juridique – la loi morale gardant une certaine indépendance par rapport au droit.

Aucune règle juridique n'imposant le respect de la vie en tant que telle, reste à savoir si ce respect n'est pas un devoir moral.

Première partie : Le respect est une valeur morale

Ce qui est vivant peut être tué. Respecter le vivant, c'est s'interdire de le tuer.

Ce qui est vivant possède une certaine intégrité. Respecter le vivant, c'est ne pas attenter à cette intégrité.

Dans le monde du vivant, c'est l'être humain lui-même qui doit être le premier objet de respect. Mais, comme disait Spinoza, l'homme n'est pas un empire dans un empire. Ce que l'écologie scientifique montre, c'est la solidarité du vivant au sein de l'écosystème Terre. Certes, il existe des contradictions dans ce système (voir la fameuse « lutte pour la vie » darwinienne), il n'en reste pas moins vrai que l'écosystème terrestre forme un tout.

Deuxième partie : Le respect ne peut s'adresser qu'à l'homme

Kant définissait le respect comme la considération de la *personne* d'autrui. La *personne*, c'est ce qui fait qu'un être est davantage qu'un individu, qu'il possède une dimension morale inaliénable. Or, dans le monde vivant, seul l'être humain peut être défini comme une personne. Un animal est un individu, mais pas une personne. Dès lors, respecter n'importe quel être vivant est dépourvu de sens.

D'autant que le monde vivant commence aux microbes. Les antibiotiques seraient-ils une forme d'irrespect à leur égard ? Il y a des êtres vivants que, pour sa préservation, l'homme doit combattre, il y en a également qu'il utilise comme moyens de subsistance (c'est le cas des animaux d'élevage). Certes, la position du respect inconditionné du vivant a été adoptée par certains courants de pensée, comme le jaïnisme, qui est une religion de l'Inde. Mais cet écocentrisme (par opposition à l'anthropocentrisme dominant) semble impossible à universaliser.

Conclusion

Des lois interdisent les mauvais traitements infligés aux animaux, qui sont reconnus comme des êtres doués de sensibilité. Mais, même dans ce cas, nous n'avons pas besoin de parler de respect. Et puis, lorsque nous disons « les animaux », nous amalgamons des formes de vie tellement hétérogènes qu'une attitude unique à leur égard semble impossible.

2e sujet : Suis-je ce que mon passé a fait de moi ?

Introduction

La question porte sur l'identité personnelle : suis-je actuellement, et seulement, le résultat de mon existence depuis ma naissance ? Ou bien une autre dimension, indépendante de mon passé, doit-elle être prise en compte pour définir mon identité ?

Conseil

Aller directement au cœur du sujet sans tournoyer indéfiniment à haute altitude, comme un rapace.

Première partie : Être, c'est avoir été

L'être humain possède trois dimensions : il a un corps, un mental et il est un être social. Que ce soit sur le plan physique, psychique ou social, il est dans le présent la résultante de ce qu'il a été dans le passé. Ainsi le corps a-t-il un certain âge, qui contient l'ensemble écoulé des années d'existence, avec ses cicatrices et sa morphologie.

Il en va de même avec le psychisme : la psychanalyse définit l'inconscient comme « l'infantile en nous ». Mais le psychisme, c'est aussi l'expérience, que nous appelons justement le *vécu*. La mémoire est constitutive de l'être humain.

Enfin, il y a mon inscription dans une famille, dans un milieu social et culturel, que je n'ai pas choisi et qui a fait de moi celui que je suis présentement.

Une conception strictement déterministe s'en tiendra là pour définir l'identité personnelle. Mais d'autres dimensions sont envisageables.

Deuxième partie : La part de la liberté

Affirmer que je suis « ce que mon passé *a fait de* moi », c'est réduire ma personnalité à un effet de causes extérieures, c'est faire de moi un objet qui serait le résultat de facteurs purement mécaniques.

Or, comme l'a montré Sartre, si je ne choisis pas mes conditions de départ, je peux en revanche choisir le sens que je leur donne. Hegel disait que les déterminismes n'ont que le sens que nous leur attribuons. En d'autres termes, je peux me résigner, dire « oui » passivement, mais je peux aussi dire « non » par la critique ou la révolte. Un déterminisme n'est pas un destin. Je peux partir de ce déterminisme et m'en extraire.

Par ailleurs, et c'est encore un thème développé par Sartre, l'homme (et cela est particulièrement vrai de l'homme moderne) est un être de projet, c'est-à-dire un être tendu vers l'avenir, et pas seulement tourné vers le passé. Or un projet, qui au départ n'est qu'une idée, peut en grande partie conditionner l'existence présente. Par exemple, si je suis en train de rédiger une dissertation de philosophie, ce n'est pas seulement parce que mon passé m'y a conduit, mais aussi, et d'abord, parce que mon avenir me le commande.

Conclusion

Être ce que son passé a fait de soi : la formule conviendrait bien davantage aux animaux, dont l'existence est dictée par le génome de leur espèce, qu'aux hommes qui ont la capacité de transformer par leur conscience un futur abstrait en avenir concret.

3e sujet : Explication de texte

Les croyances dogmatiques sont plus ou moins nombreuses, suivant les temps. Elles naissent de différentes manières et peuvent changer de forme et d'objet ; mais on ne saurait faire qu'il n'y ait pas de croyances dogmatiques, c'est-à-dire d'opinions que les hommes reçoivent de confiance et sans les discuter. Si chacun entreprenait lui-même de former toutes ses opinions et de poursuivre isolément la vérité dans les chemins frayés par lui seul, il n'est pas probable qu'un grand nombre d'hommes dût jamais se réunir dans aucune croyance commune.

Or, il est facile de voir qu'il n'y a pas de société qui puisse prospérer sans croyances semblables, ou plutôt il n'y en a point qui subsistent ainsi ; car, sans idées communes, il n'y a pas d'action commune, et sans action commune, il existe encore des hommes, mais non un corps social. Pour qu'il y ait société, et, à plus forte raison, pour que cette société prospère, il faut donc que tous les esprits des citoyens soient toujours rassemblés et tenus ensemble par quelques idées principales ; et cela ne saurait être, à moins que chacun d'eux ne vienne quelquefois puiser ses opinions à une même source et ne consente à recevoir un certain nombre de croyances toutes faites.

Si je considère maintenant l'homme à part, je trouve que les croyances dogmatiques ne lui sont pas moins indispensables pour vivre seul que pour agir en commun avec ses semblables.

Tocqueville, *De la démocratie en Amérique*, 1840.

La connaissance de la doctrine de l'auteur n'est pas requise. Il faut et il suffit que l'explication rende compte, par la compréhension précise du texte, du problème dont il est question [*avertissement figurant sur la feuille d'examen*].

Attention

Si ce texte ne présente pas de grandes difficultés techniques (le sens de « croyances dogmatiques » pourrait poser problème, mais Tocqueville prend soin de préciser ce qu'il entend par là), il est d'une grande richesse d'idées, et réclame par conséquent une lecture et une analyse particulièrement attentives.

Introduction

Dans ce texte, Tocqueville établit que les « croyances dogmatiques », c'est-à-dire les idées et les valeurs reçues sans critique, sont nécessaires pour la constitution d'une société. Ce faisant, il montre que l'ordre politique et social (le « corps social ») n'obéit pas à la même logique que l'ordre des connaissances scientifiques, qui ne va pas sans la libre recherche critique de la vérité et de la certitude.

Conseil

L'opposition entre société et politique d'une part, connaissance scientifique de l'autre, n'est pas évoquée explicitement dans ce texte. Expliquer un texte, en effet, c'est en développer le sens, c'est-à-dire en dérouler les implications.

Première partie : L'existence nécessaire des croyances dogmatiques

Les croyances dogmatiques ont une histoire diversifiée : elles n'ont pas les mêmes sources, ni les mêmes caractéristiques, ni les mêmes objets. Il y a, par exemple, des croyances religieuses et d'autres qui ne le sont pas. Les croyances sont plus ou moins rationnelles ; certaines portent sur des phénomènes empiriques (ainsi celles qui s'expriment par des dictons météorologiques), d'autres sur des phénomènes qui échappent à l'expérience sensible (ainsi celles qui portent sur la vie après la mort).

Conseil

Les copies des candidats sont souvent trop abstraites, c'est-à-dire qu'elles s'en tiennent trop souvent aux généralités, sans prendre en compte les différentes particularités. Il convient de rappeler ici que le monde de la croyance est extrêmement diversifié.

Mais si les croyances sont relatives, donc contingentes dans leur mode d'expression, leur existence est nécessaire en ce sens qu'elles ne sauraient ne pas exister. On ne peut imaginer un monde humain sans croyance dogmatique. Ce que vérifient des sciences comme l'histoire ou l'anthropologie.

Deuxième partie : Les croyances dogmatiques ont une nécessité sociale et politique

Dans le *Discours de la méthode*, Descartes raconte comment il a entrepris de révoquer en doute les idées qu'il avait reçues pour chercher et trouver la certitude et la vérité dans les sciences. Qu'est-ce, en effet, qu'une idée qu'on a adoptée sans l'avoir jugée, sinon un *préjugé* ? Or, un préjugé est presque fatalement faux. Il ne peut y avoir de certitude ou de vérité sans le doute.

Mais, nous dit Tocqueville, c'est autour de croyances collectives que les individus forment société, et non à partir de la recherche critique personnelle. C'est à cela qu'ont servi les mythologies, les religions et les idéologies. Sans idées communes, pas d'actions communes, et sans actions communes, pas de corps social. Ainsi « la gloire de l'Empire romain », « Allah », « la République », « la liberté » ont-ils été des idées communes qui ont permis des actions communes et la constitution d'une société.

Conseil

Les exemples historiques servant à illustrer les idées du texte seront toujours les bienvenus, à condition qu'ils soient rapidement mentionnés, et ne soient pas traités pour eux-mêmes. Une page entière consacrée à la laïcité, par exemple, serait ici hors sujet.

Troisième partie : Deux précisions à apporter à la thèse précédente

Le troisième paragraphe de l'extrait de texte, qui se présente comme l'affirmation d'une idée non développée, établit que la réception des idées reçues n'est pas seulement nécessaire au corps social, mais qu'elle l'est également pour chaque individu. Ce que Spinoza appelait « connaissance du premier genre », c'est-à-dire la connaissance par ouï-dire, représente une indispensable économie psychique pour la vie quotidienne. L'individu n'a ni le temps, ni même la possibilité de tout examiner de manière critique. N'est pas Descartes qui veut, n'est pas Descartes qui peut.

Conseil

Les références aux grands philosophes ne sont ni obligatoires ni attendues, mais elles sont évidemment toujours les bienvenues.

Il y a une autre précision, ou une autre réserve que l'on pourrait apporter à l'idée selon laquelle l'existence de croyances collectives partagées est nécessaire à celle d'un corps social. Tocqueville présuppose l'homogénéité de celui-ci. Or, une société est faite, comme le montrera Karl Marx, de classes sociales non seulement différentes mais antagonistes, qui peuvent avoir de ce fait des croyances et des valeurs opposées. Elle peut être faite également de populations d'origines diverses : tel est le cas aujourd'hui des sociétés dites multiculturelles, dans lesquelles la lutte pour la reconnaissance crée des lignes de fracture et des antagonismes.

Conclusion

À l'instar des théoriciens du contrat social, Tocqueville pense que la société n'est pas naturelle ou spontanée, mais le produit d'une volonté collective. Mais, à la différence de la plupart des théoriciens classiques du contrat social, il ne pense pas que ce qui fait le lien social soit d'ordre rationnel, comme la nécessité de défendre la sécurité et la liberté personnelles, mais appartient plutôt au domaine des croyances. Cela dit, Tocqueville présuppose pour la société une unité qu'on serait bien en peine de trouver aujourd'hui.

Série ES

1er sujet : La conscience de l'individu n'est-elle que le reflet de la société à laquelle il appartient ?

Conseil

Vous savez que lorsqu'une question se présente sous la forme : « ceci n'est-il que cela ? », la réponse attendue est négative. Il conviendra donc ici de commencer par la thèse.

Introduction

Le terme de conscience désigne à la fois une faculté psychique (on a, on prend conscience), et l'ensemble de ses activités (les idées, les représentations). La question posée revient à savoir si la conscience est une simple production sociale, dont l'individu dispose à la manière d'un instrument fourni de l'extérieur.

Attention

N'oubliez jamais de définir en introduction les termes de la question, même s'ils sont évidents, surtout s'ils sont évidents.

Première partie : La thèse de la conscience-reflet

La thèse de la conscience-reflet appartient au matérialisme. « L'esprit » n'est pas une réalité substantielle, il n'est qu'un mot commode pour désigner le résultat de facteurs extérieurs. Pour les matérialistes du XVIIIe siècle, la conscience est le reflet du corps ; pour les neurophysiologistes matérialistes d'aujourd'hui, elle n'est que le reflet de l'activité cérébrale.

Pour les marxistes, la conscience est également le reflet de la société à laquelle les individus appartiennent. « Ce n'est pas la conscience qui détermine la vie, écrivait Marx, c'est la vie sociale qui détermine la conscience » (voir p. 135). Marx appelait « idéologie » l'ensemble des idées et des valeurs caractéristiques d'une classe sociale, l'idéologie dominante étant l'idéologie de la classe dominante. L'homme ne choisit ni ses croyances, ni ses idées, il exprime celles du milieu social dont il fait partie.

Deuxième partie : La contestation de cette thèse

Si la conscience n'était que le reflet de conditions sociales, comment expliquer qu'elle puisse aussi les critiquer, les récuser et les contredire ? D'ailleurs, Marx lui-même, moins dogmatique que ceux qui se réclameront de lui par la suite, restait assez hégélien pour savoir que la conscience est capable de négation (c'est même un privilège qu'elle a conservé face aux ordinateurs les plus puissants). Penser, imaginer, rêver, c'est la capacité de nier le déterminisme social.

Par ailleurs, « la société » est loin d'être un milieu homogène. Elle est elle-même traversée par des contradictions, la principale étant, selon Marx, l'antagonisme des classes sociales. Mais même une classe sociale n'est pas homogène au point de produire une forme de conscience unifiée. L'extrême dispersion des consciences suffirait à récuser la thèse de la conscience-reflet.

Conclusion

Certes, comme disait Hegel, nul ne peut sauter par-dessus son temps. Il n'en reste pas moins vrai que la conscience possède une puissance et une liberté capables de transcender le déterminisme social, et de faire de celui-ci autre chose qu'un destin. C'est l'ordinateur qui n'est que le reflet de la société qui le produit, pas la conscience.

2e sujet : L'artiste donne-t-il quelque chose à comprendre ?

Attention

Un hors-sujet est vite arrivé ! Il ne s'agit pas ici de parler de l'art en général, mais d'analyser les relations entre l'art et le sens.

Introduction

Un artiste est un homme qui crée des œuvres destinées à être regardées ou écoutées pour leurs qualités principalement, voire exclusivement pour leurs qualités esthétiques. « Comprendre » est une activité de l'esprit qui consiste à saisir le sens. La question posée revient donc à savoir si l'artiste délivre un sens.

Conseil

N'oubliez pas qu'il faut toujours définir le sens de la question posée, en la posant autrement.

Première partie : L'artiste délivre un sens

À de rares exceptions, l'œuvre d'art est le produit d'une conscience, d'une intention. Elle est donc, dès sa création, animée par le sens qu'elle doit manifester : architectures et peintures religieuses, tragédies, poèmes philosophiques, symphonies, etc. Ce qui n'a pas de sens est dit *absurde*. On ne saurait concevoir une œuvre d'art absurde.

Le sens délivré par l'artiste n'est pas forcément conscient, car ce qu'il crée le dépasse. Ainsi des schizophrènes « donnent quelque chose à comprendre » alors même qu'ils ne le voulaient pas. Il y a dans le « donner à comprendre » un excès de sens par rapport à l'intention de départ.

Deuxième partie : La finalité de l'art peut être l'art lui-même

Un romancier ou un poète n'a pas, à la différence de l'essayiste ou du journaliste, à délivrer un message. Les artistes qui ont soumis leur art à la nécessité de délivrer un message religieux, politique ou autre, c'est-à-dire à quelque chose d'étranger à l'art lui-même, ont souvent fait un mauvais travail. Ce n'est pas, en effet, le contenu signifiant qui fait d'un objet une œuvre d'art, mais sa forme, son style.

Conclusion

Cela dit, même dans le cas d'un art très formel, ou très « abstrait », d'un art qui n'a d'autre raison que lui-même, et qui est produit par un artiste qui n'a rien à *dire*, il est inévitable qu'un processus de sens et d'interprétation s'enclenche. Ni l'artiste, ni celui qui prendra connaissance de son œuvre, ne peut échapper au sens et à l'interprétation. L'artiste ne *donne* pas toujours quelque chose à comprendre, parce que ce qu'il fait comprendre n'est pas toujours intentionnel.

3e sujet : Explication de texte

Dans un État démocratique, des ordres absurdes ne sont guère à craindre, car il est presque impossible que la majorité d'une grande assemblée se mette d'accord sur une seule et même absurdité. Cela est peu à craindre, également, à raison du fondement et de la fin de la démocratie, qui n'est autre que de soustraire les hommes à la domination absurde de l'appétit[7] *et à les maintenir, autant qu'il est possible, dans les limites de la raison, pour qu'ils vivent dans la concorde et dans la paix. Ôté ce fondement, tout l'édifice s'écroule aisément. Au seul souverain, donc, il appartient d'y pourvoir ; aux sujets, il appartient d'exécuter ses commandements et de ne reconnaître comme droit que ce que le souverain déclare être le droit.*

Peut-être pensera-t-on que, par ce principe, nous faisons des sujets des esclaves ; on pense en effet que l'esclave est celui qui agit par commandement et l'homme libre celui qui agit selon son caprice. Cela cependant n'est pas absolument vrai ; car en réalité, celui qui est captif de son plaisir, incapable de voir et de faire ce qui lui est utile, est le plus grand des esclaves, et seul est libre celui qui vit, de toute son âme, sous la seule conduite de la raison.

Spinoza, *Traité théologico-politique*, 1670.

7. « Appétit » : ce qui nous porte à désirer quelque chose [note figurant sur la feuille d'examen].

La connaissance de la doctrine de l'auteur n'est pas requise. Il faut et il suffit que l'explication rende compte, par la compréhension précise du texte, du problème dont il est question [avertissement figurant sur la feuille d'examen].

Attention

À l'exception de certains termes comme « souverain » qui peuvent être mal interprétés, le texte n'offre pas de difficultés de lecture particulières. Mais beaucoup de candidats n'ont pas suffisamment souligné le lien entre les deux paragraphes.

Introduction

Au XVIIe siècle, Spinoza fut, avec Locke, le grand philosophe de la démocratie. Mais alors que Locke justifie le régime démocratique comme celui de la liberté, Spinoza y voit d'abord le régime le plus conforme à la raison.

Conseil

Répétons que si les références en histoire de la philosophie ne sont pas requises, elles seront toujours hautement appréciées.

Pour Spinoza, c'est parce que la démocratie est un régime conforme à la raison qu'elle est, par le fait même, un régime de liberté.

Première partie : La démocratie est rationnelle et raisonnable

Caligula, l'empereur romain, avait nommé consul son cheval. Les décisions absurdes, habituelles en régime despotique, semblent impensables en démocratie. Si l'on considère les deux dimensions de la raison, théorique et pratique, on peut dire que, selon Spinoza, la démocratie est à la fois le plus rationnel et le plus raisonnable des régimes politiques.

Trois raisons sont données à l'appui de cette affirmation.

La première est qu'une assemblée est moins portée aux décisions les plus folles qu'un individu ou qu'un petit groupe d'individus. La remarque avait déjà été faite par Aristote : dans une assemblée, les individus les plus violents se neutralisent, et c'est pourquoi on ne la voit pas souvent pencher du côté des solutions extrêmes. Montesquieu dira que tout pouvoir tend à l'abus de pouvoir. Disposant d'un pouvoir absolu, sans contrôle extérieur, sans la pression d'une opinion publique qui ne peut s'exprimer, un despote comme Caligula peut donner des ordres absurdes. Pour prendre un exemple plus récent, il est douteux qu'une assemblée démocratiquement élue aurait pu, à la majorité des voix, comme l'a fait Hitler, décider d'exterminer les juifs et les malades mentaux.

La deuxième et la troisième raisons données par Spinoza pour justifier sa thèse du caractère rationnel de la démocratie tiennent au fondement et à la fin de ce régime, c'est-à-dire à son origine et à ses objectifs. À l'opposé du despotisme, qui s'exerce dans la violence et est né d'elle, la démocratie est un régime de délibération, qui prend acte de la pluralité des points de vue des individus. Les représentants du peuple, qui promulguent les lois et les exécutent, et exercent la souveraineté, sont librement choisis par le peuple lui-même.

Attention

Dans ce texte, le « souverain » n'est pas un roi ou un empereur, puisque nous sommes dans un contexte démocratique, mais une assemblée. Plus tard, arrachant symboliquement le pouvoir au roi, Rousseau, dans Du contrat social, *dira du peuple qu'il est « le souverain » lui-même.*

« Car tel est notre bon plaisir » : cette formule attribuée à Louis XIV résume la monarchie comme régime de l'appétit, c'est-à-dire du désir et du caprice personnels, aux antipodes de la raison. Louis XIV allait à la guerre comme il allait à la chasse. Dans la mesure où les lois émanent d'une assemblée démocratique, il est du devoir des sujets d'y obéir.

Deuxième partie : La liberté est obéissance aux lois de la raison

Dans le second paragraphe, Spinoza répond à l'objection commune selon laquelle, dans un régime démocratique, puisque les sujets doivent obéir aux lois, ils ne sont pas plus libres que ceux qui vivent dans un régime non démocratique.

C'est, réplique Spinoza, être libre que d'obéir aux lois de la raison. Inversement, c'est être esclave que d'obéir à son seul appétit. Platon avait déjà développé cette idée. Caligula était en fait autant esclave que ses esclaves.

Conclusion

Au XVIIe siècle, avec Descartes et Spinoza, le terme de « sujet » commence à changer de sens, pour prendre celui, actuel, de personnalité et de maîtrise. Mais l'ancien sens du sujet comme entité assujettie (lorsque l'on dit « être sujet à des maux de tête »), n'a pas disparu. Pour lever l'équivoque, Rousseau réintroduira le terme de citoyen. À la différence du sujet qui obéit à des lois extérieures, le citoyen n'obéit qu'à celles qu'il s'est lui-même prescrites.

Série S

1er sujet : Une œuvre d'art a-t-elle toujours un sens ?

Attention

Ce sujet recoupe en bonne partie le deuxième sujet de la série ES, « L'artiste donne-t-il quelque chose à comprendre ? », c'est pourquoi ce résumé de corrigé sera plus court que les autres.

Introduction

Est-il possible qu'une œuvre d'art soit dépourvue de sens ?

Première partie : L'œuvre d'art a nécessairement un sens

Une œuvre d'art n'est pas le produit du hasard. Un édifice religieux, un texte littéraire, une forme musicale ne sont séparables ni du contexte culturel qui les a vu naître, ni des intentions de ceux qui les ont créés.

Deuxième partie : Le sens de l'œuvre d'art n'est pas nécessairement extérieur à l'art lui-même

Au XIXe siècle, le courant dit de « l'art pour l'art » a revendiqué pour l'artiste une indépendance totale vis-à-vis de tout ce qui est étranger à l'art lui-même : la religion, la morale, la politique... Une bonne partie de l'art contemporain a rompu avec toute référence extérieure : tel est le cas de la peinture non figurative, dite « abstraite », ou des « performances ».

Conclusion

Il convient de faire la distinction entre le sens et la signification. L'œuvre d'art peut très bien ne pas avoir de signification, c'est-à-dire qu'elle peut très bien ne véhiculer aucun message. En revanche, elle fait toujours sens. Le sens, en effet, commence avec la simple relation qu'une conscience a avec un objet.

2e sujet : La politique échappe-t-elle à l'exigence de vérité ?

À savoir

N'oubliez pas que vous êtes en train de rédiger une dissertation de philosophie, donc que vous faites un travail d'analyse et d'argumentation. On n'attend donc pas ici des complaintes sur les hommes politiques tous menteurs.

Introduction

La politique est un vaste domaine de l'activité humaine qui concerne l'organisation de la société. En ce sens, et cela est bien entendu plus marqué encore dans les régimes démocratiques, elle est l'affaire de tous, et pas seulement des « politiques », c'est-à-dire des responsables politiques.

La question des rapports entre l'action politique et l'exigence de vérité remonte pratiquement aux origines de la philosophie. Elle est particulièrement présente dans l'œuvre de Platon.

Conseil

Les références historiques et philosophiques ne sont ni obligatoires ni attendues, mais elles sont hautement valorisées.

Première partie : L'hétérogénéité de la théorie et de la pratique

La vérité, qui est la qualité d'un discours conforme à la réalité, est une valeur pour la pensée et la connaissance. Elle est, par exemple, la valeur cardinale de la science. Mais elle n'est pas, du moins immédiatement, une valeur inhérente à la vie pratique (dont la politique fait partie). Parmi les valeurs inhérentes à la vie pratique, on peut citer la justice, l'utilité ou encore l'efficacité.

Platon, qui croyait à l'unité des valeurs idéales sous l'empire du Bien, ne dissociait pas la morale de la politique. Ainsi condamnait-il le mensonge (qui s'oppose à la valeur de vérité) comme injuste. Plus tard, Machiavel, qui, à l'opposé de Platon, dissociera la morale de la politique et donnera à la politique son indépendance, considérera en toute logique qu'un « prince », c'est-à-dire un chef d'État, peut et doit utiliser l'arme du mensonge dès lors que celle-ci est un moyen de pouvoir efficace. De fait, imagine-t-on des responsables politiques se priver, par devoir moral, d'une telle arme ?

Deuxième partie : La politique ne peut se passer de vérité

La politique dispose de bien d'autres moyens que le mensonge pour contrevenir à l'exigence de vérité : la dissimulation est le plus courant, mais il y a également la désinformation par la propagande, la diffamation, la diffusion des rumeurs, etc. La question est de savoir si une politique *durable* (c'est un critère d'efficacité, selon Machiavel) est possible dans ces conditions.

Le propre d'un régime démocratique est de contrevenir le moins possible à l'exigence de vérité. Il n'y a pas, en effet, de démocratie sans la sincérité et la franchise qui donnent son sens à la liberté d'opinion et de parole. Comme l'a fortement marqué Kant, le mensonge est une rupture du contrat social. Il contredit le principe d'égalité qui, avec celui de liberté, fonde la démocratie.

Ce que l'on appelle aujourd'hui « transparence » est une exigence démocratique fondamentale.

Mais, à l'échelle de l'histoire, la démocratie est une exception, et le despotisme la règle. Tous les moyens sont bons pour acquérir et conserver le pouvoir, lequel ne fait pas bon ménage avec la vérité. Cela dit, un régime despotique, qui reposerait sur une pratique constante de mensonge, de dissimulation, et de trahison, pourrait d'un moment à l'autre être renversé. Comme Spinoza a été le premier à le remarquer, la démocratie n'est pas seulement le régime politique le plus rationnel, elle est aussi le régime le plus puissant.

Conclusion

Même si l'histoire passée nous montre que la politique a été très rarement scrupuleuse en matière de vérité, ce qu'elle nous montre également, c'est l'impossibilité d'un ordre politique qui serait exclusivement fondé sur la négation et l'absence de vérité. En ce sens, nous pouvons dire que la politique n'échappe pas à l'exigence de vérité.

3e sujet : Explication de texte

Comment peut-on prévoir un événement dépourvu de toute cause ou de tout indice qui explique qu'il se produira ? Les éclipses du soleil et de la lune sont annoncées avec beaucoup d'années d'anticipation par ceux qui étudient à l'aide de calculs les mouvements des astres. De fait, ils annoncent ce que la loi naturelle réalisera. Du mouvement invariable de la lune, ils déduisent à quel moment la lune, à l'opposé du soleil, entre dans l'ombre de la terre, qui est un cône de ténèbres, de telle sorte qu'elle s'obscurcit nécessairement. Ils savent aussi quand la même lune, en passant sous le soleil et en s'intercalant entre lui et la terre, cache la lumière du soleil à nos yeux, et dans quel signe chaque planète se trouvera à tout moment, quelles seront le lever ou le coucher journaliers des différentes constellations. Tu vois quels sont les raisonnements effectués par ceux qui prédisent ces événements.

Ceux qui prédisent la découverte d'un trésor ou l'arrivée d'un héritage, sur quels indices se fondent-ils ? Ou bien, dans quelle loi naturelle se trouve-t-il que cela arrivera ? Et si ces faits et ceux du même genre sont soumis à pareille nécessité, quel est l'événement dont il faudra admettre qu'il arrive par accident ou par pur hasard ? En effet, rien n'est à ce point contraire à la régularité rationnelle que le hasard, au point que même un dieu ne possède pas à mes yeux le privilège de savoir ce qui se produira par hasard ou par accident. Car s'il le sait, l'événement arrivera certainement ; mais s'il se produit certainement, il n'y a plus de hasard ; or le hasard existe : par conséquent il n'y a pas de prévision d'événements fortuits.

Cicéron, De la divination, Ier siècle avant J.-C.

La connaissance de la doctrine de l'auteur n'est pas requise. Il faut et il suffit que l'explication rende compte, par la compréhension précise du texte, du problème dont il est question [*avertissement figurant sur la feuille d'examen*].

Introduction

Dans ce texte, Cicéron distingue deux ordres de réalités dans la nature : celles qui sont soumises à des lois nécessaires et qui, de ce fait, peuvent être l'objet de prévisions ; et celles qui ne sont dues qu'au hasard, et qui de ce fait sont imprévisibles.

Plus de deux mille ans nous séparent de ce texte. La question sera aussi de savoir dans quelle mesure les extraordinaires progrès que la science a connus depuis l'Antiquité ont confirmé ou, à l'inverse, infirmé, les analyses de Cicéron.

Conseil

N'hésitez pas à aller rapidement au cœur du sujet, sans détour.

Première partie : Les événements qui arrivent nécessairement sont prévisibles

À la différence d'un « événement dépourvu de toute cause ou de tout indice », qui correspond, selon la définition de Cicéron, au hasard, un phénomène naturel comme une éclipse arrive nécessairement, car ses causes et ses effets sont bien répertoriés. La régularité des mécanismes naturels, exprimée sous la forme symbolique des lois scientifiques, légitimera ce que l'on appellera plus tard le principe du déterminisme.

Attention

Un certain nombre de candidats ont commis d'emblée un contresens en interprétant la première phrase du texte comme ce qui était illustré par l'exemple de l'éclipse, alors qu'au contraire cet événement a des causes et des indices.

Par ailleurs, dans ce texte, la « loi naturelle » a le sens d'ordre objectif et régulier de la nature, et non pas celui d'expression symbolique, élément du langage scientifique (comme le sont en astronomie les lois de Kepler).

Deuxième partie : Les événements aléatoires sont imprévisibles

Dans son traité consacré à la divination, d'où ce texte a été tiré, Cicéron veut montrer qu'à la différence des astronomes, capables de faire des prévisions fiables, les devins – qui examinent les entrailles des poulets ou le vol des corbeaux pour dire ce qui arrivera – ne disposent d'aucune cause et d'aucun indice objectif pour énoncer leurs prédictions. C'est toute la différence entre la prévision rationnelle et la prédiction qui ne l'est pas (une différence qui n'est plus marquée en français puisque, sous l'impact de l'anglais, on parle désormais de prédiction scientifique).

Conseil

L'usage d'indiquer sur la feuille d'examen le titre de l'ouvrage dont l'extrait a été tiré peut servir aux candidats, qui ne le connaissent très probablement pas, à faire quelques déductions.

Cicéron définit le hasard par la contingence, c'est-à-dire par l'absence de nécessité. S'il arrivait qu'un dieu connût à l'avance un événement qui serait à nos yeux aléatoire, alors cela signifierait que cet événement n'est pas un hasard, mais une nécessité. Raisonnement remarquable : au début du XIXe siècle, le mathématicien et astronome Pierre-Simon de Laplace rédigera un *Essai philosophique sur les probabilités* dans lequel il exposera une fiction, désormais connue sous le nom de « démon de Laplace », pour exposer le principe d'un déterminisme absolu. Si une intelligence supérieure (un « démon ») connaissait la totalité des causes et de l'état de l'univers à l'instant présent, alors, dit Laplace, il pourrait prévoir, grâce aux mathématiques, l'état de l'univers à n'importe quel moment futur.

Troisième partie : Le hasard existe, mais il n'est pas imprévisible

Conseil

Cette troisième partie n'est pas indispensable dès lors que la totalité du texte a été analysée. Mais si le candidat a suffisamment de connaissances pour une partie critique, alors il peut ajouter une partie.

Contrairement à ce que pensait Laplace, la nature physique n'est pas gouvernée par un déterminisme absolu. Il existe, aussi bien au niveau macroscopique (voir la théorie du chaos), qu'au niveau microscopique (voir la mécanique quantique), une multitude de hasards objectifs.

Par ailleurs, le hasard n'est pas, comme le définissait Cicéron « un événement dépourvu de toute cause et de tout indice » mais, bien à l'inverse, un événement qui a tellement de causes enchevêtrées que celles-ci ne sont pas déterminables à l'avance.

Enfin, avec la découverte du calcul des probabilités, à partir du XVIIe siècle, le hasard sera intégré dans la connaissance scientifique. Cela dit, on ne peut raisonnablement pas reprocher à Cicéron de n'avoir prévu ni la mécanique quantique, ni le calcul des probabilités !

Conclusion

L'opposition faite par Cicéron dans ce texte entre le discours rationnel de l'astronome et le discours irrationnel du devin garde aujourd'hui toute sa pertinence. On note que plus les événements auxquels sont confrontés les individus sont incertains ou menaçants, et plus ceux-ci sont tentés de recourir à la superstition.

Séries technologiques

1er sujet : La culture fait-elle l'homme ?

Attention

Le sujet ne peut être véritablement traité que par les candidats qui savent que la culture se définit par opposition à la nature.

Introduction

La culture est l'ensemble des productions humaines, matérielles comme les objets techniques et les œuvres d'art, ou immatérielles comme les idées, les croyances, les valeurs. Résultat du travail humain, la culture, qui est de l'ordre de l'acquis, s'oppose à la nature, qui est de l'ordre de l'inné.

Par ailleurs, la culture est ce qui spécifie, par rapport aux autres, une société ou une population. Ainsi parlons-nous de la culture indienne ou chinoise, de la culture française, etc.

L'homme n'échappe pas à ce travail de transformation. Source de la culture, par opposition aux animaux, il en est également le résultat.

Première partie : La culture fait l'homme

Nous constatons une extraordinaire diversité des sociétés humaines et des individus au sein de celles-ci. Si la culture ne faisait pas l'homme, c'est-à-dire si l'homme n'était qu'un animal génétiquement programmé, il devrait être toujours et partout le même. La diversité et le changement historique montrent que la culture fait l'homme en même temps que celui-ci la fait. « L'homme fait l'histoire qui le fait », disait Marx.

Nulle part nous ne voyons l'homme vivre intégralement nu, se nourrir d'aliments crus, dormir par terre, se contenter des fruits de la nature que le hasard lui présente, chasser les animaux sans armes. Tout ce qui caractérise l'être humain (vêtements, ornements, cuisine, habitation, outillage technique) constitue l'ensemble que nous appelons « culture ».

Seconde partie : La part de la nature dans la constitution de l'homme

À savoir

Une dissertation de philosophie comprend au moins deux parties.

Les sept milliards d'hommes qui peuplent la terre aujourd'hui appartiennent tous à l'espèce Homo sapiens, qui fait partie de la famille des Primates. Ni l'apparition de cette espèce, il y a quelque 160 000 ans, ni son évolution jusqu'à l'homme moderne ne sont le produit de la culture humaine. Les volontés et les désirs de l'homme n'y comptent pour rien.

Par ailleurs, si l'homme peut modifier son apparence, ce n'est pas lui qui a inventé sa physiologie et sa morphologie. Il n'a pas non plus imaginé les besoins de la faim, de la soif et du sommeil, ni la division sexuelle qui est source de désir. Il n'a pas non plus inventé la mort. Il n'a pas eu le choix entre vivre seul et vivre en société.

Conclusion

Certes, l'homme est un être de culture capable de se transformer lui-même et de transformer son milieu d'existence. Mais, comme disait Sartre, s'il n'y a pas une *nature humaine* qui serait permanente en tout temps et en tout lieu, il existe une *condition humaine*, qui représente la base à partir de laquelle le travail de la culture peut s'élaborer.

2e sujet : Peut-on être heureux sans être libre ?

Attention

Le sujet porte sur la relation, nécessaire ou pas (ce sera à vous de l'examiner) entre deux concepts, celui de bonheur et celui de liberté. Il ne faut donc pas, comme certains candidats l'ont fait, traiter du bonheur ou de la liberté indépendamment l'un de l'autre.

Introduction

Le bonheur est un état de contentement durable. La liberté est la faculté de pouvoir agir, penser et vivre selon sa volonté propre. La liberté est-elle indispensable pour être heureux ? Un individu qui n'est pas libre, qu'il soit esclave ou prisonnier, handicapé ou vivant dans un régime totalitaire, est-il forcément malheureux ?

Conseil

En introduction, il faut définir les termes de la question et formuler celle-ci autrement.

Première partie : Le bonheur sans liberté est possible

Si l'on considère, comme le faisaient les épicuriens et les stoïciens dans l'Antiquité, que nos représentations dépendent de nous et que tout ce qui arrive de l'extérieur peut être traité par nous avec indifférence, alors, même dans les pires conditions, un individu peut être heureux grâce à la seule force de sa pensée.

Si le bonheur est complètement subjectif, s'il dépend du caractère personnel et de lui seul, alors on peut imaginer qu'un esclave ou un prisonnier peut être heureux. Dans *Le Mythe de Sisyphe*, Albert Camus disait : « On peut imaginer Sisyphe heureux ».

Conseil

Rappelons que les citations et les références ne sont pas obligatoires, mais que lorsque le correcteur en rencontre dans une copie, il sent en lui monter une bienveillance extrême pour leur auteur.

Seconde partie : La liberté est une condition du bonheur

Dès lors que nous définissons la liberté non pas comme la simple possibilité abstraite mais comme la capacité concrète, c'est-à-dire comme la *puissance d'agir* (telle était la conception de Spinoza), alors il paraît très difficile d'envisager le bonheur dans la servitude, puisque celle-ci représente une impuissance objective. Un pauvre est moins libre que celui qui a de l'argent. Contrairement à une idée reçue, qui s'appuie sur des exceptions, les pauvres sont généralement moins heureux que les riches : les statistiques internationales montrent que c'est dans les pays économiquement les plus développés que les hommes se sentent le plus heureux.

Conclusion

Certes, il n'est pas impossible de se sentir heureux, même dans des conditions de dépendance ou de soumission. Mais cela ne peut concerner que des individualités d'exception (comme les sages de l'Antiquité). Pour la grande majorité des êtres humains, la liberté est une condition indispensable du bonheur.

Conseil

En conclusion, n'hésitez pas à répondre clairement la question. Évitez les grandes envolées à l'infini des temps.

3e sujet : Explication de texte

La règle par où nous nous conduisons communément en nos raisonnements, est que les objets dont nous n'avons pas l'expérience ressemblent à ceux dont nous l'avons ; que ce que nous avons vu être le plus ordinaire est toujours le plus probable ; et que, lorsqu'il y a opposition des arguments, nous devons donner la préférence à ceux qui se fondent sur le plus grand nombre d'observations passées. Mais quoique, en procédant selon cette règle, nous rejetions promptement tout fait insolite ou incroyable à un degré ordinaire, pourtant, en avançant davantage, l'esprit n'observe pas toujours la même règle : lorsque quelque chose est affirmé de suprêmement absurde et miraculeux, il admet d'autant plus promptement un tel fait, en raison de la circonstance même qui devrait en détruire l'autorité. La passion de surprise et d'émerveillement qui produit des miracles, étant une agréable émotion, produit une tendance sensible à croire aux événements d'où elle dérive.

Hume, *Enquête sur l'entendement humain*, 1748.

Pour expliquer ce texte, vous répondrez aux questions suivantes, qui sont destinées principalement à guider votre rédaction. Elles ne sont pas indépendantes les unes des autres et demandent que le texte soit d'abord étudié dans son ensemble [*avertissement figurant sur la feuille d'examen*].

Attention

Pauvres candidats technologiques ! Ce texte est sans doute le plus difficile des quatre séries. Certains mots (il y a beaucoup à parier que nombre de candidats ignorent le sens de « promptement » ou de « passion »), certaines tournures de phrases (les premières lignes sont propres à décourager toute bonne volonté), le raisonnement tortueux de Hume, tout rend la lecture de ce texte particulièrement ingrate.

1. Donner la thèse du texte et les étapes de son argumentation.

Hume qui, en tant que philosophe empiriste, considère que toutes nos idées viennent d'impressions sensibles, met en évidence un paradoxe du fonctionnement de l'esprit humain. Alors qu'il ne devrait accorder sa confiance qu'aux choses qu'il a lui-même observées, et à celles qui ont la plus grande probabilité d'exister, l'esprit est porté à croire à des miracles et à des absurdités, parce qu'il éprouve un réel plaisir à être surpris ou émerveillé. Du coup, cette agréable émotion subjective est prise, à tort, comme le signe de vérité de l'événement auquel on croit.

Le cheminement du texte est particulièrement complexe. Il peut se décomposer en cinq temps. 1. Les choses les plus banales sont les plus probables. 2. Le grand nombre d'observations passées rend la chose plausible (ainsi le fait qu'il y avait plus de gens à avoir vu un rhinocéros que de gens à avoir vu une licorne pouvait donner à penser que l'existence du rhinocéros était plus probable). 3. Normalement, nous devrions rejeter comme très improbables les choses extraordinaires (comme le fait de marcher sur l'eau). 4. Or nous constatons que nous admettons parfois comme réelles des choses extravagantes (le yeti, le monstre du Loch Ness, le triangle des Bermudes...). 5. Cette absence anormale d'esprit critique vient du plaisir que nous éprouvons à croire à de telles fantaisies.

2.a. Expliquer : « nous devons donner la préférence à ceux qui se fondent sur le plus grand nombre d'observations passées ».

En cas de conflit entre interprétations contraires (« opposition des arguments »), nous devons plutôt admettre celle qui repose sur le plus de faits dûment constatés. Par exemple, les arguments des négationnistes qui nient l'existence des génocides arménien et juif sont ridiculement faibles par rapport à l'abondance des traces matérielles et des témoignages. Et irrationnelle sera l'attitude de celui qui préférera l'*a priori* des négationnistes plutôt que les faits historiques.

b. Expliquer : « il admet d'autant plus promptement un tel fait, en raison de la circonstance même qui devrait en détruire l'autorité ».

Hume fait allusion aux religions et aux miracles. Nous pourrions aujourd'hui ajouter l'exemple de toutes les rumeurs qui circulent sur Internet, et des théories complotistes qu'il favorise. Pourquoi l'être humain croit-il à ces extravagances ? Précisément parce qu'elles échappent à la raison et aux autorités scientifiques. Hitler disait : la meilleure preuve de l'authenticité des *Protocoles des sages de Sion* (un faux antisémite concocté en Russie par la police du tsar), c'est que les juifs la contestent !

Conseil

Sortez des généralités ! Fuyez les abstractions ! N'oubliez pas que les idées et les raisonnements philosophiques n'ont de valeur qu'appuyés sur des faits objectifs. Pensez donc à donner des exemples pour illustrer votre analyse et celle de l'auteur du texte.

3. La force d'une croyance se fonde-t-elle nécessairement sur l'expérience ?

Attention

La troisième question est un sujet de dissertation : il faut donc examiner les différentes réponses et argumentations possibles.

Une croyance peut être faible (croire à ou croire que) ou forte (croire en). L'expérience peut être subjective ou objective. La question posée met en jeu l'expérience subjective, c'est-à-dire les observations et le vécu personnels, plutôt que l'expérience objective, scientifique.

Logiquement, plus nombreux et réguliers sont les vécus et les observations, et plus la croyance dans les choses concernées devrait être intense. Ainsi fonctionne le bon sens populaire, avec sa psychologie de base, son savoir élémentaire des mécanismes physiques.

Or, nous observons, comme l'a fait Hume dans l'extrait ci-dessus, que nous croyons à une multitude de choses dont nous n'avons fait et dont nous ne ferons jamais l'expérience, dont nous n'avons pas été les témoins, et que ces croyances peuvent avoir la force de *convictions*. Bien davantage, moins nous sommes objectivement *certains*, et plus nous sommes portés à être convaincus. Comme si la force de notre adhésion compensait la faiblesse de ses motifs. La diffusion des rumeurs est une évidente illustration de ce mécanisme psychologique : beaucoup de gens y croient d'autant plus qu'on leur dit que ce sont des rumeurs auxquelles il ne faut pas croire.

Chapitre 35

Entraînez-vous sur les sujets de 2014 !

DANS CE CHAPITRE :

- **Les trois sujets corrigés du bac 2014 de chaque série**
- **Pas à pas, les erreurs à éviter et les bonnes choses à dire ou à faire (en italique)**

Série L

1er sujet : Les œuvres d'art éduquent-elles notre perception ?

Attention

Le sujet met en relation trois concepts : l'art, la perception et la culture (éduquer). Il ne porte donc pas sur l'art en lui-même. Attention au hors-sujet !

Introduction

Les œuvres d'art sont le produit d'un travail spécifique qui, à la différence de l'élaboration des objets techniques, leur donne une fonction exclusivement esthétique, de beauté ou d'originalité. La perception désigne l'ensemble des rapports sensibles conscients que nous pouvons avoir avec la réalité.

La question qui nous est posée consiste à savoir si notre perception est transformée par l'art.

Conseil

Rappelons qu'un plan en deux parties doit commencer par l'exposé de la thèse contraire à la sienne propre.

Première partie : Notre perception ne dépend pas de l'art

D'abord, notre système de perception, ancré dans notre corps, est très largement déterminé par des données naturelles, innées. Un bébé qui n'a encore eu aucun contact avec les œuvres d'art a déjà des perceptions auditives, visuelles, tactiles, gustatives et olfactives.

Par ailleurs, il faut bien que l'art s'adresse à des sens déjà constitués pour exister : sans oreilles, pas de musique ; sans yeux, pas de peinture.

Deuxième partie : Notre perception est éduquée par l'art

Si l'art prend appui sur un appareil de perceptions déjà formé, il n'en reste pas moins vrai qu'il transforme celui-ci. Ainsi le cinéma nous fait-il voir des phénomènes ou des événements dont nous n'aurions jamais eu l'expérience dans la réalité sensible. La musique nous fait entendre des sons proprement *inouïs*.

L'art nous ouvre tout un monde de perceptions, il enrichit le nôtre.

Conclusion

L'art enrichit donc notre perception, et l'on pourrait même comprendre ce dernier mot au sens de conception (comme lorsque nous disons perception de la réalité).

Il convient de préciser, toutefois, que l'art ne s'adresse qu'à deux sens seulement : celui de la vue et celui de l'ouïe. Ce n'est donc pas toute notre perception qui est éduquée par l'art.

2e sujet : Doit-on tout faire pour être heureux ?

Attention

La réponse à la question est tellement évidente (bien sûr qu'on ne va pas participer à un génocide pour être heureux !) que la difficulté du sujet tient tout entière à son travail d'argumentation à partir d'une idée centrale : la contestation du bonheur comme valeur absolue d'existence.

Introduction

« Le bonheur est une idée neuve en Europe », disait Saint-Just pendant la Révolution française. Il voulait dire par là qu'à la différence de la conception aristocratique de l'Antiquité, pour qui seule une élite de sages pouvait accéder au bonheur, désormais celui-ci est une valeur commune que la République a le devoir de favoriser. Quelques années auparavant, la Déclaration d'indépendance américaine avait fait du bonheur un droit naturel de l'homme.

La question posée revient à savoir si le bonheur peut être considéré comme l'idéal suprême de l'existence auquel tout doit être soumis, voire sacrifié.

Première partie : Le bonheur comme idéal suprême

Déjà Aristote disait que tous les hommes cherchent à être heureux. Dans le monde pratique et matérialiste d'aujourd'hui, le bonheur s'est imposé comme la valeur dominante. Il est le signe d'une vie accomplie.

On peut considérer en effet que ni l'argent, ni la vie de famille, ni les amitiés, ni les amours ne sont des fins en soi, mais qu'ils valent pour nous dans la mesure où ils nous rendent heureux.

Deuxième partie : La recherche du bonheur ne peut tout justifier

L'exaltation du bonheur, qui est chose nouvelle dans l'Histoire (toutes les sociétés traditionnelles ont soumis l'individu au groupe et ont valorisé le comportement de sacrifice, opposé à l'idéal de bonheur), est caractéristique de la montée de l'individualisme, repérable un peu partout dans le monde. Mais l'individualisme est ambivalent : il signifie la liberté personnelle, mais aussi l'égoïsme, l'égocentrisme et le narcissisme.

Or l'être humain ne vit pas seulement par et pour lui-même. Et même s'il tend à l'oublier, il dépend, constamment et pour toutes les dimensions de sa propre existence, d'autrui.

Conclusion

La recherche du bonheur ne saurait rien justifier. On pourrait transposer la parole célèbre de madame Roland qui, pendant la Révolution française, juste avant de monter sur l'échafaud, s'est écriée : « Liberté ! Que de crimes on commet en ton nom ! » – Bonheur ! Que de crimes on commet en ton nom !

3e sujet : Explication de texte

J'ai traité le déterminisme physique de cauchemar. C'est un cauchemar parce qu'il affirme que le monde entier, avec tout ce qu'il contient, est un gigantesque automate, et que nous ne sommes rien d'autre que des petits rouages, ou des sous-automates dans le meilleur des cas.

Il détruit ainsi, en particulier, l'idée de créativité. Il réduit à l'état de complète illusion l'idée que, dans la préparation de cette conférence, je me suis servi de mon cerveau pour créer quelque chose de nouveau. Ce qui s'est passé là, selon le déterminisme physique, c'est que certaines parties de mon corps ont tracé des marques noires sur un papier blanc, et rien de plus : tout physicien disposant d'une information suffisamment détaillée pourrait avoir écrit ma conférence grâce à cette méthode très simple : prédire les endroits précis où le système physique composé de mon corps (y compris mon cerveau, bien sûr, et mes doigts) et de mon stylo tracerait des marques noires.

Ou, pour utiliser un exemple plus frappant : si le déterminisme physique est correct, alors un physicien complètement sourd, qui n'aurait jamais entendu de musique de sa vie, pourrait écrire toutes les symphonies et tous les concertos de Mozart ou de Beethoven, au moyen d'une méthode simple, qui consisterait à étudier les états physiques précis de leur corps et à prédire où ils traceraient des marques noires sur leur portée. Et notre physicien sourd pourrait même faire bien mieux : en étudiant les corps de Mozart et de Beethoven avec assez de soin, il pourrait écrire des partitions qui n'ont jamais été réellement écrites par Mozart ou Beethoven, mais qu'ils auraient écrites si certaines circonstances de leur vie avaient été différentes – s'ils avaient mangé, disons, de l'agneau au lieu de poulet et bu du thé au lieu de café.

Popper, *La Connaissance objective*, 1972.

La connaissance de la doctrine de l'auteur n'est pas requise. Il faut et il suffit que l'explication rende compte, par la compréhension précise du texte, du problème dont il est question [*avertissement figurant sur la feuille d'examen*].

Attention

La compréhension de ce texte est tout entière liée à la maîtrise d'un seul concept : celui de déterminisme. En l'absence d'une claire idée de ce que peut être le déterminisme, il est impossible pour un candidat de faire une explication correcte de ce texte. Le concept de déterminisme fait partie du programme. Il est illusoire de croire que l'on peut se contenter ici d'une vague intuition.

Introduction

Dans ce texte, qui est celui d'une conférence, Karl Popper s'oppose radicalement à l'idée de « déterminisme physique », qu'il va jusqu'à traiter de « cauchemar ». Il le fait au nom de l'idée de « créativité », qui empêche le monde de n'être qu'une machine, et les êtres humains de n'être que des petites machines (des « sous- automates »).

Dans le dernier paragraphe de ce texte, Popper déduit, à partir d'un exemple emprunté à la création musicale, les conséquences proprement intenables qu'implique le point de vue du déterminisme physique.

Conseil

N'hésitez pas à entrer directement dans le vif du sujet. Trop de candidats tournent autour du pot dans l'introduction.

Première partie : Le déterminisme physique est un cauchemar

Le savant Pierre-Simon de Laplace, qui a donné sa formulation classique au « principe du déterminisme », disait que si une intelligence supérieure connaissait l'état total de l'univers à un instant donné, depuis les particules les plus infimes jusqu'aux plus lointaines galaxies, il pourrait, grâce au calcul mathématique, en déduire l'état de l'univers à n'importe quel moment du futur.

Conseil

Expliquer un texte, c'est, entre autres, mettre en rapport certains éléments de ce texte avec des références tirées de l'histoire de la pensée philosophique. Ces références ne sont jamais obligatoires, mais elles seront toujours particulièrement bien accueillies.

Le déterminisme est le point de vue selon lequel la réalité obéit à la rigoureuse loi de causalité : tout phénomène a une cause, les mêmes causes produisent les mêmes effets, la connaissance des lois physiques permet la prévision des événements futurs. Il n'y a ni hasard ni contingence, et ce que l'on appelle de ces mots n'est que le fait de l'imperfection de nos connaissances, de notre esprit ou de nos instruments de mesure.

Le déterminisme physique est la théorie selon laquelle toute réalité obéit à des lois physiques, que la science finira par connaître. Si le déterminisme ne connaît aucune exception, alors il ne reste aucune place pour la liberté. C'est la raison pour laquelle Popper parle de « cauchemar » : dans un cauchemar, en effet, nous sommes pieds et poings liés, nous assistons en spectateurs impuissants à la montée d'un désastre, nous ne disposons d'aucune marge de manœuvre.

Selon le déterminisme physique, le monde entier est une machine (« un gigantesque automate »), et chaque individu n'est plus qu'une petite machine (un « sous-automate »). Une machine, en effet, ne dispose d'aucune marge de liberté ; purement matérielle (elle est sans esprit), elle n'obéit qu'à des lois mécaniques.

Conseil

Toujours repérer les mots qui font sens. Dans ce premier paragraphe, les termes « cauchemar » et « automate » doivent être expliqués. N'oubliez pas que la lecture et la compréhension d'un texte sont d'abord une question d'attention.

Deuxième partie : Le déterminisme physique détruit l'idée de créativité

Dès lors que la créativité est la force grâce à laquelle quelque chose de radicalement nouveau fait irruption dans la réalité, on comprend que Popper puisse dire que le déterminisme physique détruit l'idée de créativité. Si, en effet, les lois physiques permettent de prévoir des événements comme une éclipse du soleil ou la date des prochaines grandes marées en tel lieu de la côte, c'est parce que ces phénomènes sont liés à tout un ensemble de constantes. Plus un événement se répète, plus il est prévisible, et moins il laisse de place à la liberté. C'est la raison pour laquelle la révolution d'une société n'est pas prévisible, alors que la révolution d'une planète l'est.

Conseil

Expliquer un texte, c'est, entre autres, mettre en rapport certains éléments de ce texte avec d'autres éléments qui n'y figurent pas. Penser, c'est toujours comparer, mettre en relation.

Du point de vue du déterminisme physique, le futur est totalement déductible du passé et du présent, l'effet est entièrement contenu, ne serait-ce qu'à l'état potentiel, dans sa cause. La création, c'est-à-dire l'apparition d'une nouveauté imprévisible, ne serait alors qu'une illusion.

Le déterminisme physique est, en toute logique, matérialiste. Il ne peut y avoir, selon lui, de causalité psychique qui serait intraduisible en termes physiques. L'esprit n'est qu'une manière de parler du cerveau.

Popper prend un exemple tiré de son expérience présente : d'après le déterminisme physique, la conférence qu'il est en train de faire sur le déterminisme ne serait que l'expression mécanique de différentes parties de son corps (son cerveau, sa main). Dès lors le recours à d'autres causes comme « la volonté » ou « le psychisme » est illusoire et inutile. Dans la controverse que les philosophes américains appellent *Mind-Body Problem* et qui réactualise, à la lumière des récentes découvertes en neurophysiologie, la question des rapports entre l'âme et le corps (dont les philosophes de l'âge classique tels que Descartes, Malebranche, Spinoza et Leibniz débattaient), on appelle « matérialisme éliminativiste » la théorie selon laquelle il n'existe pas d'autre réalité que physique, les mots comme « idée », « pensée », « esprit » devant être écartés comme vides de sens et superflus.

Conseil

Rappelons que les références contemporaines en matière de philosophie et de recherche scientifique sont toujours saluées, mais qu'elles ne sont évidemment pas exigées. Le correcteur sera fou de joie s'il les trouve, mais pas désespéré s'il ne les trouve pas.

Troisième partie : La théorie du déterminisme physique aboutit à des conséquences inacceptables

Einstein a repris à Ernst Mach (le physicien qui a donné son nom à l'unité de vitesse pour les avions) l'idée d'expérience de pensée pour désigner une « expérience » qui ne peut pas être faite dans la réalité mais que l'on peut imaginer pour tester un scénario.

Dans le troisième paragraphe de cet extrait, Popper conçoit l'expérience de pensée suivante. Imaginons un physicien complètement sourd. Si la théorie du déterminisme physique est vraie, alors, d'après la seule connaissance du corps d'un musicien, il pourrait par déduction écrire lui-même toutes ses compositions. Et même davantage. En effet, si les œuvres d'un musicien sont totalement dérivées de son état physique, cela voudrait dire que le moindre changement de celui-ci à un moment donné (comme le remplacement d'une nourriture ou d'une boisson par une autre) déboucherait sur une autre composition, si bien que notre physicien sourd pourrait écrire des œuvres que Mozart ou Beethoven n'ont jamais composées, mais qu'ils auraient pu composer.

Conseil

N'oubliez pas que l'explication d'un texte consiste à dégager le sens de celui-ci, sans le quitter, mais sans le paraphraser non plus.

Selon Popper, le réductionnisme (le déterminisme qui réduit toute la réalité à la seule réalité physique en est un) aboutit à rendre incompréhensible l'émergence de la nouveauté, en quoi consiste justement la créativité (celle de l'art ou de tout autre domaine). C'est donc la thèse de l'émergentisme, selon laquelle les phénomènes ne peuvent pas être entièrement décrits comme découlant de leurs conditions physiques initiales, que défend ici le philosophe.

Conclusion

La controverse dans laquelle prend part Popper dans ce texte (déterminisme contre créativité) a pris une forme nouvelle avec les développements de l'informatique. Selon les cognitivistes, le cerveau fonctionne comme une machine et, inversement, un ordinateur peut être conçu comme un cerveau mécanique. À l'opposé, il y a ceux qui se refusent à réduire la pensée à du calcul. Nul doute que Popper, s'il vivait encore, serait de leur côté.

Attention

L'intérêt d'un texte philosophique n'est pas nécessairement lié à son caractère actuel. Au contraire, un texte peut être d'autant plus intéressant qu'il est inactuel, car il nous fait comprendre par contraste une part de notre réalité présente. Dans le cas présent, le texte de Popper est d'une toute chaude actualité.

Série ES

1er sujet : Suffit-il d'avoir le choix pour être libre ?

Conseil

Lorsqu'une question commence par « suffit-il ? », vous pouvez être sûr que la réponse sera « non ». Une grande partie du travail consistera par conséquent à trouver des arguments pour une réponse affirmative.

Introduction

On nous invite à réfléchir sur le lien qu'il peut y avoir entre la liberté et le choix. La liberté est une puissance d'agir, qui vient de soi-même, en toute conscience, et qui est capable de surmonter les déterminismes qui peuvent peser sur nous : déterminismes physiques, psychologiques et sociaux. Il y a un choix lorsque nous avons la possibilité de préférer une option à une autre. L'alternative (ou bien... ou bien) est la forme la plus simple de choix.

Attention

N'oubliez jamais de définir en introduction les termes de la question, même s'ils sont évidents, surtout s'ils sont évidents.

Première partie : L'existence d'un choix est la condition de la liberté

Le choix implique la possibilité du *ou* (oui ou non, ceci ou cela…). Sans cette possibilité, nous sommes en présence d'une *nécessité*. Par exemple, nous n'avons pas le choix entre respirer et ne pas respirer, rêver ou ne pas rêver, parler ou ne pas parler notre langue maternelle. Lorsque Ford disait, dans les années 1920, que ses clients avaient le choix de la couleur de la voiture qu'ils achetaient, pourvu qu'elle fût noire, c'était un bon mot. Là où il y a nécessité, en effet, il n'y a pas de choix, et lorsqu'il n'y a pas de choix, il n'y a pas de liberté.

Seconde partie : L'existence d'un choix n'est pas une condition suffisante de liberté

En premier lieu, il faut considérer qu'il y a des choix imposés. Tel est le cas des sondages d'opinion, qui posent aux personnes interrogées des questions auxquelles elles n'auraient d'elles-mêmes jamais pensé. Nous ne dirons pas alors qu'elles expriment librement leurs idées.

Par ailleurs, il existe dans la vie courante des multitudes de choix qui engagent bien autre chose que notre liberté : nos désirs et nos caprices, nos goûts et nos impulsions. Ce n'est pas être libre que d'avoir à choisir entre le fromage et le dessert, entre deux couleurs de chaussures ou entre deux programmes de télévision, car ce ne sont pas là des choix existentiels. Il n'y a de liberté, véritablement, qu'en présence de choix existentiels, qui engagent une partie importante de notre vie.

Conclusion

Dans notre société consumériste, les notions de choix et de liberté ont été galvaudées. Ainsi les images publicitaires tendent-elles à nous faire croire que le fin du fin en matière de liberté consiste à choisir entre deux marques ou deux produits. Or l'être humain, précisément, n'est jamais aussi libre que lorsqu'il dit « non » à tout ce qui peut faire de lui un esclave ou un serviteur.

2e sujet : Pourquoi chercher à se connaître soi-même ?

Attention

Nous avons là un exemple de sujet remarquable, susceptible de donner lieu à des analyses profondes, mais gare à la noyade ! Un hors-sujet est si vite arrivé ! Il ne s'agit pas ici de parler de la connaissance de soi en général, mais de savoir pourquoi cette connaissance de soi devrait être une quête utile, voire nécessaire.

Introduction

« Connais-toi toi-même » était une inscription du fronton du temple d'Apollon à Delphes, que Socrate avait prise pour devise. Depuis l'Antiquité, cette phrase est devenue le symbole de la philosophie définie comme sagesse.

La question nous invite à nous interroger sur cette évidence. « Pourquoi chercher ? » signifie à la fois : quelles sont les causes de cette recherche, et quelles en sont les finalités. Pour quelles raisons cherche-t-on à se connaître soi-même, et au nom de quoi le fait-on ?

Conseil

N'oubliez pas qu'il faut toujours définir le sens de la question posée, en la posant autrement.

Première partie : Les raisons de la recherche de la connaissance de soi

L'être humain est un être conscient qui, à la différence des animaux, cherche à savoir quel est le sens de son existence, sa place dans le monde et au milieu des autres. Par ailleurs, le « soi » n'est jamais définitivement fixé (ce que tend à nous faire oublier la trompeuse idée d'identité). Se connaître soi-même est un moyen de maîtriser le temps qui passe, la vie qui fuit.

Seconde partie : Les finalités de la recherche de la connaissance de soi

Se connaître soi-même est utile aux projets et à l'action, car cela signifie connaître ses possibilités propres, ses capacités ou incapacités, anticiper ses réactions en cas de conflit ou d'échec. La connaissance de soi confère un avantage certain en société.

La connaissance de soi est également utile, voire nécessaire, pour la connaissance d'autrui. Les deux, en effet, vont de pair : ceux qui ne se connaissent pas eux-mêmes ne connaissent pas les autres.

Troisième partie : La vanité de la recherche de la connaissance de soi

Conseil

En philosophie, il convient de toujours mener à son terme le travail critique. Et donc d'interroger les présupposés de la question.

Il existe deux façons radicales de contester le bien-fondé de la recherche de la connaissance de soi : considérer qu'une telle entreprise est vaine et inutile, parce que l'être humain a autre chose à faire dans la vie que de regarder son nombril ; considérer qu'une telle entreprise est vouée à l'échec, car on ne parviendra jamais à se connaître soi-même (notre mémoire est partielle et une partie de notre psychisme est inconsciente).

Conclusion

Dans un contexte culturel et social individualiste comme le nôtre, nous interprétons spontanément la devise de Socrate comme l'expression d'une recherche personnelle, alors que le sens de cette phrase était autre. L'inscription sur le temple de Delphes sonnait comme un avertissement : Homme, sache que tu n'es pas un dieu mais un simple mortel. C'était une invitation à garder la mesure humaine.

Ce sont les sociétés modernes qui ont exalté l'individu et en ont fait le centre de la réalité humaine. Jadis, ce centre était occupé par le groupe, et l'individu était à son service exclusif. Il n'était pas alors question de « se connaître soi-même », comme personne singulière. La recherche de la connaissance de soi n'est pas, comme on pourrait le croire, une tendance naturelle chez l'être humain, mais une construction socioculturelle.

3e sujet : Explication de texte

La différence décisive entre les outils et les machines trouve peut-être sa meilleure illustration dans la discussion apparemment sans fin sur le point de savoir si l'homme doit "s'adapter" à la machine ou la machine s'adapter à la "nature" de l'homme. [...]. Pareille discussion ne peut être que stérile : si la condition humaine consiste en ce que l'homme est un être conditionné pour qui toute chose, donnée ou fabriquée, devient immédiatement condition de notre existence ultérieure, l'homme s'est "adapté" à un milieu de machines dès le moment où il les a inventées. Elles sont certainement devenues une condition de notre existence aussi inaliénable que les outils aux époques précédentes. L'intérêt de la discussion à notre point de vue tient plutôt au fait que cette question d'adaptation puisse même se poser. On ne s'était jamais demandé si l'homme était adapté ou avait besoin de s'adapter aux outils dont il se servait : autant vouloir l'adapter à ses mains. Le cas des machines est tout différent. Tandis que les outils d'artisanat, à toutes les phases du processus de l'œuvre, restent les serviteurs de la main, les machines exigent que le travailleur les serve et qu'il adapte le rythme naturel de son corps à leur mouvement mécanique. Cela ne veut pas dire que les hommes, en tant que tels, s'adaptent ou s'asservissent à leurs machines ; mais cela signifie bien que, pendant toute la durée du travail de la machine, le processus mécanique remplace le rythme du corps humain. L'outil le plus raffiné reste au service de la main qu'il ne peut ni guider ni remplacer. La machine la plus primitive guide le travail corporel et éventuellement le remplace tout à fait.

Hannah Arendt, *Condition de l'homme moderne*, 1958.

La connaissance de la doctrine de l'auteur n'est pas requise. Il faut et il suffit que l'explication rende compte, par la compréhension précise du texte, du problème dont il est question [*avertissement figurant sur la feuille d'examen*].

Attention

À l'exception de la deuxième phrase, le texte ne présente pas de difficultés particulières de compréhension, et il semble tourner autour d'une seule idée. Rappelons qu'il est demandé aux candidats une lecture attentive du texte et une analyse précise. La facilité apparente de cet extrait ne doit pas les conduire à rédiger une vague dissertation sur la technique.

Introduction

Dans ce texte consacré à la technique, que l'on peut définir comme l'ensemble des moyens du travail humain, Hannah Arendt s'interroge sur la différence entre l'outil et la machine.

Alors que l'outil est un objet actionné par le corps ou plutôt par une partie du corps qui lui fournit directement son énergie mécanique (tel est le cas de la scie, du marteau, de la bêche, etc.), la machine est un dispositif composé de parties accomplissant chacune leur fonction et capable d'utiliser une source d'énergie extérieure : la voiture, l'ordinateur, le robot sont des machines.

Conseil

Il faut toujours définir les termes, que ce soit en explication de texte ou en dissertation, il ne faut jamais penser qu'il y a des termes si évidents qu'ils n'ont pas besoin d'être définis.

Aux yeux de Hannah Arendt, c'est à partir d'un problème mal posé sur la relation entre l'homme et la machine que l'on peut le mieux apercevoir la « différence décisive » entre l'outil et la machine.

Première partie : Il existe une différence spécifique entre l'outil et la machine

Attention

Dans la quasi-totalité des cas, le plan d'une explication de texte doit suivre le texte lui-même. Or celui-ci est formé d'un seul paragraphe et expose une seule idée centrale. Dès lors, exceptionnellement, nous pourrons organiser notre explication autour de deux parties : la première expose et analyse la thèse de l'auteur, la seconde la met en discussion.

Avec la révolution industrielle, qu'un ensemble de progrès techniques a rendu possible, le travail humain a été profondément bouleversé. D'où l'interrogation à laquelle Hannah Arendt fait allusion au début de ce texte : l'homme reste-t-il le maître des machines qu'il a lui-même fabriquées ?

L'ensemble des outils et des machines, dans une société donnée et à une époque donnée constitue un *milieu technique* aussi important, voire davantage, que le milieu naturel dans lequel l'être humain est apparu à l'origine. Celui-ci est forcément conditionné par ce milieu. Significativement, c'est dans un milieu technique, celui de l'hôpital, que les enfants naissent aujourd'hui. Et, de la télévision à l'ordinateur en passant par le téléphone portable, c'est ce milieu qui les verra grandir.

Conseil

Il faut toujours s'efforcer d'illustrer les analyses abstraites (générales) de la philosophie par des exemples concrets tirés du monde empirique.

À la différence de l'outil, que l'ouvrier peut prendre et abandonner à son gré, la machine impose aux travailleurs tout un ensemble de choses, à commencer par sa puissance et sa précision, qui exigent d'eux une attention de tous les instants. Mais ce que la machine impose de plus contraignant, c'est son rythme. Le système fordiste, celui du travail à la chaîne dénoncé par Charlie Chaplin dans *Les Temps modernes*, l'illustre à l'évidence. Alors que le travail des champs dépendait des rythmes de la nature (l'alternance des jours et des nuits, celle des saisons), le travail des usines peut s'effectuer 24 heures sur 24 et 7 jours sur 7.

Mais la puissance de la machine n'exige pas seulement une adaptation de la part du travailleur. Dès lors qu'elle le remplace (c'est le dernier mot du texte), celui-ci tend à devenir superflu. Depuis quelques années, dans les pays économiquement développés, les innovations techniques détruisent davantage d'emplois qu'elles n'en créent.

Deuxième partie : La distinction entre outil et machine n'a plus rien d'absolu

Conseil

Ne jamais oublier que les transformations de notre monde peuvent, sinon invalider les idées d'un philosophe, du moins les relativiser.

Jusqu'à une date récente, la distinction entre l'outil et la machine était assez claire : alors que l'outil est manipulé, c'est-à-dire, selon l'étymologie du mot, actionné par la main, la machine est dirigée, c'est-à-dire mise en marche, surveillée, contrôlée, arrêtée.

Mais comment définir un téléphone portable ? Pris en main ou laissé, c'est un outil. Mais mis en marche ou arrêté, c'est une machine. D'autant qu'à la différence d'un outil, il fonctionne en réseau et qu'il échappe en grande partie à la maîtrise de son utilisateur. Non seulement il possède une grande puissance de conditionnement (beaucoup se sentent perdus ou nus sans lui), mais il laisse échapper à tout moment des informations involontaires.

Par ailleurs, on fera observer que l'outil a pratiquement déserté le monde du travail (seuls les artisans l'utilisent encore), et qu'il a été de plus en plus relégué dans l'espace domestique du bricolage.

Conclusion

On pourrait donc se demander si l'analyse effectuée par Hannah Arendt dans ce texte ne concerne pas prioritairement la technique dans les sociétés industrielles. Il est possible que dans les sociétés que l'on appelle post-industrielles, les machines soient aussi différentes de celles qui les ont précédées que celles-ci l'ont été des outils.

Série S

1er sujet : L'artiste est-il maître de son œuvre ?

Attention

Sujet venimeux ! Pratiquement intraitable par un élève normalement constitué. Heureusement qu'il y a le bonheur (voir le sujet suivant) !

Introduction

Être maître de son œuvre, pour un artiste, peut signifier deux choses différentes : être l'auteur responsable de l'œuvre, et garder le contrôle de celle-ci une fois qu'elle a été diffusée dans le public.

Conseil

Ne pas oublier d'expliquer la question posée, ne pas oublier non plus qu'une même question peut signifier deux choses différentes.

Première partie : L'artiste sait-il ce qu'il fait ?

Une œuvre d'art n'est pas le produit du hasard. Même lorsque l'artiste n'a pas en tête un plan détaillé de ce qu'il va faire, il suit un projet ou une idée qui vient de lui-même, et dont il est proprement *l'auteur*.

Mais la thématique de l'inspiration, introduite en philosophie par Platon dans son dialogue *Ion*, montre que l'on a pensé l'artiste comme soumis à des forces supérieures, inspiré. La figure mythologique de la Muse incarnait ces forces : l'artiste alors ne sait pas ce qu'il fait (et c'est pourquoi Platon voit en lui l'opposé du sage).

La figure romantique du *génie* a hérité de cette conception : l'artiste est une espèce d'homme supérieur guidé par des forces divines, une sorte de prophète.

Sans reprendre à notre compte cette mythologie, nous pouvons nous représenter l'artiste comme ignorant les raisons fondamentales de sa puissance créatrice, qui sont ses déterminations psychiques inconscientes ainsi que la place qu'il occupe dans une culture et une société données.

Deuxième partie : L'artiste a-t-il le contrôle de son œuvre ?

Depuis le XVIIIe siècle, sous l'influence de Beaumarchais, on a reconnu à l'artiste un droit matériel de propriété (le droit d'auteur) et un droit moral sur son œuvre.

Seulement, à partir du moment où l'œuvre est à la disposition du public, celui-ci va lui donner un mode d'existence sur lequel l'artiste n'a pratiquement aucun pouvoir. L'œuvre sera-t-elle un succès ou un échec ? L'artiste sera-t-il célèbre, méconnu, ou inconnu ? Tout cela ne dépend pas de lui.

Par ailleurs, le sens donné à une œuvre peut être très différent de celui que l'artiste avait conçu pour elle. Cela est encore plus vrai lorsqu'un long laps de temps s'écoule entre le moment de la création et celui de la réception. Ainsi donnons-nous aux œuvres classiques un sens que leurs auteurs ne pouvaient pas prévoir. Les mises en scène modernes des pièces de théâtre anciennes illustrent bien ce décalage.

Conclusion

Ainsi pouvons-nous conclure que la maîtrise qu'un auteur peut avoir sur son œuvre ne s'exerce que de façon marginale.

2e sujet : Vivons-nous pour être heureux ?

Conseil

Cette question est si proche du deuxième sujet de la série L (voir supra) que nous ne donnons ici qu'un plan rapide.

Introduction

La question est de savoir si le bonheur, que l'on peut définir comme un état de complet bien-être, est la finalité exclusive de notre existence, ou bien si l'on peut concevoir d'autres raisons de vivre.

Première partie : Le bonheur est le but de l'existence

Les sondages réalisés un peu partout dans le monde confirment l'idée d'Aristote : tous les hommes cherchent à être heureux.

L'amour, le travail, le loisir, l'amitié ne sont pas seulement des fins en soi, mais également des moyens au service de cette fin suprême qu'est le bonheur.

Seconde partie : Il existe d'autres idéaux que le bonheur

Un artiste vit-il pour être heureux ? Et un chef d'entreprise ? Un homme politique ? On voit que bien des hommes sont capables de sacrifier leur bonheur ou leur disposition au bonheur pour la puissance ou la notoriété.

Tous ceux qui vivent dans l'instant de l'excitation et du plaisir ne vivent pas pour être heureux mais pour être excités et jouir.

Conclusion

On peut chercher à s'accomplir dans son travail, à avoir des relations enrichissantes avec les autres sans pour cela n'avoir en tête que le bonheur. Souvent ceux qui cherchent à être heureux le ratent. On est heureux par surcroît.

3e sujet : Explication de texte

On voit clairement pourquoi l'arithmétique et la géométrie sont beaucoup plus certaines que les autres sciences : c'est que seules elles traitent d'un objet assez pur et simple pour n'admettre absolument rien que l'expérience ait rendu incertain, et qu'elles consistent tout entières en une suite de conséquences déduites par raisonnement. Elles sont donc les plus faciles et les plus claires de toutes, et leur objet est tel que nous le désirons, puisque, sauf par inattention, il semble impossible à l'homme d'y commettre des erreurs. Et cependant il ne faut pas s'étonner si spontanément beaucoup d'esprits s'appliquent plutôt à d'autres études ou à la philosophie : cela vient, en effet, de ce que chacun se donne plus hardiment la liberté d'affirmer des choses par divination dans une question obscure que dans une question évidente, et qu'il est bien plus facile de faire des conjectures sur une question quelconque que de parvenir à la vérité même sur une question, si facile qu'elle soit.

De tout cela on doit conclure non pas, en vérité, qu'il ne faut apprendre que l'arithmétique et la géométrie, mais seulement que ceux qui cherchent le droit chemin de la vérité ne doivent s'occuper d'aucun objet dont ils ne puissent avoir une certitude égale à celle des démonstrations de l'arithmétique et de la géométrie.

Descartes, *Règles pour la direction de l'esprit*, 1628.

La connaissance de la doctrine de l'auteur n'est pas requise. Il faut et il suffit que l'explication rende compte, par la compréhension précise du texte, du problème dont il est question [*avertissement figurant sur la feuille d'examen*].

Introduction

Dans ce texte, Descartes, qui fut lui-même mathématicien, énonce que l'arithmétique et la géométrie, c'est-à-dire les mathématiques, sont les plus certaines de toutes les sciences, parce qu'elles ne doivent rien à l'expérience et qu'elles tirent toutes leurs vérités du raisonnement.

Pourtant, fait observer Descartes, beaucoup d'individus s'en détournent et leur préfèrent des disciplines où ils pourront donner libre cours à leur imagination.

Conseil

N'hésitez pas à aller rapidement au cœur du sujet, sans détours ni fioritures.

Première partie : La vérité et la certitude des mathématiques

La vérité est la qualité d'un énoncé démontré, la certitude est la claire conscience qu'on est en possession de la vérité. Selon Descartes, les mathématiques doivent leur certitude d'une part à leurs objets, et d'autre part à leur méthode.

Les objets de l'arithmétique sont les nombres, les objets de la géométrie sont les figures (à l'époque de Descartes, au XVIIe siècle, l'analyse, les probabilités, la topologie n'étant pas encore inventées, on avait gardé la définition grecque des mathématiques comme science du nombre et de la figure, d'où la division en arithmétique et en géométrie).

Attention

Si un correcteur trouve de telles références dans une copie, son cœur de pierre se fissurera. Mais rassurez-vous : il ne vous reprochera jamais de ne pas avoir fait ces références, qui ne sont pas censées être connues.

Les objets mathématiques, dit Descartes, sont purs et simples, c'est-à-dire rigoureusement déterminés. À la différence des objets de l'expérience, difficiles à délimiter, ils peuvent être définis en un petit nombre de mots : « Un triangle est une figure à trois côtés situés sur un même plan », « 5 est le successeur de 4 ». Ce sont, par excellence, des idées « claires et distinctes ».

Les vérités mathématiques sont obtenues par raisonnement, et plus spécialement par raisonnement déductif : si x (un axiome), alors y (un théorème). Pour Descartes, une qualité de l'esprit est requise pour le raisonnement : l'attention. C'est l'inattention qui conduit aux erreurs.

Seconde partie : La force de séduction des autres disciplines

D'où vient que beaucoup d'hommes se détournent des mathématiques pour cultiver d'autres sciences, ou la philosophie ? Est-ce à dire qu'ils n'aiment ni la vérité, ni la certitude ? Sans doute craignent-ils la *discipline* (au sens d'effort et d'exercice) qu'elles impliquent.

L'imagination et l'intuition (Descartes utilise le terme de « divination ») n'ont pas besoin de méthode pour s'exercer. Alors que le raisonnement doit suivre des règles contraignantes, l'imagination donne immédiatement une impression de liberté, d'où sa force de séduction.

Par ailleurs, sur des questions obscures, il est facile à l'être humain de se laisser aller à sa fantaisie. Descartes oppose les « questions évidentes » des mathématiques (exemple : quelle est la solution d'une équation du second degré ?) aux questions obscures de l'expérience (exemple : comment est né le langage ?). On observera toutefois que des questions jadis obscures ont fini par avoir une solution scientifique.

Conseil

Expliquer un texte, c'est aussi illustrer les mots et les idées d'un auteur par des exemples auxquels il n'aurait pas lui-même pensé.

Dans le dernier paragraphe de ce texte, Descartes précise que si les mathématiques sont un modèle de vérité pour la connaissance, il est loisible à l'être humain de cultiver d'autres disciplines.

Conclusion

L'histoire des sciences, depuis le XVIIe siècle, a relativisé l'opposition tranchée que faisait Descartes entre vérités et erreurs d'une part, certitudes et incertitudes de l'autre. Nous admettons, en effet, des genres différents de vérités, et des degrés différents de certitude. Par exemple, les mathématiques elles-mêmes ont « apprivoisé » le hasard en créant le calcul des probabilités. Et si l'historien ne peut atteindre le même degré de certitude que le mathématicien, il n'en reste pas moins vrai que sa discipline est autre chose qu'un ensemble de « conjectures ».

Séries technologiques

1er sujet : Les échanges sont-ils toujours intéressés ?

Conseil

Lorsque la question comporte l'adverbe « toujours », la réponse sera forcément « non ». Reste évidemment à trouver les arguments en faveur du « oui », car, répétons-le, il n'y a pas de dissertation philosophique sans examen de points de vue contraires ou différents.

Introduction

Le terme d'échange est équivoque, car il signifie tantôt une transaction économique (un acheteur échange de l'argent contre une marchandise), tantôt une communication (ce sont alors des mots qui sont « échangés »). La réponse à la question posée dépendra évidemment de la nature de l'échange.

Est intéressée une action accomplie pour son seul profit (matériel, comme de l'argent gagné ; sensible, comme le plaisir éprouvé ; ou encore symbolique, comme le prestige retiré).

Conseil

Souvent vous avez le choix entre plusieurs plans possibles. Avec ce sujet, vous pouvez déterminer les parties du développement ou bien en fonction de la nature des échanges, ou bien en fonction de la réponse (oui ou non) que vous donnez à la question. On prend ici la première option, mais la seconde est tout aussi possible.

Première partie : Les échanges économiques sont toujours intéressés

Adam Smith, le fondateur de l'économie politique, c'est-à-dire de la science économique, disait que nous n'avons pas à attendre notre pain et notre viande de la bienveillance du boulanger et du boucher. Les échanges économiques et, d'une manière plus générale, matériels, sont intéressés par définition. Le vendeur a intérêt à vendre, l'acheteur intérêt à acheter.

Seul un don peut être (et encore, difficilement) désintéressé. Mais alors, précisément, en ce cas, il n'y a plus échange.

Seconde partie : Les échanges symboliques peuvent être désintéressés

Par opposition aux échanges économiques, les échanges symboliques mettent en circulation des signes comme des mots, des sourires, des poignées de main.

Certes, la plupart de ces échanges sont intéressés. Mais cela ne signifie pas qu'ils soient dépourvus de valeur : lorsque des informations sont échangées, chacune des deux parties en tire bénéfice.

Il est très difficile, peut-être impossible, de trouver une action qui soit *totalement* désintéressée, car cela voudrait dire qu'elle n'a aucun rapport avec les intentions, les motivations ou les finalités des individus.

Conclusion

Il convient de distinguer les intérêts entre eux : il y a des intérêts personnels, égoïstes, et des intérêts plus généraux, collectifs. Il y a des intérêts matériels et des intérêts psychologiques ou intellectuels ou encore symboliques. Non, les échanges ne sont pas toujours intéressés, si l'on entend par là qu'ils doivent satisfaire des intérêts matériels et égoïstes.

2e sujet : Une vérité peut-elle être définitive ?

Conseil

Presque toujours, lorsque la question se présente sous la forme « peut-il ? », la réponse sera négative. Même conseil que précédemment : la difficulté sera alors d'argumenter en faveur de la thèse.

Introduction

Une vérité est un énoncé dont on a démontré ou prouvé la validité et qui, de ce fait, nous place dans un état de certitude. Reste à savoir si cette validité est éternelle ou provisoire.

Première partie : Une vérité est en droit définitive

À la différence d'une erreur, qui est provisoire car, lorsqu'elle est découverte, elle est éliminée, une vérité est logiquement définitive. La démonstration par laquelle Euclide établit qu'il existe un nombre infini de nombres premiers reste valide après deux mille, ans et le restera tant qu'il y aura des hommes pour s'intéresser aux mathématiques. Copernic a remplacé le système géocentrique de Ptolémée par un système héliocentrique. Comme ce modèle est vrai, c'est-à-dire qu'il correspond à la réalité objective, on ne peut pas imaginer qu'il puisse un jour devenir faux (il faudrait pour cela que le système solaire lui-même soit détruit).

Seconde partie : Une vérité est toujours en droit révisable

Une vérité fait toujours partie d'un système qui lui donne son sens : cela peut être un langage, un ensemble de principes et d'axiomes, des conventions. Il n'y a pas de vérité absolue.

Dès lors, les vérités suivent elles-mêmes la marche du temps, qui est celle du progrès des connaissances et des changements de paradigmes (de modèles). Même dans la science la plus rigoureuse, en mathématiques, les vérités dépendent des cadres logiques. Ainsi, alors que pendant des siècles on concevait les axiomes comme des vérités absolues, évidentes et naturelles, nous savons aujourd'hui qu'ils n'ont de validité que relative. Par exemple, l'axiome d'Euclide, selon lequel le tout est plus grand que chacune de ses parties, n'est vrai que pour les ensembles finis (une partie peut équivaloir au tout dans un ensemble infini).

Conseil

Si vous pouvez, à l'appui de votre argumentation, donner un exemple historique fort, votre correcteur sera ému jusqu'aux larmes.

Conclusion

En fait, il convient de distinguer les différentes sortes de « vérités ». Une vérité scientifique n'est pas de même nature qu'une vérité psychologique et une vérité historique n'est pas du même genre qu'une vérité physique. Il y a des vérités dont on peut dire qu'elles sont pratiquement définitives, et d'autres vérités qui sont relatives. En revanche, il est impossible de trouver un exemple de vérité provisoire, car si un énoncé est considéré comme vrai à un moment donné, puis est rejeté plus tard comme faux, cela signifie en fait qu'il n'a jamais été vrai, mais seulement considéré comme tel.

3e sujet : Explication de texte

Socrate *: Celui qui garde son injustice au lieu d'en être délivré est le plus malheureux de tous.* ***Polos*** *: Cela semble certain.* ***Socrate*** *: N'est-ce pas précisément le cas de l'homme qui, tout en commettant les crimes les plus abominables, et en vivant dans la plus parfaite injustice, réussit à éviter les avertissements, les châtiments, le paiement de sa peine, comme tu dis qu'y est parvenu cet Archélaos[8], ainsi que tous les tyrans, les orateurs et les hommes d'État les plus puissants ?* ***Polos*** *: C'est vraisemblable.* ***Socrate*** *: Quand je considère le résultat auquel aboutissent les gens*

8. Tyran dont Polos a affirmé qu'il est heureux puisque son pouvoir lui permet de faire tout ce qui lui plaît sans avoir de comptes à rendre à personne [*note figurant sur la feuille d'examen*].

de cette sorte, je les comparerais volontiers à un malade qui, souffrant de mille maux très graves, parviendrait à ne point rendre de comptes aux médecins sur ses maladies et à éviter tout traitement, craignant comme un enfant l'application du fer et du feu[9] *parce que cela fait mal. N'est-ce point ton avis ?* **Polos** *: Tout à fait.* **Socrate** *: C'est sans doute qu'il ne saurait pas le prix de la santé et d'une bonne constitution. À en juger par les principes que nous avons reconnus vrais, ceux qui cherchent à ne pas rendre de comptes à la justice, Polos, pourraient bien être également des gens qui voient ce qu'elle comporte de douloureux mais qui sont aveugles à ce qu'elle a d'utile, et qui ne savent pas combien il est plus lamentable de vivre avec une âme malsaine, c'est-à-dire corrompue, injuste et impure, qu'avec un corps malsain. De là tous leurs efforts pour échapper à la punition, pour éviter qu'on les débarrasse du plus grand des maux.*

Platon, *Gorgias*, vers 387.

Pour expliquer ce texte, vous répondrez aux questions suivantes, qui sont destinées principalement à guider votre rédaction. Elles ne sont pas indépendantes les unes des autres et demandent que le texte soit d'abord étudié dans son ensemble [*avertissement figurant sur la feuille d'examen*].

Attention

Les élèves des classes technologiques peuvent facilement en faire l'expérience en lisant les textes donnés à expliquer aux autres séries : ils ont écopé du texte le plus difficile à comprendre. Et même impossible à comprendre si on ne connaît pas Platon. De là ce conseil déjà formulé : ne choisissez jamais le troisième sujet par défaut, parce que les deux premiers ne vous « plaisent » pas, ne prenez l'explication que si vous avez bien compris le texte.

1. Dégagez la thèse de ce texte et montrez comment elle est établie.

La thèse du texte est paradoxale, au sens exact du mot : elle va à l'encontre de l'opinion commune. Alors que pour celle-ci un criminel ou un délinquant qui échappe à la justice bénéficie d'un avantage évident, pour Socrate (le porte-parole de Platon), celui qui n'a pas été sanctionné pour son action criminelle, donc qui bénéficie de l'impunité, est « le plus malheureux de tous ». L'argumentation de Socrate repose sur une analogie entre l'action criminelle et la maladie. Pour se délivrer de son état qui le fait souffrir dans son corps, un malade doit prendre des remèdes qui ne sont pas agréables, mais qui le soulageront. De même, pour se délivrer de son état qui le fait souffrir dans son âme, un criminel doit subir un châtiment qui n'est pas agréable, mais qui le délivrera. En outre, pour Platon, l'âme est supérieure au corps, les maux de l'âme sont donc pires que ceux du corps. Un homme injuste qui ne voudrait pas de soins pour son âme est encore plus insensé qu'un malade qui refuse un remède.

9. Techniques médicales de soin [*note figurant sur la feuille d'examen*].

2.a. En vous appuyant sur l'exemple d'Archélaos, expliquer pourquoi « celui qui garde son injustice au lieu d'en être délivré est le plus malheureux de tous ».

Polos défend une opinion commune, et qui semble évidente, lorsqu'il affirme qu'un tyran criminel est heureux puisqu'il agit selon son bon plaisir et qu'il ne risque pas, lui qui détient le plus grand pouvoir, d'être puni pour ses crimes.

Comment expliquer le paradoxe de Socrate, qui prend le contre-pied de cette opinion ? D'une part, on pourrait objecter à Polos qu'un tyran vit dans la crainte perpétuelle de la vengeance, de la trahison et de l'assassinat : c'est ce qu'illustre l'histoire de l'épée de Damoclès. Par ailleurs, il faut compter avec les tourments possibles de la conscience morale, le remords (le sommeil des tyrans n'est pas toujours paisible). Enfin, il est très difficile et très rare de bénéficier d'une impunité éternelle.

2.b. Expliquez en quoi l'homme injuste est semblable à un malade.

En français, et en beaucoup d'autres langues, le mot « mal » désigne à la fois un mal physique (on retrouve ce mot en l'expression « avoir mal », et dans le terme de « maladie »), et un mal moral (« c'est mal », « avoir mal »).

Conseil

Philosopher, c'est faire attention aux mots que l'on utilise, réfléchir sur eux. N'oubliez jamais que, du simple fait que vous parlez une langue, vous en savez toujours plus que vous ne le croyez vous-même.

Il y a un parallélisme possible entre l'injustice et la maladie : la maladie est anormale par rapport à un état de santé, l'injustice est anormale par rapport à un état de justice. Plus le crime est grand, et plus il semble dériver d'un état pathologique : les criminels de masse et les tueurs en série sont presque toujours des psychopathes. Mais sans aller jusqu'à ces cas extrêmes, on peut considérer que celui qui commet une injustice est dans un état de trouble.

3. Celui qui vit dans l'injustice et qui cherche à échapper à la punition est-il le plus malheureux des hommes ?

Attention

La troisième question est un sujet de dissertation : il faut donc examiner les différentes réponses possibles. Ici, il vous est demandé d'expliquer et de justifier le paradoxe de Socrate, et aussi de voir en quoi il pourrait être contesté.

Ceux qui vivent dans l'injustice cherchent généralement à échapper à la punition par des injustices supplémentaires (par exemple, les fraudes financières entraînent toute une série de mensonges et de malversations). Comme ils agissent selon leurs intérêts, ou du moins selon l'idée qu'ils s'en font, dans la mesure où ils réussissent à échapper à la justice, on peut supposer qu'ils en retirent une certaine satisfaction.

Certes, il convient de mettre à part ceux qui, tourmentés par leur conscience morale, rongés de remords, se dénoncent eux-mêmes et éprouvent après avoir avoué un sentiment de délivrance. Un certain nombre d'affaires criminelles sont ainsi résolues parce que les auteurs des crimes viennent spontanément se dénoncer à la police.

Seulement l'expérience historique montre que plus le crime est grand, plus il a été méticuleusement accompli, et moins son auteur se sent malheureux de l'avoir fait. Ainsi les nazis, à de très rares exceptions près, n'ont-ils pas éprouvé de remords pour leurs crimes, et ils n'ont pas demandé pardon.

La dimension criminelle d'une bonne partie du système économique mondial fait aujourd'hui prospérer des millions d'individus qui non seulement n'en éprouvent aucune honte, mais en tirent jouissance et vanité. Certes, l'honnête citoyen peut toujours se rassurer en se disant que ces gens-là ne sont pas vraiment heureux. Toujours est-il que leurs crimes leur procurent de très grandes satisfactions.

Maintenant, si l'on se place d'un point de vue métaphysique ou religieux, et que l'on croit au jugement divin dans l'au-delà, alors on pourra penser qu'il est fatal que cela se termine mal pour le criminel. Tel était d'ailleurs le point de vue de Platon, qui croyait à la métempsycose.

Conseil

Maintenant, vous comprenez pourquoi il vous était difficile de comprendre ce texte.

Chapitre 36

Entraînez-vous sur les sujets de 2013 !

DANS CE CHAPITRE :

» **Les trois sujets corrigés du bac 2013 de chaque série**

» **Pas à pas, les erreurs à éviter et les bonnes choses à dire ou à faire (en italique)**

Série L

1er sujet : Le langage n'est-il qu'un outil ?

Conseil

Rappelons que lorsqu'un sujet se présente sous la forme « ceci n'est-il que cela ? », la réponse attendue à la question est forcément négative. Mais puisqu'une dissertation comprend au moins deux parties, il est nécessaire de commencer par la thèse « ceci peut n'être que cela ».

Introduction

Le langage est un ensemble de signes, c'est-à-dire de moyens d'expression. Comme il existe une multitude de sortes de langages, nous allons d'abord traiter la question de manière très générale. Il nous est demandé si le langage peut être réduit à sa fonction instrumentale. Au cas où la réponse à cette question serait négative, il nous faudra chercher quelles sont les autres fonctions que le langage peut avoir.

Première partie : Le langage a une fonction utilitaire

Les signes dont le langage est fait – et qui peuvent être des cris et des chants (chez les animaux), des symboles, des signaux, des mots parlés et écrits, etc. – servent tous à communiquer un contenu déterminé, que ce soit une situation (un signal avertit d'un danger), ou bien une représentation mentale (c'est le cas de la parole humaine). Il n'y a pas de langage pour le langage comme il y a, par exemple, de l'art pour l'art.

Si la parole articulée, qui différencie le langage humain des langages animaux, est apparue à la suite de tout un ensemble de processus physiologiques liés à l'évolution, les spécialistes pensent que son développement est dû au fait que l'être humain vit nécessairement en société, et qu'il doit satisfaire un certain nombre de besoins.

Même lorsque le langage est cultivé pour lui-même, comme dans le cas de la poésie, du bavardage, ou des jeux de mots, il ne perd pas sa fonction de moyen pour transmettre quelque chose.

Deuxième partie : Le langage n'est jamais simplement un moyen

Si le langage n'était qu'un moyen, cela voudrait dire qu'il n'est rien d'autre qu'un ensemble d'informations. Cela est vrai du langage des abeilles : le sens de leur danse est entièrement lié à une information, une source de nectar. Cela est vrai aussi du langage des machines : ses signes ne sont pas autre chose que des moyens d'information et de communication.

En revanche, lorsque je parle avec un ami, je ne fais pas que lui apprendre un certain nombre de choses. Je parle pour le plaisir de parler, pour le plaisir de parler avec un ami. En ce cas, le langage n'est pas seulement un moyen. Certes, on pourra toujours dire que, dans ce cas, il est le moyen d'avoir le plaisir de parler avec un ami. Mais la question qui nous est posée contient le terme d'outil, qui est un terme technique. Le langage, quand il est véritablement humain, n'est jamais seulement un outil.

Conclusion

La différence que l'on fait parfois entre le sens et la signification peut nous servir à comprendre que le langage humain n'est pas seulement un outil. Reprenons l'exemple du langage des abeilles : il n'y a dans ce cas aucune différence entre le sens et la signification. En revanche, lorsque je parle avec un ami, ce que je dis a une signification (je parle de mes vacances, du dernier film que j'ai vu...), mais, au-delà de cela, il y a le sens d'être avec quelqu'un que j'aime, de lui manifester ma confiance, de lui témoigner mon affection.

C'est le propre du langage humain, tel qu'il s'exprime dans les langues nationales et dans les paroles individuelles, que de n'être jamais simplement un outil.

2e sujet : La science se limite-t-elle à constater les faits ?

Conseil

Comme le sujet précédent, celui-ci implique inévitablement une réponse négative. La question pourrait, en effet, se poser sous la forme suivante : « La science n'est-elle qu'un constat de faits ? ». Il faudra, par conséquent, dans une seconde partie, se demander ce que peut être la science, au-delà de l'établissement des faits.

Introduction

Attention

Il est impératif, dans l'introduction, de définir tous les termes de la question, et donc le terme de « fait », même si son sens paraît évident.

La science est un ensemble de disciplines qui ont pour objectif, grâce à la démonstration logique et à la preuve expérimentale, d'établir la réalité objective des choses. Cette réalité objective peut être traduite par le terme de « fait ». À la différence de nos idées, les faits ne dépendent pas de nos représentations. La question qui nous est posée revient donc à nous demander si la science peut avoir d'autres objectifs que celui de constater la réalité objective des choses.

Première partie : La science est une connaissance de la réalité objective

Depuis Platon, la philosophie oppose la science, qui est la connaissance de la réalité, et l'opinion (*doxa*) qui ne porte que sur les apparences. L'allégorie de la caverne dans *La République* illustre cette opposition : alors que les prisonniers restés dans la caverne sont prisonniers de l'opinion, le prisonnier libéré, qu'incarne Socrate, parvient à la lumière du jour, et prend connaissance du vrai monde.

Depuis ses origines, la science apparaît comme un effort pour se libérer des opinions et des préjugés, qui sont toujours faux ou illusoires. Par exemple, tous les peuples ont cru que la Terre était au centre du monde et que le Soleil tournait autour. Cela a représenté un progrès considérable lorsque, au XVIe siècle, Nicolas Copernic a substitué à ce modèle géocentrique un modèle héliocentrique. Alors que l'opinion exprime les désirs et les angoisses des hommes (ils sont, par exemple, la base même de l'astrologie), la science établit les faits, c'est-à-dire la réalité telle qu'elle est, indépendamment de nos désirs et de nos intérêts.

Deuxième partie : La science va au-delà du constat des faits

Le constat des faits est une condition nécessaire mais jamais suffisante de la science. Il ne représente qu'une étape dans la recherche. En effet, une fois que le fait est bien établi, il convient d'en connaître les causes : il ne suffit pas de constater que le feu consume le bois, il faut comprendre pourquoi. Il n'y aurait jamais eu de science médicale si la médecine s'était contentée de décrire les symptômes des maladies.

Dans les sciences humaines comme l'histoire, l'établissement des faits n'est lui aussi qu'une première étape dans la recherche. La Seconde Guerre mondiale a commencé le 1er septembre 1939. Voilà un fait. Mais la connaissance historique ne peut évidemment se contenter de cela. Elle doit *interpréter* les faits. Il en va de même dans les autres sciences humaines comme la psychologie ou la sociologie.

Conseil

Pour ce sujet, les deux parties précédentes suffiraient. Mais il est possible de creuser la question plus profondément. En philosophie, il est toujours possible de penser au-delà.

Troisième partie : La science construit des faits

« Constater un fait » suppose que le fait existe déjà à la manière d'une chose. Neptune est une planète du système solaire : voilà un fait reconnu au XIXe siècle. Mais les sciences contemporaines vont bien au-delà du constat.

Remarquons au préalable qu'il existe au moins une science pour laquelle l'idée de constater des faits ne s'applique pas : les mathématiques, car leurs objets idéaux ne sont pas de l'ordre du fait. Par ailleurs, les sciences expérimentales, qui traitent des objets naturels, ont largement dépassé, au XXe siècle, le stade de l'observation de la réalité objective. La physique et la biologie modernes ne se contentent pas d'observer des faits, elles en *construisent*. Les transuraniens (éléments plus lourds que l'uranium) et les organismes génétiquement modifiés ne sont pas des faits constatés, mais des productions de laboratoire.

Conclusion

Nous ne pouvons plus conserver l'idée naïve qu'un fait puisse être simplement constaté. Même lorsqu'il n'est pas produit en laboratoire, il est toujours l'objet d'une élaboration intellectuelle. Ainsi se justifie le paradoxe en forme de jeu de mots du mathématicien Henri Poincaré : « Les faits sont faits ».

Conseil

Une citation bien frappée en conclusion ne peut que susciter chez votre correcteur un amour véritable.

3e sujet : Explication de texte

Bien que chacun de nous soit une personne séparée des autres, et dont, par conséquent, les intérêts sont en quelque façon distincts de ceux du reste du monde, on doit toutefois penser qu'on ne saurait subsister seul, et qu'on est, en effet, l'une des parties de l'univers, et plus particulièrement encore l'une des parties de cette terre, l'une des parties de cet État, de cette société, de cette famille, à laquelle on est joint par sa demeure, par son serment, par sa naissance. Et il faut toujours préférer les intérêts du tout, dont on est partie, à ceux de sa personne en particulier ; toutefois avec mesure et discrétion, car on aurait tort de s'exposer à un grand mal, pour procurer seulement un petit bien à ses parents ou à son pays ; et si un homme vaut plus, à lui seul, que tout le reste de sa ville, il n'aurait pas raison de se vouloir perdre pour la sauver. Mais si on rapportait tout à soi-même, on ne craindrait pas de nuire beaucoup aux autres hommes, lorsqu'on croirait en retirer quelque petite commodité, et on n'aurait aucune vraie amitié, ni aucune fidélité, ni généralement aucune vertu ; au lieu qu'en se considérant comme une partie du public, on prend plaisir à faire du bien à tout le monde, et même on ne craint pas d'exposer sa vie pour le service d'autrui, lorsque l'occasion s'en présente.

Descartes, *Lettre à Élisabeth*, 1645.

La connaissance de la doctrine de l'auteur n'est pas requise. Il faut et il suffit que l'explication rende compte, par la compréhension précise du texte, du problème dont il est question [*avertissement figurant sur la feuille d'examen*].

Conseil

Ce texte remarquable est écrit dans un style qui peut rendre la compréhension difficile pour beaucoup de candidats. N'oubliez pas qu'il est normal de ne pas comprendre tout tout de suite en philosophie. On pourrait presque dire que c'est bon signe. Un texte comme celui-ci doit être lu trois ou quatre fois.

Introduction

Descartes est connu pour le *cogito*, « je pense donc je suis », qui marque l'émergence du *sujet* moderne, auteur de sa pensée. On a beaucoup reproché à cette conception son « solipsisme », c'est-à-dire l'idée que le sujet humain pouvait se définir tout seul, indépendamment des autres.

Ce texte, qui a un contenu moral, montre que Descartes avait parfaitement conscience qu'un être humain ne se définit pas tout seul, dans la solitude de sa propre pensée.

Conseil

Vous pouvez replacer la problématique du texte dans un contexte historique, à condition de ne pas vous égarer. Il serait ici totalement inutile de dire tout ce que vous savez de Descartes. L'ensemble du travail doit être orienté par le sens même du texte.

Première partie : L'être humain est une partie et non un tout

Les êtres humains apparaissent comme des individus (le mot d'origine latine signifie « indivisible » et traduit le grec « atome ») séparés les uns des autres : leurs corps sont distincts et leurs pensées cachées. En réalité, dit Descartes, ils ne sont que les parties de touts plus grands qu'elles : l'univers, qui comprend la totalité de l'être ; la société, qui est une partie de l'univers ; la famille, qui est une partie de la société. Contrairement à ce que suggère l'expression de *self-made-man*, aucun homme ne s'est fait tout seul, aucun homme ne s'est donné à lui-même la naissance et l'éducation.

Deuxième partie : Le tout vaut mieux que la partie

De la question de fait (l'individu n'est qu'une partie), Descartes passe à la question de droit, qui est une question morale : il faut préférer les intérêts du tout, dont on est une partie, à ceux de sa personne. L'égoïsme (au XVIIe siècle, on parlait plutôt d'amour-propre) est une faute morale née d'une illusion, celle d'être un tout autosuffisant. L'altruisme (le mot sera introduit plus tard au XIXe siècle dans la langue française, par Auguste Comte), opposé à l'égoïsme, est un ensemble de vertus où se reconnaissent la bienveillance, la bienfaisance, le dévouement, etc.

Le dévouement et la reconnaissance, néanmoins, ne peuvent aller jusqu'au sacrifice de soi, que Descartes condamne. Dans ce cas, en effet, la perte risque d'être plus forte que le gain. On songe aux comportements sacrificiels, dictés par des raisons religieuses ou politiques. Pour Descartes, la préservation de soi est un devoir moral.

Il n'en reste pas moins vrai que l'amour-propre (qui englobe l'égoïsme et le narcissisme) est moralement mauvais car, d'une part, il rend insensible au mal que l'on peut faire à autrui, et d'autre part, celui qui ne vit et n'agit que pour lui est incapable d'aucune vertu.

Attention

Expliquer un texte, c'est le reprendre, et non pas le répéter, comme le fait la paraphrase.

Conclusion

L'intérêt philosophique d'un texte ne réside pas nécessairement dans son caractère actuel. Mais, à une époque comme la nôtre marquée par un individualisme croissant, qui dérive volontiers dans ses formes les plus pathologiques (l'égoïsme, l'égocentrisme et le narcissisme), ce passage de la correspondance de Descartes résonne particulièrement. Ceux qui croient malin de mettre leur fortune à l'abri dans des paradis fiscaux pour échapper à l'impôt devraient le lire.

Série ES

1er sujet : Que devons-nous à l'État ?

Attention

À la différence de la plupart des sujets de dissertation, celui-ci ne demande pas à choisir entre deux options (oui ou non). La question est ouverte. Il convient donc d'éviter les réponses aux extrêmes, qui sont les plus simplistes (nous devons tout à l'État ; nous ne devons rien à l'État).

Introduction

L'État est l'ensemble des instances d'administration d'une société. L'expression de « pouvoirs publics » a le même sens. Depuis Hegel, il est de tradition de définir l'État par opposition à la société civile et aux particuliers.

Lorsque l'on doit quelque chose à quelqu'un, cela signifie que l'on est son débiteur, que l'on a tiré parti d'un bienfait que l'on doit normalement rembourser d'une façon ou d'une autre. La première réponse extrême à la question – « nous devons tout à l'État » – peut être exclue d'emblée, seul un État totalitaire pourrait tout accorder mais en ce cas les individus, écrasés par lui, ne se diraient certainement pas ses débiteurs. L'autre réponse extrême – « nous ne devons rien à l'État » – semble également inenvisageable : tous les hommes dépendent de l'organisation d'un État, aucune société aujourd'hui ne s'est constituée sans lui.

Première partie : L'État assure la sécurité

Selon Hobbes, la première fonction de l'État est d'assurer la sécurité des biens et des personnes. C'est pour sortir de la violence de l'état de nature, où chacun est un loup pour l'homme, que les individus acceptent, par le contrat, de se soumettre au pouvoir de l'État qui les représente. La sécurité (qu'on a longtemps appelée « sûreté ») a été conçue comme un droit naturel. Sans elle, la vie bonne (pour reprendre l'expression d'Aristote) est impossible. Les individus tendent naturellement à l'égoïsme, seul un pouvoir supérieur, impartial, permet d'assurer leur coexistence pacifique. L'armée, qui est un organe de l'État, assure la sécurité des citoyens contre les agressions extérieures.

Deuxième partie : L'État organise la vie matérielle de la société

Même lorsqu'elles sont le résultat d'initiatives privées, les infrastructures ont besoin d'un plan d'ensemble, que seul l'État est en mesure de constituer. Il est pratiquement impossible à des individus isolés d'avoir une idée juste de l'intérêt général. Seul l'État peut se faire l'expression de l'intérêt général – ce qui ne signifie pas, bien évidemment, qu'il le fasse toujours.

Troisième partie : L'État accorde et garantit des droits

La sécurité, comme nous venons de le voir, est le premier droit. Mais il y en a bien d'autres. L'éducation, la santé, le travail, les ressources matérielles ont été garantis et organisés par les lois de l'État. En effet, même si elles sont efficaces et moralement bonnes, les initiatives privées sont toujours insuffisantes pour organiser l'ensemble d'une société qui regroupe un nombre considérable d'hommes. À grande échelle, la charité ne vaudra jamais la justice.

Conclusion

Remarquons pour finir que la question posée présuppose que l'État est de nature démocratique, soucieux de l'intérêt général. Or historiquement, ce cas de figure a été l'exception plutôt que la règle.

Conseil

N'hésitez pas à relever les présupposés de la question. Ne faites jamais comme si elle allait de soi.

2e sujet : Interprète-t-on à défaut de connaître ?

Attention

Ce sujet difficile ne peut être traité convenablement que par les candidats qui ont des idées et des références précises sur les concepts d'interprétation et de connaissance.

Introduction

L'interprétation est un travail intellectuel consistant à trouver ou à forger du sens. La connaissance est un travail intellectuel consistant à trouver ou à construire la vérité. Le problème qui nous est posé est celui de savoir si l'interprétation n'existe qu'en l'absence de connaissance possible, autrement dit s'il y a une incompatibilité entre la vérité et le sens.

Première partie : L'interprétation est une forme de connaissance

Qu'est-ce que connaître une œuvre d'art, un événement historique, un comportement humain, sinon les interpréter ? Inversement, interpréter, c'est connaître puisque c'est pénétrer son esprit au plus profond du phénomène.

Seconde partie : La dualité de la connaissance et de l'interprétation

Les sciences les plus rigoureuses, celles que les Anglo-Saxons appellent « *hard sciences* », « sciences dures », utilisent les moyens de la démonstration et de la preuve expérimentale pour établir la validité d'une hypothèse.

La loi en physique est l'expression d'un rapport objectif entre des phénomènes naturels. La connaissance certaine en sciences fait l'économie de l'interprétation, elle n'en a pas besoin.

Le philosophe Wilhelm Dilthey a opposé deux types de sciences : les sciences de la nature, qui *expliquent* par les causes, et les « sciences de l'esprit » (on dira plus tard « sciences humaines ») qui *comprennent* par les raisons. La dualité de l'explication et de la compréhension recoupe celle de la connaissance objective et de l'interprétation. On appelle *herméneutiques* les sciences interprétatives. On ne *comprend* pas une œuvre d'art, un événement historique ou un comportement humain comme on *explique* une réaction chimique ou le mécanisme de la digestion.

Conclusion

De fait, c'est parce certaines réalités ne peuvent être l'objet d'une connaissance certaine qu'il y a matière à interprétation. Là où il y a certitude, il n'y a pas lieu d'interpréter. Le propre des phénomènes humains, qui excluent la certitude et impliquent l'interprétation, est d'être pourvus de sens. Or un sens ne se saisit pas de la même manière qu'une réalité naturelle. C'est la raison pour laquelle, par exemple, il n'y a pas une science de l'art ou du beau (l'esthétique) comme il y a une science des corps physiques ou du vivant.

3e sujet : Explication de texte

Prenons maintenant un exemple où apparaissent une volonté droite, c'est-à-dire juste, la liberté du choix et le choix lui-même ; et aussi la façon dont la volonté droite, tentée d'abandonner la rectitude, la conserve par un libre choix. Quelqu'un veut du fond du cœur servir la vérité parce qu'il comprend qu'il est droit d'aimer la vérité. Cette personne a, certes, la volonté droite et la rectitude de la volonté ; mais la volonté est une chose, la rectitude qui la rend droite en est une autre. Arrive une autre personne la menaçant de mort si elle ne ment. Voyons maintenant le choix qui se présente de sacrifier la vie pour la rectitude de la volonté ou la rectitude pour la vie. Ce choix, qu'on peut aussi appeler jugement, est libre, puisque la raison qui perçoit la rectitude enseigne que cette rectitude doit être observée par amour de la rectitude elle-même, et que tout ce qui est allégué pour son abandon doit être méprisé et que c'est à la volonté de repousser et de choisir selon les données de l'intelligence rationnelle ; c'est dans ce but principalement, en effet, qu'ont été données à la créature raisonnable la volonté et la raison. C'est pourquoi ce choix de la volonté pour abandonner cette rectitude n'est soumis à aucune nécessité bien qu'il soit combattu par la difficulté née de la pensée de la mort. Quoi qu'il soit nécessaire, en effet, d'abandonner soit la vie, soit la rectitude, aucune nécessité ne détermine cependant ce qui est conservé ou abandonné. La seule volonté détermine ici ce qui est gardé et la force de la nécessité ne fait rien là où le seul choix de la volonté opère.

Saint Anselme, *De la concorde.*

Attention

En choisissant un tel texte, incompréhensible pour un élève normalement constitué, les membres du jury ont probablement voulu que les candidats fassent une dissertation. Il est précisé, à l'adresse des candidats, que la connaissance d'un auteur n'est pas requise pour expliquer un texte. Or, sans un minimum de connaissances en philosophie médiévale (saint Anselme est un auteur du Moyen Âge), cet extrait est incompréhensible.

Introduction

Le texte traite de la question de la volonté et de la liberté. Philosophe chrétien, saint Anselme pense que la volonté libre et rationnelle est un don fait par Dieu à l'homme, sa créature.

Première partie : La rectitude de la volonté

La volonté est la capacité d'agir qui, en tant que simple potentialité, peut aller en des sens contraires. On peut dire la vérité, mais aussi mentir (à la différence de l'erreur, il n'y a pas de mensonge sans volonté de mentir), on peut aider son voisin, mais également lui faire du mal.

Ce que saint Anselme appelle la rectitude de la volonté, c'est la qualité d'une volonté droite, c'est-à-dire qui va dans le sens du bien et de la vérité. La volonté peut perdre sa rectitude. Ainsi, dans l'expérience de la tentation, dont on connaît l'importance pour la réflexion morale chrétienne, la volonté hésite entre deux possibilités : celle de garder et celle d'abandonner sa rectitude.

Deuxième partie : Rien ne peut supprimer la volonté

Saint Anselme imagine une situation de dilemme : quelqu'un menace de mort une personne si elle n'accepte pas de mentir. C'est ainsi qu'on contraint parfois des personnes à porter un faux témoignage ou à dissimuler ce dont elles ont été le témoin.

Conseil

Une analyse philosophique est la plupart du temps abstraite, parce que située au niveau des généralités. N'hésitez pas à illustrer la pensée de l'auteur par des exemples concrets.

Le dilemme est une situation de contrainte objective parce que les deux termes de l'alternative semblent également désastreux. Mais il est très rare que les inconvénients soient identiques en tous points aux yeux de celui qui doit faire un choix. « La bourse ou la vie » : la plupart du temps, on préférera perdre son argent plutôt que sa vie. La thèse défendue par saint Anselme est que, même dans une situation de dilemme, où la nécessité l'emporte, parce que l'un des termes semble préférable à l'autre, l'être humain dispose toujours de la liberté de choisir l'autre terme. Ainsi, même menacé de mort, l'homme peut préférer la vérité à la conservation de sa vie. Cela a été l'attitude de bien des martyrs qui ont préféré mourir plutôt que d'abjurer leur foi.

Conclusion

La question de la liberté a été l'une des plus controversées dans la pensée théologique, et pas seulement chrétienne (on trouve des débats semblables dans le judaïsme et l'islam). D'un côté, en tant que créature de Dieu, faible et limitée, soumise à lui, l'homme n'a pas réellement de volonté propre, sa liberté est illusoire. Mais d'un autre côté, l'homme n'est pas un animal dépendant de ses seuls besoins, il est un être raisonnable, capable du bien et du mal. S'il était lié aux seules nécessités naturelles, on ne pourrait ni juger ni sanctionner ses actes. C'est pourquoi la plupart des théologiens ont affirmé l'existence nécessaire de la liberté chez l'homme.

Série S

1er sujet : Peut-on agir moralement sans s'intéresser à la politique ?

Attention

Un sujet particulièrement retors. L'expression « s'intéresser à la politique » est vague, elle renvoie à des situations difficilement conceptualisables. En fait, la question est idiote, mais il ne faut surtout pas le dire. Le présupposé des sujets d'examen, c'est qu'ils sont toujours intelligents. C'est la part de jeu de l'examen : il faut jouer le jeu.

(Derechef, comme eût dit Descartes) Prenez garde au hors sujet : il ne s'agit pas de savoir si la politique et la morale sont compatibles. Beaucoup de candidats n'ont pas résisté à la tentation du hors-sujet.

Introduction

On agit moralement lorsque l'intention de notre action est droite, et lorsque sa finalité est bonne. S'intéresser à la politique ne signifie pas mener une action politique, ni s'engager politiquement mais, plus modestement, manifester une attention particulière aux affaires politiques. On dira de quelqu'un qui s'informe quotidiennement par les médias ou qui a régulièrement des conversations à contenu politique avec d'autres personnes, qu'il s'intéresse à la politique.

Première partie : La moralité n'a pas besoin de politique

La moralité d'une action concerne d'abord l'agent et ceux que cette action implique. Elle semble ainsi être cantonnée dans la sphère privée. Lorsque c'est la sphère publique qui est en jeu ou en cause, alors ce n'est plus la morale qui fournit les critères de valeur pour le jugement, mais le droit.

Ainsi peut-on agir moralement, c'est-à-dire en faveur du bien d'autrui, et être totalement détaché des questions politiques. Un abstentionniste n'est pas moralement moins bon qu'un citoyen qui participe à toutes les élections. On peut respecter scrupuleusement les impératifs moraux sans pour cela avoir un quelconque intérêt pour les questions politiques.

Seconde partie : La nécessité de la politique pour la morale

Cela dit, dans la mesure où nous vivons nécessairement en société, où la société est nécessairement organisée sur le plan politique, il paraît difficile, sinon impossible de ne faire aucun cas de la politique dans notre action. Ainsi les personnes bénévoles qui s'engagent dans des actions caritatives en faveur des plus démunis, et en qui nous reconnaissons des exemples convaincants d'action morale, doivent normalement finir par se poser des questions de type politique.

Conclusion

On peut agir moralement sans s'intéresser à la politique, mais alors il semble que la qualité morale de l'action perd en extension et en intensité. L'intérêt manifesté envers les questions politiques contribue à renforcer la profondeur morale d'une action.

2e sujet : Le travail permet-il de prendre conscience de soi ?

Attention

Enfin un sujet clair, sans ruse ni piège. Mais attention à son apparente facilité. Ici la difficulté tient aux arguments de l'antithèse : il faut trouver des cas où le travail est antinomique avec la conscience de soi.

Introduction

Le travail est l'ensemble des activités productrices grâce auxquelles l'être humain transforme son environnement ainsi que son être propre. « Prendre conscience de soi » suppose que la faculté de savoir qui l'on est, de connaître celui que l'on est, n'est pas une donnée innée, mais le résultat d'un processus, d'une activité.

Première partie : Le travail aliénant

L'étymologie du mot « travail » renvoie à l'idée de souffrance extrême. Le travail est une nécessité vitale pour l'homme. Presque toujours il est pénible, harassant, abrutissant. Ce caractère est aux antipodes de la conscience. On s'oublie dans le travail, comment pourrait-on s'y reconnaître ?

À cette aliénation naturelle s'ajoute l'aliénation d'origine sociale. La division du travail a toujours signifié une inégalité dans le travail. Dans l'Antiquité, le travail était l'affaire des esclaves, dans les temps modernes, la grande majorité des gens effectuent les travaux à la fois les plus ingrats, les plus pénibles et les moins bien rémunérés. Comme l'observait Karl Marx, c'est en dehors du travail que le travailleur se retrouve, en dehors du travail qu'il est libre.

Seconde partie : Le travail comme condition de la conscience de soi

Dans un fameux passage de *La Phénoménologie de l'Esprit*, connu sous le nom de « dialectique du maître et de l'esclave », Hegel montre comment l'esclave, profondément aliéné dans son travail, trouve pourtant en lui la condition de sa libération. Maintenu à distance de la satisfaction immédiate de ses besoins, l'esclave acquiert une maîtrise dont le maître est lui-même dépourvu. Lorsqu'il prend conscience que le maître dépend de lui, le moment de la révolte est arrivé. En se connaissant comme esclave, l'esclave montre du même coup qu'il ne l'est plus.

Le « soi » de la conscience de soi n'est pas une nature donnée au départ, mais le résultat fragile, contradictoire, toujours en devenir, d'un processus dont on peut dire qu'il est lui-même un véritable travail. Ce n'est pas par le *cogito*, mais par l'action, donc par le travail que l'être humain prend conscience de lui-même, disait Fichte. Inversement, on voit bien comment l'absence de travail, que ce soit sous la forme de l'oisiveté ou du chômage, loin de contribuer à la prise de conscience de soi-même, engloutit dans une espèce de brouillard.

Conclusion

Ainsi une réponse affirmative à la question posée paraît inévitable. Le travail n'est pas la seule condition d'une prise de conscience de soi (l'amour peut l'être également, le deuil aussi), mais il est, indéniablement, l'une de ses conditions.

3e sujet : Explication de texte

Qu'est-ce qu'un jugement vrai ? Nous appelons vraie l'affirmation qui concorde avec la réalité. Mais en quoi peut consister cette concordance ? Nous aimons à y voir quelque chose comme la ressemblance du portrait au modèle : l'affirmation vraie serait celle qui copierait la réalité. Réfléchissons-y cependant : nous verrons que c'est seulement dans des cas rares, exceptionnels, que cette définition du vrai trouve son application. Ce qui est réel, c'est tel ou tel fait déterminé s'accomplissant en tel ou tel point de l'espace et du temps, c'est du singulier, c'est du changeant. Au contraire, la plupart de nos affirmations sont générales et impliquent une certaine stabilité de leur objet. Prenons une vérité aussi voisine que possible de l'expérience, celle-ci par exemple : "La chaleur dilate les corps". De quoi pourrait-elle bien être la copie ? Il est possible, en un certain sens, de copier la dilatation d'un corps déterminé à des moments déterminés, en la photographiant dans ses diverses phrases. Même, par métaphore, je puis encore dire que l'affirmation "cette barre de fer se dilate" est la copie de ce qui se passe quand j'assiste à la dilatation de la barre de fer. Mais une vérité qui s'applique à tous les corps, sans concerner spécialement aucun de ceux que j'ai vus, ne copie rien, ne reproduit rien.

Bergson, *La Pensée et le Mouvant*

Introduction

Dans ce texte, Bergson critique la conception classique de la vérité comme image de, adéquation ou correspondance à la réalité. Selon le philosophe, cette théorie n'est pas fausse, mais ne s'applique qu'aux cas les plus rares.

Première partie : La théorie de la vérité-correspondance

L'idée selon laquelle la vérité est l'imitation de la réalité est non seulement très ancienne en philosophie, mais elle est partagée par l'opinion. Cette imitation est censée être si parfaite que, dans la langue courante, « vrai » et « réel » sont interchangeables. Ainsi dit-on « un vrai Delacroix » pour dire un tableau *réellement* peint par Delacroix. Un philosophe juif du Moyen Âge, Isaac Israëli, a donné à cette idée son expression canonique en définissant la vérité comme l'adéquation de l'intellect (de la pensée) et de la chose.

Deuxième partie : La critique bergsonienne de cette théorie

Bergson interroge et critique cette évidence : que voulons-nous dire lorsque nous disons que la vérité est l'image de la réalité ? Que signifie cette « ressemblance » impliquée dans les termes d'image, d'adéquation ou de correspondance ?

Pour Bergson, cette « ressemblance » n'existe que dans les cas les plus rares. Ainsi l'énoncé : « Le ciel est bleu », est vrai dès lors que le substantif « ciel » et l'adjectif « bleu » correspondent à des réalités bien définies (le ciel, la couleur bleue) : à un mot correspond une chose, et une seule.

Or, remarque Bergson, la « réalité » n'entre presque jamais dans le carcan des concepts et des jugements universels. Ce qui la caractérise en effet, c'est d'être singulière (unique), et changeante (jamais identique). Il existe, par conséquent, une hétérogénéité fondamentale entre les choses et les mots qui les désignent. L'idée de vérité-ressemblance suppose que le langage est une peinture de la réalité. Or un mot n'est jamais une image, c'est une convention à valeur symbolique. Une loi physique n'est pas la représentation d'une réalité physique, mais une *expression*.

Conclusion

Dans ce texte, Bergson procède à un critique convaincante d'une illusion commune au sujet de la vérité. La vérité est la qualité de certains énoncés, dès lors que ceux-ci obéissent à certains critères. Elle appartient par conséquent au domaine du langage, ou du symbolique. Comme elle n'est pas située sur le même plan que la réalité des choses, elle ne peut pas plus en être l'image qu'une musique peut être une peinture.

Séries technologiques

1er sujet : Être libre, est-ce n'obéir à aucune loi ?

Conseil

La façon dont la question est posée invite le candidat à répondre évidemment non. Rappelons encore et toujours que la valeur de la dissertation philosophique ne tient pas à la réponse qu'elle donne à la question, mais à la manière dont elle le fait. Il faut, par conséquent, trouver des arguments des deux côtés.

Introduction

La liberté est la capacité à agir selon sa volonté propre, indépendamment des contraintes extérieures. Les lois sont la forme la plus connue de ces contraintes. Elles peuvent être naturelles, ce sont les lois physiques ; elles peuvent être humaines, ce sont les lois sociales. La question qui nous est posée est celle de savoir si la liberté peut être confondue avec une totale indépendance vis-à-vis des lois.

Première partie : La liberté est une indépendance vis-à-vis des lois

Puisque la liberté est, en première analyse, une absence de contrainte, et que la loi, qu'elle soit naturelle ou physique, est une contrainte, il est logique de conclure qu'être libre, c'est n'obéir à aucune loi.

D'une part, ceux qui sont totalement soumis aux lois (poussés par la nécessité du besoin ou bien emprisonnés par les règles de la société) sont asservis, et non pas libres. Par ailleurs, toutes les grandes avancées historiques de la liberté se sont faites ou bien contre les lois de la nature (des moyens de transport à la contraception, on pourrait citer toutes les techniques), ou bien contre les lois de la société (les révoltes et les révolutions sont des grands mouvements de désobéissance aux lois).

Seconde partie : Il n'y a pas de liberté sans loi

Pour montrer qu'il n'y a pas de liberté sans loi, Emmanuel Kant prenait l'exemple d'une colombe qui s'imaginait, puisqu'elle sentait la résistance de l'air contre ses plumes, qu'elle volerait bien mieux sans lui. Comme elle n'a pas de connaissances particulières en physique, la colombe ne sait pas que ce qu'elle éprouve comme un obstacle est, en réalité, une condition favorable. Sans l'air, non seulement la colombe ne volerait pas mieux, mais elle ne volerait pas du tout.

Conseil

Les références aux philosophes ne sont évidemment pas obligatoires. Mais si leur absence ne pénalise pas leur candidat, elles impressionneront toujours favorablement le correcteur.

D'une part, nous ne pouvons échapper ni aux lois physiques, ni aux lois sociales. Mais nous pouvons agir en connaissant les premières et en transformant les secondes. Être libre, c'est obéir aux lois que l'on a choisies soi-même, ou que l'on accepte. Le joueur se sent complètement libre, et pourtant il obéit à des règles contraignantes. Mais il sait que sans ces règles, le jeu n'est pas possible.

Conclusion

N'obéir à aucune loi est un rêve, un fantasme, une illusion. La liberté est une capacité concrète à agir dans le réel, elle ne doit pas être confondue avec la licence.

2e sujet : La diversité des cultures sépare-t-elle les hommes ?

Attention

C'est un sujet que l'on peut dire d'actualité. Mais n'oubliez pas que vous devez faire un travail de philosophie et que, par conséquent, on vous demande de dépasser le stade des réactions et des opinions premières.

Introduction

En français, le sens du terme « culture » peut être équivalent à celui de « civilisation ». Il désigne l'ensemble des valeurs, des croyances et des productions propres à un peuple. Ainsi parle-t-on de culture chinoise, de culture arabe, de culture américaine, etc. Les cultures ont été nombreuses dans l'histoire. Même la mondialisation, qui tend à une uniformisation entre les modes de vie et de pensée, n'a pas complètement aboli la diversité des cultures.

La question qui nous est posée revient à savoir si cette diversité contribue à l'incompréhension entre les hommes, et à un sentiment d'étrangeté.

Conseil

Même si leur sens paraît évident, le sens de la question et celui de ses termes doivent être impérativement donnés en introduction.

Première partie : La diversité des cultures sépare les hommes

Une culture est comme un monde en soi. Elle détermine une manière de voir et de penser, de vivre, d'aimer, de fabriquer, de s'habiller, etc. Cette diversité a frappé les hommes depuis toujours. Comment se fait-il que « les autres » ne soient pas « comme nous » ? Ne parlent pas la même langue ? Ne mangent pas la même nourriture ? L'incompréhension suscite la peur, et la peur débouche volontiers sur la violence. Les Grecs appelaient « barbares » tous les peuples qui n'étaient pas grecs.

Seconde partie : La diversité des cultures constitue la communauté humaine

Les rapports entre les différentes cultures n'ont pas toujours été des rapports de conquête et de guerre. Il y a, dans l'histoire passée, bien des exemples d'influences fécondes et d'échanges pacifiques. C'est justement parce que l'autre n'est pas comme moi, qu'il a des choses que je n'ai pas, que je peux désirer entrer en contact avec lui et m'enrichir de ses richesses.

Imaginons une histoire humaine occupée par une culture unique, sur toute la surface de la Terre. C'est alors, probablement, que la concurrence se serait exacerbée en hostilité de chacun contre tous. Si l'autre n'est pas différent de moi, qu'est-ce que je pourrais gagner à son contact ?

Conclusion

Certes, la diversité des cultures semble séparer les hommes. Mais la communauté humaine n'est pas comme un troupeau constitué d'individus interchangeables. C'est précisément parce que les cultures sont diverses que les hommes peuvent entretenir des échanges profitables à tous.

3e sujet : Explication de texte

Il n'y a presque rien qui n'ait été dit par l'un, et dont le contraire n'ait été affirmé par quelque autre. Et il ne serait d'aucun profit de compter les voix, pour suivre l'opinion qui a le plus de répondants[10] *: car, lorsqu'il s'agit d'une question difficile, il est plus vraisemblable qu'il s'en soit trouvé peu, et non beaucoup, pour*

10. Répondants : défenseurs.

découvrir la vérité à son sujet. Mais quand bien même[11] *ils seraient tous d'accord, leur enseignement ne serait pas encore suffisant : car jamais, par exemple, nous ne deviendrons mathématiciens, même en connaissant par cœur toutes les démonstrations des autres, si notre esprit n'est pas en même temps capable de résoudre n'importe quel problème ; et nous ne deviendrons jamais philosophes, si nous avons lu tous les raisonnements de Platon et d'Aristote, et que nous sommes incapables de porter un jugement assuré sur les sujets qu'on nous propose ; dans ce cas, en effet, ce ne sont point des sciences que nous aurions apprises, semble-t-il, mais de l'histoire.*

Descartes, *Règles pour la direction de l'esprit.*

Pour expliquer ce texte, vous répondrez aux questions suivantes, qui sont destinées principalement à guider votre rédaction. Elles ne sont pas indépendantes les unes des autres et demandent que le texte soit d'abord étudié dans son ensemble (Avertissement figurant sur la feuille d'examen).

Conseil

Encore une fois, on aura supposé aux élèves de terminales technologiques des connaissances que bien peu d'entre eux peuvent avoir. Ne choisissez pas le texte par défaut (lorsque les deux sujets de dissertation vous paraissent trop difficiles). Il est plus facile d'être catastrophique sur un texte que sur un sujet de dissertation.

1. Formulez la thèse de ce texte et montrez comment elle est établie

Dans cet extrait, Descartes traite de la question de la vérité, et de la certitude que l'on peut avoir. À la différence de la conviction, en effet, qui peut être illusoire, la certitude est la claire conscience de posséder la vérité.

Or, sur n'importe quel sujet, les idées contraires s'affrontent. Les sceptiques tirent argument de ces oppositions pour en conclure que la vérité n'existe pas. Tel n'est pas le point de vue de Descartes. Mais lorsqu'il y a une controverse sur un sujet, quel parti prendre ? Celui de la majorité ? Beaucoup de gens, en effet, sont sensibles à l'argument du plus grand nombre : ils pensent qu'un point de vue qui recueille un large assentiment a plus de chances d'être vrai qu'un point de vue contraire. Descartes rappelle que le consensus n'est jamais une preuve de vérité, car il peut arriver que tout le monde se trompe sur une question. Ainsi, pendant des siècles, tous les hommes ont cru que le Soleil tournait autour de la Terre.

En même temps que l'argument du plus grand nombre et l'argument du consensus, c'est l'argument d'autorité que conteste Descartes dans cet extrait. Platon et Aristote ont beau être des grands génies de la pensée, ils ne sont pas des garants de vérité. Et celui qui connaîtrait parfaitement leurs idées serait encore bien éloigné de la vérité, car celle-ci est d'abord l'exercice et le produit d'une pensée *personnelle.*

11. Quand bien même : même si.

2. a. Expliquez : « Il ne serait d'aucun profit de compter les voix, pour suivre l'opinion qui a le plus de répondants »

Ce n'est pas parce qu'une opinion a plus de soutiens qu'une autre qu'elle est plus crédible ou véridique. Il est arrivé très souvent, dans l'histoire, qu'un individu ait eu raison seul contre tous, et que les grandes théories novatrices, comme la théorie de l'évolution ou la théorie de la relativité, aient suscité au début de l'incompréhension et de l'hostilité.

2.b. En vous appuyant sur les exemples des mathématiciens et des philosophes, expliquez pourquoi : « Mais quand bien même ils seraient tous d'accord, leur enseignement ne serait pas encore suffisant ».

Sur certaines questions, il n'y a jamais eu unanimité parmi les mathématiciens, et encore moins parmi les philosophes. Descartes dit : même s'il y avait eu unanimité, cela ne suffirait pas pour établir la vérité. Les philosophes et les mathématiciens, en effet, sont tous fils de leur temps. Ils peuvent donc être tous sourds ou aveugles à certaines choses. Ainsi, jusqu'au XIXe siècle, tous les mathématiciens ont-ils cru au caractère véridique des axiomes, sous prétexte qu'ils étaient évidents, et ils croyaient que la géométrie euclidienne était la seule géométrie possible.

Par ailleurs, « être dans le vrai », ne signifie pas apprendre et répéter mécaniquement les découvertes faites par les autres, mais *comprendre*, c'est-à-dire assumer, en soi-même, l'idée vraie.

3. Juger par soi-même, est-ce le seul moyen de découvrir ce qui est vrai ?

Attention

Rappelons que la troisième question est un véritable sujet de dissertation et que le correcteur attend une introduction, un développement en plusieurs parties, et une conclusion.

Juger par soi-même signifie penser indépendamment de toute autorité et de toute contrainte extérieure, argumenter avec ses idées propres, faire confiance à sa propre raison. La question posée est celle de savoir si la découverte de la vérité a pour condition unique le jugement personnel.

Découvrir ce qui est vrai suppose que l'on reconnaisse la vérité. Or cette démarche ne peut être accomplie que par un sujet pensant personnel. Tel est le sens profond de la fameuse phrase de Descartes : « Je pense donc je suis ». Personne ne peut penser ni savoir à ma place.

Maintenant, je ne peux pas tout tirer de moi-même, de mon propre fonds seulement. Pour juger, je suis bien contraint de me servir d'informations qui me viennent de l'extérieur. C'est même un grand travers pour le jugement que de ne pas tenir compte de ses sources. Bien des erreurs et bien des illusions sont nées de ce désir orgueilleux de ne juger que par soi-même.

En conclusion, nous pouvons dire que le jugement fondé en raison est à la fois un jugement authentiquement personnel mais alimenté aussi par une matière qui vient nécessairement des autres et du monde extérieur.

Chapitre 37

Entraînez-vous sur les sujets de 2012 !

DANS CE CHAPITRE :

- **Les trois sujets corrigés du bac 2012 de chaque série**
- **Pas à pas, les erreurs à éviter et les bonnes choses à dire ou à faire (en italique)**

Série L

1er sujet : Que gagne-t-on en travaillant ?

Conseil

Pas question, évidemment, de se contenter de mettre sur sa copie « Des clopinettes ! », et de partir.

Derrière sa formulation banale, ce sujet est pratiquement une question de cours. C'est pourquoi on se contentera ici d'indiquer les idées essentielles, qu'une dissertation rédigée devra développer.

Introduction

La question nous invite à réfléchir sur la fonction, l'utilité, le sens de travail.

Première partie : Le travail satisfait les besoins et les désirs humains

C'est la première chose à laquelle on pense, il convient donc de commencer par elle. L'homme est un être de besoins et de désirs, et seul le travail (entendu comme un ensemble d'activités productrices) peut les satisfaire.

Mais ce que nous montre le drame du chômage, c'est que la privation de travail ne touche pas seulement le niveau ou le mode de vie (moins d'argent, moins de consommation, etc.). On gagne en travaillant autre chose que de l'argent, et l'on perd bien plus que de l'argent en perdant son travail ou en n'en trouvant pas, même si cela n'est pas toujours conscient.

Deuxième partie : Le travail est un moyen de reconnaissance sociale

Le travail est toujours une activité *sociale*, comme l'a montré Marx. Même si je suis seul à travailler dans mon champ, dans mon atelier, de mon bureau, mon activité est un élément de tout un réseau humain et technique (les outils et les machines, les fournisseurs et les clients, les collègues, etc.). Travailler, c'est faire partie d'une société. Inversement, le chômage est une forme de désocialisation.

Troisième partie : Le travail est une expression de la personnalité

Par le travail, j'exprime ce que je suis. Même si le travail est mécanique, répétitif, sans intérêt, il y a souvent moyen de « faire bien » son travail, et celui qui le fait en retire une certaine fierté. Il n'est pas étonnant dès lors que le chômage s'accompagne souvent de honte, alors même qu'il est dû à des facteurs extérieurs et que la victime de ce drame n'en est pas responsable.

Conclusion

Comme on le voit, on gagne beaucoup à travailler, et on perd beaucoup à ne pas travailler, beaucoup plus qu'on ne le croit.

2e sujet : Toute croyance est-elle contraire à la raison ?

Attention

Beaucoup de candidats ont pris « croyance » uniquement dans le sens de croyance religieuse. N'oubliez pas qu'il y a des croyances dans tous les domaines, et que les croyances religieuses n'en sont qu'une sorte.

Introduction

Conseil

La façon dont la question est posée (c'est le cas des énoncés qui commencent par « tout », ou « tous ») implique une réponse presque inéluctable : c'est non ! Maintenant, il faut argumenter.

Première partie : La croyance est irrationnelle

Commençons par la thèse la plus évidente : il y a croyance là où la raison est impuissante à rendre compte de la réalité. Depuis Platon, la philosophie oppose la science ou la raison à l'opinion. Lorsque je ne peux pas savoir, il me reste la croyance. D'où les croyances religieuses (la création du monde par Dieu, l'existence de l'âme, la vie après la mort, etc.).

Deuxième partie : Il existe des croyances rationnelles

Christophe Colomb *croyait* pouvoir atteindre les Indes en prenant la route maritime de l'Ouest. En sciences, les hypothèses qui n'ont pas pu être démontrées sont par ailleurs et de fait des croyances. Nietzsche allait jusqu'à dire que c'est la science tout entière qui repose sur des croyances, à commencer par la croyance en la vérité même de la science.

Troisième partie : Il faut distinguer irrationnel et suprarationnel

Et même si l'on considère les croyances religieuses, peut-on vraiment dire qu'elles sont irrationnelles ? Certaines le sont (la révélation de la parole de Dieu à un prophète, l'immaculée conception de Marie, le mystère de la Trinité...), mais est-il irrationnel de croire à une forme de vie après la mort ? Ou simplement à l'existence de Dieu ?

Il faut donc opérer une distinction entre ce qui est contraire à la raison (l'irrationnel) et ce qui est au-dessus de la raison (le suprarationnel). En fait, les croyances franchement irrationnelles (comme celle que développaient les nazis sur les juifs dominant le monde, à la fois par le capitalisme et le communisme) sont, et c'est heureux, assez rares.

Conclusion

La plupart des philosophes contemporains ont procédé à une certaine réhabilitation de la croyance. Ce faisant, ils ont contesté l'opposition, traditionnelle depuis Platon, entre la raison et la croyance.

3e sujet : Explication de texte

La fin de l'État n'est pas de faire passer les hommes de la condition d'êtres raisonnables à celle de bêtes brutes ou d'automates, mais au contraire il est institué pour que leur âme et leur corps s'acquittent en sûreté de toutes leurs fonctions, pour qu'eux-mêmes usent d'une Raison libre, pour qu'ils ne luttent point de haine, de colère ou de ruse, pour qu'ils se supportent sans malveillance les uns les autres. La fin de l'État est donc en réalité la liberté. Nous avons vu aussi que, pour former l'État, une seule chose est nécessaire : que tout le pouvoir de décréter appartienne soit à tous collectivement, soit à quelques-uns, soit à un seul. Puisque, en effet, le libre jugement des hommes est extrêmement divers, et que chacun pense être seul à tout savoir et qu'il est impossible que tous opinent pareillement et parlent d'une seule bouche, ils ne pourraient vivre en paix si l'individu n'avait renoncé à son droit d'agir suivant le seul décret de sa pensée. C'est donc seulement au droit d'agir par son propre décret qu'il a renoncé, non au droit de raisonner et de juger ; par suite, nul à la vérité ne peut, sans danger pour le droit du souverain, agir contre son décret, mais il peut avec une entière liberté opiner[12] et juger et en conséquence aussi parler, pourvu qu'il n'aille pas au-delà de la simple parole ou de l'enseignement, et qu'il défende son opinion par la raison seule, non par la ruse, la colère ou la haine.

Spinoza, *Traité théologico-politique.*

La connaissance de la doctrine de l'auteur n'est pas requise. Il faut et il suffit que l'explication rende compte, par la compréhension précise du texte, du problème dont il est question [*avertissement figurant sur la feuille d'examen*].

Un texte remarquable, mais dense, et dont la difficulté est aggravée par une traduction qui manque d'élégance (la première phrase n'est pas syntaxiquement correcte).

Introduction

Dans ce texte, Spinoza se fait le défenseur résolu de la démocratie. Mais la liberté qui caractérise ce régime n'est pas l'autorisation d'agir selon son bon vouloir personnel. Il n'y a pas de liberté politique sans le respect d'un contrat implicite : en échange d'une volonté personnelle qui ne serait qu'égoïste, le citoyen se voit garantir une liberté de pensée qui n'aurait d'autres limites que celles prévues par la loi. La démocratie est un régime d'État de droit.

Conseil

N'hésitez pas à entrer directement dans le vif du sujet. Trop de candidats tournent autour du pot dans l'introduction.

Première partie : La fin de l'État est la liberté, qui est un droit naturel

L'État est l'ensemble des mécanismes et des organes de pouvoir au sein d'une société humaine. La question du sens et de la finalité de l'État a divisé les philosophes. Alors que pour Hobbes, l'État a pour fin première d'assurer la sécurité des citoyens, pour Spinoza, il a pour fonction d'assurer la liberté des hommes.

Conseil

Toujours essayer de dire à quel point de vue un philosophe s'oppose. Se rappeler qu'un philosophe, lorsqu'il écrit, n'écrit pas seulement pour défendre une thèse, mais aussi pour en critiquer une autre.

Lorsque Spinoza dit que « la fin de l'État n'est pas de faire passer les hommes de la condition d'êtres raisonnables à celle de bêtes brutes ou d'automates », il signifie deux choses : d'une part que les hommes sont des êtres raisonnables par nature, et d'autre part que la pratique habituelle des États est de les transformer en animaux sauvages ou en robots. Au XVIIe siècle, Spinoza ne

12. Formuler une opinion.

connaissait que les tyrannies pour illustrer son propos. À l'époque moderne, nous avons vu des régimes pires encore (les régimes totalitaires) retirer aux hommes leur raison et leur liberté, les dressant ainsi les uns contre les autres par leurs passions.

Deuxième partie : L'État suppose que l'individu renonce à son désir d'agir selon son bon vouloir

Ce que dans ce texte Spinoza appelle « le pouvoir de décréter » correspond à ce que nous appelons le pouvoir législatif.

Depuis les Grecs (Platon, Aristote), les philosophes distinguaient trois types de pouvoir : la monarchie (un seul décide), l'aristocratie (quelques-uns décident) et la démocratie (tous décident). Spinoza reprend cette tripartition dans ce texte.

Conseil

Expliquer un texte, c'est, entre autres, mettre en rapport certains éléments de ce texte avec des références tirées de l'histoire de la pensée philosophique. Ces références ne sont jamais obligatoires, mais elles vaudront toujours au candidat qui aura été capable de les donner, un avantage certain.

Comme les hommes sont tous différents les uns des autres, qu'ils ont des opinions différentes, et des intérêts non seulement différents mais contradictoires, un ordre politique et social serait impossible sans concession. C'est ce que Spinoza veut dire lorsqu'il écrit que l'individu doit renoncer « à son droit d'agir suivant le seul décret de sa pensée ». Sans être explicitement formulée, la théorie du contrat social est donc au cœur de cet extrait : les hommes ont, par droit naturel, la possibilité d'agir et de vivre selon leurs désirs, mais, vivant dans une société politiquement organisée (à la différence des sociétés animales), ils doivent renoncer à leur égoïsme.

Troisième partie : Si l'État détient le monopole du pouvoir, il doit garantir la liberté de pensée

La théorie du contrat social (dans l'état de nature, les hommes jouissent d'une liberté naturelle ; dans l'état social ou civil, ils bénéficient de la sécurité en échange de cette liberté) risque de déboucher sur la tyrannie. Fervent partisan de la démocratie, et seul grand philosophe à l'être à son époque, Spinoza conçoit l'État comme le garant des droits naturels de l'être humain, et non comme son fossoyeur.

Seulement, il s'appuie sur une distinction et une restriction. Si le citoyen s'en remet au « souverain » pour ce qui concerne le pouvoir exécutif et le pouvoir législatif (par « souverain », il convient d'entendre le détenteur du pouvoir souverain, qui peut être une assemblée aussi bien qu'un roi), cela ne signifie en aucun cas qu'il a renoncé à sa liberté de penser et de juger.

Si la commission qui a choisi les sujets a jugé bon de mettre en bas de page une note à « opiner », elle ne l'a pas fait pour « souverain », qui prête aussi à équivoque.

Attention

Si l'État, dans sa forme démocratique, garantit la liberté de penser et de juger, cela ne signifie évidemment pas que les hommes auraient le droit d'exprimer leurs passions (colère ou haine). Ainsi la plupart des États démocratiques modernes, qui ont intégré la liberté de croyance et d'opinion comme des droits de l'homme, ont-ils prévu de sanctionner comme des délits les appels à la haine raciale, sans que cela pût être interprété comme une violation de liberté.

Conclusion

Dans ce texte, Spinoza se montre précurseur de plusieurs concepts constitutifs de l'ordre politique contemporain : démocratie, État de droit, droits de l'homme. Certes, ces termes ne figurent pas explicitement dans ce texte, mais les idées qu'ils véhiculent s'y trouvent constamment.

L'intérêt d'un texte philosophique n'est pas nécessairement lié à son caractère actuel. Au contraire, un texte peut être d'autant plus intéressant qu'il est inactuel, car il nous fait comprendre par contraste une part de notre réalité présente.

Attention

Série ES

1er sujet : Peut-il exister des désirs naturels ?

C'est le type même de question entièrement ouverte. Les deux options contraires sont également possibles. Le candidat ne doit donc pas s'imaginer que le correcteur s'attend à une réponse unique.

Conseil

Introduction

La question sous-entend que les désirs, ou du moins la plupart des désirs ne sont pas innés mais acquis, par l'expérience personnelle, par la vie en société, au cours de l'histoire.

Comme les deux options contraires sont possibles (il y a des désirs naturels/il n'y a pas de désirs naturels), l'ordre des parties du développement dépend évidemment de la thèse défendue par le candidat. Le plan qui suit (comme d'ailleurs tous les autres de ce chapitre et du suivant) n'est pas un modèle, mais un exemple.

Attention

Première partie : Il y a des désirs naturels

Épicure distinguait les plaisirs naturels et nécessaires (comme celui de boire quand on a soif), les plaisirs naturels et non nécessaires (comme celui de manger un repas raffiné), et les plaisirs ni naturels ni nécessaires (ceux qui sont liés à l'argent, au pouvoir, à la réputation). Cette tripartition peut valoir pour les désirs.

Seconde partie : Les désirs sont acquis

La différence qui existe entre un besoin et un désir vient justement de ce qu'un besoin est naturel, du moins au départ, alors que le désir est dérivé, plus compliqué que le besoin. On peut le constater avec la différence entre besoin sexuel et désir sexuel.

Par ailleurs, la vie en société introduit en l'homme des désirs qu'il n'aurait jamais eus s'il avait vécu dans une autre société ou à une autre époque. Il est évident que l'adolescent du temps de Louis XIV ne désirait ni voiture ni vêtements de marque.

Conclusion

On peut trouver une manière de synthèse entre les deux thèses contraires en affirmant que la base de nos désirs est liée à notre nature d'êtres humains, mais qu'en revanche la manière dont ces désirs s'expriment, les objets sur lesquels ils se portent dépendent de la culture à laquelle on appartient.

2e sujet : Travailler, est-ce seulement être utile ?

Conseil

Comme ce sujet recoupe une bonne partie du premier sujet de la série L (voir plus haut), on fera ici un résumé rapide des idées essentielles.

Par ailleurs, rappelez-vous que toutes les fois que vous rencontrez l'adverbe « seulement » dans un énoncé, vous pouvez être sûr que la réponse attendue est négative.

Introduction

Le travail est l'ensemble des activités productrices grâce auxquelles l'être humain satisfait ses besoins et en crée de nouveaux. L'utilité est une relation positive, avantageuse entre des moyens et une fin visée.

Conseil

N'oubliez pas qu'il faut toujours définir les termes du sujet, même ceux qui paraissent évidents. Si nous ne le faisons pas toujours nous-mêmes ici, c'est faute de place.

Première partie : L'utilité du travail

Le travail satisfait des besoins. Travailler c'est également avoir une utilité sociale.

Seconde partie : Le travail n'est pas seulement utile

Il est plus qu'utile : il est nécessaire.

Il est indispensable à l'estime de soi. Sigmund Freud disait qu'être normal, c'est aimer et travailler. Aimer, c'est entretenir des relations avec autrui. Travailler, c'est entretenir des relations avec le réel. De fait, les individus atteints des troubles psychiatriques les plus graves sont incapables d'aimer et de travailler. Inversement, le travail est parfois utilisé comme moyen thérapeutique pour soigner certains troubles psychiques.

Conclusion

N'oublions pas également ce qu'il peut y avoir de *gratuit*, au sens noble du terme, dans le travail. Il y a une part de *jeu* dans le travail, même le plus routinier, même le moins intéressant. Et puis n'oublions pas non plus qu'il n'y a pas de travail sans pensée, sans activité psychique, et qu'il y a là une manifestation précieuse de liberté.

3e sujet : Explication de texte

En morale, les règles éternelles d'action ont la même vérité immuable universelle que les propositions en géométrie. Ni les unes ni les autres ne dépendent des circonstances, ni des accidents, car elles sont vraies en tout temps et en tout lieu, sans limite ni exception. "Tu ne dois pas résister au pouvoir civil suprême" est une règle qui n'est pas moins constante ni invariable pour tracer la conduite d'un sujet à l'égard du gouvernement que "multiplie la hauteur par la moitié de la base" pour mesurer la surface d'un triangle. Et de même qu'on ne jugerait pas que cette règle mathématique perd de son universalité parce qu'elle ne permet pas la mesure exacte d'un champ qui n'est pas exactement un triangle, de même on ne doit pas juger comme un argument contraire à l'universalité de la règle qui prescrit l'obéissance passive le fait qu'elle ne touche pas la conduite d'un homme toutes les fois qu'un gouvernement est renversé ou que le pouvoir suprême est disputé.

Il doit y avoir un triangle et vous devez vous servir de vos sens pour le connaître, avant qu'il y ait lieu d'appliquer votre règle mathématique. Et il doit y avoir un gouvernement civil, et vous devez savoir en quelles mains il se trouve, avant qu'intervienne le principe moral. Mais, quand nous savons où est certainement le pouvoir suprême, nous ne devons pas plus douter que nous devons nous y soumettre, que nous ne douterions du procédé pour mesurer une figure que nous savons être un triangle.

Berkeley, *De l'obéissance passive.*

Introduction

Il est aujourd'hui communément admis que l'ordre logique de la vérité et l'ordre moral du bien n'obéissent pas aux mêmes règles. Ce qui est scientifiquement vrai l'est pour tout le monde, tandis que les hommes divergent à la fois sur leur conception du bien et dans leur manière de faire.

Or, pour Berkeley, les règles de l'action (morale et politique) ont la même universalité que les règles des mathématiques. Comment ce philosophe peut-il soutenir une pareille thèse, à laquelle aujourd'hui pratiquement plus personne ne croit ?

Attention

Un texte philosophique est l'énoncé d'une thèse philosophique, et non d'une vérité. Expliquer un texte, c'est en dégager le sens, c'est-à-dire les raisons qui ont pu conduire un auteur à soutenir telle ou telle idée.

Première partie : L'existence de règles pratiques universelles selon Berkeley

Pour Berkeley, les règles pratiques qui ordonnent le comportement des hommes ont la même universalité, la même immuabilité que les propositions géométriques, indépendantes de l'espace et du temps (on dirait aujourd'hui : des conditions socio-historiques). Les Chinois n'ont pas une manière à eux de calculer l'aire d'un triangle, et on n'imagine pas une société humaine pour laquelle le rapport entre la circonférence et le diamètre d'un cercle n'aurait pas la valeur de *pi*.

Selon Berkeley, le devoir d'obéissance à l'égard du souverain (le « pouvoir civil suprême ») est une règle aussi invariable que la formule qui nous permet de calculer l'aire d'un triangle. Cette thèse est d'origine platonicienne. Platon, en effet, n'a pas cessé de combattre les sophistes qui défendaient des thèses relativistes (selon lesquelles ce qui est vrai pour l'un ne l'est plus pour l'autre, ce qui est bon pour l'autre ne l'est plus pour l'un), et il posait le Bien comme une idée transcendante (supérieure au monde sensible).

Conseil

Pensez à dire ce que vous savez, si vous le savez, bien sûr, et à condition, bien sûr, que cela ait un rapport au texte.

Deuxième partie : Les exceptions ne ruinent pas la règle

Aristote avait déjà noté l'écart entre la perfection d'une règle et les imperfections de ses domaines d'application. Ainsi les terrains n'ont-ils jamais une forme rigoureusement triangulaire ou circulaire. Mais cela n'empêche pas les formules de la géométrie d'être toujours vraies.

De même, écrit Berkeley, le devoir d'obéir à l'autorité souveraine n'est pas ruiné du fait qu'il existe concrètement, dans l'histoire des sociétés, des émeutes, des guerres civiles et des renversements de gouvernement.

Troisième partie : Le devoir d'obéir est-il absolu ?

Berkeley est empiriste : selon lui, nous ne pouvons pas penser au triangle en général, dès que nous pensons un triangle, nous le pensons nécessairement comme isocèle, équilatéral ou scalène. À cet égard, sa philosophie est aux antipodes de celle de Platon.

Conseil

L'auteur de l'extrait de texte n'est pas censé être connu du candidat. Mais il est certain que si le candidat a entendu parler de l'auteur et a quelques idées sur lui, cela le guidera efficacement dans son explication de texte. En l'absence de connaissances certaines, la plus grande prudence est de mise. Ici, mieux vaut ne rien dire que dire des bêtises.

Le devoir d'obéissance ne s'applique pas à n'importe quel pouvoir, mais au pouvoir suprême, qui est celui du « gouvernement civil », c'est-à-dire des autorités de l'État.

Conclusion

Il est clair que Berkeley privilégie l'ordre et la sécurité aux dépens de la liberté et de la justice. À cet égard, il est bien éloigné des idéaux démocratiques qui ont fini par prévaloir à partir de la fin du XVIIIe siècle.

Bien plus, des théories libertaires ou anarchistes ont parlé d'un droit et même d'un devoir de désobéissance lorsque le pouvoir souverain viole les droits des citoyens. Mais ce serait une erreur de déduire de ce texte que Berkeley se fait le défenseur d'une obéissance inconditionnée à n'importe quel type de pouvoir. Par ailleurs, le fait que dans les démocraties modernes le parti vaincu aux élections reconnaisse sa défaite, et le fait qu'à la suite d'un changement de gouvernement l'obéissance des citoyens doit rester la même montrent bien qu'un régime de liberté politique ne peut se passer de ce devoir d'obéissance dont Berkeley traite dans ce texte.

Série S

1er sujet : Avons-nous le devoir de chercher la vérité ?

Attention

Un sujet particulièrement difficile. On n'a plus l'habitude de parler de la vérité en termes de devoir. Ne vous laissez pas enfermer dans un seul domaine de vérité (celui de la science ou de l'information quotidienne). Comme toujours, prenez le sujet dans toute son ampleur.

Introduction

La vérité est la qualité d'un énoncé conforme à la réalité objective. La recherche de la vérité peut correspondre à un besoin, à un désir, à un intérêt. Le sujet nous invite à nous interroger sur le sens moral de la recherche de la vérité. Parler de devoir, en effet, c'est s'inscrire dans la sphère morale.

Conseil

L'ordre des parties du développement dépend évidemment de la thèse que vous défendez. Si vous pensez que nous avons le devoir de chercher la vérité, consacrez alors une première partie aux autres motivations possibles.

Première partie : Le besoin et le désir de vérité

Dans cette partie, on analysera le besoin et le désir de vérité. Également l'intérêt (qui peut être matériel aussi bien qu'intellectuel) qu'il y a à chercher la vérité. On peut prendre aussi bien l'exemple de la recherche de la vérité par un journaliste que celui de la recherche de la vérité par un physicien.

Seconde partie : La valeur morale de la vérité

La vérité est ce qui permet l'accord des esprits. La vérité seule est universalisable. En effet, rien dans ce qui s'oppose à la vérité – que ce soit l'ignorance, l'erreur, le mensonge, l'illusion, la croyance irrationnelle – ne peut être universalisé sans dommage.

Conseil

Le correcteur appréciera les analyses précises (par exemple, celle du mensonge) appuyées sur des exemples pertinents. Servez-vous de vos connaissances en sciences et en histoire.

Conclusion

Nous pouvons avoir le devoir de chercher la vérité. Tout dépend du domaine concerné. On n'ira pas mettre sur le même plan l'enquête du paparazzi qui cherche à savoir si cette actrice a bien rencontré ce footballeur, et celle du journaliste qui cherche à savoir si les comptes d'une banque n'ont pas été falsifiés.

Par ailleurs, il n'y a pas *la vérité* qui serait là enfouie comme un trésor en attente d'être déterré. La vérité n'a pas seulement à être cherchée, elle est aussi *constituée.*

Conseil

Vous pouvez mettre en question les termes du sujet. Mais seulement à la fin, en conclusion.

2e sujet : Serions-nous plus libres sans l'État ?

Introduction

L'État est l'ensemble des organes et des structures de pouvoir politique d'une société. Il peut avoir des formes diverses (État de droit, État totalitaire...). Aujourd'hui, il n'y a pas de pays qui ne soit sous la juridiction d'un État, pas de population humaine non plus. Mais il n'en a pas toujours été ainsi.

Première partie : L'État est un appareil contraignant

Le philosophe anglais Thomas Hobbes a intitulé *Léviathan* son grand livre de philosophie politique. Léviathan, c'est le nom d'un monstre biblique, et Hobbes s'en sert pour symboliser la toute-puissance de l'État. Puisque la première fonction de celui-ci est d'assurer un ordre stable, il se manifeste par tout un ensemble de pouvoirs, qui sont pour les hommes autant de contraintes (la police, l'armée, les fonctionnaires chargés de collecter les impôts, etc.).

On comprend que l'homme puisse rêver de se libérer de ces contraintes. Le mythe du bon sauvage, au XVIIIe siècle, est l'expression de ce rêve : une existence de plaisirs, sans beaucoup de travail, dans laquelle l'homme jouit de sa vie naturelle. Sous le nom d'état de nature, des philosophes ont émis l'hypothèse d'une forme de vie humaine avant toute organisation politique et sociale.

Seconde partie : L'État garantit des droits

Jean-Jacques Rousseau, que l'on prend à tort pour un « partisan » de l'état de nature, distingue la liberté naturelle qui est celle des sauvages, et la liberté garantie par des lois dans une société fondée sur le contrat social.

Quelle autre puissance que l'État aurait pu organiser l'instruction pour tous ou les campagnes de vaccination qui ont permis d'éradiquer la peste, la variole et le choléra ?

Sans l'État, les désirs et les violences des individus se donnent libre cours, aux dépens des plus faibles et des plus démunis. On le constate aujourd'hui dans certains pays : lorsque l'État s'effondre, ou lorsqu'il est trop faible, ce n'est pas la liberté des individus qui l'emporte, mais le chaos.

Conclusion

Emmanuel Kant imagine qu'une colombe pourrait se croire plus libre dans son vol sans la résistance de l'air, car elle la ressent comme un obstacle. Or c'est l'air qui lui permet de voler.

Il en va de même avec les contraintes que nous ressentons de la part de l'État.

Mais cela ne vaut, évidemment, que si l'État est démocratique. Ce qui malheureusement n'est pas toujours le cas.

3e sujet : Explication de texte

On façonne les plantes par la culture, et les hommes par l'éducation. Si l'homme naissait grand et fort, sa taille et sa force lui seraient inutiles jusqu'à ce qu'il eût appris à s'en servir ; elles lui seraient préjudiciables, en empêchant les autres de songer à l'assister ; et, abandonné à lui-même, il mourrait de misère avant d'avoir connu ses besoins. On se plaint de l'état de l'enfance ; on ne voit pas que la race humaine eût péri, si l'homme n'eût commencé par être enfant. Nous naissons faibles, nous avons besoin de force ; nous naissons dépourvus de tout, nous avons besoin d'assistance ; nous naissons stupides, nous avons besoin de jugement. Tout ce que nous n'avons pas à notre naissance, et dont nous avons besoin étant grands, nous est donné par l'éducation. Cette éducation nous vient de la nature, ou des hommes ou des choses. Le développement interne de nos facultés et de nos organes est l'éducation de la nature ; l'usage qu'on nous apprend à faire de ce développement est l'éducation des hommes ; et l'acquis de notre propre expérience sur les objets qui nous affectent est l'éducation des choses. Chacun de nous est donc formé par trois sortes de maîtres. Le disciple dans lequel leurs diverses leçons se contrarient est mal élevé, et ne sera jamais d'accord avec lui-même ; celui dans lequel elles tombent toutes sur les mêmes points, et tendent aux mêmes fins, va seul à son but et vit conséquemment. Celui-là seul est bien élevé.

Rousseau, *Émile.*

Introduction

Émile, de Rousseau, est sous-titré *De l'éducation.* Cet extrait traite de l'éducation, en fait l'éloge, et il distingue (chose plus étonnante d'un point de vue contemporain) trois sortes d'éducation qui toutes doivent concourir à un même but pour faire ce que Rousseau appelle, en un sens rigoureux, un homme « bien élevé ».

Conseil

N'hésitez pas à aller rapidement au cœur du sujet, sans détour.

Première partie : Les bienfaits de l'éducation

C'est Cicéron qui, le premier, a parlé de culture à propos de l'éducation et de l'instruction des hommes. De même qu'un terrain sauvage ou en friche est cultivé pour donner des plantes dites de culture, de même l'esprit de l'homme au commencement est comme un terrain sauvage ou en friche et doit être cultivé. « Éducation » vient de deux mots latins qui signifient « conduire hors de ».

Attention

Si un correcteur trouve de telles références dans une copie, il tombera (symboliquement, bien sûr) dans les bras de son auteur. Mais rassurez-vous : il ne vous reprochera jamais de ne pas avoir ces références, qui ne sont pas censées être connues.

On a fait de Rousseau le philosophe de l'état de nature, et on a voulu voir en lui le chantre du bon sauvage qui vit heureux et ignorant dans sa forêt. Cet extrait suffirait à montrer qu'il ne s'agit là que d'une caricature. Si, en effet, la « nature » donnait tout à l'être humain, quel besoin celui-ci aurait-il eu d'être *cultivé* ? Non seulement Rousseau fait l'apologie de l'éducation, mais il considère que l'*imbécillité* native de l'homme (étymologiquement, le terme signifie « faiblesse ») est une véritable chance. C'est en effet grâce à cette faiblesse de départ, tant intellectuelle que physique, que l'homme parvient à un développement supérieur à celui des animaux (lesquels atteignent un état de maturité beaucoup plus rapidement).

Ainsi, c'est notre faiblesse de départ qui finit par faire notre force. À sa naissance, le bébé manque de tout, il est entièrement dépendant de ses parents et protecteurs. La culture humaine (au sens de civilisation), matérielle (la technique) et intellectuelle (la connaissance, la morale, etc.) est dérivée de cette détresse première. C'est parce que l'homme n'a ni fourrure, ni plumes, ni écailles, ni écorce qu'il s'est confectionné des vêtements.

Seconde partie : Les trois sources de l'éducation

L'éducation, dit Rousseau, nous vient de la nature, des hommes ou des choses. Rappelons que Rousseau prend « éducation » dans son sens étymologique : le processus qui permet à l'être humain d'atteindre un état de développement supérieur à sa situation de départ.

L'éducation qui nous vient de la nature correspond à nos capacités innées ou spontanées. Ainsi la station debout et l'usage de la parole articulée, même s'ils sont favorisés par l'entourage humain, sont largement dus à des mécanismes spontanés que nous avons appris à mieux connaître depuis Rousseau. Au sens propre du terme, l'enfant n'apprend pas à *parler*, il n'apprend que des mots.

L'éducation qui nous vient des hommes correspond à ce que nous appelons, dans un sens restrictif, l'éducation. Celle-ci est nécessairement greffée sur les capacités naturelles. Ainsi, dans les premiers mois de son existence, le bébé a une capacité de parole ouverte à toutes les langues humaines. Mais il apprendra, parmi celles-ci, une langue maternelle, dont il fera à son tour un usage singulier.

Ce que Rousseau appelle « l'éducation des choses » correspond à l'expérience de la vie. C'est une seconde sorte d'acquis (après l'éducation des hommes), et Rousseau la considère comme aussi importante que les capacités innées et l'instruction. La « curiosité » permet au jeune enfant de partir à une découverte du monde qui est largement autonome, car elle ne dépend ni de l'école, ni des parents. Qui n'a jamais été frappé par l'attention particulière avec laquelle un enfant regarde un insecte ?

Conclusion

Pour Rousseau, une éducation réussie est celle qui parvient à harmoniser l'enseignement des « trois sortes de maîtres ». Si, en effet, les capacités innées n'étaient jamais cultivées par l'entraînement, elles s'étioleraient (on le voit chez ceux que l'on dit doués, et même surdoués et qui, faute de travail, ne parviennent pas aux mêmes résultats que ceux qui, moins bien pourvus au départ, ont compensé leur relative médiocrité par l'exercice).

Maintenant, si nous examinons ce texte à la lumière des faits actuels, force nous est de constater que « l'éducation des hommes » a fini par l'emporter, très nettement, sur les deux autres.

Séries technologiques

1er sujet : La recherche de la vérité peut-elle se passer du doute ?

Conseil

La difficulté de ce sujet tient à l'impossibilité d'une réponse affirmative. Or, rédiger une dissertation, c'est trouver des arguments pour et contre.

Introduction

Voir plus haut le premier sujet de la série S.

Première partie : Rechercher la vérité sans doute

Rechercher la vérité suppose que l'on soit certain que la vérité existe. Cela suppose aussi que l'on soit certain que la vérité puisse être trouvée. Cela fait déjà deux certitudes.

On peut prendre l'exemple aussi bien du chercheur scientifique (comme celui qui traque le boson de Higgs) que du journaliste d'enquête (comme celui qui révèle le financement occulte d'un parti politique).

Seconde partie : Le doute est un moyen de chercher la vérité

Le titre complet du *Discours de la méthode* de Descartes est : « Discours de la méthode pour bien conduire sa raison et chercher la vérité dans les sciences ». C'est le doute systématique (« hyperbolique », dit Descartes) qui permet au philosophe d'atteindre la certitude absolue : c'est parce qu'il est impossible de douter que l'on pense (le doute, en effet, est une forme de pensée), que le « je pense » (le *cogito*) représente à la fois le premier exemple et le modèle de toute certitude. À la différence du doute sceptique, qui ruine la vérité, le doute cartésien (qui est celui de la recherche scientifique) constitue la vérité.

Conclusion

La recherche de la vérité est inséparable du doute, parce qu'elle est inséparable du travail critique qui analyse, examine, pèse le pour et le contre, vérifie les sources, etc.

2e sujet : Faut-il être cultivé pour apprécier une œuvre d'art ?

Conseil

Avant de se lancer tête baissée comme un taureau sur ce chiffon rouge écarlate, il faut être très attentif aux trois termes de la question : qu'est-ce qu'être « cultivé », que veut dire « apprécier », et enfin qu'est-ce qu'une œuvre d'art ? C'est tout cela qu'il faut dire en introduction.

Introduction

« Être cultivé » signifie avoir des connaissances. « Apprécier » signifie donner du prix, une valeur positive à quelque chose. Enfin, « une œuvre d'art » est une production humaine qui a pour objectif principal d'être admirée pour sa beauté ou son originalité.

La question est de savoir si la culture en matière artistique est indispensable pour apprécier une œuvre d'art, ou bien, à l'inverse, si une œuvre d'art peut être appréciée de manière en quelque sorte naïve ou spontanée.

Première partie : Le goût et la culture sont deux choses différentes

Le goût est la capacité d'apprécier quelque chose. Il peut être spontané : sinon, comment expliquer que l'on puisse aimer ou détester quelque chose pour la première fois ?

On voit bien qu'il y a des gens qui ont une grande culture et pas beaucoup de goût, et inversement, des gens qui, sans avoir une grande culture, manifestent un grand goût.

Seconde partie : La connaissance est indispensable

Il est difficile d'imaginer que ceux que l'on appelle les « connaisseurs » en matière artistique n'aient pas de goût. Si l'on prend l'analogie avec l'œnologie (la connaissance en matière de vins), on s'aperçoit que, pour ce qui est de l'appréciation, le goût et la connaissance (donc la culture) sont inséparables, au point qu'il est très difficile de les différencier. L'absence totale de connaissance peut nous rendre entièrement étrangers à un genre ou à un style esthétique : il faut une certaine habitude, une familiarisation pour entrer dans l'univers de beaucoup d'œuvres d'art, surtout si elles sont très étrangères à notre culture ou très éloignées de notre époque.

Conclusion

Il peut arriver, et il arrive en fait, que nous soyons immédiatement séduits par une œuvre d'art dont nous ne connaissons rien, ni l'auteur, ni le contexte, ni le sens. Mais *l'appréciation* implique un jugement, qui dépasse le niveau de la séduction immédiate. Et c'est pourquoi on peut dire qu'il est nécessaire d'être cultivé pour apprécier une œuvre d'art.

Attention

Ceci est un exemple, et on peut très bien imaginer une excellente dissertation avec une conclusion toute différente. Mystère et charme de la philosophie !

3e sujet : Explication de texte

Qu'est-ce qu'une bonne loi ? Par bonne loi, je n'entends pas une loi juste, car aucune loi ne peut être injuste. La loi est faite par le pouvoir souverain, et tout ce qui est fait par ce pouvoir est sûr et approuvé par tout un chacun parmi le peuple. Et ce que tout homme veut, nul ne saurait le dire injuste. Il en est des lois de la communauté politique comme des lois du jeu : ce sur quoi les joueurs se sont mis d'accord ne saurait être une injustice pour aucun d'eux. Une bonne loi est celle qui est à la fois nécessaire au bien du peuple et facile à comprendre. En effet, le rôle des lois, qui ne sont que des règles revêtues d'une autorité, n'est pas d'empêcher toute action volontaire, mais de diriger et de contenir les mouvements des gens, de manière qu'ils ne se nuisent pas à eux-mêmes par l'impétuosité[13] *de leurs désirs, leur empressement ou leur aveuglement ; comme on dresse des haies, non pour arrêter les voyageurs mais pour les maintenir sur le chemin. C'est pourquoi une loi qui n'est pas nécessaire, c'est-à-dire qui ne satisfait pas à ce à quoi vise une loi, n'est pas bonne.*

Hobbes.

13. Impétuosité : ardeur, fougue, violence.

Pour expliquer ce texte, vous répondrez aux questions suivantes, qui sont destinées principalement à guider votre rédaction. Elles ne sont pas indépendantes les unes des autres et demandent que le texte soit d'abord étudié dans son ensemble.

Conseil

Encore une fois, on aura supposé aux élèves de terminales technologiques des connaissances que bien peu d'entre eux peuvent avoir. Ne choisissez pas le texte par défaut (lorsque les deux sujets de dissertation vous paraissent trop difficiles). Il est plus facile d'être catastrophique sur un texte que sur un sujet de dissertation.

1. Formulez la thèse de ce texte et montrez comment elle est établie.

Deux questions seront traitées ici : quelle est l'idée centrale du texte ? Comment cette idée est-elle argumentée ?

Hobbes s'interroge sur la nature de la « bonne loi ». Pour lui, à la différence de Platon, la bonne loi n'est pas la loi juste mais la loi qui est issue du « pouvoir souverain », c'est-à-dire du peuple. En d'autres termes, la bonne loi est la loi qui vient d'un pouvoir légitime. Le décret arbitraire et le caprice d'un tyran sont ce qu'il y a de plus opposé à la bonne loi.

Conseil

N'oubliez pas qu'en philosophie, on doit toujours penser par contraste, par contraire. L'opposé de la bonne loi, ce n'est pas seulement la loi mauvaise, c'est l'absence de loi.

Hobbes compare la bonne loi aux règles d'un jeu. Certes, les règles d'un jeu (ou d'un sport) sont conventionnelles, mais cela ne signifie pas qu'elles soient arbitraires. Elles ont une logique, une nécessité. Que l'on pense aux règles du jeu d'échecs ou à celles du football.

Les règles d'un jeu n'existent pas pour entraver l'action des joueurs, mais bien au contraire pour leur permettre de jouer. Sans que les joueurs éprouvent une quelconque diminution de leur liberté d'agir. Il y a un consensus implicite des joueurs sur les règles à respecter. Et lorsqu'il y a des fautes ou des tricheries, les règles sanctionnent ceux qui les ont commises, et tous sont d'accord pour reconnaître la nécessité de ces sanctions.

Dans une société, les lois doivent avoir la même nécessité que les règles d'un jeu.

2. a. Expliquez : « Il en est des lois de la communauté politique comme des lois du jeu. »

La comparaison ou l'analogie entre les lois qui régissent une société et les règles qui définissent un jeu peut s'expliquer de plusieurs façons. Dans les deux cas, nous avons affaire à des conventions. Dans les deux cas, les hommes (citoyens d'un côté, joueurs de l'autre) reconnaissent leur nécessité car, sans elles, aucun ordre ne serait possible et les individus agiraient selon leur bon plaisir, ce qui ne pourrait profiter qu'aux plus rusés et aux plus violents.

Cela dit, la comparaison a des limites. Les règles d'un jeu sont en théorie définitives. Elles ne varient que sur des points de détail, quand elles sont radicalement transformées, alors apparaît un nouveau jeu. Tandis que les lois d'une société sont d'une part éphémères (surtout dans les sociétés modernes), et d'autre part contestables.

Attention

Expliquer un texte, cela ne signifie pas en approuver toutes les thèses. Bien des choses ont pu changer entre l'époque à laquelle a vécu un philosophe et la nôtre.

b. Expliquez : « Une bonne loi est celle qui est à la fois nécessaire au bien du peuple et facile à comprendre. »

À la différence de Platon et des penseurs chrétiens, Hobbes définit la bonne loi indépendamment de tout jugement moral. Pour lui, la bonne loi est celle qui parvient à imposer son évidence (on ne pourrait imaginer qu'elle n'existe pas), et que n'importe quel citoyen, même démuni et illettré, peut comprendre.

c. Expliquez : « Comme on dresse des haies, non pas pour arrêter les voyageurs, mais pour les maintenir sur le chemin. »

Souvent les citoyens considèrent les lois comme des entraves (que l'on pense au code de la route). Mais les lois n'existent pas pour empêcher les hommes de vivre, mais, au contraire, pour leur donner des moyens d'action.

Les haies sont comme des murs végétaux, on ne peut pas les traverser, mais elles n'ont pas été plantées pour empêcher les gens de circuler. Bien à l'inverse, elles tracent leur route (comme aujourd'hui les bandes blanches et les glissières). Par cette comparaison, Hobbes nous fait comprendre que les lois ne sont pas des obstacles, mais des conditions pour l'action.

3. Le rôle des lois est-il seulement d'empêcher les hommes de se nuire à eux-mêmes ?

La première finalité d'un État, selon Hobbes, est d'assurer la sécurité des citoyens.

Attention

Rappelons que la connaissance d'un auteur n'est pas requise pour expliquer un texte, mais que si le candidat a entendu parler, même de manière vague, de cet auteur, cela peut évidemment lui être très profitable.

Il est clair que les lois doivent sanctionner la délinquance et la criminalité, qui empêchent les individus de vivre en état de sécurité, donc librement. Cela représente toujours un progrès considérable lorsqu'un État de droit, fondé sur des lois, remplace une situation d'anarchie dont seuls les plus rusés et les plus violents profitent.

Par ailleurs, les hommes ne savent pas toujours très bien où est leur bien. Parfois l'État doit le leur imposer.

Cela dit, la sanction ne fait pas toute la loi. En accordant des droits nouveaux aux citoyens, comme celui qui organise le régime de Sécurité sociale ou de retraite, l'État montre qu'il n'est pas seulement un gendarme ou un policier, mais aussi un véritable éducateur.

PARTIE 4
LES RESSOURCES

DANS CETTE PARTIE ...

Vous cherchez le sens d'un concept, un résumé pratique de la doctrine stoïcienne ?

Ne cherchez pas plus loin, cette partie se veut une boîte à outils utile, même pour les moins bricoleurs d'idées

N'hésitez pas à piocher dedans à l'envi !

Chapitre 38

Les grands courants de pensée philosophique

DANS CE CHAPITRE :

» **Les grandes familles de pensée en « -isme »**

» **Apprenez-les à les reconnaître et à les utiliser**

Le platonisme

On appelle ainsi la philosophie de Platon et celle de ses disciples, c'est-à-dire la philosophie qui considère que le vrai monde, le monde réel, est celui des Idées absolues, par opposition au monde sensible, qui est celui de l'ignorance et de l'illusion.

Aujourd'hui, les seuls à pouvoir être vraiment platoniciens sont des mathématiciens (pas tous !). Beaucoup de mathématiciens, en effet, pensent que les objets mathématiques (une figure comme le cercle, un nombre, une fonction, etc.) ne sont ni des abstractions tirées de la réalité empirique, ni des artifices inventés par l'esprit humain, mais des êtres véritables qui ont une existence indépendante, séparée. Dans l'optique du platonisme mathématique, ce qu'un mathématicien trouve, il le découvre, il ne l'invente pas (ce qui veut dire, entre autres, que ce que trouve le mathématicien existe de toute éternité).

Les sophistes

C'est Platon, l'ennemi des sophistes, qui leur a donné la détestable réputation qui leur est restée 2 500 ans plus tard. Pour nous, un sophiste est un cynique qui se sert de son habileté à parler afin de faire passer pour vrai ce qui est faux et de persuader les naïfs qui l'écoutent. À l'opposé du vrai philosophe, le sophiste ne croit pas à ce qu'il dit, car il est capable de plaider le *contre* aussi bien que le *pour*, n'hésitant pas à utiliser de faux raisonnements (justement appelés « sophismes »). Les sophistes se servent du langage comme d'un instrument au service du pouvoir de persuader, sans se soucier de la vérité.

UN EXEMPLE DE SOPHISME

La tradition a gardé souvenir de certains sophismes, qui ne sont que des jeux de langage ou des caricatures. Ainsi le « sophisme cornu » : « Ce que tu n'as pas, tu l'as perdu. Or tu n'as pas de cornes, donc tu as perdu des cornes, donc tu avais des cornes. »

Dans ses dialogues, Platon oppose à Socrate, le vrai philosophe, son porte-parole, les sophistes, les faux philosophes qui ne cherchent qu'à avoir de l'influence sur les jeunes gens et acquérir le maximum d'argent.

L'hostilité de Platon a desservi les sophistes jusqu'à nos jours, car si étymologiquement le sophiste était un sage (*sophistès*, en grec appartient à la même famille que *sophos*, qui a donné « philosophe », et qui signifie « sage »), ce mot a fini par signifier « menteur », « trompeur », « manipulateur », « hypocrite ».

Un certain nombre de travaux récents ont tendu à réhabiliter les sophistes, et à démonter la critique de Platon. Pour Platon, la seule vraie connaissance était celle de l'Idée absolue, comme celle du Bien, à laquelle seul le philosophe aurait accès. Les sophistes qui prétendaient détenir un savoir encyclopédique n'étaient, à ses yeux, que des bonimenteurs : entre Socrate qui disait : « la seule chose que je sais, c'est que je ne sais rien », et Hippias, qui osait affirmer tout savoir, le sérieux semble évidemment être du côté de Socrate.

UN CHAMPION TOUTES CATÉGORIES

Hippias, l'un des plus célèbres sophistes, était un jour arrivé aux Jeux olympiques avec un manteau qu'il avait lui-même tissé, et une bague qu'il avait lui-même forgée. Car en plus de tout connaître, cet homme – qui vécut plus de cent ans – prétendait tout faire de ses propres mains ! En somme, il incarnait un idéal d'autonomie comme s'il constituait à lui seul une société, chose que Platon, fervent partisan de la division du travail, ne pouvait supporter !

Citation

Platon est un ennemi résolu du relativisme. Or les sophistes sont relativistes : « L'homme est la mesure de toutes choses », dit Protagoras. Ce sont les sophistes qui, les premiers dans l'histoire de la pensée, ont établi l'opposition entre la *loi conventionnelle*, donc arbitraire, des sociétés humaines et la *loi naturelle* : ainsi, pour Gorgias, ce qui est juste selon la loi des hommes n'est pas forcément juste selon la loi de la nature. Platon ne pouvait admettre une telle opposition car, selon lui, il y avait un juste en soi, valable partout.

L'opposition de Platon n'était pas seulement philosophique, elle avait aussi des motivations politiques. Les sophistes étaient des démocrates. Pour Platon, ardent partisan du régime aristocratique (seuls les meilleurs, donc ceux qui savent, les philosophes, devraient avoir le pouvoir), un démocrate ne peut être qu'un démagogue, un homme qui flatte les passions de la foule ignorante.

Les cyniques

Attention

Aujourd'hui, un cynique est un homme d'État ou un milliardaire qui bénéficie de l'impunité que lui valent leur pouvoir et leur argent (« je suis un salaud, mais je m'en fous, de toute façon je suis le plus fort ! »).

Dans l'Antiquité, les cyniques se trouvaient de l'autre côté de la hiérarchie sociale : des hommes libres, vivant parfois à la manière des SDF d'aujourd'hui, comme Diogène, et qui adressaient aux riches et aux puissants de leur époque un regard et des paroles sans concession.

DIOGÈNE, PHILOSOPHE DE L'EXTRÊME

Diogène le cynique est l'un des philosophes les plus célèbres de toute l'histoire, et pourtant il n'a pas écrit une ligne, et n'a donné aucune leçon. Il vivait dans la rue, à Athènes, comme un clochard : un tonneau vide lui servait de maison. Les anecdotes qui ont été rapportées sur lui en font le meilleur auteur de *bons mots* de toute l'Antiquité. Un jour, Alexandre, déjà maître de la Grèce, se présenta devant lui et lui demanda un vœu : Diogène lui répondit effrontément : « Ôte-toi de mon soleil ! » Alexandre lui faisait de l'ombre. Imaginons un SDF répondre aujourd'hui à un président de la République venu l'aider, et en présence des caméras de télévision : « Casse-toi ! Tu pues ! »

Une autre fois, alors que Platon avait en bon logicien défini l'homme comme un « bipède sans plumes » (l'homme, en effet, a deux pattes, à la différence des mammifères, mais, à la différence des oiseaux, il n'a pas de plumes), Diogène, agacé par la prétention du maître, jeta au milieu du cercle des disciples à qui Platon donnait sa leçon un coq qu'il avait déplumé, avec ces mots : « Voilà l'homme selon Platon ! »

À savoir

Proches des sophistes en ce sens, les cyniques dénonçaient le caractère conventionnel des lois et des coutumes auxquelles les hommes obéissent, et donc, par la même occasion, le mensonge de leur prétendu caractère « naturel ». Les cyniques se disaient « citoyens du monde » : on attribue à Diogène l'invention du terme « cosmopolitisme ».

Le scepticisme

Inauguré par le Grec Pyrrhon dans l'Antiquité, le *scepticisme* est une école philosophique qui a eu plusieurs représentants à travers l'histoire de la pensée. Le scepticisme ne croit ni au caractère absolu de la vérité, ni au caractère objectif du bien. Il représente un relativisme radical (à chacun son point de vue, rien ne peut départager le vrai et le faux, ou le bien et le mal).

L'opposé du scepticisme est le dogmatisme – lequel pense à l'inverse pouvoir établir des critères objectifs du vrai et du faux d'un côté, du bien et du mal de l'autre.

L'épicurisme

Cette école doit son nom au philosophe grec Épicure, dont l'idée principale est que le bonheur réside dans le plaisir. On appelle *hédonisme* la philosophie qui, comme l'épicurisme, définit le bonheur par le plaisir.

Attention

N'allons surtout pas imaginer Épicure passant son temps dans les orgies ! Ce philosophe menait une vie si simple que sans doute la plupart d'entre nous n'en auraient pas voulu !

À savoir

Le plus grand plaisir, pour Épicure, est celui qui résulte de la tranquillité. Épicure distinguait trois sortes de plaisirs :

- **Les naturels et les nécessaires** (comme boire comme on a soif) : ceux-là, il faut les satisfaire.
- **Les naturels et les non nécessaires** (comme boire une bonne bière quand on a soif – l'exemple n'est pas d'Épicure !) : ceux-là, on peut les satisfaire, avec modération.
- **Les non naturels et les non nécessaires** (comme boire encore quand on n'a plus soif) : ceux-là, le sage doit s'en abstenir absolument.

L'épicurisme est une sagesse dont le but est la tranquillité de l'âme (l'*ataraxie*, littéralement l'« absence de trouble »). Le bonheur est à l'opposé de l'agitation (on remarquera par là que les vrais épicuriens sont plutôt rares dans notre société !).

L'épicurisme est un matérialisme non parce qu'il prône le plaisir, mais parce que, selon lui, toute réalité est matérielle. Pour Épicure, comme pour son disciple latin Lucrèce, les terreurs religieuses sont ce qu'il y a de plus opposé à l'idéal de sagesse. L'âme est matérielle comme le corps. Dès lors, il n'y a ni dieux ni au-delà à craindre.

Lecture

Dans son poème *De la nature* (*De natura rerum*, en latin) Lucrèce dénonce comme des superstitions toutes les peurs que la religion introduit dans l'esprit des hommes : la mort est naturelle, les tremblements de terre et les éclipses sont naturels, les connaître tels qu'ils sont, c'est apprendre à ne plus les redouter.

Le stoïcisme

Ce courant de philosophie est l'un des principaux de l'Antiquité grecque et romaine. Il a été illustré principalement par deux hommes qui ont vécu aux deux extrêmes de l'échelle sociale : Épictète fut esclave et Marc Aurèle empereur.

À savoir

Ce sont les stoïciens qui, les premiers, définirent leur philosophie comme un *système*, c'est-à-dire comme un ensemble ordonné de pensées traduisant la totalité du réel.

La philosophie stoïcienne comprend :

- **Une logique**, qui donne les règles du raisonnement.
- **Une physique**, qui rend compte de l'ordre de l'univers.
- **Une éthique**, qui délivre les règles de la vie bonne.

Le stoïcisme est un *panthéisme* : il considère que l'univers matériel est de nature divine et rationnelle. Les êtres sont les étincelles d'une sorte de feu universel (les stoïciens refusent donc la conception de Platon selon laquelle il y a deux mondes, celui du ciel et des âmes, d'un côté, celui de la terre et des corps, de l'autre).

La morale (l'éthique) stoïcienne consiste à se conformer à cet ordre universel : la sagesse et le bonheur sont définis comme absence de passions (« apathie»). De là l'injonction de « suivre la nature ». Le stoïcisme est donc, sur le plan moral, une sorte de fatalisme. Mais il est aussi une sorte de volontarisme : aujourd'hui nous disons encore « supporter stoïquement la douleur ». Le stoïcisme renvoie à l'idée d'un effort réalisé sur soi, d'une maîtrise de soi, même dans la souffrance.

À savoir

La grande idée morale du stoïcisme est la distinction entre ce qui dépend de nous et ce qui ne dépend pas de nous. Ne dépend pas de nous tout ce qui nous arrive de l'extérieur : l'état de notre corps (maladies, douleurs, mort), notre situation «sociale » ; dépendent de nous nos représentations, nos pensées.

Citation

Ce qui trouble les hommes, disait Épictète, ce ne sont pas les choses mais les idées qu'ils se font des choses.

Ainsi, la mort n'a rien de terrible en elle-même, mais l'idée que nous avons de la mort, voilà ce qui est terrible. Sur ce point, le stoïcisme et l'épicurisme se rejoignent : les hommes tendent à être malheureux à cause des folles idées qu'ils se font.

Le rationalisme

Il s'agit de la philosophie selon laquelle :

- Il existe une réalité objective (le monde) que la raison humaine peut connaître.
- L'être humain a, grâce à sa raison, la possibilité de maîtriser ses désirs.

Le rationalisme est une philosophie optimiste tant sur le plan théorique (la connaissance vraie est possible) que sur le plan pratique (l'être humain peut avoir sur ses passions la souveraineté). Les grands philosophes de l'âge classique (Descartes, Spinoza, Leibniz) ont été des rationalistes.

L'empirisme

Il s'agit de la philosophie selon laquelle les idées qui constituent la connaissance et les règles de la vie pratique sont issues de l'expérience (et non surgies spontanément de la raison, comme le croit le rationalisme). L'empirisme a été dominant en Angleterre (Locke, Hume).

Le réalisme

Il s'entend de la philosophie selon laquelle il existe une réalité de soi, indépendamment des idées qu'on peut en avoir. Selon le réalisme, la planète Neptune existait avant qu'on ne la découvre. Le réalisme est opposé à l'idéalisme.

Attention

La philosophie de Platon est réaliste alors même qu'il s'agit d'une philosophie des Idées. Les Idées chez Platon (celle du Bien, par exemple, symbolisée par le Soleil dans le mythe de la caverne, voir *La partie des Dix*) sont des réalités en soi, indépendantes de la pensée : on les *découvre*, on *ne* les *invente pas*.

L'idéalisme

C'est la philosophie selon laquelle ce qu'on appelle « la réalité » est une représentation de notre esprit. Ainsi « le monde » n'est-il qu'une « image du monde ». Selon les idéalistes (du moins les plus radicaux), la planète Neptune n'existait pas « vraiment » avant qu'on ne la découvre et la chambre que j'occupe n'existe plus lorsque je ne suis plus là (puisqu'il n'y a plus aucun esprit pour se la représenter...) !

Le matérialisme

Attention

Le sens technique, précis, de ce terme diffère du sens courant (dans la langue commune, un matérialiste est un type qui ne pense qu'à l'argent, qu'aux plaisirs du corps et qu'à ses propriétés).

Il s'agit de la philosophie selon laquelle l'ensemble de la réalité est de nature matérielle : l'esprit et les idées ne constituent pas une réalité indépendante, ils ne sont que des effets de la matière.

Le premier matérialisme remonte à l'Antiquité (Démocrite) : c'est lui qui voit dans les atomes les particules élémentaires de la réalité.

L'épicurisme est un matérialisme : ce qu'on appelle « âme » n'est, selon lui, pas de nature différente du corps et disparaît avec lui.

À partir du XVIIe siècle, le matérialisme sera la pensée la plus violemment opposée aux traditions de toutes sortes, qu'elles soient philosophiques, morales ou religieuses. Le matérialisme moderne est athée. Le matérialisme s'oppose à la fois au spiritualisme (selon lequel tout ce qui existe est de nature spirituelle) et au dualisme (qui admet, à côté de la matière, l'existence d'une substance spirituelle pour constituer la réalité).

Le mécanisme (ou mécanicisme)

Il s'agit de la conception selon laquelle l'organisme vivant n'est qu'une machine perfectionnée. La théorie défendue par Descartes de l'animal-machine est mécaniste (ou mécaniciste) : puisque l'animal est dépourvu d'âme, son corps n'est qu'une machine. Le mécanisme réduit la vie à un phénomène physico-chimique. Il s'oppose au vitalisme.

Le vitalisme

C'est la conception selon laquelle l'organisme vivant n'est pas réductible à une machine. Seule une « force vitale » supérieure aux simples mécanismes physiques et chimiques peut expliquer les grandes fonctions du vivant (conception, développement, reproduction etc...). Il s'oppose au mécanisme.

Le libéralisme

Il s'entend à la fois d'une philosophie et d'une idéologie de la liberté. Le philosophe anglais Locke en est considéré comme le père fondateur. Opposé à l'absolutisme qui accordait au monarque le pouvoir absolu, le libéralisme est un individualisme : il considère que la liberté personnelle tant dans le domaine de la pensée (liberté d'opinion, liberté religieuse, etc.) que dans le domaine pratique (liberté du travail et du commerce) est la plus haute des valeurs. Le libéralisme affirme la souveraineté de l'individu face aux pouvoirs des États et de l'Église. À partir du XIXe siècle, le libéralisme fut critiqué violemment par les courants socialiste et communiste, qui n'y ont reconnu que le masque du capitalisme.

Les Lumières

Cette expression désigne le grand courant d'idées qui a balayé l'Europe au XVIIIe siècle, et a constitué le passage entre l'âge classique et les temps modernes. Les Lumières sont considérées comme ayant préparé les révolutions de la fin du XVIIIe et du XIXe siècles (la Révolution française est la plus célèbre).

Les Lumières accomplissent l'humanisme, apparu au XVIe siècle, à l'époque de la Renaissance. Elle tendent à mettre l'homme à la place de Dieu (les droits de l'homme sont caractéristiques des Lumières). Elles inventent une philosophie de l'histoire dans laquelle le progrès (humain) remplace la Providence (divine). L'optimisme des Lumières s'étend à tous les domaines : politique (la république doit remplacer le despotisme), moral et intellectuel (l'instruction doit succéder à l'obscurantisme clérical et religieux).

L'utilitarisme

Il s'agit de la philosophie introduite par le philosophe anglais Jeremy Bentham (fin XVIIIe-début XIXe s.) et développée par son disciple John Stuart Mill. Elle définit le bonheur par le « calcul des plaisirs », la vie la plus heureuse étant celle qui contient le maximum de satisfactions et le minimum d'insatisfactions. Sur le plan politique, l'utilitarisme est favorable à la démocratie : la société la plus heureuse est celle dont le plus grand nombre de ses membres est heureux.

Le pragmatisme

C'est une philosophie d'origine américaine (William James, Charles Peirce) apparue à la fin du XIXe siècle et reposant sur l'idée que l'efficacité constitue le meilleur critère de la vérité d'une théorie. Selon le pragmatisme, le fait qu'une technique « marche » est la meilleure preuve que les idées qui ont permis sa construction sont vraies.

La phénoménologie

D'après l'étymologie, le terme signifie l'« étude des phénomènes », c'est-à-dire des manières d'apparaître, des façons de se manifester. Hegel a écrit une *Phénoménologie de l'Esprit* dans laquelle il retrace les différences étapes qui permettent à la conscience d'aller de la sensibilité au savoir absolu.

Au XXe siècle, un philosophe allemand, Edmund Husserl, a introduit une nouvelle philosophie, qu'il a appelée « phénoménologie » et qui avait pour ambition l'analyse rigoureuse du travail de la conscience.

Chez les philosophes influencés par Husserl, comme Sartre, Merleau-Ponty, la phénoménologie se résumait volontiers au mot d'ordre du « retour aux choses mêmes ». Contre une tradition idéaliste et rationaliste qui avait tendance à oublier la vie quotidienne au profit des idées abstraites, la phénoménologie se conçoit comme une description et une réflexion (une description réflexive) de l'existant humain dans ses modalités les plus concrètes (le corps vécu, le rapport au monde, le sens tragique de l'existence, etc.).

L'existentialisme

Se reporter au chapitre 8.

Chapitre 39

Les grands philosophes à connaître

DANS CE CHAPITRE :

- » **De Socrate à Sartre, tous les grands noms de l'histoire de la philosophie**
- » **Le noyau de leur pensée, exposé le plus clairement du monde !**

Tous les textes officiels le disent et le répètent : le cours de la philosophie n'est pas un cours d'histoire de la philosophie, et il n'est pas exigé des candidats qu'ils connaissent tel ou tel philosophe en particulier, excepté bien sûr s'il est l'auteur d'un ouvrage étudié en classe.

Cela dit, la connaissance, même très parcellaire, d'un grand philosophe vous donnera sur vos camarades un avantage sélectif qui pourra peser fortement en votre faveur le jour de l'épreuve.

Socrate (469-399 av. J.-C.)

Bien que n'ayant jamais écrit, Socrate est considéré comme le « père » de la philosophie parce que, à la différence de ses prédécesseurs nommés « présocratiques » (Thalès, Pythagore, Héraclite, Parménide, etc.), il centra sa pensée sur les problèmes pratiques : qu'est-ce que la vertu ? qu'est-ce qu'une cité juste ?

Citation

Il disait : « La seule chose que je sais, c'est que je ne sais rien. » À l'opposé des sophistes (Hippias, Gorgias, Protagoras) qui étaient des marchands de savoir et des manipulateurs d'opinion, Socrate prétendait d'abord débarrasser les esprits (« les âmes ») de leurs certitudes illusoires.

Jargon

La *maïeutique* est le nom qui est resté attaché à la méthode utilisée par Socrate : interroger les autres, spécialistes prétendus, pour les « faire accoucher » (tel est le sens grec du mot) de leurs idées, en faisant soi-même mine de ne rien savoir (la fameuse *ironie* socratique). Évidemment, ce n'est pas en vivant de cette façon qu'on se fait beaucoup d'amis... La condamnation à mort du « plus sage des hommes » par un tribunal démocratique constitua pour son disciple Platon un traumatisme durable.

Platon (428-347 av. J.-C.)

Disciple de Socrate, il le met en scène dans presque tous ses dialogues écrits. Il a fondé une école de philosophie, l'Académie (notre mot vient de là), dans laquelle il enseignait sa théorie des Idées.

Attention

Les idées platoniciennes sont les modèles éternels des choses et des êtres qui constituent le monde sensible dans lequel nous vivons. Il ne s'agit donc pas de productions de l'esprit humain (comme quand on dit : « j'ai une idée »). Ces idées sont non seulement *réelles*, elles sont la *réalité* par excellence. Les choses et les êtres sont conçus comme les *images* de ces modèles idéaux (voir chapitre 44, le mythe de la caverne).

Politiquement, Platon était un adversaire résolu de la démocratie (ce régime est coupable d'avoir assassiné Socrate). Il pensait que la société juste devait être hiérarchiquement ordonnée, et commandée par ceux qui savent, les philosophes-rois.

Principaux ouvrages : *Le Banquet*, *La République*.

Aristote (384-322 av. J.-C.)

Disciple de Platon, il s'en écarta pour constituer un système original. Aristote était un encyclopédiste : il connaissait à peu près tout ce qui pouvait être connu à son époque. Il s'intéressait aussi bien aux coquillages qu'aux constitutions politiques. Il fonda sa propre école, le Lycée (notre mot vient de là).

Toutes les parties de la philosophie sont présentes dans l'œuvre immense d'Aristote. Alors que Platon aimait raconter des mythes et avait une fibre mystique, Aristote était un philosophe méthodique, qui s'appuya sur l'opinion et l'observation et ne quitta jamais le domaine de l'argumentation. En morale comme en politique, il était adepte de la voie moyenne : il rejetait l'absolu du Bien idéal tel que le pensait Platon au nom d'un réalisme attentif à la diversité des situations.

Principaux ouvrages : *Métaphysique*, *La Physique*, *Éthique à Nicomaque*, *La Poétique*.

Épicure (342-270 av. J.-C.)

Son école s'appelait le Jardin. Elle était ouverte à tous, même aux femmes et aux esclaves. L'épicurisme est resté attaché à la notion de plaisir (voir chapitre 38). Sa base est le matérialisme de Démocrite : l'univers est fait d'atomes, grains invisibles de matière. Même « l'âme » est matérielle, même les dieux (qui habitent les lointains infinis de l'univers) sont matériels, car corporels. La peur de la mort et des dieux est une sottise et une folie dont le sage doit se débarrasser.

Principaux ouvrages : *Lettre à Pythoclès*, *Lettre à Ménécée*.

Lecture

Le *De la nature* de son disciple latin Lucrèce est un exposé de la philosophie épicurienne en même temps que le plus beau poème philosophique de tous les temps (en fait, le seul !).

Épictète (50-123)

Épictète fut l'un des principaux représentants du stoïcisme, un courant philosophique qui s'échelonna sur plusieurs siècles dans l'Antiquité, et qui fut, avec le platonisme et l'aristotélisme, celui qui eut la plus forte et la plus longue influence. Épictète fut esclave. Marc Aurèle, autre grand philosophe stoïcien, fut empereur de Rome, donc maître du monde : aucune philosophie dans l'histoire n'a eu des auteurs aussi dissemblables.

Le stoïcisme croit à un ordre cosmique à la fois rationnel et divin. Chaque être, chaque âme est comme une étincelle de ce feu universel. Politiquement, le stoïcisme est cosmopolitique : la vraie patrie de l'homme n'est pas sa cité (point de vue partagé par Platon et Aristote) mais le monde entier. Moralement, le stoïcisme présente un curieux mélange de fatalisme et de volontarisme (voir chapitre 44, le cylindre de Chrysippe).

Principaux ouvrages : le *Manuel* et les *Entretiens* (Épictète) ; *Pensées* (Marc Aurèle).

Saint Augustin (354-430)

Saint Augustin fut à la fois le dernier philosophe de l'Antiquité et le premier du Moyen Âge. Il constitua la première grande philosophie chrétienne caractérisée par un sens nouveau de l'existence (marquée par le péché) et du temps (conçu comme tragique et orienté et non plus comme cyclique). Avec saint Augustin, l'intimité du moi fait irruption sur la scène philosophique.

Principal ouvrage : *Les Confessions*.

Saint Thomas d'Aquin (1225-1274)

Saint Thomas d'Aquin fut le plus grand philosophe scolastique du Moyen Âge. Il réalisa la synthèse de la pensée d'Aristote et de la révélation chrétienne. D'abord inquiété pour ses positions, le thomisme deviendra rapidement la philosophie officielle de l'Église catholique, et ce jusqu'à nos jours.

Machiavel (1469-1527)

Son nom sent le diable : « machiavélique » veut dire presque « pervers ».

Italien, vivant en une époque de guerres continuelles, civiles et étrangères, il marqua une rupture dans la façon de penser la politique, sans référence à la morale : le but du politique n'est pas le bien mais le pouvoir. Dès lors sa valeur centrale est l'efficacité. Un « prince », c'est-à-dire un chef d'État, doit être menteur et cruel s'il veut acquérir le pouvoir. Mais il ne doit pas l'être trop, s'il veut le conserver. On trouve chez Machiavel un premier aperçu de l'importance de ce qui fut plus tard connu sous le nom d'« opinion publique ».

Principal ouvrage : *Le Prince.*

Descartes (1596-1650)

Sa philosophie du sujet (*cogito*, « je pense ») fait de lui le « père » de la philosophie moderne. Contre la tendance, cultivée par l'humanisme de la Renaissance, à l'éparpillement encyclopédique des connaissances, Descartes, qui fut génial en plus d'une discipline (il effectua d'importantes découvertes en mathématiques et en physique), insiste sur la nécessité d'une *méthode* pour bien conduire sa raison et trouver la vérité dans les sciences.

Le « cartésianisme » est resté attaché à une sorte de rationalisme absolu alors même que Descartes pensait qu'il n'était pas possible d'appliquer la même logique dans le domaine pratique (moral et politique) que dans celui de la connaissance. Par ailleurs, la dimension métaphysique (l'âme, Dieu) reste capitale dans la philosophie de Descartes : les pouvoirs de la pensée humaine sont en fait limités devant l'infinité de Dieu.

Principaux ouvrages : *Discours de la méthode*, *Méditations métaphysiques.*

Spinoza (1632-1677)

Citoyen des Provinces-Unies (les Pays-Bas actuels), d'origine juive portugaise, il fut excommunié par sa communauté et fut même victime d'une tentative d'assassinat (toute sa vie, il garda le manteau troué par le couteau du fanatique pour se rappeler jusqu'où peuvent aller les passions religieuses...). Parce qu'il identifiait Dieu à la Nature, donc à la réalité tout entière, il fut accusé tantôt de panthéisme, tantôt d'athéisme. Les corps et les esprits ne sont pour lui que des « modes » de cette « substance » unique. Pas de Dieu créateur et transcendant (au-dessus de la nature). Spinoza inaugure la lecture moderne critique des textes religieux en repérant des images là où les dévots et les fanatiques prennent à la lettre les plus grandes extravagances de la Bible.

Sur le plan moral, l'originalité de Spinoza n'est pas moins grande : la liberté est identifiée à la puissance d'agir, tout ce qui accroît cette puissance est bon. La « tristesse », par opposition à la « joie », est le nom que Spinoza donne à l'impuissance.

Politiquement, Spinoza était partisan du régime démocratique comme étant le plus conforme à la raison et à la liberté, donc à la joie d'exister.

Principaux ouvrages : *L'Éthique* (livre difficile mais les appendices de chaque partie sont abordables), *Traité théologico-politique.*

Leibniz (1646-1716)

Avec Aristote et Hegel, le plus encyclopédique des philosophes s'intéressait à tout, s'occupait de tout, des mathématiques (il inventa avec Newton le calcul des dérivées) à la diplomatie en passant par la géologie et la physique. À l'exception du matérialisme, il intégra tous les philosophes au sein de son accueillante philosophie.

Sa pensée fut à la fois logiciste (il fut l'un des lointains ancêtres de l'informatique) et organiciste : l'univers est à la fois calculé (par Dieu) et vivant. Le principe de continuité unit tout et gouverne tout.

Citation

La nature, disait-il, n'est pas faite à bâtons rompus.

Principal ouvrage : *Nouveaux essais sur l'entendement humain* (où la pensée de Locke est critiquée point par point).

Locke (1632-1704)

Locke fut l'un des principaux représentants de l'empirisme (voir chapitre 38). Son combat en faveur de la tolérance doit être compris dans ce contexte : puisqu'il n'est pas possible à l'esprit humain d'atteindre la vérité absolue, mieux vaut, pour la paix sociale, admettre la coexistence des différentes religions.

Politiquement, Locke est considéré comme le père du libéralisme. Il justifia la propriété privée par le travail et pensait que seul un pouvoir représentatif élu garantissait aux citoyens la vie, la liberté et les biens auxquels ils ont, par nature, droit.

Principaux ouvrages : *Essai sur l'entendement humain*, *Lettre sur la tolérance*, *Second traité du gouvernement civil.*

Hume (1711-1776)

Ce philosophe anglais (ou plutôt écossais – cette collection *Pour les Nuls* n'a pas pour politique de blesser les susceptibilités) représente avec Locke l'autre grande philosophie de l'empirisme (nos idées sont les copies d'impressions sensibles). Sa critique de l'idée de causalité (ramenée à la simple habitude de voir un phénomène succéder à un autre) et son scepticisme (une exception est néanmoins prévue pour les mathématiques) ont « réveillé » Kant de son « sommeil dogmatique ».

Rousseau (1712-1778)

Bien qu'ayant les « philosophes » en détestation, il en est l'un des plus grands.

Citation

Il disait aimer mieux un paradoxe qu'un préjugé. Toute sa philosophie tourne autour de ce grand thème : la *représentation* est une trahison de la *présence*. Ainsi, lors de la fête, le peuple exprime une joie ouverte et spontanée ; le théâtre, qui est une représentation, n'en est que la caricature. Dans l'état de nature (pas d'abord compris comme une période historique : Rousseau n'avait, comme ses contemporains, *aucune* idée de ce que nous appelons « préhistoire »), l'homme éprouve des désirs et des sentiments naïfs, c'est-à-dire transparents ; dans la société, à l'inverse, il joue la comédie et ne cesse d'être, justement, « en représentation ». Et si, dans le domaine politique, Rousseau était partisan de la démocratie *directe*, et adversaire de la démocratie *représentative*, c'est que dans celle-ci les « représentants » trahissent inévitablement la volonté de ceux qui ont voté pour eux. On ne peut pas dire que sur ce point l'histoire ait donné tort à Rousseau…

Kant (1724-1804)

Vers l'âge de cinquante ans (à la différence des nageurs et des champions d'échecs, les philosophes sont plutôt tardifs), Kant conçut son projet *critique* : dénoncer les prétentions de la métaphysique à être la connaissance absolue des choses suprêmes (l'âme, le monde, Dieu) pour la cantonner au rôle de condition de la vie morale : on ne peut pas savoir que Dieu existe mais mieux vaut le croire si l'on entend mener une vie moralement bonne.

Les deux aspects de la pensée de Kant – la théorie critique de la connaissance et la philosophie morale – font de lui, plus encore que Descartes, le père de la philosophie moderne.

Hegel (1770-1831)

La paranoïa faite système philosophique : la réalité tout entière (nature et histoire, abstrait et concret, Dieu et homme) est pensée dans la philosophie de Hegel comme une totalité en mouvement. Ce mouvement est dialectique, c'est-à-dire qu'il provient du passage d'une affirmation abstraite (thèse) à une négation, puis de la négation (antithèse) à une affirmation concrète (synthèse). La philosophie de Hegel est organisée en triades emboîtées les unes dans les autres à la manière de poupées russes : ainsi, dans la triade Idée-Nature-Esprit, qui structure tout le système, l'Esprit est d'abord subjectif (abstrait) puis objectif (négation du subjectif), et enfin absolu (dépassement et unité des deux précédents).

L'esprit absolu passe à son tour par trois « moments » : l'art (le moment sensible), la religion (la représentation) et la philosophie. L'art à son tour passe par trois moments : l'art symbolique, l'art classique et l'art romantique.

Il reste aujourd'hui quelques hégéliens pour penser que Hegel a déjà tout pensé, que l'histoire est déjà finie...

Kierkegaard (1813-1885)

Ce philosophe fut, comme Pascal auquel il ressemble tant, tout entier animé par une foi religieuse (chrétienne) poussée jusqu'au tragique. Si Kierkegaard est considéré comme le « père » de l'existentialisme, c'est parce qu'il fut l'analyste scrupuleux d'états vécus auxquels jusqu'alors les philosophes ne prêtaient qu'une attention discrète : l'angoisse, le désespoir, l'hésitation devant le choix.

Citation

Il disait que l'existence est l'écueil sur lequel vient se fracasser le concept. Kierkegaard est aux antipodes de Hegel – qui prétend traduire par le concept la totalité du réel.

Marx (1818-1883)

Aucun philosophe n'eut dans l'histoire du XXe siècle autant d'influence que lui, grâce au communisme qui se réclama de lui. Aujourd'hui, à cause du communisme, aucun grand philosophe n'est aussi oublié que lui. Si, durant l'année, vous n'avez jamais entendu parler de lui, ne vous étonnez pas, vous êtes loin d'être les seuls...

Marx reprit la dialectique de Hegel pour la « remettre sur ses pieds ». Le mouvement de l'histoire n'est pas celui de la raison et du concept mais celui des luttes et du travail de l'homme : c'est cela le « matérialisme » de Marx. Son analyse critique et historique du capitalisme est à la fois actuelle (Marx a prévu la mondialisation) et utopique (le communisme n'a pas dépassé le capitalisme).

Schopenhauer (1788-1860)

Le plus radical de tous les pessimistes. Pour Schopenhauer, la Volonté est la réalité fondamentale du monde et de la vie, elle est aveugle et répétitive comme un destin. Seuls l'art et la morale peuvent sauver les souffrants que nous sommes tous.

Nietzsche (1844-1900)

Ce philosophe exalté et mort fou fut l'un des plus lucides critiques de l'histoire de la pensée. Rien n'a résisté à son soupçon : ni les illusions de la connaissance (la vérité), ni les illusions de la morale (le bien), ni les illusions de l'art (la beauté idéale). Pourtant Nietzsche n'est pas un sceptique : il tâche de penser après la mort de Dieu (la fin des religions) la venue du « surhomme » qui sera pour nous ce que nous sommes aux singes...

Bergson (1859-1941)

Sa philosophie part d'une critique de la conception scientiste et matérialiste dominante au XIXe siècle : l'intelligence manque fondamentalement la réalité intime de la vie en traduisant tout en nombres (les mathématiques) et en figures (l'espace). Contre l'intelligence, et plus profonde qu'elle, l'intuition a la souplesse nécessaire pour saisir ce que la vie peut avoir de créateur et d'imprévisible.

Husserl (1859-1938)

Fondateur de la phénoménologie, dont le mot d'ordre est le « retour aux choses mêmes », Husserl part de l'idée de l'intentionnalité : la conscience n'est pas un réceptacle mais une activité qui *constitue* ses propres objets. C'est elle qui, littéralement, *donne* le sens au monde.

Merleau-Ponty est le représentant le plus célèbre, en France, de la phénoménologie, mais Sartre fut aussi fortement inspiré par elle.

Wittgenstein (1889-1951)

Un philosophe original, qui exerça plus de dix métiers et ne publia qu'un seul livre. Ses œuvres sont constituées de cahiers, de cours et de conversations recueillis par ses auditeurs et disciples. Wittgenstein est considéré comme le fondateur de la « philosophie analytique », qui fut, au XXe siècle, le courant le plus influent, à côté de la phénoménologie. Son objectif n'est pas de constituer un nouveau système censé dresser le tableau complet des vérités, mais d'interroger l'instrument de la pensée : le langage. Ainsi la philosophie prend-elle un nouveau tournant : sa fonction première sera de clarifier les questions, en distinguant celles qui ont un sens et celles qui n'en ont pas.

Sartre (1905-1980)

Il est connu pour être le principal représentant de la philosophie existentialiste (voir chapitre 8). Son œuvre abondante et variée (il a écrit, outre des textes philosophiques, des romans, des nouvelles, des pièces de théâtre et des articles) s'efforce de comprendre le lien qui peut exister entre la libre subjectivité et le groupe.

Chapitre 40

Une bibliographie de base pour les débutants en philosophie

DANS CE CHAPITRE :

» **Une liste de quelques grandes œuvres, parmi les plus fondamentales.**

» **Une réputation à nuancer : parmi les grands classiques, il y a des livres que tout le monde peut lire et comprendre avec un minimum d'effort et d'attention.**

Les présocratiques

Un ensemble de fragments, parfois très courts (une ligne), d'une rare densité de pensée et d'une grande force poétique. La plupart des grandes idées de la philosophie occidentale y trouvent leur source.

Platon

Les ouvrages de ce philosophe-écrivain sont presque tous particulièrement agréables à lire. On peut commencer par les trois textes qui racontent le procès et la mort de Socrate : *L'Apologie de Socrate*, *Criton*, *Phédon*. Parmi les autres œuvres, on lira avec plaisir *Le Banquet* et *Phèdre*. Le livre VII de *La République* contient le célèbre mythe de la caverne (voir chapitre 44).

Aristote

La Poétique est un ouvrage fondamental d'esthétique. *La Politique* et *L'Éthique à Nicomaque* sont aisément accessibles.

Épicure

Lettres (à Hérodote et à Ménécée). Des petits textes classiques très connus sans difficulté particulière de compréhension.

Épictète

Les *Entretiens* et le *Manuel*. Autres textes centrés sur l'éthique et ne présentant guère de problèmes d'interprétation.

Lucrèce

De la nature. Un des plus beaux textes de la littérature universelle. La meilleure introduction à la philosophie épicurienne en même temps qu'un grand poème.

Marc Aurèle

Pensées. Un grand classique de la pensée stoïcienne écrit par un empereur philosophe.

Saint Augustin

Les Confessions. Le premier grand texte de la pensée et des expériences intimes.

Machiavel

Le Prince. Un grand classique de la littérature politique. Lecture très abordable.

Descartes

Le *Discours de la méthode* (« je pense, donc je suis ») est abordable, malgré les difficultés qui peuvent provenir de la langue classique de l'époque. Les *Lettres* sont d'une particulière richesse de pensée et d'un abord assez facile.

Pascal

Pensées et *Opuscules philosophiques*. Le caractère dispersé des *Pensées* donne au lecteur une grande liberté d'approche, comme pour les fragments des présocratiques.

Parmi les opuscules, la *Préface au traité du vide* et *De l'esprit géométrique* sont les plus intéressants pour un lecteur moderne.

Leibniz

Les *Nouveaux essais sur l'entendement humain* sont une reprise critique des écrits du philosophe anglais Locke dans son *Essai sur l'entendement humain*. Cet ouvrage permet donc de saisir les principes de la pensée de Leibniz ainsi que ceux de l'empirisme (dont Locke est l'un des principaux représentants) dans une langue toujours vivante.

Hume

Traité de la nature humaine. Un grand classique de la philosophie qui ne présente pas de difficultés techniques particulières.

Rousseau

Le *Discours sur l'origine et les fondements de l'inégalité parmi les hommes* est plus facile que *Du contrat social*.

Kant

Pour ceux qui veulent prendre connaissance d'une pensée particulièrement difficile, la *Dissertation de 1770* et les *Prolégomènes à toute métaphysique future* constituent les meilleures introductions.

Fondement de la métaphysique des mœurs, d'une lecture facile, permet d'aborder la pensée morale de Kant.

La lecture des *Opuscules*, et en particulier de l'*Idée d'une histoire universelle du point de vue cosmopolitique*, est profitable et beaucoup plus aisée que celle des trois *Critiques*.

Hegel

Les cours de Hegel – qui donnèrent lieu par la suite à des œuvres posthumes – sont ce qui permet d'aborder le plus aisément cet immense auteur : l'*Esthétique*, la *Philosophie de l'histoire* (en particulier son introduction souvent éditée sous le titre de *La Raison dans l'histoire*).

Kierkegaard

Le Concept d'angoisse et *Miettes philosophiques* sont les ouvrages les plus abordables de ce philosophe danois considéré comme le père de l'existentialisme.

Marx

Les *Manuscrits de 1844*, *Sur la question juive*, le *Manifeste du parti communiste*. Pour prendre avec tout le sérieux qu'il mérite ce très grand philosophe.

Schopenhauer

Le Monde comme Volonté et comme représentation. L'ouvrage est considérable mais écrit dans un style lumineux. Il ne présente pas de difficulté globale de compréhension. Son découpage permet une lecture partielle.

Nietzsche

Ecce Homo est une présentation de Nietzsche par lui-même, écrite en style allègre. Il est peut-être la meilleure introduction à la pensée d'un philosophe difficile. On pourra aussi lire avec plaisir *Le Gai Savoir*, composé de courts chapitres séparés (aphorismes).

Sartre

Les *Réflexions sur la question juive* constituent, avec la conférence *L'Existentialisme est un humanisme*, des introductions convaincantes à la pensée existentialiste. On sera également intéressé par *Les Mots*, ouvrage dans lequel Sartre dit comment et pourquoi il est devenu écrivain-philosophe.

Chapitre 41

Lexique de base des concepts à maîtriser (d'« absolu » à « vérité »)

DANS CE CHAPITRE :

» **La définition la plus claire des 84 concepts les plus importants**

» **Un outil de travail indispensable**

Les programmes officiels prévoient l'étude des « repères » en plus de celle des « notions ». Ce sont des concepts que l'élève devra apprendre à utiliser dans son travail, et dont il aura appris le sens grâce au cours de son professeur et à ses lectures.

Ces « repères » se présentent presque toujours par couples de contraires (exemple : absolu/relatif) ou de différents (exemple : ressemblance/analogie). Opposer et distinguer sont en effet deux opérations essentielles à la pensée.

Truc

La valeur d'un travail en philosophie (dissertation, explication de texte, oral) dépend en grande partie de la capacité de l'élève à effectuer ces distinctions et ces oppositions conceptuelles, et à les utiliser dans les occasions les plus diverses. Familiarisez-vous donc avec ces mots, qui sont les mots de base de la langue philosophique.

Pour les trois séries générales (L, ES, S), les repères sont les mêmes. Les voici :

Absolu/relatif – Abstrait/concret – En acte/en puissance – Analyse/synthèse – Cause/fin – Contingent/nécessaire/possible – Croire/savoir – Essentiel/accidentel – Expliquer/comprendre – En fait/en droit – Formel/matériel – Genre/espèce/individu – Idéal/réel – Identité/égalité/différence – Intuitif/discursif – Légal/légitime – Médiat/immédiat – Objectif/subjectif – Obligation/contrainte – Origine/fondement – Persuader/convaincre – Ressemblance/analogie – Principe/conséquence – En théorie/en pratique – Transcendant/immanent – Universel/général/particulier/singulier.

Pour les séries technologiques, la liste est un peu plus courte :

Absolu/relatif – Abstrait/concret – Cause/fin – Contingent/nécessaire/possible – En fait/en droit – Expliquer/comprendre – Identité/égalité/différence – Légal/légitime – Objectif/subjectif – Obligation/contrainte – Persuader/convaincre – Principe/conséquence – En théorie/en pratique – Universel/général/particulier/singulier.

À ces « repères » placés par ordre alphabétique, le lexique qui suit ajoute la définition des concepts les plus utiles pour un candidat de baccalauréat (les définitions des concepts qui forment le contenu des différents chapitres du programme ne seront pas, sauf exception, répétées).

ABRÉVIATIONS

- n. m. : nom masculin
- n. f. : nom féminin
- adj. : adjectif
- v. : verbe
- adj. subst. : adjectif substantivé (« universel » est adjectif, « l'universel », un adjectif substantivé)
- ex. : exemple
- opp. : opposé
- syn. : synonyme

absolu, -e, adj. Qui ne dépend de rien pour être ce qu'il est.

Ex. : dans les religions monothéistes, Dieu est absolu ; chez Platon, l'Idée de Bien est absolue.

Opp. à « relatif ».

abstrait, -e, adj. Ce qui a été retiré d'un ensemble pour être considéré à part. Ex. : si d'une table, je ne considère que la forme rectangulaire, en laissant de côté tous les autres caractères (poids, matériau, couleur, etc.), j'effectue une abstraction. Opp. à « concret ».

Généralement, les idées sont dites « abstraites », tandis que les êtres et les choses sont dits « concrets ». Hegel inverse cet ordre en affirmant que le concept est plus concret que la chose – dans la mesure où il peut saisir la totalité de celle-ci. Ainsi, pour Hegel, la pensée est plus concrète que la sensibilité.

accidentel, -elle, adj. Dans la langue courante, un accident est une catastrophe (accident de voiture) ou un événement ennuyeux mais qui ne remet pas en cause l'essentiel (« cette mauvaise note a été un accident »). C'est ce second sens qui est le plus proche du sens philosophique : par opp. à « essentiel », est accidentel ce qui ne touche que de manière superficielle, contingente, quelque chose ou quelqu'un. On dira que l'être humain est raisonnable par essence et de peau blanche (ou noire) par accident.

acquis, -e, adj. Donné par la culture ou l'expérience de la vie. Opp. à « inné ».

acte, n. m. Résultat d'une activité. Au Moyen Âge, les commentateurs d'Aristote ont traduit par *actus* (« acte » en latin) le terme grec d'« *énergéia* » (qui a donné notre « énergie ») – d'où l'expression « en acte », qui dans la pensée d'Aristote renvoie au résultat d'un processus ou d'une action, « en acte » équivalant à « achevé ». Opp. à « en puissance ». Ex. (donné par Aristote lui-même) : dans un bloc de marbre, la statue n'existe qu'en puissance, la statue terminée est « en acte ». Autre ex. : le corps adulte est « en acte », alors qu'il n'était qu'« en puissance » durant l'enfance, l'arbre est « l'acte » de la graine, etc.

aliénation, n. f. Selon l'étymologie (*alienus* en latin signifie « étranger »), le fait de ne plus s'appartenir, d'être un autre que soi, ou d'appartenir à un autre. Syn. de « folie » et d'« esclavage ».

Opp. à « liberté ».

ambivalence, n. f. Coexistence de deux valeurs opposées au sein d'un même phénomène. (ex. : la violence, à la fois destructrice et créative, la technique, à la fois libératrice et aliénante sont ambivalentes).

analogie, n. f. Raisonnement consistant à établir une relation entre quatre termes pris deux à deux. L'analogie s'énonce sous la forme arithmétique : une chose est à une autre ce qu'une quatrième est à la troisième. Les fables sont des récits analogiques : le rapport du corbeau et du renard figure celui du flatté et du flatteur – la comparaison entre le corps et la société est une analogie (« la tête » de l'État, « le poumon » de l'économie, etc.).

analyse, n. f. Opération consistant à décomposer un ensemble en éléments constituants. Une analyse peut être matérielle (ex. : la décomposition de la molécule d'eau en atomes d'hydrogène et d'oxygène) ou intellectuelle (lorsqu'un historien analyse les causes d'une guerre, il les énumère une à une). Opp. à « synthèse ».

anthropocentrisme, n. m. Tendance à considérer tout ce qui existe à partir du point de vue de l'homme.

anthropomorphisme, n. m. Tendance à projeter une forme ou une qualité humaine à tout ce qui n'est pas humain (dieux, animaux, éléments, choses, etc.). Les formules « Dieu est en colère » ou « le vent souffle » sont anthropomorphiques.

a posteriori, Expression d'origine latine signifiant « après », « d'après » (sous-entendu : l'expérience). Pour la philosophie empiriste, la connaissance des choses est *a posteriori*, elle est conditionnée par la sensibilité (Hume donne cet exemple : on ne saurait pas ce qu'est la neige si l'on n'en avait jamais vu ni touché).

a priori, Expression d'origine latine signifiant « avant », « d'avant » (sous-entendu : l'expérience). Pour la philosophie rationaliste, il existe des idées innées dans l'esprit humain, des idées qui ne dérivent pas de l'expérience : ces idées sont *a priori*. Dans la langue courante, l'expression signifie : « immédiatement », « sans réfléchir ».

art, n. m. Au sens large désigne n'importe quelle technique, considérée aussi bien du point de vue de ses moyens (travailler « avec art ») que de ses résultats. En ce sens, il existe autant d'arts que d'activités effectuées avec intelligence (il y a l'art du menuisier comme l'art du musicien et l'art du football). Au sens restreint – que la philosophie conserve pour différencier « art » et « technique » –, l'art est l'ensemble des œuvres (produites par l'être humain) dont les formes réalisent un style possédant, à la différence des objets techniques utiles, une fin en soi, et qui s'adressent aux deux sens intellectuels de l'ouïe et de la vue.

besoin, n. m. Ce dont la satisfaction est nécessaire pour assurer la (sur)vie de l'individu et/ou de l'espèce. Des philosophes (Épicure, J.-J Rousseau) ont différencié besoins *matériels* et besoins *artificiels* – les premiers étant les besoins originels (faits de nature ou dons de Dieu), les seconds étant produits par l'homme lui-même, c'est-à-dire la société, l'histoire, bref la culture. Cette distinction est difficile à conserver – car même un besoin *naturel* (comme celui de dormir ou de manger) ne l'est plus dans son mode de satisfaction. En un sens, plus aucun besoin chez l'homme n'est vraiment, absolument, *naturel*. Cela dit, la distinction-opposition entre *besoin* et *désir* reste pertinente – le besoin a une origine physiologique (corporelle), le désir est plutôt d'ordre psychologique (même s'il est attaché au corps). On est frustré, malheureux de ne pas satisfaire un désir, on n'en meurt pas. Quant au *fantasme* (qu'on écrit phantasme s'il est inconscient), il paraît plus contingent (non nécessaire) encore que le désir. Même remarque pour l'*envie* qui a quelque chose de capricieux, d'enfantin.

cause, n. f. Tout ce qui produit un effet, ou bien est censé en produire un. Les philosophes divergent sur la question de l'objectivité de la cause : appartient-elle à la réalité physique ou bien n'est-elle que l'expression de notre pensée ? Pour le philosophe empiriste David Hume, la cause est une idée issue de notre habitude des ordres de succession : nous avons l'habitude de voir l'ébullition de l'eau suivre la chaleur continue, et nous en concluons que le feu est la cause de l'ébullition. La cause est opposée à l'effet et à la fin.

comprendre, v. Voir « expliquer ».

concept, n. m. Idée correspondant à l'essence, à la nature d'un ensemble d'objets : le concept de mammifère, le concept d'énergie. Le concept renvoie à ce qu'une multitude de choses et d'êtres individuels peuvent avoir de commun. Sa validité est universelle. Le concept est plus précis que la *notion*. La *notion* de liberté est vague ; en revanche, on parlera du *concept* de liberté chez Kant.

concret, -ète, adj. Qualité de ce qui apparaît et est saisi dans sa totalité réelle, par opp. à « abstrait ». La chose que nous touchons est concrète, alors que l'idée est abstraite. Dans la langue courante, concret signifie « réel », « applicable », « évident ». Hegel inverse ce sens (voir « abstrait »).

conséquence, n. f. Ce qui dérive, par raisonnement, d'un principe. En mathématiques, un théorème est la conséquence d'un axiome. En philosophie morale et politique, si la dignité de la personne humaine est un principe absolu, la conséquence en est que la torture est un crime. À la différence de l'effet qui est concret, la conséquence est de l'ordre des idées.

contingent, -e, adj. Qualifie ce qui pourrait ne pas exister ou bien exister sous une forme différente. Opp. à « nécessaire ». Ex : la couleur de la peau est contingente pour définir la nature de l'être humain (déterminé dans son essence comme être pensant, animal politique, etc.). Dans le cadre d'une philosophie athée, le monde et l'être humain sont contingents : ils auraient très bien pu ne pas exister.

contrainte, n. f. Voir « obligation ».

convaincre, v. Action de gagner à sa pensée l'adhésion d'autrui. Alors qu'on persuade par des moyens affectifs, on convainc par des démonstrations, des preuves et des arguments. Pour convaincre, il faut faire appel à la raison d'autrui, alors qu'on le persuade par des motivations émotionnelles ou sentimentales.

croire, v. Activité de l'esprit capable d'admettre sans preuves certaines représentations. On oppose généralement (depuis Platon) la *croyance* et le *savoir* : une croyance peut être fausse, alors que le savoir est lié à la valeur de vérité. On distingue « croire que », qui comprend un élément de doute (si je « crois que » Canberra est la capitale de l'Australie, c'est que je n'en suis pas sûr), et « croire en », qui implique une adhésion forte (« je crois en toi, mon fils » est une parole d'extrême confiance). La *foi* religieuse dans les monothéismes est de ce type : croire en Dieu, c'est être *convaincu* qu'il existe – même s'il n'y a pas de preuves scientifiques (s'il y en avait, il y aurait un savoir, justement, et pas une croyance).

culture, n. f. (*notion servant de rubrique aux chapitres sur le langage, l'art, le travail et la technique, les échanges, la religion, l'histoire. Elle doit être maîtrisée comme les autres notions qui constituent les têtes de chapitre du programme*).

Au sens premier, c'est le travail effectué par l'être humain sur la nature (la « culture du blé », « la culture intensive utilise beaucoup d'eau »).
Dans l'Antiquité, Cicéron a utilisé ce mot de « culture » pour désigner le travail que l'être humain peut effectuer avec son esprit et sur lui : « culture » désigne à partir de lui l'apprentissage qu'un enfant peut effectuer dans ses études ainsi que la formation de l'adulte. Ainsi parle-t-on aujourd'hui d'un homme de « grande culture » : la culture est l'ensemble de ses connaissances et de ses expériences.
Le terme « culture » a un troisième sens et équivaut en français à « civilisation ». Il désigne l'ensemble des modifications apportées par l'homme aux données naturelles d'origine, tant sur le plan matériel que sur le plan intellectuel et spirituel : ainsi la culture englobe-t-elle aussi bien les techniques et les coutumes que les idéaux et les valeurs auxquels une société peut croire. On parle en ce sens de « culture chinoise » ou de « culture eskimo ».
Philosophiquement, à partir du XVIIIe siècle, la « culture » est opposée à la « nature ». Le terme équivaut à « artifice », « convention », mais aussi à « invention » et à « création ». Alors que ce qui est naturel apparaît comme universel et nécessaire, ce qui est culturel apparaît comme particulier et contingent. L'être humain est un être de culture qui, même lorsqu'il satisfait ses besoins fondamentaux (faim, soif, sommeil, sexualité, etc.), ne cesse d'imaginer des moyens matériels et des stratégies spécifiques ignorés des animaux. Nombre d'auteurs définissent ainsi la culture comme ce qui appartient en propre à l'homme, l'ensemble de tout ce que l'homme a ajouté à l'ordre de la nature, tout ce qui peut le différencier des animaux (en ce sens, la culture n'est pas forcément un bien : un crime, par exemple, est un élément de la culture aussi bien qu'un chef-d'œuvre de l'art).

déduction, n. f. Raisonnement consistant à tirer une conséquence à partir d'une proposition générale (axiome, principe) ou bien une conclusion à partir d'un indice. Le mathématicien fait des déductions, l'inspecteur de police et le garagiste aussi.

différence, n. f. Écart existant entre deux choses, et permettant de les distinguer l'une de l'autre. Opp. à « identité ». Le « principe des indiscernables » de Leibniz signifie que dans la réalité physique, deux choses sont toujours différentes (deux gouttes d'eau, deux grains de sable ne sont jamais parfaitement identiques).

discursif, -ive, adj. Par opp. à « intuitif », qualifie un mode de pensée qui procède méthodiquement, par étapes successives, pour parvenir à son résultat. Un raisonnement, qu'il soit déductif, inductif ou analogique, est, par définition, discursif – alors que l'intuition va droit à son but.

droit, n. m. Voir le chapitre 23.

en droit, voir *infra* « fait ».

droit naturel. L'ensemble des droits (liberté, paix, justice, sécurité, propriété) dont l'homme jouirait à l'état de nature. Ce *droit naturel* est considéré comme d'origine divine et/ou rationnelle. On lui oppose le *droit positif* qui est le droit tel qu'il est pratiqué dans les sociétés réelles. Alors que le droit positif est forcément particulier à une société et change au cours du temps, le droit naturel est universel et permanent. Certains philosophes et spécialistes du droit récusent l'idée de droit naturel comme étant de nature métaphysique, donc illusoire. On peut néanmoins considérer les droits de l'homme comme une expression de l'idée de droit naturel.

égalité, n. f. Voir « différence » et « identité » ; voir aussi le chapitre 23.

empirique, adj. Relatif à la chose qu'on peut saisir par le moyen de la sensibilité. Opp. à « rationnel », comme le concret à l'abstrait. Opp. aussi à « expérimental » : la médecine empirique repose sur des traditions, alors que la médecine expérimentale est fondée sur l'expérience de laboratoire, l'observation contrôlée et les données statistiques.

en soi, Indépendamment de la façon dont on considère quelque chose. Synonyme d'« objectivement ». Opp. à « pour nous ».

entendement, n. m. Terme utilisé par les philosophes de l'âge classique (XVIIe-XVIIIe s.) pour désigner la faculté de penser et de connaître. Syn. de « raison », d'« intelligence ».

espèce, n. f. Catégorie comprenant un certain nombre d'individus présentant entre eux des traits communs. Les animaux et les plantes sont désignés par leurs noms d'espèces (« chat » et « girafe » sont des espèces). Le racisme croit que les « races » sont des espèces, et même des genres différents.

essence, n. f. Ce qu'une chose ou un être est de manière intrinsèque, permanente, voire éternelle (ex. : la pensée est l'essence de l'homme, la beauté est l'essence de l'art classique). Opp. à « accident ».

On oppose généralement « essence » (ce qu'est une chose) à « existence » (le fait qu'elle est).

essentiel, -elle, adj. Qualifie ce qui fait partie de la nature profonde d'un être ou d'une chose, par opp. à « accidentel ». On dira par exemple que la pensée est l'essence de l'homme, alors que la couleur de la peau ou la forme du visage ne sont que des « accidents ».

éthique, n. f. Le terme désigne ou bien la morale, ou bien la théorie de la morale, ou bien encore la morale appliquée.

expliquer, v. Acte de la pensée consistant à déterminer les causes et les conditions d'un phénomène quel qu'il soit. Expliquer une éclipse du soleil, c'est dire ce qui se passe et énoncer sa cause. Le philosophe Wilhelm Dilthey opposait l'explication à la compréhension – la première caractérisant le travail des sciences physiques (un chimiste *explique* une réaction), la seconde caractérisant les sciences humaines (on *comprend* la violence, ou l'amour, ou l'angoisse sans pouvoir les expliquer véritablement). Expliquer (« *ex* » en latin signifie « hors de ») renvoie à l'extériorité, comprendre (« *cum* » en latin signifie « avec ») renvoie à l'intériorité.

fait, n. m. Ce qui existe ou est censé exister indépendamment de la conscience. À la différence de la représentation, le fait est objectif. On oppose *en fait* et *en droit* comme la réalité physique, objective, que tout le monde peut connaître et reconnaître, et la réalité normale, légitime, qu'on accepte (ou pas) en fonction de nos croyances et de nos valeurs. Le passage du fait au droit n'est presque jamais légitime : ce n'est pas, par exemple, parce qu'il y a « toujours » eu des guerres, qu'il *doit* toujours y en avoir.

fin, n. f. Terme équivoque : il renvoie tantôt au terme, au bout (« la fin de la guerre »), tantôt au but, à l'objectif (« quelle fin poursuit cet homme ? »). « La fin du travail » peut signifier ou bien que le travail est fini, ou bien qu'il se dirige vers un but. Le premier sens renvoie à la *finitude*, le second, à la *finalité*. La fin comme finalité est opposée à la cause : la cause est avant, la fin est après, la cause produit, la fin est produite. Mais certains courants de pensée issus d'Aristote posent la fin comme première : on parlera alors de *finalisme* ou de *cause-finalisme*. Ainsi, dans le cadre de la pensée monothéiste, Dieu, en créant les êtres, a prévu leur développement ; on verra par conséquent leur développement dirigé par un objectif à accomplir.

On distinguera la relation cause/fin et la relation moyens/fin : alors que la cause produit ou est censée produire, les moyens ne sont que les conditions de la fin.

fin en soi, Par opposition à l'utilité qui renvoie à autre chose qu'elle-même, la fin en soi renvoie à soi : on ne travaille pas pour travailler (le travail est une utilité), on joue pour jouer (fin en soi). Une œuvre d'art dans un musée est une fin en soi.

fondement, n. m. La base, le socle, la condition de possibilité d'un phénomène, quel qu'il soit. Le fondement doit être distingué à la fois de l'origine et de la cause. Il désigne ce sans quoi un phénomène (idée, valeur, etc.) n'aurait aucune stabilité. L'image vient de l'architecture : toute construction doit reposer sur quelque chose.

formel, -elle, adj. Qualifie des conditions abstraites sans considération de contenu. Dans la langue courante, « formel » équivaut à « abstrait », « sans valeur pratique ». Plus précisément, en philosophie, on oppose

« formel » et « matériel » – surtout dans les expressions « vérité formelle » et « vérité matérielle ». Est vrai formellement ce qui respecte les règles de la logique sans tenir compte de la réalité empirique. Ex. : « Tout ce qui est rare est cher/Une maison bon marché est rare/Donc une maison bon marché est chère » est un syllogisme formellement vrai (les règles sont respectées) ; il est néanmoins matériellement faux.

général, -e, adj. Applicable à la majorité des êtres ou des choses appartenant à une classe déterminée. Un *concept* a une validité universelle (la totalité des cas), une *notion* n'a qu'une validité générale (la plupart des cas). La confusion du général avec l'universel est la source d'un grand nombre d'erreurs (on ne peut passer sans précaution de « beaucoup » ou de « la majorité » ou de « la plupart » à « tous »).

genre, n. m. Catégorie comprenant plusieurs espèces : dans *Homo sapiens*, *Homo* est le nom du genre, *sapiens* celui de l'espèce (*Homo erectus* appartenait au même genre que nous mais à une espèce différente).

Le genre a donc une extension plus grande que l'espèce. Si, par exemple, on prend « activité » pour un nom de genre, les espèces en seraient : le travail et les loisirs (lesquels pourront être divisés à leur tour en jeux et en sports).

idéal, -e. adj. Qui appartient à un monde supérieur à celui de la réalité physique, ou empirique. Opp. à « réel ». La philosophie dite justement « idéaliste » inverse ces sens : selon elle, c'est l'idéal qui est réel, la réalité empirique est ravalée au rang d'apparence inconsistante.

identité, n. f. Terme équivoque qui possède un sens *logique* (le principe d'identité A = A énonce qu'une chose est ce qu'elle est) et un sens *existentiel* (celui qui est inclus dans « l'identité personnelle » ou « l'identité collective » – et qui renvoie à la personnalité propre d'un individu ou d'un groupe). Opp. à « différence » : l'identité au sens logique exclut la différence. Ne pas confondre *identité* avec *égalité* – laquelle admet, inclut la différence.

immanent, -e, adj. Qui appartient au même plan que la réalité naturelle. Ainsi, dans le panthéisme (conception qui identifie Dieu et l'univers), Dieu est immanent. Opp. à « transcendant ».

immédiat, -e, adj. Au sens physique, s'applique à ce qui précède ou suit quelque chose sans intermédiaire dans l'espace ou dans le temps (d'où l'adverbe « immédiatement »). Au sens abstrait, s'applique à ce qui existe sans intermédiaire : par opposition à la cause lointaine, la cause immédiate est celle qui produit directement son effet (« l'explosion est la cause immédiate de la destruction de cette maison »). « Immédiat » est synonyme de premier, d'originaire, de primitif.

individu, n. m. Étymologiquement, en latin, « individu » signifie « qui ne peut pas être divisé ». Dans le monde vivant, l'individu est la plus petite unité élémentaire. Un ensemble d'individus présentant des caractères communs constitue une espèce.

induction, n. f. Raisonnement qui consiste à tirer une loi générale à partir d'un certain nombre de données particulières (observations, mesures, etc.). L'induction est une généralisation rationnelle. Les sciences expérimentales (physique, biologie) sont inductives.

inné, -e, adj. Qualifie tout ce dont un être vivant, et plus spécialement un être humain, dispose à la naissance. Opp. à « acquis ». La capacité à parler est innée chez l'être humain, la connaissance d'une langue déterminée est, en revanche, acquise.

Ce qui est inné (génétique) n'est pas nécessairement naturel mais peut avoir été acquis par les ascendants.

intuitif, -ive, adj. Qualifie un mode de pensée qui saisit directement son objet, sans passer par une méthode ou des étapes. Opp. à « discursif ».

Dans la langue commune, « intuitif » renvoie davantage à l'impression personnelle.

légal, -e, adj. Conforme à la loi en vigueur – appelée également « loi positive ». En Afrique du Sud, durant les années 1950-1980, le système de l'Apartheid faisait du racisme quelque chose de légal. Opp. à « illégal » et distingué de « légitime ».

légitime, adj. Conforme à la loi idéale, naturelle, rationnelle. Ce qui est légal peut ne pas être légitime, ce qui est légitime (ou considéré comme tel) peut être illégal : un acte de résistance contre la puissance occupante est par définition illégal, il peut être considéré comme légitime.

matériel, -elle, adj. Qui concerne le contenu, par opp. à « formel », qui ne concerne que les conditions. La vérité matérielle est celle qui correspond aux données empiriques objectives.

médiat, -e, adj. Qualifie ce qui n'a rapport à une chose ou à quelqu'un qu'indirectement, par un intermédiaire. Opp. à « immédiat ». On appelle « médiation » cet intermédiaire.

métaphysique, n. f. Partie de la philosophie qui s'occupe d'objets échappant à notre expérience. L'existence, la mort, l'immortalité, Dieu sont les plus grands problèmes métaphysiques. À la différence des problèmes scientifiques, ils n'ont pas de solution unique mais sont sujets à des conceptions divergentes et des interprétations multiples.

morale, n. f. (*notion servant de rubrique aux chapitres sur la liberté, le devoir et le bonheur*). L'ensemble des valeurs relatives au bien et au mal, et qui permettent la vie commune des hommes en société. L'être humain ne se contente pas d'agir et de voir agir, il *juge* en fonction de critères d'évaluation : il approuve ou désapprouve, fait des éloges ou condamne, se sent fier ou honteux. La morale et la religion étaient traditionnellement indissociables. L'*éthique* tend à couper ces relations et à remplacer le bien et le mal (absolus, car dérivés de Dieu, du moins dans le contexte monothéiste) par le bon et le mauvais.

nature, n. f. Au sens physique, la nature peut désigner ou bien l'univers dans son ensemble, le cosmos (sens large), ou bien l'environnement qui constitue le cadre de vie terrestre de l'homme (la mer, la montagne, le désert, etc.). Au sens abstrait, *nature* signifie essence, réalité intime, profonde, d'un phénomène quel qu'il soit (la nature de l'être humain, la nature d'un projet, c'est ce en quoi ils consistent d'une manière essentielle, fondamentale). Est *naturel* tout ce qui existe indépendamment du travail humain. Le contraire de *naturel* est *culturel*.

nécessaire, adj. Qualifie ce qui ne pourrait en aucun cas ne pas exister ou encore ce qui ne pourrait pas exister sous une forme différente. Dire que la nourriture est nécessaire à l'organisme vivant, c'est dire qu'il est impossible de concevoir la survie de l'organisme sans nourriture. Opp. à « contingent ».

objectif, -ive, adj. Relatif à un objet, quel qu'il soit, concret comme une chose ou abstrait comme une idée, indépendamment de toute représentation personnelle d'un sujet. Opp. à « subjectif ». « Objectif » équivaut à « vrai », « acceptable » par la communauté des hommes raisonnables. Ainsi les vérités de la science sont-elles considérées comme objectives, tandis que les visions de l'artiste sont subjectives.

objet, n. m. Au sens courant, équivaut à « chose ». Au sens philosophique : tout ce qui peut être appréhendé par un sujet. Mais un sujet peut être un objet pour un autre sujet, il peut même être un objet pour lui-même (tel est le cas de l'expérience du miroir : on se regarde comme un autre).

obligation, n. f. Ce qui limite l'indépendance d'un individu en le soumettant à un devoir impérieux de type social ou moral (il est obligatoire de payer ses impôts, l'assistance à personne en danger est obligatoire). On distingue l'obligation et la *nécessité*, d'une part, l'obligation et la *contrainte*, d'autre part. La nécessité est logique (2 fois 2 font 4) ou physique (la nécessité de respirer pour l'être humain). L'obligation peut être transgressée, pas la nécessité : on peut désobéir à un devoir. À la différence de la contrainte extérieure, qui connote une idée de violence (violence physique, comme la menace, ou violence morale, comme le chantage), l'obligation est censée venir de la conscience du sujet lui-même, elle a été intériorisée.

origine, n. f. Le terme peut renvoyer à un point de départ historique (en ce sens, il se mettra volontiers au pluriel ; ex. : les origines de la République française) ou bien aux conditions de possibilité (ex. : les origines de l'inégalité) : en ce dernier usage, le sens du mot se rapproche de celui de « fondement ».

particulier, -ère, adj. Applicable à une minorité d'êtres ou de choses appartenant à une classe déterminée. Alors que l'universel renvoie à « tous » et que le général renvoie à « la plupart », le particulier renvoie à « quelques » : la couleur rousse des cheveux est un signe particulier, seuls quelques êtres humains ont les cheveux roux.

persuader, v. Action de gagner à soi l'adhésion d'autrui par des moyens affectifs (sentiments, émotions). L'image est persuasive : elle fait pleurer ou rire. Persuader est volontiers opposé à « convaincre ».

phénomène, n. m. Ce qui se manifeste à la conscience : le monde nous apparaît comme un ensemble de phénomènes. Kant oppose *phénomène* (seul objet de connaissance) et *chose en soi* (inconnaissable).

politique (*notion servant de rubrique aux chapitres sur la société, les échanges, la justice et le droit, l'État*). Le terme peut être utilisé comme adjectif (un homme politique, une action politique) et comme substantif (*le* ou *la* politique).
Est politique tout ce qui concerne l'organisation du pouvoir au sein d'une société humaine. Certains auteurs pensent qu'il n'y a de politique que lorsqu'il y a un État, c'est-à-dire une structure autonome de pouvoir. La vie collective des êtres humains, à la différence de celle des animaux, ne va pas de soi – d'où la question politique.
Le *politique* est l'ensemble des structures de pouvoir dans une société donnée. Ce qu'on nomme *la* politique (le jeu des partis, les conflits de personnes, le spectacle des visites officielles, des poignées de mains distribuées à tout vent, etc.) n'est que la surface d'une réalité autrement profonde (*le* politique) où se prennent les décisions qui vont organiser la vie en société.
Le politique est la dimension de pouvoir des sociétés, *la* politique n'en représentant que l'expression.

possible, adj. Qualifie ce qui peut exister sans contradiction avec un contexte donné : dire qu'une guerre est possible, c'est dire qu'il n'est pas contradictoire de la penser comme réelle. Le contraire de possible est impossible. Possible dit moins qu'« être », car ce qui est possible peut aussi ne pas exister (si la guerre est possible, cela ne signifie pas qu'elle éclatera inévitablement).

pratique, n. f. Synonyme d'*action* ou d'*application*. Opp. à « théorie ».

en pratique, expression renvoyant à la réalité empirique, concrète, par opposition au monde idéal des idées (« en théorie »).

principe, n. m. Le point de départ d'un discours ou d'un raisonnement qui détermine ce qui découle de lui. En sciences, le principe commande la démonstration sans pouvoir lui-même être démontré. On accorde au principe une validité absolue, alors même qu'on ne pourrait pas l'établir par le raisonnement : ainsi la dignité est-elle un principe moral et politique. La relation du principe à sa (ou ses) conséquence(s) est volontiers comparée à celle de la cause à ses effets. Puisqu'il n'est pas démontrable, un principe n'est rigoureusement parlant ni vrai ni faux.

raison, n. f. Désigne à la fois la faculté, propre à l'homme, de penser avec rigueur et méthode (la rationalité du *rationnel*) et d'agir selon des principes cohérents et universels (la rationalité du *raisonnable*), d'une part, et l'ensemble des actions produites par ces deux formes, théorique et pratique, de rationalité, d'autre part.

réel, -elle, adj. et adj. subst. (*notion servant de rubrique aux chapitres sur la théorie et l'expérience, la démonstration, l'interprétation, le vivant, la matière et l'esprit, la vérité*).
Ce qui appartient au monde extérieur, par opposition au monde imaginaire (ou irréel) forgé par l'esprit humain. L'opposition entre réel et imaginaire est fondamentale pour la raison : un cheval est un animal réel, la licorne et le loup-garou sont imaginaires. Seulement, le réel n'est pas aussi définitivement établi qu'on l'a cru : la technique, par exemple, produit sans cesse du réel, elle enrichit le monde réel par ses inventions et innovations constantes. D'un autre côté, l'irréel (l'utopique, l'impossible, l'imaginaire) change également de sens au cours du temps. Ce qui apparaissait évidemment irréel à une époque peut être réalisé plus tard, grâce aux avancées des sciences et des techniques : le voyage dans la Lune n'est plus de l'ordre de l'imaginaire depuis 1969.
Le réel qualifie ce qui est doué d'une existence objective par opposition, d'une part, à *imaginaire*, ou irréel, et, d'autre part, à *idéal*. L'irréel n'a aucune réalité physique (tel est le cas d'un animal fabuleux), l'idéal est conçu comme supérieur à cette réalité.

relatif, -ive, adj. Qui dépend d'autre chose pour être ce qu'il est. Ex. : « petit » et « grand » sont des notions relatives. « Des goûts et des couleurs on ne dispute pas » est un dicton relativiste.

Opp. à « absolu ».

ressemblance, n. f. Rapport établi par la pensée entre deux choses ou deux êtres présentant suffisamment de points communs pour être éventuellement confondus. À la différence de l'analogie, qui est un raisonnement ou un produit de l'imagination, la ressemblance est intuitive et immédiate, et se trouve sur des bases sensibles.

savoir, v. Activité de la conscience qui possède comme un capital les objets de sa représentation. « Savoir » est plus large que « connaître » : un animal, un bébé qui vient de naître savent (savent faire) beaucoup de choses ; on dira difficilement qu'ils ont des « connaissances ». La connaissance est plus abstraite, plus théorique que le savoir.

singulier, -ère, adj. Dans le vocabulaire courant, synonyme d'« étrange », de « bizarre » (« une affaire de mœurs singulière »). Plus précisément, dans la logique philosophique classique, le terme qualifie le « cas unique » : un individu est par définition singulier. Un événement historique, une œuvre d'art sont, comme l'individu, des singularités. En disant qu'il n'y a de science que du général, Aristote pointait l'impossibilité de connaître les singularités.

subjectif, -ive, adj. Relatif a un sujet humain individuel, par opposition à « objectif », sur lequel le collectif peut s'entendre. Ce qui est subjectif ne concerne que le sujet lui-même. Dans la langue courante, subjectif équivaut à « discutable », « douteux », « partial ».

sujet, n. m. (*notion servant de rubrique aux chapitres sur la conscience, la perception, l'inconscient, autrui, le désir, l'existence et le temps*).
Selon l'étymologie, « ce qui est jeté dessous », « ce qui se tient dessous ». Le sens du terme équivaut à celui de « substance ». C'est pourquoi il peut renvoyer à l'idée de contenu, d'objet d'une pensée (comme lorsqu'on dit : « quel est le sujet du film ? »).
Dans la philosophie, le sujet désigne la conscience, l'être humain pensant. Descartes est considéré comme le premier philosophe du sujet, car il est le premier à avoir fait reposer la pensée sur lui. Tel est le sens du *cogito* (« je pense, donc je suis »).
Le sujet se définit par opposition à l'*objet* (littéralement, « ce qui est jeté devant »). Pour un sujet, le monde est un objet ou un ensemble d'objets, l'autre est un objet aussi (on dit bien : « l'objet de son désir »), lui-même peut être un objet (dans la *conscience de soi*).
Un certain nombre de courants, à l'époque moderne, ont tendu à relativiser, et même à anéantir ce prétendu pouvoir du sujet. Ainsi la psychanalyse place-t-elle l'inconscient au premier plan : le sujet n'est plus maître chez lui.

synthèse, n. f. Opération consistant à (re)composer un ensemble à partir de ses éléments constituants. Une synthèse peut être matérielle (ex. : la composition d'une molécule d'eau à partir d'atomes d'hydrogène et d'oxygène) ou intellectuelle (ex. : la description d'ensemble d'une situation par un historien). Dans la langue courante, « synthèse » équivaut à « résumé ». Opp. à « analyse ».

théorie, n. f. Conception générale sur un ensemble de réalités (ex. : la théorie de la relativité, en physique). Opp. à « pratique », comme l'abstrait au concret.

en théorie, l'expression peut signifier « dans l'idéal », « dans l'abstrait », ou bien « possible ». Opp. à « en pratique ». Voir « pratique ».

transcendant, -e, adj. Qui est d'un ordre tout autre que celui de la réalité naturelle sensible, et infiniment supérieur à elle. Ainsi, dans la religion monothéiste, Dieu est transcendant – il transcende le monde. Opp. à « immanent ».
Plus généralement, on utilise l'adjectif « transcendant » pour exprimer le dépassement d'un plan de réalité par un autre – ainsi pourra-t-on dire que la pensée ou la culture est transcendante par rapport à la nature.
Ne pas confondre transcendant et *transcendantal*. Ce dernier adjectif, surtout utilisé par Kant, renvoie aux conditions *a priori* de possibilité de l'expérience. Pour Kant, la seule connaissance possible, en dehors des mathématiques, est celle qui traite d'objets dont nous pouvons avoir par la sensibilité une expérience. Seulement, les conditions de la sensibilité (et de l'entendement, qui est l'autre faculté de connaissance) sont elles-mêmes indépendantes de l'expérience, car elles sont inhérentes au sujet humain. C'est pourquoi elles sont dites « transcendantales ».

universel, -elle, adj. Applicable à la totalité des êtres ou des choses appartenant à une classe déterminée. La gravitation (la force d'attraction mutuelle des corps physiques dans l'univers) est universelle en ce sens qu'elle s'applique partout. L'art, la religion sont universels en ce sens qu'il n'existe aucune société humaine sans art ou sans religion.
On distingue *universalité de droit* et *universalité de fait*. Dire que les droits de l'homme sont universels ne signifie pas qu'ils sont appliqués ni même reconnus partout (universalité de fait), mais qu'ils doivent ou devraient l'être partout (universalité de droit). Voir « général ».

utopie, n. f. Idéal, image d'un futur imaginaire présenté comme parfait. L'utopie n'est pas nécessairement impossible (le déplacement dans les airs comme l'effectuent les oiseaux a été une utopie jusqu'à l'invention de l'avion).

vérité, n. f. Qualité logique d'un jugement : a) dont on a démontré la cohérence interne (vérité mathématique) ; b) dont on a prouvé la conformité avec la réalité objective (vérité expérimentale des sciences de la nature) ; c) dont on a montré la conformité avec des documents ou des observations (vérité dans le domaine des sciences humaines).
Un énoncé qu'on ne peut ni démontrer ni prouver ne peut donc être dit vrai (ni faux, d'ailleurs). Tels sont les énoncés métaphysiques (« Dieu existe », « il y a une vie après la mort »), éthiques (« la générosité est la plus grande des vertus »), politiques (« il faut supprimer les inégalités »), esthétiques (« Léonard de Vinci est le plus grand peintre »).

PARTIE 5
LA PARTIE DES DIX

DANS CETTE PARTIE…

La « partie des Dix » est la marque de fabrique des *Nuls*, sa griffe, sa signature.
Plus encore que les autres, elle met de la douceur dans l'amertume du savoir, et allie l'agréable à l'utile. Ainsi ferez-vous connaissance avec les grandes alternatives de la philosophie, les belles citations et les récits sublimes…

Pour terminer, un test permettra de mesurer votre sagacité : la philosophie est aussi un jeu !

Chapitre 42

Les dix grandes alternatives de la philosophie

DANS CE CHAPITRE :

- **Les carrefours de la pensée : choisir sa route**
- **L'éternel combat entre l'homme et Dieu**

Sur la réalité

- Elle existe en soi, indépendamment de la pensée (réalisme).
- Elle n'existe que dans et par la représentation que nous nous en faisons (idéalisme).

Sur l'être humain

- Il est une créature de Dieu (religions monothéistes).
- Il est le produit de la nature (religions polythéistes, matérialisme, évolutionnisme).
- Il se fait lui-même.

Sur l'essence de l'homme

- Elle est rationnelle (Aristote, Descartes).
- Elle n'est pas rationnelle (l'affectivité : Rousseau ; le besoin : Marx ; la volonté de puissance : Nietzsche ; la libido : Freud).

Sur l'organisme

- Il est une machine (mécanisme).
- Il est plus qu'une machine, il est le produit de forces vitales (vitalisme).

Sur la société

- » Elle est créée par Dieu.
- » Elle vient de la nature.
- » Elle est produite par l'être humain (théorie du contrat social).

Sur l'histoire

- » Elle est dirigée par Dieu (providentialisme).
- » Elle est produite par la volonté humaine.
- » Elle est une succession de hasards.

Sur le langage

- » Il vient de Dieu, il est un don surnaturel.
- » Il est naturel.
- » Il est artificiel (conventionnel ou arbitraire).

Sur les idées

- » Elles sont innées, elles existent dès l'origine dans l'esprit humain, soit parce que Dieu l'a voulu ainsi, soit parce que c'est un fait de nature (innéisme, rationalisme).
- » Elles dérivent de l'expérience, elles sont acquises (empirisme).

Sur la morale

- » Elle vient de Dieu (la morale religieuse).
- » Elle est produite par l'homme (ou par sa raison ou par ses sentiments).

Sur la vérité

- » Elle existe objectivement indépendamment de l'esprit humain (platonisme).
- » Elle est issue de la raison humaine (rationalisme).
- » Elle est issue de l'expérience (empirisme).

Chapitre 43

Les dix plus belles citations

DANS CE CHAPITRE :

- **De la matière à s'étonner**
- **Descartes pas si banal**
- **La chouette et la colombe**

Un correcteur ne reprochera jamais ou presque à un candidat de ne pas avoir fait de citations. En revanche, il le félicitera d'en avoir fait, à condition bien sûr qu'elles interviennent à bon escient. Une copie avec une belle citation prendra sur les autres un avantage certain.

« Les nombres gouvernent le monde » (Pythagore)

C'est Pythagore, philosophe présocratique, qui a donné à « *kosmos* », « l'ordre » et « la beauté » en grec, le sens de « monde » qui lui est resté. Pour Pythagore, une même harmonie commande la disposition des planètes dans le ciel et les intervalles entre les notes de la gamme musicale. Cette citation a souvent été utilisée pour rendre compte de l'efficacité des mathématiques pour traduire la réalité physique (pour Galilée, inventeur de la physique scientifique, « la nature est un livre écrit en langage mathématique »). Plus près de nous, le numérique – capable de traduire en une succession de 0 et de 1 aussi bien les images et les sons que les textes – confirme de manière éclatante la pensée de Pythagore.

Mais tout peut-il être réduit en nombres ? Les sentiments, par exemple, ou les expériences les plus subtiles de l'existence échappent encore à ce pouvoir.

« On ne se baigne jamais deux fois dans le même fleuve » (Héraclite)

Héraclite était un philosophe présocratique pour lequel rien dans le monde n'était permanent. L'eau d'un fleuve ne cesse pas de couler ; c'est pourquoi le fleuve n'est jamais « le même ». Si nous disons malgré tout « le même fleuve », c'est que nous attachons au lieu et au mot (le nom) une importance plus grande qu'à la matière (l'eau qui coule). Dans un film, Laurel dit à son frère jumeau : « Tu as énormément changé mais tu resteras toujours le même ! » Stan Laurel n'était pas héraclitéen.

« Nul n'est méchant volontairement » (Socrate)

Socrate, tel du moins que nous le présente son disciple Platon, pensait que le bien est affaire de connaissance : faire le bien, c'est le connaître. Il s'ensuit que le méchant, qui fait le mal, est en réalité un ignorant qui ne connaît pas le bien (qui, en effet, *veut* être ignorant ?). En d'autres termes, pour Socrate, personne ne fait le mal *pour* le mal. Celui qui fait le mal, en volant ou en tuant, par exemple, le fait pour ce qu'il croit être son bien à lui.

Contre cet optimisme, qui élimine la possibilité de la perversité (l'amour du mal), le poète latin Ovide dira : « Je vois le bien et je l'approuve mais je fais le mal. » Sur la croix, Jésus exprima quelque chose d'assez voisin du mot de Socrate lorsqu'il dit à propos des bourreaux qui venaient de le crucifier : « Mon Dieu, pardonnez-leur, car ils ne savent ce qu'ils font ! »

« La philosophie est fille de l'étonnement » (Aristote)

Le mot a été repris par Aristote de son maître Platon. S'étonner, c'est s'interroger sur les évidences communes : pourquoi meurt-on ? Pourquoi les animaux ne parlent-ils pas ? La matière est-elle pleine ou vide ? S'étonner, c'est se représenter qu'il n'y a pas d'évidences acquises, que rien n'est « normal », ni « naturel ». C'est pourquoi la philosophie est dite « issue de l'étonnement ».

« Je pense, donc je suis » (Descartes)

C'est le type même de citation agaçante : faut-il s'appeler Descartes pour énoncer une telle banalité ? En fait, l'élément important de la phrase n'est pas tant la pensée ni l'existence que le *je*. « Je pense », cela veut dire : ce n'est pas un *il* (le père, le roi, Dieu, etc.) qui pense, ni un *on* (la foule) ni un *nous* (une communauté), mais le sujet personnel capable de dire *je*. La pensée n'a pas d'autre lieu que ce sujet qui existe. Elle est le signe de cette existence personnelle. Pour Descartes, nos pensées sont ce que nous avons aussitôt en notre pouvoir.

« Le cœur a ses raisons que la raison ne connaît pas » (Pascal)

Pascal joue ici sur les deux sens du mot « raison » : le sens de cause et le sens de faculté de comprendre et de penser. Le « cœur » désigne chez lui tout ce qui échappe à la raison : l'intuition, le sentiment, le rêve, la révélation religieuse, etc. La raison n'a pas tout pouvoir : il existe en dehors d'elle un domaine qui lui échappe et obéit à d'autres lois qu'elle.

« De tout ce qui existe dans ce monde, et même en dehors de lui, les deux choses les plus sublimes sont le ciel étoilé au-dessus de nos têtes et la conscience morale au fond de nos cœurs » (Kant)

La conscience morale, qui est le sens du devoir, ne peut être expliquée par aucun facteur naturel, et c'est pourquoi elle peut être dite « sublime ». Comme le ciel étoilé nous donne une impression d'infini, la conscience morale représente l'infini de la liberté (aucun pouvoir, même tyrannique, ne peut, par exemple, l'anéantir).

« La chouette de Minerve ne prend son envol qu'à la tombée de la nuit » (Hegel)

Minerve (Athéna chez les Grecs) était, à Rome, la déesse de la sagesse. Les Grecs avaient fait de la chouette – peut-être à cause du fait qu'elle est le seul oiseau à avoir les deux yeux de face grands ouverts et qu'elle vole la nuit – l'emblème d'Athéna, donc celui de la philosophie. Hegel constate que la philosophie, comme pensée mise sous forme de système, apparaît au moment du déclin des civilisations, et non à leur apogée : aussi les grands systèmes de la philosophie grecque (Platon, Aristote, l'épicurisme, le stoïcisme) sont-ils nés *après* que l'ordre social et politique de la cité, qui fut celui de la Grèce classique à son sommet, fut entré en décadence. Pour penser, il faut déjà que les choses soient, d'une certaine manière, finies. Le philosophe vient toujours trop tard !

« Les grandes vérités s'avancent sur des pattes de colombe » (Nietzsche)

Les idées qui bouleversent le plus sûrement l'histoire des hommes sont souvent celles qui font le moins de bruit. Ainsi la « mort de Dieu », dont Nietzsche constate que la plupart de ses contemporains ne se sont pas encore aperçus. Inversement, nous voyons bien aujourd'hui avec le système de nos informations spectaculaires que la plupart de nos fracassantes nouvelles ne sont que des pets de lapin.

« Dieu est malin mais il est honnête » (Einstein)

« Dieu » est pris ici comme le symbole de l'ordre logique de l'univers, tel que la raison et la science peuvent le connaître. Les lois de la nature physique sont compliquées et secrètes (Dieu est malin) mais elles existent, les choses ne sont pas soumises au hasard ni au chaos, il est possible de découvrir ces lois (Dieu est honnête). Dans un sens voisin, et contre ses collègues physiciens qui accordaient la part trop belle au hasard, Einstein disait : « Dieu ne joue pas aux dés, il joue aux échecs. » Le jeu d'échecs est un jeu de stratégie, certes compliqué, mais soumis à des règles rigoureuses. Le monde est un échiquier, pas une table où les dés roulent au hasard.

Chapitre 44
Les dix plus beaux récits

DANS CE CHAPITRE :

» **Découvrez les pensées les plus profondes grâce à des histoires pittoresques ou paradoxales**

» **D'Œdipe à l'enfant en passant par la tortue et la colombe – une galerie de symboles**

L'histoire d'Œdipe

Laïos, roi de Thèbes, voulait un fils malgré l'oracle (une prédiction censée venir des dieux) qui lui avait annoncé les pires des malheurs : ce fils le tuerait, lui son père, et coucherait avec sa mère. Laïos désobéit à l'interdiction de l'oracle mais, pris de peur, il décida à la naissance du bébé de l'abandonner aux bêtes sauvages.

Le garçon, au lieu de mourir, fut recueilli par un berger, puis adopté par le roi et la reine de Corinthe. Parvenu à l'âge de l'adolescence, il consulta l'oracle pour connaître son avenir : l'oracle lui annonça qu'il tuera son père et épousera sa mère. Or Œdipe (tel était son nom) croyait que son père et sa mère étaient le roi et la reine de Corinthe qui l'avaient adopté. Pensant déjouer l'oracle (la voix du destin), il quitta son foyer pour ne plus revoir ceux qu'il croyait être ses parents.

À un carrefour de route, Œdipe se prit de querelle avec un étranger, qu'il tua. L'étranger était le roi de Thèbes, son père, mais Œdipe ne le savait pas. Dans la campagne un monstre sévissait : le Sphinx tuait et mangeait tous ceux qui passaient à sa portée, s'ils ne savaient pas répondre à son énigme : quel est l'animal qui le matin marche à quatre pattes, le midi se tient sur deux pattes, et le soir en a trois ? Jusqu'alors, personne n'avait su répondre à l'énigme du Sphinx, jusqu'à Œdipe, qui le premier donna la réponse juste : c'est l'homme. Symbole profond : Œdipe, qui ne sait même pas qui il est, car il ne connaît pas ses vrais parents, est celui, dans l'abstrait, qui connaît « l'homme ». Accueilli en héros à Thèbes, Œdipe épousa la reine devenue veuve depuis que son mari a été tué sur la route : cette reine n'était autre que la propre mère d'Œdipe, qui, sans le savoir, avait ainsi réalisé les deux prédictions de l'oracle : il avait tué son père et épousé sa mère, et avait ainsi commis les deux crimes les plus graves, ceux qui suscitent dans toute société, avant la nôtre, le plus d'horreur : le parricide et l'inceste.

À savoir

Freud a repris cette histoire pour dire que loin d'être un monstre de théâtre, Œdipe est n'importe qui, que si son histoire nous touche, c'est parce que c'est la nôtre à nous tous : le petit garçon désire avoir sa mère pour lui seul et éliminer son père, son rival. Ainsi Œdipe réalise-t-il ce que chacun désire en secret. Freud a appelé *complexe d'Œdipe* l'association de ces deux désirs, qui normalement sont évacués mais qui marquent profondément le psychisme humain (dans le cas de la petite fille, les désirs sont inversés : c'est le père qui est convoité et la mère qui est la rivale à écarter). Ainsi ce que les Grecs voyaient sous la forme du destin est-il interprété par Freud comme un déterminisme psychologique.

Achille et la tortue

Zénon d'Élée, un philosophe présocratique (vivant avant Socrate), inventa cette histoire abracadabrante : si Achille, l'homme le plus rapide à la course, essaie de rattraper une tortue qui chemine devant lui, il n'y arrivera jamais parce qu'au moment où il parviendra au point d'où elle est partie, elle aura avancé, qu'au moment où il touchera ce nouveau point, elle aura encore fait du chemin et ainsi de suite à l'infini. Certes la distance ne cessera de s'amenuiser entre Achille et la tortue, mais elle n'équivaudra jamais à rien, de la même façon que si l'on divise en deux à l'infini un intervalle, il restera toujours quelque chose, certes de plus en plus petit, mais jamais égal à rien.

Zénon voulait par là nous faire comprendre que le mouvement est incompréhensible – puisqu'il peut être traduit par une succession d'états immobiles, comme au cinéma, sur la pellicule du film (comparaison inconnue des Grecs !).

Une autre idée contenue dans cette histoire est qu'il est impossible qu'une longueur finie (la distance séparant Achille et la tortue, par exemple) soit composée d'un nombre infini d'intervalles et que pourtant c'est ce que la pensée nous contraint à accepter.

Le mythe de Prométhée (Protagoras)

Platon fait dans son dialogue *Protagoras* raconter ce mythe par le sophiste qui porte ce nom.

Au moment de l'apparition des différents êtres vivants, les dieux chargèrent deux frères, des Géants du nom de Prométhée et d'Épiméthée, de leur donner des qualités pour qu'ils puissent survivre. Ainsi, Épiméthée donna aux uns (les oiseaux) des plumes et la faculté de voler, aux autres (les mammifères) une peau ou des fourrures pour résister au froid, etc. Venu inspecter le travail de son frère, Prométhée s'aperçut qu'Épiméthée avait tout distribué aux animaux et n'avait rien gardé pour l'espèce humaine. C'est alors qu'il eut l'idée de voler le feu et les techniques aux dieux, car nu comme il est et sans défense, l'homme mourrait. Le mythe dit que Prométhée fut cruellement puni pour son vol (un aigle devait lui dévorer éternellement le foie).

À savoir

Cette histoire a eu un tel impact symbolique que l'on qualifie encore aujourd'hui volontiers de « prométhéen » l'homme qui, par sa technique et son travail, entreprend de s'égaler aux dieux. À la différence des animaux, bien pourvus par la nature, l'être humain est au départ démuni de tout, mais c'est justement cette faiblesse de naissance qui finira par faire sa force, car grâce à sa technique, l'homme est devenu le maître de son environnement – au point, aujourd'hui, de le dévaster et d'en ruiner l'équilibre.

Le mythe d'Aristophane (Platon)

Lecture

Dans *Le Banquet*, l'un de ses plus beaux dialogues, Platon imagine un groupe de six amis parlant à tour de rôle de l'amour.

Il place dans la bouche d'Aristophane, un auteur comique ayant réellement existé, une histoire illustrant l'origine du désir amoureux.

Au début, il n'y avait pas d'hommes et de femmes comme maintenant mais des êtres doubles avec deux têtes, quatre membres et deux sexes. Comme ils étaient arrogants, Zeus, le maître des dieux, les punit en les coupant en deux dans le sens de la hauteur. Ainsi chaque partie s'est-elle retrouvée sans l'autre avec laquelle elle était associée – sa moitié proprement. Le désir de l'amour est la tendance que les êtres ont de reconstituer une unité perdue.

À savoir

La psychanalyse retrouva le sens profond de ce mythe : le désir, l'amour existent sur fond de nostalgie, ils ne sont pas seulement tendus vers le temps futur mais aussi vers le passé qui remonte jusqu'à l'enfance, et même jusqu'à l'unité formée avec la mère.

Le mythe de la caverne (Platon)

Lecture

Dans le livre VII de son livre *La République*, Platon imagine des hommes qui ont toujours vécu enchaînés dans le fond d'une caverne. Sur les murs, à la faible lueur d'un feu, ils voient des ombres de marionnettes, que manipulent derrière eux d'autres hommes, sans qu'ils soient vus. Comme les prisonniers n'ont jamais rien connu d'autre que ces images, ils les prennent pour la réalité et la vérité.

Un jour, un prisonnier est détaché. Attiré par la lumière du jour, il monte vers la sortie (symbole de l'ascension du philosophe vers la vérité) et découvre enfin la réalité avec ses êtres et ses choses. Ébloui par sa découverte, il revient en faire part à ses anciens compagnons. Mais ceux-ci se liguent et le tuent. Cette mort de celui qui a reçu la révélation de la vérité renvoie à celle de Socrate, incarnation pour Platon du sage parfait.

À savoir

Pour Platon, nous sommes les prisonniers de cette caverne qui est le monde que nous voyons et où nous vivons. Le vrai monde est ailleurs, au-dessus, c'est celui des Idées – Platon appelle ainsi les Formes éternelles qui sont les modèles de tout ce que nous voyons. Ainsi le rond fait dans l'eau par une pierre qu'on y jette n'est-il qu'une image fugitive, tandis que le cercle, qui *n'existe pas* dans la nature, est indestructible. Philosopher, c'est sortir de la caverne (des illusions de nos sens et de nos opinions) pour contempler enfin la réalité intelligible, qui est à la fois pure pensée et vérité absolue.

Le cylindre de Chrysippe

Chrysippe était un philosophe stoïcien qui, pour montrer le lien qu'il peut y avoir entre la volonté personnelle et le destin impersonnel, inventa cette image. Un cylindre sur un plan incliné roulera non seulement en fonction de cette condition extérieure (symbolisée par l'inclinaison et l'impulsion initiale) mais aussi en fonction de sa nature propre (sa grandeur, son poids). Le sage stoïcien sait ce qui ne dépend pas de lui (le destin). Il ne se plaindra jamais des événements qui ne dépendent pas de sa volonté, tandis qu'il mettra tout en œuvre pour maîtriser ses impulsions.

Le morceau de cire (Descartes)

Lecture

Dans ses *Méditations métaphysiques* (méditation seconde), Descartes décrit une expérience simple qu'on peut effectuer sur un morceau de cire : si nous le chauffons, ce corps va perdre toutes ses qualités d'origine (il changera de couleur et de consistance, il perdra son odeur, etc.), la seule chose qui reste constante, à travers l'opération, dit Descartes, est que le morceau de cire occupe toujours une étendue, c'est-à-dire un fragment d'espace. Descartes voit dans l'étendue l'essence, la nature de la matière, par opposition à l'esprit qui, lui, n'occupe aucune étendue (je ne peux pas dire que la pensée occupe tel volume de mon cerveau).

Le pari de Pascal

Pour convaincre les libertins de son temps qu'ils feraient mieux de changer de vie et qu'ils risquent gros à ne pas le faire, Pascal tenait le raisonnement suivant : ou bien Dieu existe, ou bien il n'existe pas. S'il existe et que je mène une vie de péché, je risque l'enfer. Si je renonce à ma vie de péché, en échange d'un petit coût (quelques plaisirs passagers sacrifiés), je gagne l'éternité. En revanche, si je persiste à mener une vie de péché, pour un petit bénéfice (les plaisirs de ce monde), je risque les peines éternelles de l'enfer.

Face à cette inconnue (l'existence d'un Dieu qui récompense et punit), l'homme est dans la situation d'un joueur. Un joueur rationnel doit accepter un risque infime (une petite perte) si le bénéfice est colossal (c'est d'ailleurs, notons-le en passant, le raisonnement que tiennent tous ceux qui jouent aux jeux de hasard : qu'est-ce que 20 euros de perdus si je peux en gagner 1 million ?)

La colombe de Kant

Kant, qui a dans ses œuvres utilisé très peu d'images, donne celle-ci au début de sa *Critique de la raison pure* pour illustrer l'illusion de la philosophie idéaliste qui considère l'expérience (ce monde des apparences et des sens) comme un obstacle à franchir et même à ignorer, alors que la seule connaissance possible est celle qui prend naissance avec l'expérience. Ainsi, la colombe, sous prétexte que l'air offre une résistance, s'imagine qu'elle volerait beaucoup mieux dans le vide ; or sans l'air, la colombe ne volerait plus du tout.

On peut se servir de l'image de Kant à propos de la liberté. Les hommes s'imaginent que sans les lois, ils vivraient plus libres et heureux. Ce faisant, ils ne se rendent pas compte que ce qu'ils éprouvent comme un ennui et un empêchement représente une condition de leur vie de liberté.

Les trois métamorphoses de l'esprit (Nietzsche)

Au début de son ouvrage *Ainsi parlait Zarathoustra*, sorte de grand poème philosophique, Nietzsche raconte comment l'esprit devint chameau, puis lion et enfin enfant.

Le chameau symbolise l'obéissance et l'esprit de lourdeur. Il est habitué à traverser les déserts. Sa devise est « tu dois » : il porte sur lui les charges que la société a accumulées sur lui. Le lion symbolise la révolte destructrice. Il se débarrasse des devoirs antérieurs et extérieurs, et remplace le « tu dois » par le « je veux ». L'enfant symbolise l'innocence et la légèreté de l'esprit libre, qui n'a plus besoin de se révolter, de dire « non » pour être celui qu'il est ; son « oui » n'a rien à voir néanmoins avec celui du chameau : il est le « oui » de la création et de l'affirmation de soi. Alors le « je suis » remplace le « je veux ». Paradoxalement, l'enfant est une figure possible du surhomme, à cause de sa joyeuse confiance dans la vie.

Chapitre 45

Les dix grandes questions en quiz : vrai ou faux ?

DANS CE CHAPITRE :

» **Testez vos connaissances en répondant par « vrai » ou « faux » aux énoncés proposés sur quelques-uns des principaux problèmes de la philosophie.**

» **Résistez à la tentation de lire les réponses avant les énoncés !**

Énoncé 1, sur la conscience

On peut penser à la fois que la conscience est unique et qu'elle est diverse, sans se contredire.

Énoncé 2, sur les représentations inconscientes

Il peut y avoir une perception inconsciente, une mémoire inconsciente, un désir inconscient.

Énoncé 3, sur la passion

La passion peut être la meilleure comme elle peut être la pire des choses.

Énoncé 4, sur l'art

L'art ne progresse pas.

Énoncé 5, sur le travail

Le travail est une fatalité.

Énoncé 6, sur la religion

La religion correspond à un besoin de l'être humain.

Énoncé 7, sur la démonstration

Il y a des choses que l'on ne peut pas démontrer.

Énoncé 8, sur la matière et l'esprit

La question de savoir si le monde est une réalité matérielle ou seulement une représentation de notre esprit ne peut pas être résolue par la science.

Énoncé 9, sur la vérité

Il est logiquement impossible de dire que la vérité n'existe pas.

Énoncé 10, sur le contrat social

La théorie du contrat social selon laquelle la société est issue de la libre volonté des hommes vise à exclure Dieu et la nature de l'origine des sociétés humaines et des questions politiques.

***

Réponse 1, sur la conscience

Vrai. La conscience psychologique (conscience de soi, conscience d'objet) et la conscience morale (capacité à juger le bien et le mal) sont distinctes mais renvoient toutes les deux à une même faculté d'appréciation chez l'être humain (l'animal, lui, étant dépourvu de conscience morale). Dans les deux cas, il s'agit de se rendre compte de quelque chose d'extérieur à soi, tout en l'assumant ou en le récusant par la pensée.

Réponse 2, sur les représentations inconscientes

Vrai. La majeure partie de notre psychisme est constituée de représentations qui ne sont pas actuellement conscientes et qui, par conséquent, au moins momentanément, sont inconscientes. Ainsi, on peut réaliser après coup avoir vu ou entendu quelque chose que l'on n'avait pas aperçu sur le moment. Un souvenir, avant d'être évoqué, « loge quelque part » dans notre psychisme sans se manifester. De même, nous ne savons pas toujours clairement ce que nous désirons.

Réponse 3, sur la passion

Vrai. Presque toutes les traditions de sagesse religieuses ou philosophiques se sont méfiées de la passion. La perte de la maîtrise de soi est inquiétante aussi bien du point de vue de la raison que de celui de la liberté. Le passionné est aveugle, et prisonnier de quelque chose qui est plus fort que lui. Mais la passion peut également être valorisée d'un point de vue romantique : c'est la passion qui sort l'être humain de la tradition et de la routine. La passion peut effectivement être la meilleure et la pire des choses, selon l'objet sur lequel elle se porte : l'artiste et le raciste peuvent tous deux être des passionnés, si bien que ce n'est pas tant la passion en elle-même qui est bonne ou mauvaise que l'objet sur lequel elle se porte.

Réponse 4, sur l'art

Vrai. Il n'y a pas de progrès en art comme il y en a en science ou dans les techniques. Les artistes contemporains ne réalisent pas des œuvres meilleures que leurs ancêtres de la préhistoire ou de la période classique. Il convient de distinguer progrès et évolution. L'art évolue en ce sens qu'il a une histoire dont on peut essayer de trouver la logique. Par ailleurs, il faut différencier progrès dans les arts et progrès des arts : il y a bien progrès dans les arts grâce aux inventions techniques (celles du parlant et de la couleur au cinéma, par exemple), mais cela ne signifie pas progrès des arts (un film en couleurs n'est pas forcément meilleur qu'un film en noir et blanc).

Réponse 5, sur le travail

Vrai. Que l'on prenne le terme « fatalité » au sens de nécessité absolue ou alors au sens de nécessité pénible, le travail apparaît en effet comme une fatalité. Non seulement il est impossible de satisfaire ses besoins sans travail, mais aucune richesse ne saurait exister sans lui (même les richesses naturelles doivent être extraites pour que l'on puisse en bénéficier). Ceux qui satisfont leurs besoins ou possèdent des richesses sans travailler eux-mêmes font travailler les autres.

Réponse 6, sur la religion

Vrai. Le fait que la religion existe dans toutes les sociétés humaines sans exception milite en faveur de son caractère nécessaire (qu'exprime le terme « besoin »). La religion correspond même à plusieurs besoins : besoin de croire, besoin d'être rassuré, besoin d'être ensemble, etc. Cela dit, comme tous les besoins, le besoin religieux doit être compris dans sa relativité historique : il n'est pas partout le même et il ne s'exerce pas chez tous avec la même intensité. Un philosophe comme Nietzsche a pu prophétiser la « mort de Dieu », ce qui signifie l'éventualité d'une culture qui ne serait plus prioritairement fondée sur des valeurs religieuses.

Réponse 7, sur la démonstration

Vrai. Tout un domaine de l'existence humaine, celui qui est lié aux valeurs (valeurs morales du bien et du mal, valeurs politiques du juste et de l'injuste, valeurs religieuses du permis et du défendu, valeurs esthétiques du beau et du laid), échappe à la démonstration : il n'est pas possible de démontrer qu'on a raison d'aimer ce que l'on aime et de détester ce que l'on déteste. De même, on ne peut pas démontrer ce qui n'est que l'objet de croyances. En outre, même dans le domaine scientifique, qui est celui, par excellence, de la démonstration, tout n'est pas démontrable : les principes (que l'on appelle « axiomes » en mathématiques) constituent la base de la démonstration, mais ne sont pas eux-mêmes démontrables.

Réponse 8, sur la matière et l'esprit

Vrai. C'est une illustration de la réponse précédente : on peut donner des arguments en faveur de l'une ou de l'autre thèse selon ses propres options philosophiques, mais on ne peut véritablement donner ni de preuve ni de démonstration à l'énoncé sur lequel il n'y aurait que de la matière, ou à l'inverse que de la pensée, ou encore à l'énoncé selon lequel la réalité serait un mélange des deux. Les problèmes concernant la réalité matérielle et spirituelle des choses sont de type philosophique, et non scientifique. Ils n'admettent par conséquent que des réponses (diverses), mais pas de solution (unique).

Réponse 9, sur la vérité

Vrai. En effet, celui qui prétend que la vérité n'existe pas croit au moins que ce qu'il dit en disant cela est vrai. Par conséquent, il se contredit. Même celui qui doute de tout ne peut pas douter de son doute (avant Descartes, qui tenait ce raisonnement, Platon faisait cette objection aux sophistes pour qui toutes les opinions sont relatives). On n'échappe pas à la vérité en ce sens que l'on ne peut pas faire autrement qu'admettre son existence.

Réponse 10, sur le contrat social

Vrai. C'est contre la théorie de l'origine naturelle (Aristote) ou divine (le monothéisme judéo-chrétien) de la société que les philosophes, à partir du XVIIe siècle, ont bâti la théorie du contrat social : la société humaine, aussi bien dans son origine que dans son organisation, est l'affaire des hommes et d'eux seuls ; ni Dieu ni la nature ne peuvent fonder ou légitimer l'ordre social.

Index

D

E

F

G

H

I

J

K

L

M

N

O

P

Q

R

S

T

U

V

W

Notes

Notes